# नामवर सिंह

28 जुलाई, 1926 को बनारस, उत्तर प्रदेश के जीयनपुर नामक गाँव में जन्म। प्राथमिक शिक्षा बग़ल के गाँव आवाजापुर में। काशी हिन्दू विश्वविद्यालय से बी.ए. और एम.ए.। 1953 में उसी विश्वविद्यालय में व्याख्याता के रूप में अस्थायी पद पर नियुक्ति। 1959 में चकिया चन्दौली के लोकसभा चुनाव में भारतीय कम्युनिस्ट पार्टी के उम्मीदवार। चुनाव में असफलता के साथ विश्वविद्यालय से मुक्त। 1959-60 में सागर विश्वविद्यालय के हिन्दी विभाग में असिस्टेंट प्रोफ़ेसर। 1960 से 1965 तक बनारस में रहकर स्वतंत्र लेखन। 1965 में 'जनयुग' साप्ताहिक के सम्पादक के रूप में दिल्ली में। इस दौरान दो वर्षों तक राजकमल प्रकाशन के साहित्यिक सलाहकार। 1970 में जोधपुर विश्वविद्यालय के हिन्दी विभाग के अध्यक्ष-पद पर प्रोफ़ेसर के रूप में नियुक्त। 1971 में 'कविता के नए प्रतिमान' पर 'साहित्य अकादेमी पुरस्कार'। 1974 में जवाहरलाल नेहरू विश्वविद्यालय (दिल्ली) के भारतीय भाषा केन्द्र में हिन्दी के प्रोफ़ेसर के रूप में योगदान। 1987 में वहीं से सेवा-मुक्त। अगले पाँच वर्षों के लिए वहीं पुनर्नियुक्ति। 1993 से 1996 तक राजा राममोहन राय लाइब्रेरी फ़ाउंडेशन के अध्यक्ष। 'आलोचना' त्रैमासिक के प्रधान सम्पादक और महात्मा गांधी अन्तरराष्ट्रीय हिन्दी विश्वविद्यालय (वर्धा) के कुलाधिपति रहे।

निधन : 19 फरवरी, 2019

# भक्ति काव्य-परम्परा और कबीर

**नामवर सिंह**

सम्पादक
आशीष त्रिपाठी

राजकमल पेपरबैक्स

राजकमल पेपरबैक्स में
**पहला संस्करण :** 2023
**दूसरा संस्करण :** 2026


**राजकमल पेपरबैक्स :** उत्कृष्ट साहित्य के जनसुलभ संस्करण

राजकमल प्रकाशन प्रा.लि.
1-बी, नेताजी सुभाष मार्ग, दरियागंज
नई दिल्ली-110 002
द्वारा प्रकाशित

**शाखाएँ :** अशोक राजपथ, साइंस कॉलेज के सामने, पटना-800 006
पहली मंजिल, दरबारी बिल्डिंग, महात्मा गांधी मार्ग, प्रयागराज-211 001
1, अनमोल सोराबजी सन्तुक लेन, धोबी तलाव, मरीन लाइंस, मुम्बई-400 002
वेबसाइट : www.rajkamalprakashan.com
ई-मेल : info@rajkamalprakashan.com

बी.के. ऑफसेट
नवीन शाहदरा, दिल्ली-110 032
द्वारा मुद्रित

**मूल्य :** ₹350

BHAKTI KAVYA-PARAMPARA AUR KABIR
*Criticism by* Namwar Singh
*Edited by* Ashish Tripathi

ISBN : 978-93-94902-29-9

# भक्ति काव्य-परम्परा और कबीर

# क्रम

खंड-3

## विलक्षण अगिनपाखी : कबीर

# भक्ति की दूसरी परम्परा और कबीर

प्रो. नामवर सिंह हिन्दी का चेहरा थे। उनमें हिन्दी समाज, साहित्य-परम्परा और सर्जना की संवेदना रूपायित होती थी। वे न सीमित अर्थों में साहित्यकार थे और न आलोचक। वे हिन्दी में मानवतावादी, लोकतांत्रिक और समाजवादी विचारों की व्यापक स्वीकृति के लिए सतत संघर्षशील प्रगतिशील आन्दोलन के अग्रणी विचारक थे। उन्होंने हिन्दी की साहित्यिक सर्जना को समुचित विचार और दृष्टि के साथ शिक्षितजनों के बीच स्वीकृति दिलाने का महत्त्वपूर्ण कार्य किया। साथ ही, स्वातंत्र्योत्तर भारतीय समाज और राजनीति की जनपक्षधर शक्तियों को अपनी वैचारिकता, आलोचकीय प्रतिभा और लोकसंवेदी तर्कप्रवण वक्तृता से निरन्तर मजबूत किया। वे देश में समतावादी समाज का सपना सँजोये रखनेवाली सामाजिक शक्तियों के पक्ष में और सामन्तवादी-पुनरुत्थानवादी शक्तियों और पूँजीवादी-फासीवादी शक्तियों से निरन्तर मुठभेड़ करनेवाले वैचारिक योद्धा थे। उन्होंने जहाँ एक ओर धर्म, लोक, परम्परा और संस्कृति के मानवीय मूल्यों पर जोर देनेवाले सर्जकों और विचारकों की विरासत की सटीक व्याख्या की, वहीं इनको उपकरण बनाकर सामाजिक भेदों को स्वीकृत करानेवाले बौद्धिक प्रयत्नों के खिलाफ हमलावर तेवर अपनाए। उन्होंने परम्परा और आधुनिकता के मूल्यांकन की प्रगतिशील परम्परा को आगे बढ़ाया।

नामवर जी मूलत: साहित्यिक समाज के हिस्से थे, पर उनकी सबसे बड़ी खूबी यह थी कि वे उसमें कैद नहीं रहे। उन्होंने साहित्येतर समाज में अपनी स्वीकार्यता निर्मित की। साहित्येतर अनुशासनों के संवेदनशील शिक्षितों और बौद्धिकों के बीच वे सहज ही अपनी छाप छोड़ सके तो इसके पीछे उनकी सामाजिक प्रतिबद्धता, जनपक्षधरता और अकुंठ प्रतिभा है। साहित्य की सीमित साहित्यिक व्याख्या से बाहर निकालकर उसे सामाजिक सम्बद्धता के वृहद् परिप्रेक्ष्य में देखने की प्रवृत्ति, जो प्रगतिशील साहित्य-धारा की प्रमुख पहचान है, को उन्होंने व्यापक रूप से फैलाने में प्राय: एक बुद्धिजीवी कार्यकर्ता की तरह कार्य किया। इस क्रम में उन्होंने ठेठ स्थानीय स्थितियों से लेकर वैश्विक परिदृश्य की अपनी भ्रमहीन समझ का परिचय दिया। समाजशास्त्र, राजनीतिशास्त्र, दर्शन, इतिहास, अर्थशास्त्र जैसे अनेक अनुशासनों की नवीनतम हलचलों की जानकारी और उन्हें जनता के दीर्घकालिक

हितों के परिप्रेक्ष्य में कसने का विवेक उन्हें भारतीय लोक और मार्क्सवाद की सच्ची समझ से प्राप्त हुआ। उनकी गहरी जड़ें साहित्य की धरती में थीं। परन्तु, 'ज्ञानियों' और 'पोथी पंडितों' की तरह वे सूचनाओं के उच्चारणकर्ता-लेखक मात्र नहीं थे। वे ज्ञान को आतंक की तरह नहीं, संवेदना के सहभागी की तरह प्रस्तुत करते थे। बौद्धिक प्रतिभा की कौंध उनके लेखन में हर जगह व्याप्त है, परन्तु यह ध्यान में रखना आवश्यक है कि परिदृश्य में प्रभावी हस्तक्षेप करनेवाली और हिन्दी आलोचना में क्लासिक का दर्जा प्राप्त कर चुकी अनेक महत्त्वपूर्ण किताबों के बावजूद वृहद् हिन्दी समाज में उनकी ख्याति प्राय: उनके व्याख्यानों के कारण रही है।

व्यक्तियों, विचारकों और लेखकों पर बात करते हुए हम अक्सर उन्हें एक इकाई मान लेते हैं, जबकि उन्हें क्रमश: विकसनशील माना जाना चाहिए। उन्हें एक इकाई मान लेने से उनके आन्तरिक परिवर्तनों पर हमारा ध्यान नहीं जा पाता है। उदाहरण के तौर पर तुलसी और निराला को ले सकते हैं। यदि हम यह मान लें कि पूरे जीवन-भर तुलसीदास एक ही तुलसीदास रहे हैं तो 'रामचरितमानस' लिखनेवाले तुलसीदास और 'विनय पत्रिका', 'कवितावली', 'गीतावली' और 'हनुमान बाहुक' लिखनेवाले तुलसीदास में कोई अन्तर नहीं रह जाएगा। हमें मानना चाहिए कि 'रामचरितमानस' के लेखक तुलसीदास के विचार भिन्न थे और उन विचारों में से बहुत सारे विचारों को 'विनय पत्रिका', 'कवितावली', 'गीतावली' तक आते-आते या तो उन्होंने पूरी तरह छोड़ दिया या उनका फोकस बदल गया था। अपनी बाद की कविता में उन्होंने जीवन-जगत को देखने का एक नया नजरिया विकसित किया। निराला भी अपनी जीवन-यात्रा और अपनी रचना-यात्रा में एक ही निराला नहीं रहे। अपनी पहली कविता 'जुही की कली' से लेकर अन्तिम कविता 'पत्रोत्कंठित जीवन का विष बुझा हुआ है' तक निराला अनेक चरणों में अलग-अलग दिखाई देते हैं। उनके जीवन-जगत को देखने के नजरिए और विचारों में निरन्तर परिवर्तन होता गया है। तुलसीदास और निराला की तरह नामवर सिंह भी एक नामवर सिंह नहीं हैं। उनकी पूरी आलोचना-यात्रा को तीन युगों में बाँटा जा सकता है।

पहले दौर में, 1952 से 1975 तक, नामवर जी का फोकस पूँजीवाद की प्रच्छन्न वैचारिकी से उत्पन्न प्रगतिशीलता विरोधी साहित्य चिन्तन है। विशेषत: कलावाद। वे इससे गहरी मुठभेड़ करते हैं। दूसरे दौर में, 1973 से 1992 तक, उनके विचारों के केन्द्र में दूसरी परम्परा अर्थात लोकधर्मी साहित्य है, जिसके प्रतिनिधि हैं नागार्जुन और हरिशंकर परसाई जैसे कवि-लेखक। तीसरे दौर में, 1992 से 2019 तक, नामवर जी का फोकस ज्यादा वैचारिक है। राजनीतिक। नामवर जी शीत युद्ध के जमाने के हैंगओवर से बाहर निकलते हैं। वह प्रगतिशीलता के 'नई कविता'—'नई कहानी' और 'लोकधर्मिता'—'दूसरी परम्परा' वाले प्रादर्शों से आगे बढ़कर नए जमाने के सवालों से टकराते हैं। इस दौर में नामवर जी दो सामाजिक-राजनीतिक प्रवृत्तियों

का लगातार बहुत ही ताकतवर ढंग से एक विचारक कार्यकर्ता की तरह मुकाबला करते हैं। ये दो पहलू हैं—पुनरुत्थानवादी-कट्टरपंथी—सम्प्रदायवादी फासीवाद तथा नवउपनिवेशवादी-नवसाम्राज्यवादी पूँजीवाद। नवपूँजीवाद जिसे सामान्यतः भूमंडलीकरण कहा जाता है। निबन्धों, साक्षात्कारों और व्याख्यानों के माध्यम से नामवर जी ताकत के साथ फासीवाद पर हमला करते हैं और उसके लिए वैचारिक समर्थन जुटाने के क्रम में वे शीतयुद्ध के जमाने के बुर्जुआ लोकतांत्रिक विचारकों के साथ खड़े होते हैं।

अब तक नामवर सिंह को शीतयुद्ध की वैचारिक सारणियों की परिधि में ही पढ़ा गया है। हिन्दी में लोकप्रिय विरोधी-युग्मों रामचन्द्र शुक्ल-हजारी प्रसाद द्विवेदी, अज्ञेय-मुक्तिबोध, प्रगतिशील-परिमल, समाजवाद-कलावाद की छाया में पढ़े जाते-जाते स्वयं नामवर जी भी अनेक विरोधी युग्मों का हिस्सा हो गए : रामविलास शर्मा-नामवर सिंह, नामवर सिंह-विजयदेव नारायण साही, नामवर सिंह-अशोक वाजपेयी, प्रगतिशील नामवर सिंह-अम्बेडकरवादी दलित विचारक। ये विरोधी-युग्म नामवर जी को समझने में मदद करते हैं, इससे इनकार नहीं किया जा सकता, परन्तु इनसे नामवर सिंह को समग्रता में पढ़ा जाना सम्भव नहीं होता। ये सभी अलग-अलग अन्ततः एक 'खंडित पाठ' की रचना ही करते हैं।

नामवर सिंह के दूसरे युग की शुरुआत होती है प्रगतिशील लेखक संघ के पुनर्गठन से। 1973 के बाँदा सम्मेलन के बाद प्रगतिशील लेखक संघ पुनः सक्रिय हुआ। इस दौर में नामवर सिंह की केन्द्रीय पुस्तक है—'दूसरी परम्परा की खोज'। यह पुस्तक हजारी प्रसाद द्विवेदी के बहाने एक बहस निर्मित करती है। वाद-विवाद की प्रविधि में लिखी गई इस पुस्तक में नामवर सिंह हिन्दी आलोचना और साहित्येतिहास में एक केन्द्रीय बहस छेड़ते हैं। अपने पहले दौर में नामवर जी अपने पूर्ववर्ती आलोचक मुक्तिबोध के बहुत करीब रहे हैं। मुक्तिबोध की समूची आलोचना बहस करते हुए विकसित होती है। नामवर सिंह की आलोचना दूसरे दौर के केन्द्र में है—दूसरी परम्परा। दूसरी परम्परा के समानान्तर पहली परम्परा रखे बगैर यह बहस खड़ी नहीं होती। नामवर जी ने इसका बीज मुक्तिबोध से ही ग्रहण किया। परम्परा एक रेखीय और एक स्तरीय नहीं होती—यह चेतना मुक्तिबोध के निबन्धों में प्रखर रूप में मौजूद है, भले ही सूत्र रूप में यह बात न कही गई हो। मुक्तिबोध के 1955 में प्रकाशित निबन्ध 'मध्यकालीन भक्ति आन्दोलन का एक पहलू' में भक्ति कविता के भीतर शासक वर्गों की परम्परा और श्रमशील जनता की परम्परा का साफ़ विभाजन मौजूद है। किन्तु, परन्तु के साथ सगुण बनाम निर्गुण और तुलसी बनाम कबीर के माध्यम से मुक्तिबोध इस विभाजन की व्याख्या करते हैं। नामवर जी ने इसे हजारी प्रसाद द्विवेदी के विचारों के माध्यम से हिन्दी की सम्पूर्ण अध्ययन परम्परा पर लागू किया। स्वाभाविक है कि इस प्रक्रिया में मान्यता प्राप्त विचारों पर प्रश्नांकन हुआ।

रामचन्द्र शुक्ल बनाम हजारी प्रसाद द्विवेदी की बहस ने परम्परा को एक रणक्षेत्र में बदल दिया। इसके बावजूद नामवर जी इस पुस्तक तक रुके नहीं रहे। उन्होंने 'दूसरी परम्परा' के विचार को आगे बढ़ाया।

'दूसरी परम्परा' पद का प्रयोग नामवर जी ने 1979 में पहली बार किया। 'आलोचना' में प्रकाशित एक निबन्ध में उन्होंने 'दूसरी परम्परा की खोज' शीर्षक इस्तेमाल किया। निबन्ध आचार्य हजारी प्रसाद द्विवेदी पर केन्द्रित है। अप्रैल-जून अंक में प्रकाशित यह निबन्ध एक संस्मरण से शुरू होता है। संस्मरण की शुरुआत में एक घटना का ज़िक्र है। इस घटना के बाद रवीन्द्रनाथ टैगोर और आचार्य द्विवेदी के बीच हुए एक संवाद में टैगोर की एक बात ने 'पंडित जी को झकझोर दिया।' नामवर जी लिखते हैं—'अब तक जिस परम्परा को वे एक अखंड और अविरुद्ध रूप में देखते आ रहे थे, वह सहसा शिवधनुष के समान खंड-खंड हो गई। आँखों के सामने उस दिन परम्परा का एक दूसरा ही रूप प्रकट हुआ।' नामवर जी के लिए 'परम्परा का यह दूसरा ही रूप' ही 'दूसरी परम्परा' है। परन्तु इस घटना से परम्परा का बोध ही नहीं जागा, जागा इतिहासबोध भी। नामवर जी कहते हैं—'यह इतिहासबोध का उदय था।' स्पष्ट है कि दूसरी परम्परा जिस परम्पराबोध से उपजती है उसका सम्बन्ध वस्तुत: इतिहासबोध से है। आचार्य द्विवेदी मार्क्सवादी न थे, परन्तु नामवर जी मार्क्सवादी थे। उनके लिए 'इतिहास' का वास्तविक अर्थ है—जन इतिहास। वे स्पष्ट करते हैं—"आचार्य हजारी प्रसाद द्विवेदी के इतिहास की मूल संचालक शक्ति है—जनता यानी सामूहिक, संगठित सचेत जन : इतिहास को बदलनेवाला भी, इतिहास को जारी रखनेवाला भी, इतिहास को सिरजनेवाला भी और इतिहास को भोगनेवाला भी।"

इस निबन्ध में 'दूसरी परम्परा' और 'पहली परम्परा' की कोई व्याख्या नहीं की गई है। निबन्ध एक मार्क्सवादी उधेड़-बुन है, जिसमें परम्परा की व्याख्या करते हुए अन्ततः इतिहास और जनता ही आधार बनते हैं। परम्पराओं और विचारों की बहुलता के लिए संघर्ष के क्रम में सबसे अधिक जरूरी है, परम्परा को एकवचन से मुक्त कराना। 'दूसरी परम्परा की खोज' शीर्षक निबन्ध और पुस्तक में 'परम्परा' की बहुलता का विचार मौजूद है, परन्तु इसे सूत्र रूप में वे बरसों बाद स्पष्ट रूप से कहते हैं। अब 'परम्परा' और 'दूसरी परम्परा' दोनों बहुवचन हो जाते हैं : 'हम लोग 'परम्परा' शब्द का प्रयोग एकवचन में करते हैं। मैं इस शब्द का प्रयोग बहुवचन में करना चाहता हूँ।...परम्परा कोई एक नहीं है, बल्कि परम्पराएँ हैं।' स्पष्ट है कि दूसरी परम्परा भी एक नहीं अनेक हैं। अनेक दूसरी परम्पराओं में समानता बस इतनी है कि वे पहली परम्पराओं के समानान्तर हैं और उनके प्रति विद्रोह—विरोध से निर्मित हुई हैं। यह भी स्पष्ट है कि भिन्न-भिन्न दूसरी परम्पराएँ आपस में दूरी, समानान्तरता, अलगाव और विरोध रखती हैं, रख सकती हैं, परन्तु

वे लोक की उपज हैं और अभिजन-उच्चवर्ग की परम्पराओं से स्पष्टतया भिन्न हैं। भारतीय परम्पराओं की बहुलता और उनके आपसी सम्बन्ध भारतीय समाज की बहुलता-जटिलता और अन्ततः स्थानीयता-जनपदीयता और सोपानीकरण-स्तरीकरण की कहानी कहते हैं।

परम्पराओं के बीच मौजूद आपसी विरोध जब 'पहली परम्परा' और 'दूसरी परम्परा' के सरल और स्पष्ट विभाजन में व्याख्यायित होता है तो कुछ बातें बेहद मुखर होती हैं। 'पहली परम्परा' वस्तुतः प्रभुत्वशाली उच्च वर्ग की परम्पराएँ हैं जो शासन के काम आती हैं। इसलिए उन्हें 'महान परम्परा' के रूप में स्थापित किया जाता है। इसके समानान्तर साधारण जनता की परम्पराओं अर्थात 'दूसरी परम्परा' को कमतर और क्षुद्र माना जाता है। यहाँ तक कि जनता स्वयं भी उन्हें 'हीन परम्परा' के रूप में स्वीकार कर लेती है। इस तरह किसानों, आदिवासियों, स्त्रियों, शिल्पियों, दस्तकारों, वंचितों और घुमन्तुओं की परम्पराएँ हीन मानी जाती हैं। संस्कृति के विमर्श में जाने-अनजाने 'महान परम्परा' का यह विचार सिर्फ अभिजन पृष्ठभूमि से आए विचारकों में ही नहीं, साधारण जनता से आए बुद्धिजीवियों-विचारकों-कलाकारों-साहित्यकारों में प्रभावी ढंग से मौजूद रहा है। यह 'संस्कृतीकरण' का प्रभाव है। इसलिए भारतीय मानस में लोक परम्पराओं के प्रति अवमानना सहज ही मौजूद रहती है।

नामवर जी 'दूसरी परम्परा की खोज' शीर्षक निबन्ध की शुरुआत में ही आचार्य द्विवेदी के 'साहित्य का मर्म' शीर्षक भाषण से एक उद्धरण देते हैं। इस उद्धरण की इन पंक्तियों से 'एकवचन' के विरूद्ध संघर्ष करने की उनकी मंशा स्पष्ट हो जाती है—"किसी एक विचार को भारतीय कह देना न केवल अपनी अल्पज्ञता का प्रदर्शन करना है, बल्कि अपने देश की विशाल ज्ञान-परम्परा का अपमान करना भी है। न जाने इस 'हमारे यहाँ' नाम के समुद्र में कितने ज्ञान के रत्न और संस्कारों के नकर-मकर भरे पड़े हैं। इसमें आत्मवादी हैं, अनात्मवादी हैं, वैराग्यमार्गी हैं, भोगवादी हैं, द्वैतवादी हैं, अद्वैतवादी हैं, शून्य विश्वासी हैं, नियति-विश्वासी हैं। नाना मत-मतान्तरों के इस विशाल भांडार से ज्ञान के एकाध टुकड़े चुनकर उसी को सम्पूर्ण मनीषा की एकमात्र उपज मान लेना क्या उचित है।" आर्थिक-राजनीतिक शक्तियों पर भरोसा करने के कारण नामवर जी आचार्य द्विवेदी की मूल चेतना को ऐतिहासिक और क्रान्तिकारी मानते हैं—'आचार्य द्विवेदी की दृष्टि सच्चे अर्थों में ऐतिहासिक-क्रान्तिकारी हैं। इसलिए जब वे परिवर्तन की बात करते हैं तो नितान्त उच्छेदवादी नहीं हो जाते और शाश्वत का खंडन करते हुए नैरन्तर्य को भूल नहीं जाते। समग्रतः यह ऐतिहासिक दृष्टि परिवर्तन में अन्तर्निहित नैरन्तर्य है।'

'दूसरी परम्परा की खोज' निबन्ध लिखने के 3 वर्ष बाद नामवर जी ने इसी शीर्षक से एक पूरी पुस्तक लिखी, जिसमें इस निबन्ध में बीज रूप में व्यक्त

विचारों को विस्तार और जटिलता के साथ प्रकट और व्याख्यायित किया गया है। दिलचस्प है कि इस पुस्तक के पहले लेख का भी शीर्षक यही है—'दूसरी परम्परा की खोज'। प्रारम्भ के दो पैराग्राफों में किंचित समानता के बावजूद दोनों आलेख पूरी तरह भिन्न हैं। 1979 में आलोचना के अप्रैल-जून अंक में प्रकाशित आलेख पूरी पुस्तक का बीज-आलेख है, तो पुस्तक-संकलित लेख-पुस्तक का पहला लेख-एक प्रकार की प्रस्तावना।

1979 के आलेख में 'दूसरी परम्परा की खोज' की अवधारणा का बीज रूप तो मौजूद है, परन्तु यह पूरी तरह स्पष्ट नहीं है। ऐसा अनुमान किया जाना चाहिए कि अवधारणा का विकास धीरे-धीरे हुआ होगा। इसलिए जरूरी है कि इस बात को देखा जाए कि नामवर जी ने इस बीच क्या-क्या लिखा। इस लेखन में अवधारणा के विकास के सूत्र मिल सकते हैं। इस दृष्टि से इस आलेख (1979) और पुस्तक (1982) के बीच नामवर जी का आलोचना के जनवरी-मार्च-अप्रैल-जून 1981 अंक में प्रकाशित निबन्ध महत्त्वपूर्ण है। शीर्षक है—'जमीन की कविता और कविता की जमीन' लेख नागार्जुन पर केन्द्रित है। 'ठेठ किसानी दृष्टि', 'नये यथार्थवाद', 'ठोस यथार्थबोध', 'जीवन्तता', 'वाचिक परम्परा का पुनर्जीवन', 'वर्ग-प्रतिहिंसा' आदि का विवेचन करने की प्रक्रिया जैसे आधुनिक हिन्दी कविता की दूसरी परम्परा की खोज का ही प्रयत्न है। यह बात इसलिए कही जा सकती है कि दूसरी परम्परा की खोज के केन्द्र में प्रगतिशील आन्दोलन के वे कवि हैं, जो नई कविता के जमाने में अनदेखे रह गए थे। ये कवि हैं—नागार्जुन, त्रिलोचन और केदारनाथ अग्रवाल। प्रगतिशील आन्दोलन अपने पुनर्गठन के बाद इन कवियों को केन्द्र में लेकर आता है। प्रगतिशील आन्दोलन इस युग में अज्ञेय के समानान्तर इन कवियों की स्थापना करता है। यह ध्यान रखना जरूरी है कि प्रगतिशील कविता का एक चेहरा मुक्तिबोध और शमशेर जैसे कवियों से बनता है तो दूसरा चेहरा नागार्जुन, केदारनाथ अग्रवाल और त्रिलोचन से। यह दूसरा चेहरा लोकमुखी और गँवई है। वस्तुतः यही दोनों गुण दूसरी परम्परा का प्रमुख आधार भी हैं। यह अकारण नहीं है कि 'दूसरी परम्परा की खोज' पुस्तक लिखने के बाद नामवर जी 1987 में त्रिलोचन केन्द्रित दो विस्तृत निबन्ध 'एक नया काव्यशास्त्र त्रिलोचन के लिए' तथा "'साधारण' का असाधारण कवि : त्रिलोचन" लिखते हैं। आधुनिक कविता के प्रसंग में 1987 में पहली बार 'दूसरी परम्परा' पद का प्रयोग वे 'कविता की दूसरी परम्परा' शीर्षक निबन्ध में करते हैं, जिसमें त्रिलोचन और नागार्जुन का ही ज़िक्र है। यूँ यह निबन्ध संस्कृत कविता की लोकमुखी परम्परा पर केन्द्रित है। यह निबन्ध 1986 में प्रकाशित राधावल्लभ त्रिपाठी की पुस्तिका 'संस्कृत कविता की लोकधर्मी परम्परा' और अगस्त-नवम्बर 1986 में 'साक्षात्कार' के 81-84वें अंक में प्रकाशित कमलेशदत्त त्रिपाठी के निबन्ध 'संस्कृत काव्य की दूसरी धारा और कवि नागार्जुन' पर आधारित है। यह महत्त्वपूर्ण

है कि नामवर जी इन दोनों निबन्धों के पीछे भी नागार्जुन-त्रिलोचन की प्रेरणा मानते हैं। वे स्पष्ट रूप से कहते हैं—"'स्पष्टत: दोनों ही निबन्ध नागार्जुन और त्रिलोचन की लोकधर्मी कविता से प्रेरित हैं और इसी कविता के आलोक से प्राचीन संस्कृत काव्य की दूसरी परम्परा का प्रत्याभिज्ञान हुआ है।' यह अलग बात है कि वे यह सम्भावना भी व्यक्त करते हैं कि संस्कृत काव्य का यह प्रत्याभिज्ञान आज की हिन्दी कविता को नया आलोक प्रदान कर सकता है।"

कहना न होगा कि 'दूसरी परम्परा की खोज' पुस्तक के केन्द्र में भले ही आचार्य हजारी प्रसाद द्विवेदी हों, परन्तु 'दूसरी परम्परा' के केन्द्र में हैं—नागार्जुन, त्रिलोचन, केदारनाथ अग्रवाल, हरिशंकर परसाई, और अन्तत: परवर्ती निराला, प्रेमचन्द और कबीर।

इसी आलोक में वे अपनी पुस्तक 'कविता के नये प्रतिमान' पर पुनर्विचार करते हैं। 1989 में इलाहाबाद में उन्होंने 'कविता के नये प्रतिमान : पुनर्विचार' शीर्षक से दो व्याख्यान दिए। इन व्याख्यानों में उन्होंने 'कविता के नये प्रतिमान' को नई समीक्षा के प्रभाव में लिखी गई किताब बताते हुए उसकी सीमाओं की चर्चा की। पुनर्विचार के क्रम में वे स्पष्ट करते हैं—"'नई समीक्षा' में सूत्रबद्ध अवधारणाएँ मात्र रूपवादी नहीं हैं, बल्कि उनका एक निश्चित ऐतिहासिक सन्दर्भ है। साथ ही ये अवधारणाएँ केवल अपनी साहित्यिक भूमिका ही नहीं निभा रही थीं बल्कि स्पष्ट कहा जाए तो इसकी एक निश्चित राजनीति भूमिका भी थी। 'कविता के नये प्रतिमान' में यह नहीं कहा गया है। 'कविता के नये प्रतिमान' का रूपवाद यह है कि उसमें रूपवाद की आलोचना भी रूपवादी ढंग से की गई है अर्थात् तार्किक आधार पर उसका खंड किया गया है, ऐतिहासिक आधार पर नहीं। 'जटिलता', 'विसंगति', 'अनुभूति की प्रामाणिकता' आदि के मूल में जो राजनीति काम कर रही है, उसका खंडन नहीं किया गया है। यह खंडन कविता की दूसरी परम्परा की खोज और स्थापना के लिए जरूरी है।" अन्तिम वाक्य पर गौर करना जरूरी है। इस वाक्य से स्पष्ट है कि 'कविता के नये प्रतिमान' पर पुनर्विचार मूलत: कविता की दूसरी परम्परा की खोज और स्थापना के लिए जरूरी है। प्रगतिशील आन्दोलन के पुनर्गठन के बाद—इतिहास और जनता—निर्णायक प्रतिमान के तौर पर पुन: स्थापित हुए। कबीर-प्रेमचन्द-निराला, नागार्जुन-केदार-त्रिलोचन-मुक्तिबोध और हरिशंकर परसाई-भीष्म साहनी-अमरकान्त हिन्दी की प्रगतिशील परम्परा के आधार बनकर उभरे। नामवर जी ने शीतयुद्ध की छाया में जिन प्रतिमानों पर बल दिया, उससे कुछ देर के लिए इस परम्परा से ध्यान हटता था। वे स्वीकार करते हैं—"'प्रतिमान' के प्रतिमानों पर बल देने से छायावादोत्तर हिन्दी कविता की दूसरी लोकवादी परम्परा की उपेक्षा हुई और कुछ देर के लिए ऐसा लगा कि हिन्दी कविता की मुख्यधारा कथित प्रगति-विरोधी धारा है, जिसके निर्माता रघुवीर सहाय, विजयदेव नारायण

साही और श्रीकान्त वर्मा हैं, वह प्रगतिशील धारा नहीं जिसके नियन्ता नागार्जुन, त्रिलोचन और केदारनाथ अग्रवाल हैं।" इसका अर्थ यह नहीं है कि वे 'कविता के नये प्रतिमान' के संघर्ष को कम करके आँकते हैं। प्रगतिशील कविता की स्थापना में इस पुस्तक की भूमिका यह है कि वह मुक्तिबोध और उनके माध्यम से नई कविता की दूसरी परम्परा की स्थापना करती है। नामवर जी स्पष्ट रूप से कहते हैं—"मैं कहना चाहता हूँ कि कविता की इस दूसरी परम्परा का जो निरूपण मैं अपने इधर के अध्ययन और अपनी इधर की रचनाओं के माध्यम से करना चाहता हूँ वह यह है कि नई कविता के अन्तर्गत जो दूसरी परम्परा थी उसके वाहक मुक्तिबोध थे और नई कविता के बाहर जो दूसरी परम्परा है, और जो समूची नई कविता को चुनौती देती है और जो नई कविता का अपना काव्यशास्त्र है, उसकी उपेक्षा करके ठेठ हिन्दी की अपनी परम्परा में नए ढंग की कविता लिखती रही है, उसका भी मूल्यांकन होना चाहिए और जैसा कि मैंने संकेत किया था, नागार्जुन और त्रिलोचन इन दो कवियों के माध्यम से मैंने कविता की उस दूसरी परम्परा का निरूपण करने का प्रयत्न किया है।"

'दूसरी परम्परा' के विचार और कविता की दूसरी परम्परा की खोज का गहरा सम्बन्ध कहीं न कहीं प्रगतिशील लेखक संघ के पुनर्गठन से है। 1973 के बाँदा सम्मेलन के बाद, 1973 में नामवर जी के दो निबन्धों में इसे देखा जा सकता है। 'कविता के नये प्रतिमान' के 1974 में सम्पादित दूसरे संस्करण में जोड़े गए नये लेख 'अँधेरे में : पुनश्च' और 'प्रगतिशील साहित्य धारा में अन्ध लोकवादी रुझान' की तेजस्विता, साफ़गोई और वैचारिक पक्षधरता में एक स्पष्ट सम्बन्ध है। दूसरे निबन्ध में उन कवि नागार्जुन का उल्लेख बेहद महत्त्वपूर्ण और रेखांकन योग्य है जिनकी 'कविता के नये प्रतिमान' में कोई जगह नहीं थी। कविता के नये प्रतिमानों के बाहर, 1974 आते-आते, उनकी जगह कितनी ऊँची हो जाती है, यह नामवर जी के इस उद्धरण से स्पष्ट है—"इस भारतीय प्रहसन की अठारहवीं ब्रूमेर लिखनेवाला कोई मार्क्स आज हमारे बीच भले न हो, नागार्जुन जैसे कवि की इधर की कविताएँ एहसास करा रही हैं कि अब भी 'गर्जित-प्रलयाब्धि-क्षुब्ध हनुमत केवल प्रबोध!'"

समय के साथ दूसरी परम्परा की अवधारणा नामवर जी के परवर्ती चिन्तन का केन्द्रबिन्दु बनती गई। आधुनिक, विशेषत: छायावादोत्तर कविता के विवेचन में इसका सम्यक् और प्रभावशाली उपयोग करने के बाद नामवर जी का ध्यान परम्परा के विस्तृत पुनर्मूल्यांकन की ओर जाता है। हजारी प्रसाद द्विवेदी के बहाने 'दूसरी परम्परा की खोज' के क्रम में वे पहले ही भक्ति आन्दोलन और भक्ति कविता में पहली और दूसरी परम्पराओं के द्वन्द्व और उसकी आधुनिक व्याख्याओं पर अपनी टीका दे चुके थे। स्पष्ट है कि 'दूसरी परम्परा' पर गम्भीरतापूर्वक विचार करने के

क्रम में नामवर जी का ध्यान सहज ही भक्ति की दूसरी परम्परा की ओर गया। 'दूसरी परम्परा की खोज'—इस पुस्तक से पहले नामवर जी, अपने शोध-कार्यों को छोड़ दिया जाए तो प्राय: आधुनिक हिन्दी साहित्य, विशेषत: कविता और कहानी के आलोचक थे। हजारी प्रसाद द्विवेदी की रचनात्मक नवता की खोज के क्रम में पहली बार द्विवेदी जी के ही सहारे भक्ति और भक्ति कविता पर विचार करने की दिशा में आगे बढ़े। इस पुस्तक के निबन्ध 'भारतीय साहित्य की प्राणधारा और लोकधर्म' में भक्ति कविता की दूसरी परम्परा सम्बन्धी उनकी समझ के बीज रूप मौजूद हैं। द्विवेदी जी भक्ति को मुसलमानों के शासन स्थापित होने की प्रतिक्रिया मानने के विरोधी थे। वे इसे 'हतदर्प पराजित जाति' का साहित्य न मानते थे। इसके लिए उन्होंने प्रभावशाली तर्क दिए। आचार्य हजारी प्रसाद द्विवेदी के सम्मुख आचार्य रामचन्द्र शुक्ल मौजूद थे, परन्तु नामवर जी के सामने शुक्ल जी को 'सत्ता' बना देनेवाले उनके अनुयायी और अन्धभक्त। स्वाभाविक है कि शुक्ल जी के सहारे ये अन्धभक्त अनुयायी यथास्थितिवादी और प्रतिक्रियावादी सामाजिकता और राजनीति के पक्ष में एक अभियान चला रहे थे। सम्प्रदायवाद के कारण राष्ट्र विभाजन जैसी त्रासदी झेल चुके समाज में विभाजन की यह प्रक्रिया जारी थी। हिन्दू-मुस्लिम बाइनरी उपनिवेशवाद और पुनरुत्थानवादी राष्ट्रवाद के वैचारिक गठजोड़ का नतीजा थी। सम्प्रदायवाद और प्रतिक्रियावाद की इस सामाजिक प्रक्रिया में परम्परा के अमूल्य रत्नों, विशेषत: भक्ति कविता का, उपयोग करने की मंशा शामिल थी। द्विवेदी जी के विचारों की पृष्ठभूमि में भले ये परिप्रेक्ष्य मौजूद न रहा हो, परन्तु नामवर जी के सामने यह परिप्रेक्ष्य पूरी तरह से साफ़ था।

शुक्ल जी के अन्धविरोधियों से वैचारिक मुकाबला करने में नामवर जी शुक्ल जी की परम्परा के व्याख्याता और विचारक रामविलास शर्मा के विचारों की आंशिक मदद लेना रणनीतिक रूप से जरूरी समझते हैं, परन्तु अन्तत: रामविलास शर्मा की अनेक अवधारणाओं से टकराना भी उन्हें जरूरी लगता है। इन मान्यताओं में तुर्कों और विदेशी मुसलमानों के आगमन से भारतीय समाज पर पड़े प्रभावों की व्याख्या शामिल है। द्विवेदी जी और इरफ़ान हबीब के विचारों से गुजरते हुए नामवर जी अन्तत: हिन्दू-मुसलमान बाइनरी (विरोधी युगल) से बाहर निकलने का एक रास्ता खोज लेते हैं। वे कहते हैं—"मध्ययुग के भारतीय इतिहास का मुख्य अन्तर्विरोध शास्त्र और लोक के बीच का द्वंद्व है, न कि इस्लाम और हिन्दू धर्म का संघर्ष।' 'वर्ग-संघर्ष की वैज्ञानिक शब्दावली' से बाहर पड़नेवाली इस शब्दावली पर प्रगतिशीलों-मार्क्सवादियों को आपत्ति होगी, यह एहसास नामवर जी को था, इसीलिए उन्होंने जान इरविन के हवाले से इस विचार को वर्ग-संघर्ष से जोड़ने की भी कोशिश की। इस प्रक्रिया में उन्होंने ब्राह्मणवादी समाज सत्ता और ज्ञान-कांड की सबसे बड़ी राजनीतिक शक्ति, उसके लचीलेपन की ओर भी ध्यान केन्द्रित

किया—"भारत में उच्चवर्ग के इस वैचारिक लचीलेपन और समझौतावादी रुख का ही यह परिणाम हुआ कि हिंसात्मक विद्रोह की स्थितियाँ बहुत कम उत्पन्न हुईं। इस दृष्टि से भारत की प्राचीन मनीषा अन्य देशों के बुद्धिजीवियों से अधिक सुचिन्तित और व्यवहारकुशल प्रतीत होती है।" भारतीय समाज में एप्रोप्रियेशन की पूरी राजनीति को समझने के लिए यह सूत्र अत्यन्त कारगर है। परम्परा के भीतर मौजूद अन्तर्विरोधों, विविध धाराओं के टकरावों, आन्तरिक दुचित्तेपन को इसके सहारे समझा जा सकता है। मुक्तिबोध ने भक्ति कविता के क्रान्तिकारी तत्त्वों के यथास्थितिवादी शक्तियों द्वारा सोख लिए जाने और भक्ति के भीतर ही उसका प्रतिवाद करनेवाली दूसरी धारा के उभरने को साफ़ तौर पर रेखांकित किया था। एप्रोप्रियेशन अर्थात आत्मसातीकरण द्वारा बदलने और शक्तिहीन करने की व्यापक प्रक्रिया पर ध्यान दिए बगैर भक्ति कविता की विविध धाराओं की ऐतिहासिक भूमिका और उनके बीच मौजूद द्वन्द्व और विरोध को समझा जा पाना सम्भव नहीं है।

सम्पूर्ण भक्ति कविता को एक ही आँख से देखने और एक ही तराजू में तौलनेवालों की भारी भीड़ है। इस भीड़ के सदस्य भक्ति कविता के प्रगतिशील तत्त्वों और यथास्थितिवादी तत्त्वों को अलगाने का विरोध करते हैं। भक्ति कविता और भक्ति सम्प्रदायों-संगठनों के भीतर मौजूद यथास्थितिवादी विचारों का उपयोग कर समाज में प्रतिक्रियावाद को प्रोत्साहित करनेवाली शक्तियों को वे अनदेखा करते हैं। ऐसे लोग यह देखने में असमर्थ हैं कि भक्ति कविता के क्रान्तिकारी तत्त्वों का विरोध करनेवाली सामाजिक शक्तियों की संख्या बहुत बड़ी है। मुक्तिबोध संगी नामवर सिंह इस पूरी राजनीति के गुब्बारे में सुई चुभोते हैं। इस पूरी प्रक्रिया में सहज ही वे भक्ति कविता की दूसरी परम्परा के पक्ष में प्रभावी ढंग से खड़े होते हैं। हजारी प्रसाद द्विवेदी के विचारों की व्याख्या के क्रम में उपजने के कारण इन विचारों पर द्विवेदी जी की भाषा और पदावली का प्रभाव होना स्वाभाविक है। परन्तु इन पदों के भीतर अर्थ और अभिप्राय एक मार्क्सवादी विचारक के ही हैं। पुराने शब्दों में मौजूद पुरानी अवधारणाओं को विस्थापित करना और उनमें नये अर्थ भरना इस दृष्टि से एक मूल्यवान संघर्ष है। नामवर जी इस प्रक्रिया में शामिल होकर अनेक शब्दों को पुनर्नवा करते हैं। 'लोकधर्म' ऐसा ही शब्द है। 'लोकधर्म' पद यूँ तो आचार्य शुक्ल और आचार्य द्विवेदी दोनों के ही द्वारा इस्तेमाल हुआ है, परन्तु नामवर जी इन दोनों के विचारों पर अपनी टीका देते हुए अनेक वैचारिक जालों को साफ करते हैं :

- शुक्ल जी का 'लोकधर्म' वस्तुत: 'आर्य शास्त्रानुमोदित' सनातन धर्म ही है।
- 'लोक' शब्द बड़ा गोलमटोल है। 'लोक' शब्द का प्रयोग रामचन्द्र शुक्ल करते हैं तो अपेक्षाकृत हजारी प्रसाद द्विवेदी से संकुचित है,

> भिन्न है। जिस अर्थ में तुलसीदास 'लोक' शब्द का प्रयोग करते हैं, उस तरह कबीर नहीं करते।

इस क्रम में नामवर जी 'लोकधर्म' को एक नया और जनवादी अर्थ देते हैं :

- लोक-धर्म साधारण जनों के विद्रोह की विचारधारा है। इसे 'लोक-धर्म' कहने का एक कारण तो यह है कि यह उच्चवर्गों के 'शास्त्र' के समान कोई सूक्ष्मातिसूक्ष्म तर्क-पद्धति से सम्पन्न तथा व्यापक विश्वदृष्टि के रूप में विकसित कोई सुसंगत और सुव्यवस्थित 'विचार-प्रणाली' नहीं है। दूसरा कारण यह है कि यह पूँजीवादी समाज के बीच निर्मित किसी एक सुनिश्चित वर्गचेतन वर्ग की विचार-प्रणाली नहीं, बल्कि सामन्ती युग के असंगठित किसानों और दस्तकारों के विविध वर्गों, उपवर्गों की मिली-जुली भावनाओं का पुंज है। शास्त्र-वंचित विविध दलित जातियों और जनसमूह की मानसिक अभिव्यक्ति होने के कारण इस 'लोक-धर्म' का अव्यवस्थित और अनिश्चित होना अनिवार्य है, और इसलिए उच्चवर्गों के शास्त्र की तुलना में वह हीनतर भी प्रतीत हो सकता है किन्तु सिर्फ़ इसीलिए वह महत्त्वहीन नहीं हो जाता।

- परिस्थितिवश शासक वर्ग की विचारधारा के प्रभाव से बहुत कुछ मुक्त रहने के कारण 'लोक-धर्म' शास्त्र से हीन प्रतीत होते हुए भी उसका 'विकल्प' बनकर उपस्थित होता है और यही उसकी शक्ति है। लोक-धर्म का प्राण उसका विद्रोह है।

स्पष्ट है कि नामवर जी के लिए लोकधर्म जनता की सामाजिकता, सामूहिक चेतना और अन्ततः विचारधारा का द्योतक है इसलिए 'दमनकारी व्यवस्था के विरुद्ध विद्रोह के रूप में खड़े होनेवाले प्रत्येक जन-आन्दोलन की शक्ति और सीमा को समझने के लिए उसके द्वारा मान्य ऐसे 'लोक-धर्म' का अध्ययन आवश्यक है।'

ऐसे में यह सवाल उठाना स्वाभाविक है कि क्या 'भक्ति' का प्रत्येक रूप लोक-धर्म का अंग है? क्या भक्ति की कुछ धाराएँ पहली परम्परा का अंग हैं और कुछ दूसरी परम्परा का? क्या भक्ति की सभी घटनाओं को 'पहली परम्परा' या 'दूसरी परम्परा' में स्पष्टतः विभाजित किया जा सकता है? या एक ही धारा में पहली और दूसरी परम्पराओं के तत्त्व मौजूद हैं? आज ऐसे अनेक सवालों का सामना करना जरूरी है। 'दूसरी परम्परा' के विचार के आगमन के बाद हिन्दी क्षेत्र में धार्मिक कट्टरतावाद, साम्प्रदायिक उन्माद और फासीवादी तत्त्वों वाले ऐसे राजनीतिक आन्दोलन का उदय हुआ जिससे भक्ति की पृष्ठभूमि में मौजूद धर्म-तंत्र की भूमिका पर फिर-फिर विचार करना जरूरी हो गया। स्वाभाविक है कि 'भक्ति' पर ऐसे में

नए सिरे से विचार शुरू हुआ। वैष्णव धर्म के कुछ हिस्सों का सम्प्रदायीकरण हुआ, जिसने भक्ति आन्दोलन की प्रगतिशीलता की मार्क्सवादी इतिहासकारों-विचारकों–आलोचकों द्वारा की गई व्याख्या पर सवालिया निशान लगा दिया। दलित आन्दोलन और स्त्री आन्दोलनों ने भक्ति आन्दोलन के दलित विरोधी और स्त्री विरोधी तत्त्वों पर जमकर हमला किया। ऐसे में भक्ति, भक्ति आन्दोलन और भक्ति कविता पर पुनर्विचार अनिवार्य हो गया। रामविलास शर्मा और मुक्तिबोध की संयुक्त विरासत खतरे में नजर आने लगी। ऐसे में नामवर सिंह ने उठ रहे सवालों से सकारात्मक संवाद किया। इस संवाद में 'दूसरी परम्परा' का आधार स्पष्ट रूप से मौजूद था।

नामवर सिंह ने बीसवीं शताब्दी के अन्तिम दशक और इक्कीसवीं शताब्दी के प्रारम्भिक वर्षों में भक्ति, भक्ति आन्दोलन और कबीर पर पुनः-पुनः विचार किया। 'भक्ति आन्दोलन और भक्तिकाव्य : कुछ पुनर्विचार' शीर्षक वक्तव्य इस दृष्टि से अत्यन्त महत्त्वपूर्ण है। इस वक्तव्य में रामविलास शर्मा, मुक्तिबोध, के. दामोदरन, रोमिला थापर, इरफ़ान हबीब, रामशरण शर्मा द्वारा प्रस्तुत समझ का एक अंश सामान्य चेतना के रूप में मौजूद है। मार्क्सवादी सामान्य चेतना में यह समझ पहले से ही रही है कि भक्ति के विविध रूपों का पुरातन धर्मों से किसी न किसी तरह का सम्बन्ध रहा है, परन्तु यह पुरातन का नवीन रूप नहीं, एक पृथक रूप है, जिसकी वैचारिकता और चेतना अपने समय और समाज से नाभिनालबद्ध है। 'भक्ति' विकसनशील सामन्तवाद और पतनशील सामन्तवाद के विविध युगों को प्रतिबिम्बित तो करती ही है, उनकी आलोचना और विरोध के भी अवसर देती है। यह समझ मार्क्सवादी चेतना का प्रमुख अंग रही है कि 'भक्ति' ने 'ईश्वर' के नए रूपों की सर्जना की। नामवर जी इसमें एक नई बात जोड़ते हैं। वे दिखाते हैं कि भक्तों का सघन सम्बन्ध देश से है। वे समझ पाते हैं कि स्थानीय संस्कृतियाँ भक्ति के माध्यम से पहली बार प्रभावी ढंग से व्यक्त हुईं। सम्भवतः भक्तिकाव्य ही वह पहला साहित्य है जहाँ भारतीय समाज अपनी पूरी विविधता और देशजता के साथ पूरेपन से मौजूद है। स्थानीय समाज और संस्कृति से गहरी सम्बद्धता भक्ति कविता को भारत की पहली प्रतिनिधि कविता बनाती है। भक्ति कविता बहुजातीय भारत की बहुजातीयता को सोखती और संरक्षित करती है। संस्कृत कविता के समक्ष भक्ति कविता को रखने से इसे ज्यादा बेहतर ढंग से समझा जा सकता है। नामवर जी का यह कहना उचित ही है कि भौगोलिक रूप से प्रत्येक भारत लोकल है।...प्रत्येक भक्त अपने स्थान को, अपने लोकेल को, अपने भूगोल को दिव्यता और गरिमा प्रदान करता है।...भक्तों ने भगवान को रूप ही नहीं दिया, बल्कि भगवान जिस देश में आए, उस देश को उसके प्रत्येक अंचल को और उसकी भाषायी अस्मिता को आत्मसात किया।

स्थानीयता की अभिव्यक्ति का प्रमुख आधार है भाषा। वस्तुतः भाषा के रास्ते

ही 'देश' 'कविता' में प्रवेश करता है। नामवर जी की समझ साफ़ है कि भक्ति आन्दोलन के साथ ही आधुनिक भाषाओं ने पहली बार साहित्यिक जीवन प्राप्त किया। परन्तु वे इससे आगे बढ़कर कहते हैं कि 'भक्ति एक तरह से कविता में भाषा का नृत्य है। यह एक उन्माद है।' स्पष्ट है कि भक्ति का गहरा सम्बन्ध भाषायी क्रान्ति से है। यह क्रान्ति सिर्फ आधुनिक भारतीय भाषाओं के प्रयोग में ही नहीं है। भक्ति ने कविता की भाषा को क्रान्तिकारी ढंग से बदल दिया। भक्ति कविता ने काव्यभाषा का जनतांत्रीकरण ही नहीं किया, उसे रचनात्मक नवाचारों से गूँथ दिया। इन सबने मिलकर पहले से प्रभाव जमाये बैठे काव्यशास्त्र और सौन्दर्यशास्त्र को चुनौती दी। नामवर जी स्पष्ट रूप से कहते हैं कि भक्तों के साथ एक नया काव्यशास्त्र और एक नया सौन्दर्यशास्त्र आया है। बाद में उसे एप्रोपिएट भी किया गया। 'एप्रोपिएशन' की राजनीति को व्याख्यायित करने की आवश्यकता अभी भी बनी हुई है। इसका गहरा सम्बन्ध सामन्तवादी—धर्मतंत्रवादी-पितृसत्तावादी समाज की सामाजिक रणनीतियों से है। आत्मसातीकरण पिछले हजार वर्षों की सतत चलनेवाली प्रक्रिया है। यह प्रक्रिया आज भी किन्हीं रूपों में चल रही है। हमारे समय में फासीवादी, साम्प्रदायिक और संकुचित राष्ट्रवादी सामाजिक-राजनीतिक शक्तियों ने अनेक भक्ति पंथों को प्रतिक्रियावादी राजनीति में बखूबी इस्तेमाल किया है।

इस महत्त्वपूर्ण और विचारोत्तेजक वक्तव्य-शृंखला में भक्ति आन्दोलन और भक्ति कविता पर नये सिरे से और प्राय: पहली बार पूरेपन से विचार करते हुए नामवर जी फिर-फिर कबीर तक पहुँचते हैं। 'दूसरी परम्परा की खोज' के युग से ही कबीर उनके परम्परा सम्बन्धी चिन्तन का केन्द्र रहे हैं। इस वक्तव्य से पहले वे 'कबीर का सच' और 'कबीर का दुख' लेख लिख चुके थे। इन आलेखों की छाया इस वक्तव्य पर साफ देखी जा सकती है। वे स्पष्ट हैं कि कबीर की कविता का सबसे मूल्यवान पक्ष उसकी क्रान्तिकारिता है। इसी कारण उनका लगातार विरोध होता आया है। आज भी उन्हें ज्ञान और कविता के हाशिये पर ढकेलने के अभियान चलाये जा रहे हैं। इन अभियानों की शुरुआत हिन्दी नवजागरण में शुरू होती है और रामचन्द्र शुक्ल जैसे आलोचक इसके शीर्ष प्रतिनिधि बन जाते हैं। भारतीय ज्ञान मीमांसा में मौजूद इस राजनीति को समझना और उसे फिर-फिर कहना जरूरी है। नामवर जी स्पष्ट रूप से कहते हैं कि द्विवेदी जी ने दिखाया कि कबीर की उपेक्षा छोटी जाति का होने के कारण नहीं हुई। उन्हें दूसरे दर्जे का इसलिए नहीं माना गया कि वह छोटी जाति के थे, इसलिए भी नहीं कि मुसलमान के घर में पालित थे, बल्कि इसलिए कि कबीर दरअसल ऐसे क्रान्तिकारी कवि और साहित्यकार थे जिसे आसानी से स्वीकार करने में खतरा था। कबीर के महत्त्व को कम करने का मुख्य कारण है उनकी क्रान्तिकारिता। उन्हें आचार्य रामचन्द्र शुक्ल ने लोकविरोधी तक कहा।

रामचन्द्र शुक्ल आदि विचारक-आलोचक अपने सामाजिक और अकादमिक विचारों को मुखर ढंग से कहते हुए अनजाने ही कबीर बनाम तुलसी की लगभग एक नई बाइनरी का निर्माण करते हैं। आधुनिक विचारों के बढ़ते प्रभाव में सामन्तवादी-धर्मतंत्रवादी विचारों को स्थापित करने की राजनीति में भक्ति कविता का उपयोग करते हुए अक्सर आलोचक-विचारक-ज्ञानी-साधारण जन इस बाइनरी का उपयोग करते हैं। मुक्तिबोध इस बाइनरी को तुलसी की कविता में मौजूद अनाधुनिक और आधुनिकता-विरोधी विचारों को स्पष्ट करने के लिए उपयोग में लाते हैं और रामचन्द्र शुक्ल की बाइनरी में तुलसी की ओर झुके पलड़े को कबीर की ओर झुकाने का प्रयत्न करते हैं। अन्ततः मुक्तिबोध संगी नामवर सिंह भी इस बाइनरी का उपयोग इसी रूप में करते हैं। कहना न होगा कि इस तरह भक्ति कविता की समकालीन व्याख्याओं में यह बाइनरी प्रभावी बनी रहती है। इससे भक्ति कविता की व्याख्या में एक तरह का रचनात्मक गतिरोध बनता है। इस गतिरोध के बावजूद भक्ति कविता की व्याख्या आगे बढ़ती है। कबीर-तुलसी की तुलना को कबीर का सम्पूर्ण समर्थन और तुलसी का पूर्ण विरोध मानकर न पढ़ा जाए तो यह समझ मूल्यवान बन जाती है। नामवर जी इक्कीसवीं सदी में एक नए ढंग से मुक्तिबोध द्वारा 1955 में उठाए गए सवालों को पुनः प्रासंगिक बनाए रखते हैं : 'भक्त कवियों में अनेक ऐसे हुए हैं, जैसे तुलसीदास थे, उनके यहाँ 'टू टियर सिस्टम' था।...भक्ति की दुनिया में सब बराबर हैं,...जात-पाँत के भेद नहीं हैं, लेकिन भक्ति के बाहर समाज में पद-भेद है, रहेगा, या आदर्श रूप में रहना चाहिए। इस दृष्टि से कबीर ही अकेले ऐसे आदमी थे, जिनके यहाँ यह 'टू टियर सिस्टम' नहीं था।' भक्ति आन्दोलन ने धार्मिक समानता का सिद्धान्त तो प्रतिपादित किया, परन्तु वह सामाजिक समानता के रास्ते न खोल सका, ऐसे में 'टू टियर सिस्टम' एक स्तर पर सामन्ती यथास्थितिवाद से एक कदम बढ़ते दिखने का स्वाभाविक परिणाम था। रामानंद से तुलसीदास तक, इसे देखा जा सकता है। कबीर इसीलिए क्रान्तिकारी हैं क्योंकि वे इस 'टू टियर सिस्टम' को नकारकर सामाजिक समानता की माँग करते हैं। कबीर की क्रान्तिकारिता भक्ति द्वारा खोले गए सुधारवादी रास्तों को अधूरा साबित करती है।

आधुनिक साम्प्रदायिकता के विकास ने भक्ति कविता की प्रासंगिकता में एक नया आयाम जोड़ा। भक्ति कविता इंसान दोस्ती के मानवीय आदर्शों को स्थापित करती है। साम्प्रदायिकता की भयावहता ने इन आदर्शों के मूल्य को कई गुना तक बढ़ा दिया। भक्ति की निर्गुण धारा के कवियों ने हिन्दू मुसलमान जनता की एकता पर अधिक जोर दिया। यह सिद्धान्त उस धारा के केन्द्रीय सरोकारों में एक है। कबीर ने हिन्दू और मुसलमान धर्माधिकारियों के पाखंड पर चोट कर एक तीसरे मार्ग की प्रस्तावना की—न हिन्दू न मुसलमान। कबीर की क्रान्तिकारी विरासत को अक्सर आधुनिक यथास्थितिवादियों-सुधारवादियों ने एक खास तरह से संकुचित किया।

हिन्दू-मुसलमान एकता का लक्ष्य रखनेवाले विचारकों और नेताओं ने एक खास तरह से उन्हें समन्वयवाद में सीमित करने की कोशिश की। नामवर जी कबीर के रास्ते को अन्य मार्गों से अलग निरूपित करते हुए कबीर की क्रान्तिकारिता को, इस प्रकरण में भी पुनः स्थापित करने की कोशिश करते हैं। इस क्रम में वे गांधीवाद और अन्य विचारों से मुठभेड़ जरूरी समझते हैं :

- गांधी जी के युग में हम लोग 'कम्युनल हारमोनी' का मतलब यह समझते थे कि पंडित और मौलवी दोनों यदि एक होंगे तो हिन्दू-मुसलमान दोनों एक हो जाएँगे। कबीर ने कहा, यही दोनों तो दीवार हैं। इसलिए उन्होंने इन दोनों के खिलाफ लिखा।
- गांधीवादी रास्ता दाढ़ी और चोटी को एक करने का था। कबीर का रास्ता दोनों को काटकर, अलग कर मनुष्यता की भूमि पर एक करने का था। पहला सुधार का तथा दूसरा क्रान्ति का मार्ग था। कबीर को समाज सुधारक कहना गलत है।

कहना न होगा कि आलोचक नामवर सिंह ने खास तौर पर शीतयुद्ध की समाप्ति के बाद की परिस्थितियों में परम्परा का पुनरावलोकन किया। इस क्रम में उन्होंने भक्ति सम्बन्धी विमर्श को आगे बढ़ाया।

प्रस्तुत पुस्तक नामवर जी के भक्ति कविता और कबीर सम्बन्धी आलेखों, व्याख्यानों और साक्षात्कार अंशों का संकलन है।

हम 2010 से नामवर जी की पुस्तकों के प्रकाशन में संलग्न हैं। अब तक सोलह पुस्तकें प्रकाशित हुई हैं। चार पुस्तकें प्रकाशन की प्रक्रिया में हैं। खोज का यह काम 2005 में प्रारम्भ हुआ। निरन्तर पत्र-पत्रिकाओं-पुस्तकों, पुस्तकालयों, इंटरनेट एवं खासतौर पर निजी संग्रहों को खँगालने पर यह सामग्री प्राप्त हुई—लगभग 2000 पृष्ठ। उसमें नामवर जी के आलेखों, व्याख्यानों और साक्षात्कारों के लिप्यंतरित पाठ, वाचिक टिप्पणियाँ, व्यक्तिगत साक्षात्कार एवं सामूहिक परिसंवाद शामिल हैं। इसके बावजूद अभी अनेक आलेख और व्याख्यानों और साक्षात्कारों के मुद्रित पाठ खोजे जाने बाकी हैं। नामवर जी ने जब स्वयं यह संग्रह देखा तो उन्हें आश्चर्य हुआ। अनेक आलेख, व्याख्यान और साक्षात्कार उनकी स्मृति में नहीं थे। इस सामग्री को पुस्तकों में बाँटने की प्रमुखतः दो योजनाएँ विकल्प के रूप में सामने थीं—विषयवार पुस्तकें और लिखित-वाचिक की अलग-अलग पुस्तकें। हमने बीच का रास्ता अपनाया। सामयिक विषयों पर एक स्वतंत्र पुस्तक 'जमाने से दो दो हाथ' के साथ प्रेमचन्द पर केन्द्रित पुस्तक 'प्रेमचन्द और भारतीय समाज' में—आलेख, भाषण एवं वाचिक टिप्पणियाँ एक साथ मौजूद हैं। इसके अतिरिक्त व्याख्यानों की चार पुस्तकें 'आलोचना और विचारधारा', 'साहित्य की पहचान', 'यथाप्रसंग' तथा

'समय से संवाद'; लिखित की पाँच पुस्तकें 'कविता की जमीन और जमीन की कविता', 'हिन्दी का गद्य पर्व', 'पूर्वरंग', 'आलोचना और संवाद' तथा 'तुम्हारा नामवर' और साक्षात्कार-संवाद की तीन पुस्तकें 'साथ साथ', 'सम्मुख' तथा 'संग सत्संग'। नामवर जी के पुस्तक केन्द्रित आलेखों, व्याख्यानों, साक्षात्कारों और वाचिक टिप्पणियों और साक्षात्कार—अंशों से हमने 'किताबनामा' पुस्तक बनाई और आत्मकथात्मक वक्तव्यों, आलेखों और साक्षात्कारों से 'जीवन क्या जिया'। इन पुस्तकों से गुजरते हुए आप नामवर जी की प्रतिभा के विविध आयामों से संवाद कर सकेंगे। प्रस्तुत पुस्तक नामवर जी के भक्ति कविता और कबीर सम्बन्धी आलेखों, व्याख्यानों और साक्षात्कार अंशों का संकलन है।

सम्पूर्ण खोज-यात्रा में स्मृति शेष प्रो. कमला प्रसाद जी के साथ ही हिन्दी के वरिष्ठ कथाकार प्रो. काशीनाथ सिंह का प्रोत्साहन मेरी शक्ति रहा है। अनेक आदरणीय वरिष्ठों एवं मित्रों ने इस कार्य में निरन्तर दिलचस्पी ली है और बहुविध सहयोग किया है।

इस सम्पूर्ण यात्रा के प्रारम्भिक पाँच-छह वर्षों में एक बात मैं निरन्तर महसूस करता रहा कि इसके संग्रहण एवं प्रकाशन के प्रति नामवर जी में गहरी असम्पृक्ति रही है। सम्भवतः यही कारण है कि इतनी ढेर सारी सामग्री अब तक पुस्तक रूप मे संकलित-प्रकाशित नहीं हो सकी है। अनेक व्याख्यान व साक्षात्कार तो उन्होंने प्रकाशित रूप में देखे भी न थे। आज के समय में, जबकि लोग आत्म प्रदर्शन की प्रवृत्ति के शिकार हैं, नामवर जी में एक किसान का-सा संकोच था। अपने लिखे और बोले हुए के प्रति नामवर जी की यह असम्पृक्ति और उसके व्यवस्थित प्रस्तुतिकरण के प्रति उनका यह संकोच, मुझे अनेक तरह से अपरिग्रह के पुराने मूल्य का ही एक नया रूपान्तर लगता रहा है। उनके समकालीनों, हमउम्रों और उन्हें ज्यादा जानने का दावा करनेवाले लोगों के विचारों के समानान्तर मुझे नामवर जी में एक 'सूफियाना विराग' मिलता है। एक बार मेरे पूछने पर उन्होंने स्पष्ट रूप से कहा था कि 'चाहे निबन्ध हों या पुस्तक, मुझे उसका प्रकाशन तभी जरूरी लगता रहा है, जबकि वह मौजूदा परिदृश्य में हस्तक्षेप करे, उसके ठहराव को तोड़े और वाद विवाद संवाद की प्रक्रिया को आगे बढ़ाए। मेरी ज्यादातर पुस्तकें अपने समय की बहसों में भागीदार होकर लिखी गई हैं। इसीलिए संग्रह के लिए संग्रह निकालना मेरी प्राथमिकता नहीं रहा है।' इसी विचार के कारण पर्याप्त सामग्री के बावजूद उनके संग्रह सामने नहीं आ सके। मैंने देखा था कि 'वाद विवाद संवाद' के साथ ही आलोचना में उनकी एक अन्य पुस्तक का विज्ञापन छपा था—'जब हिन्दी नई चाल में ढली'। वह पुस्तक नहीं आ सकी। शुरुआती दिनों में मैंने भी उनके आलोचनात्मक निबन्धों के पुस्तक रूप में प्रकाशन की जब भी बात की, उन्होंने ज्यादा रुचि नहीं ली।

इसके बावजूद यदि इन पुस्तकों का प्रकाशन हो रहा है, तो इसका आशय यह नहीं है कि नामवर जी का विचार बाद में बदला था। वस्तुत: अनेक मित्रों के निरन्तर दबाव और आग्रह के कारण उन्होंने इनके प्रकाशन की अनुमति दी थी। संकोच के साथ। इनके प्रकाशन से गत सत्तर वर्षों से अधिक में फैली उनकी रचनात्मकता अपने ज्यादा आयामों में उभर सकेगी। छह दशकों में प्रगतिशील आलोचना की प्रभावशाली एवं निर्णायक भूमिका का खुलासा भी उनसे हो सकेगा तथा नामवर जी की अपनी वैचारिक स्थिति अधिक स्पष्ट हो सकेगी।

इस पुस्तक के प्रकाशन के पहले ही नामवर जी हमें छोड़कर चले गए हैं। पुस्तक की पांडुलिपि देखकर वे खुश हुए थे। अगली किताबों के बारे में भी उन्होंने उत्साहपूर्ण प्रतिक्रिया दी थी। 1957-58 में उन्होंने हिन्दी कविता का एक प्रतिनिधि संचयन तैयार किया था। हमने उसकी पांडुलिपि उन्हें दिखाई तो वे बच्चों की तरह खुश हुए। बोले, इसे अप-टू-डेट करना चाहिए। हमने इस सम्बन्ध में बातें की। सकुचाते हुए जब मैंने उनसे उनकी रचनावली की अनुमति माँगी, तो न सिर्फ उन्होंने उसकी अनुमति दी बल्कि उसके खंडों की योजना पर भी पूछताछ की। पहली दस किताबों और रामचन्द्र शुक्ल रचनावली के प्रकाशन के बाद उनमें अपनी पुस्तकों के प्रकाशन को लेकर एक उत्सुकता जागी थी। अस्वस्थता के बावजूद वे अगली पुस्तकों के बारे में लगातार पूछते—बात करते रहते थे योजनाएँ बनने के बाद उनके क्रियान्वयन में होनेवाली देरी से वे नाराज और दुखी हो जाते थे। आज वे नहीं हैं। मेरे लिए यह निजी क्षति है जिसकी भरपाई सम्भव नहीं है। एक ख़ालीपन जो हमेशा एक शून्य की तरह जीवित रहेगा। अनिवार्यत: उनके न रहने पर उनके साथ बनी योजनाएँ पूरा करने के लिए हम प्रतिबद्ध हैं।

नामवर जी की अनुपस्थिति में नामवर जी को वैचारिकता का महत्त्व बढ़ेगा, ऐसा मेरा विश्वास है। उनकी वैचारिकता, बेहतर के लिए उनकी प्रतिबद्धता, उनका आलोचना संघर्ष—हमें निरन्तर विकसित करेगा। उनके विचारों का समग्र जल्द से जल्द प्रकाशित हो ताकि नामवर जी को सम्पूर्णता में देखा-पढ़ा-समझा जा सके, ऐसी हमारी कामना है।

**—आशीष त्रिपाठी**

खंड-1

# भक्ति आन्दोलन और भक्ति काव्य

# भक्ति आन्दोलन और भक्ति काव्य : एक पुनर्विचार

[1]

मैंने भक्ति साहित्य या भक्ति काव्य को आपके सम्मुख चर्चा के लिए चुना। यह कोई आरोपित दायित्व नहीं है, बल्कि अपनी विरासत को ही नये सिरे से समझने का प्रयास है। यह प्रयास हम सभी को निरन्तर करते रहना चाहिए। मित्रो, वैसे मेरा मुख्य कार्यक्षेत्र आधुनिक साहित्य ही है और वह केवल हिन्दी तक ही सीमित नहीं है; बल्कि मेरी गहरी रुचि लगभग समूचे भारतीय साहित्य में है और मैं अपने ढंग से हिन्दी के माध्यम से, उस समूचे भारतीय साहित्य की रूपरेखा को समझने और दूसरों तक अपने विचारों को पहुँचाने का प्रयास करता रहा हूँ।

आज भक्ति काव्य को चर्चा के लिए चुनने के दो कारण हैं—एक तो यह कि इस दौर में हिन्दू पुनरुत्थानवाद और इस्लामी मूलगामिता का नये सिरे से उभार हुआ है और इन दोनों के प्रयत्नों के बीच अपनी प्राचीन परम्परा को जिस रूप में उपस्थित किया जा रहा है, वह साधारण जनता के हृदय में प्रेम के स्थान पर भेदभाव और यहाँ तक घृणा का प्रचार करने लगी है। ऐसे समय यह प्रश्न उठना स्वाभाविक है कि स्वयं जिस साहित्य को हम धार्मिक साहित्य कहते हैं (प्राचीन और भक्ति साहित्य को ऐसा ही समझा जाता है) इस पर नये सिरे से विचार करने की जरूरत आ पड़ी है। इन तमाम चीजों के बीच एक बात हम भूल जाते हैं। वह यह कि आज जो धर्मोन्माद दिखाई पड़ रहा है, इसमें उत्साह चाहे जितना हो, लेकिन इसमें एक बुनियादी कमी है। वह कमी है कवित्व की। साधु हो जाने से कोई भक्त नहीं हो जाता है, शंकराचार्य हो जाने से ही कोई भक्त नहीं हो जाता है और रथ-यात्रा निकालने के कारण ही कोई भक्ति के मर्म तक नहीं पहुँच सकता। इसलिए आधुनिक धर्मोन्मादियों से प्राचीन भक्तों को अलग करते समय जो बुनियादी स्थापना है, उसकी ओर हमारा ध्यान जाना चाहिए। जिसे अंग्रेजी में हम 'क्रिएटिविटी' या सर्जनात्मकता कहते हैं, वह सर्जनात्मकता यहाँ लुप्त है। जबकि उसी सर्जनात्मकता का विस्फोट प्राचीन भक्तों में हुआ था, जो एक तरह से अन्तर्प्रज्ञा और आन्तरिक प्रतिभा का प्रतिफलन है। इस पहचान को रेखांकित करने के लिए मैंने यह विषय चुना है। विषय चुनने का दूसरा कारण यह है कि मेरी समझ में भक्ति समूची

भारतीय संस्कृति को दक्षिण की महत्त्वपूर्ण देन नहीं बल्कि सबसे महत्त्वपूर्ण देन है। आज आवश्यकता इस बात की है कि दक्षिण की यह जो सबसे महत्त्वपूर्ण देन समूचे भारत को रही है—उसको, उसके मूल मर्म को, उसके महत्त्व को आज के वातावरण में रेखांकित किया जाए। इन दो कारणों से आज चर्चा के लिए मैंने भक्ति साहित्य को विषय के रूप में चुना है।

भक्तों की परम्परा वाचिक परम्परा थी। 'मसि कागद छुओ नहीं' कविता लिखकर और कागज लेकर पढ़नेवाले आजकल के कवियों की तरह भक्त नहीं थे; बल्कि उनके यहाँ गान का स्वत:स्फूर्त ही विस्फोट होता था। वे सामान्य-जनों के बीच में गान करते थे। हमारे यहाँ की पुरानी परम्परा यह रही है कि हम प्रस्थान के कुछ वृन्द चुनते हैं। शंकर ने जब भाष्य लिखने का संकल्प किया तो प्रस्थान के रूप में ब्रह्मसूत्र, उपनिषद् और गीता को प्रस्थान बनाया। हमारे यहाँ परम्परा रही है कि भाष्य लिखकर ही लोग अपनी मौलिक बातें कहते रहे हैं। इसलिए प्रस्थान के लिए मैं अपने गुरुदेव आचार्य हजारी प्रसाद द्विवेदी को लूँगा, जिनके माध्यम से मुझे भक्ति साहित्य में प्रवेश प्राप्त हुआ है। मेरे गुरुदेव आचार्य हजारी प्रसाद द्विवेदी ने अपने सुप्रसिद्ध ग्रंथ 'कबीर' का उपसंहार करते हुए एक बात लिखी है और आप लोगों में से बहुतों को शायद स्मरण भी हो। उन्होंने कहा कि कबीर और दूसरे सभी संतों और भक्तों को लोग 'समाज-सुधारक' और 'हिन्दू-मुस्लिम एकता का पैरोकार' कहते हैं। कबीर के वचनों का उपयोग समाज-सुधार के लिए किया गया है, किया जा सकता है। इसी प्रकार कबीर के वचनों को हिन्दू-मुस्लिम एकता के लिए भी उपयोग में लाया जा सकता है। आजकल दूरदर्शन पर यही कार्य हो रहा है। तमाम राजनीतिक नेता कर रहे हैं। लेकिन इस उपयोग के बावजूद सच्चाई यह है कि कबीर ने इन चीजों के लिए भक्ति नहीं की थी। कबीर के भक्त-हृदय से जो वाणी फूटी थी, वह उनकी अपनी भावना की अभिव्यक्ति थी। इस सिलसिले में उन्होंने संस्कृत के एक श्लोक का हिस्सा उद्धृत किया है :

*अब्धिर्संघित एव वानरभटै: किन्त्स्य गम्भीरताम्।*
*आ-पाताल-निमग्न पीवर तनुर्जानाति मन्द्राचल: ॥*

[समुद्र को वानर भटों ने (बहादुर वानरों ने) छलाँग लगाकर पार कर लिया और शायद पार भी हो गए, लेकिन समुद्र की गहराई को नहीं जाना। समुद्र की गहराई को वह मन्दराचल पर्वत जानता है, जो पाताल तक गहरे धँसा हुआ था।]

आज के अधिकांश शोधार्थी और समाज-सुधारक, जो भक्ति के श्लोक, दोहे और चौपाई उद्धृत करते रहते हैं, उन वानर-भटों के समान हैं जिन्होंने समुद्र को ऊपर-ऊपर से छलाँग लगाकर पार कर दिया, जबकि आवश्यकता इस बात की थी कि समुद्र की गहराई में, उसकी धार में बैठकर उसके तत्त्व की बात हो। मेरे

गुरुदेव का यह वक्तव्य मेरे लिए बराबर चुनौती रहा है। भक्ति साहित्य से कुछ इधर-उधर से नोचकर, कुछ टुकड़े निकालकर उसे जात-पाँत के खंडन के रूप में, धर्म के बाहरी आडम्बरों के बारे में और हिन्दू-मुसलमानों को एक करने के लिए उद्धृत करना ऊपर-ऊपर से चक्कर लगाना है। ये वानरों के समान छलाँग लगाकर समुद्र पार करनेवाली बात है। सच्चाई यह है कि उस भक्त के मर्म को समझकर, गहराई में जाकर और उस भक्ति तत्त्व और भक्ति भाव में निहित जो सामाजिकता है, जो सांस्कृतिक आयाम है, उसकी तलाश करने की कोशिश की जाए। और इसके लिए मैंने उस भक्ति भाव की चर्चा की।

दक्षिण की समूचे भारत को एक देन है। मेरी कुछ ऐसी धारणा है और उसके लिए जरूरी है—भक्ति को इतिहास में रखकर देखा जाए। समूचे भारतीय चिन्तन और भारतीय संवेदना के शताब्दियों लम्बे, वेद से लेकर आज तक के पूरे, इतिहास दृष्टिपात करें तो एक महत्त्वपूर्ण बात दिखाई पड़ती है और वह है छठी से नवीं शताब्दी के बीच में एक शिफ्ट, अवसरण या परिवर्तन। हमारे यहाँ माना गया है कि जब कोई शास्त्र या ग्रंथ कहे कि यह पंचम् वेद है तो समझना चाहिए कि यह किसी परिवर्तन की सूचना है। भरत मुनि ने जब 'नाट्यशास्त्र' लिखा तो 'नाट्यशास्त्र' को उन्होंने पंचम् वेद कहा; अर्थात् चार वेदों की परम्परा में एक नये वेद की आवश्यकता है। उस नये वेद की घोषणा के साथ इस देश का जन-समुदाय एक नये परिवर्तन की, एक नई क्रान्ति की सूचना देता है। दक्षिण के आलवार भक्तों ने जो कहा, वह 'दिव्य प्रबन्धम्' नाम से बाद में जाना गया। इस 'दिव्य प्रबन्धम्' को जब उन्होंने पंचम् वेद कहा तो इस बात की घोषणा हो गई कि एक नई चीज शुरू हो रही है, जो वेद में नहीं, वेद से भिन्न है। इसलिए छठी से नवीं शताब्दी के बीच पल्लव राजाओं का जमाना केवल सुख-शान्ति का ही जमाना नहीं था, युद्ध और कला भी बहुत थी। एक ओर राजनीतिक इतिहास में तलवारों की झंकारें सुनाई पड़ रही थीं, उसी बीच में नई मधुर वाणी प्रस्तुत हुई थी, जिसे हम आलवार भक्तों के 'दिव्य प्रबन्धम्' के रूप में जानते हैं। इसके शीर्षस्थ बारह आलवारों में दो ही ब्राह्मण थे। एक स्त्री और बाकी अब्राह्मण, जिनकी गणना शूद्रों में की जा सकती थी। इन लोगों ने इस नये वेद की रचना की, जिसको पंचम् वेद कहते हैं। यह जो शिफ्ट है, उसमें महत्त्वपूर्ण बात यह है कि वेद तमिल में है, हिन्दी में इसका अनुवाद तमिल वेद के नाम से हुआ है। वेद तो संस्कृत में है। संस्कृत वेद के विरुद्ध तमिल वेद। तमिल उस समय की लोकभाषा थी, जनभाषा थी इसलिए एक लोकभाषा में लोक-समुदाय एक नये वेद की रचना कर रहा था। यह भारतीय इतिहास में महत्त्वपूर्ण घटना है। पाँचवें वेद के नाम से और रचनाएँ तो हुई हैं पर वे सब संस्कृत में हुई हैं। यह कहना इसलिए जरूरी है कि भक्ति की चर्चा करते हुए आम तौर से हमारे आचार्यों ने, हिन्दी में ही नहीं बल्कि सभी भारतीय भाषाओं में, तेलगू और तमिल के लोग भी अपनी हर

परम्परा को वेद तक ले जाते हैं। बंगला में मुहावरा है कि वेद—सबाची-वेद में सब है, ऐसा नहीं है। लेकिन एक बात याद रखिए, वह यह कि इस देश में लम्बे समय तक वह परम्परा समाप्त नहीं हुई है, जिसे दक्षिण के एक समाजशास्त्री एम.एन. श्रीनिवास ने समाजशास्त्र की भाषा में 'संस्कृताइजेशन' कहा था। इस संस्कृताइजेशन पर हम जब तक ध्यान नहीं देंगे तब तक भक्ति के इतिहास को समझने में हमसे भूल होगी। लोकभाषा में जो चीज प्रचलित थी, उच्च वर्ग के लोगों ने उसको एप्रोप्रिएशन करके उस भाषा में हजम कर लिया और उसे संस्कृत-रूपों में प्रचलित किया। उदाहरणस्वरूप मैं कहना चाहता हूँ आपसे कि 'दिव्य प्रबन्धम्' की जब रचना हो चुकी थी, उसके बाद रामानुजाचार्य ने उसी के आधार पर एक शास्त्र की रचना की, एक दर्शन की रचना की, जिसको विशिष्टाद्वैत के नाम से सभी लोग जानते हैं। उन्होंने श्री वैष्णव द्वैत सम्प्रदाय स्थापित किया। यह नहीं भूलना चाहिए कि रामानुचार्य ने यद्यपि आलवार भक्तों की प्रशंसा की, उन्हीं के काव्यात्मक अनुभवों को शास्त्रों का रूप दिया लेकिन स्वयं तमिल में कुछ नहीं लिखा। तमिल के काव्य को संस्कृत दर्शन का रूप दिया, यह संस्कृताइजेशन है। यह सही है कि भक्ति का प्रसिद्ध ग्रंथ 'श्रीमद्भागवत' है। तमिलनाडु में छठी से नवीं शताब्दी में यह शिफ्ट हुआ। उत्तर में लगभग यही शिफ्ट गुप्तकाल के राजाओं के समय हुआ, जिन्होंने अपने को परम भागवत कहा था। अवतार के रूप में विष्णु की उपासना का प्रचार जितना गुप्त राजाओं के समय में हुआ, इसके पहले नहीं हुआ था। इसलिए गुप्त राजाओं के समय में विष्णु की उपासना के अनेक रूप दिखाई पड़ते हैं। विभिन्न अवतारों की उस समय की मूर्तियों को आप देख सकते हैं। उस समय की महावराह की मूर्तियाँ उत्तर भारत में हर जगह मिलेंगी। आचार्य हजारी प्रसाद द्विवेदी ने 'बाणभट्ट की आत्मकथा' में महावाराह द्वारा धरती के उद्धार का चित्र एक श्लोक में खींचा है :

*जलौघमग्ना सचराचराधरा विषणकोट्चारिवल-विश्वमूर्तिना।*
*समुद्‌ धता येन वराहारूपिणा स मे स्वयम्भूर्भगवान प्रसीद्‌तु॥*

कहना न होगा कि गुप्तों ने लोक-प्रचलित भक्ति का संस्कृताइजेशन किया। सारे शिलालेख, अभिलेख, मुद्राओं पर अंकन गुप्तों के समय के मिलते हैं। महाकवि कालिदास का सम्बन्ध गुप्तकाल से ही है। छठी-सातवीं शताब्दी के आसपास भारतीय इतिहास में भक्ति की जो ऐतिहासिक क्रान्तिकारी घटना हुई थी, उसका जन्म लोकजीवन में हुआ था, लोकभाषा में हुआ था, उसका श्रेय आदि-अद्विज अब्राह्मणों को है। इसे दलित और पिछड़े वर्ग के लोगों ने शुरू किया था। मैं आर्य-द्रविड़ को रेशियल कॉन्सेप्ट नहीं मानता, यह सांस्कृतिक है। अब तो यह मानवविज्ञान (एंथ्रोपोलॉजी) और इतिहास के लोगों द्वारा भी प्रमाणित कर दिया गया है। आर्यों की यज्ञ-प्रधान संस्कृति के समानान्तर द्रविड़ जाति की संस्कृति का सम्बन्ध कहीं-न-कहीं भक्ति

भावना से होना चाहिए। इसलिए मैंने कहा कि छठी शताब्दी के आसपास एक सांस्कृतिक शिफ्ट थी, एक परिवर्तन था, एक क्रान्ति हुई थी और इस क्रान्ति का ही एक प्रचलित नाम भक्ति है। इसलिए भक्ति को केवल क्रमिक विकास के रूप में देखना ऐतिहासिक भ्रम है, दोष है, बल्कि यह एक नये परिवर्तन का सूचक है। इस रूप में भक्ति को देखा जाना चाहिए।

यह क्रान्ति क्या थी? पुराने धार्मिक समुदाय में परिवर्तन को सूचित करने के लिए जरूरी होता था कि प्रचलित ईश्वर के स्थान पर एक नया ईश्वर स्थापित किया जाए। भक्तों ने एक नये ईश्वर की स्थापना की। उसे खोजा। उसकी रचना की। यह वही ईश्वर नहीं है, जो उपनिषदों या वेदों का ईश्वर है। सहसा विष्णु और विष्णु के साथ कई नये ईश्वर आए और धीरे-धीरे लोकजीवन में घुल-मिल गए। इतिहास में इसके प्रमाण मिलते हैं। कृष्ण के रूप में गोपियों के साथ खेलनेवाला, बाँसुरी बजानेवाला और मोरपंख लगाकर गाय चरानेवाला एक लोक-देवता—एक नये ईश्वर के रूप में अवतरित हुआ। नाम वही है, गुण भिन्न है। 'श्रीमद्भागवत' का ईश्वर वही नहीं है, जो उपनिषदों में है। जब कोई नये ईश्वर की रचना करता है तो समझ लेना चाहिए कि ईश्वर के रूप में मनुष्य अपनी एक नई मूर्ति गढ़ रहा है। कहने के लिए ईश्वर ने मनुष्य को बनाया है, लेकिन सच्चाई यह है कि बार-बार जितने ईश्वर बने हैं, उन ईश्वर के रूपों का, प्रतिमाओं का निर्माण मनुष्य ने ही किया है। इसलिए इस नये लोक-समुदाय ने एक ऐसे नये ईश्वर की रचना की जो बड़ा है, महान है, प्रभु है—किन्तु इन तमाम चीजों के होते हुए भी वह प्रेममय है। वह केवल करुणा करनेवाला ही नहीं है। केवल रहीम नहीं है। यह वैसा ही प्रेम करनेवाला है, जैसे पिता पुत्र से करता है, पति पत्नी से करता है, भाई भाई से करता है। ईश्वर के नये रूप में पहली बार प्रकट हुआ था—प्रेम।

हमारे यहाँ आरम्भ में पुरुषार्थ तीन माने गए थे—धर्म, अर्थ और काम। बाद में चलकर पुरुषार्थ चार हो गए। इनमें मोक्ष जुड़ गया। इसका भी इतिहास लिखा जाना चाहिए। सम्भवतः गौतम बुद्ध के बाद जो मोक्षधर्मी जैन और बौद्ध आए, इनके कारण मोक्ष का इतना महत्त्व बढ़ा कि आगे चलकर पुरुषार्थों में मोक्ष की भी गणना हो गई और ऐसा मान लिया गया कि वैदिक परम्परा से ही चार पुरुषार्थ होते आए हैं। जबकि सच्चाई यह है कि पहले धर्म, अर्थ, काम आदि त्रिवृत की चर्चा ही शास्त्रों में मिलती है। चतुर्वृत के रूप में शिक्षा भी शास्त्रों में मिलती है। यह चौथा पुरुषार्थ क्रान्ति का सूचक है। भक्तों ने ठीक कहा है, चार पुरुषार्थ से हमें कोई एतराज नहीं, लेकिन सबसे बड़ा पुरुषार्थ तो पाँचवाँ पुरुषार्थ है : 'प्रेमा पुमर्थो महान्'—प्रेम से बड़ा कोई पुरुषार्थ नहीं। धर्म, अर्थ, काम, मोक्ष—सभी इसके नीचे हैं। इसलिए तुलसीदास जैसे भक्त मुक्ति का निरादर करते हैं और भक्त ही बने रहना चाहते हैं। भक्त से कहा जाए कि तुम मोक्ष ले लो तो वह मोक्ष नहीं चाहता,

बार-बार जन्म लेना चाहता है और बार-बार राम के चरणों में रहना चाहता है। वह मोक्ष नहीं चाहता है। इसलिए मैंने कहा कि यह बहुत बड़ा शिफ्ट था। पाँचवें वेद की स्थापना ही नहीं हुई। पाँचवें पुरुषार्थ की भी स्थापना हुई और वह पुरुषार्थ 'प्रेम' है। 'श्रीमद्‌भागवत' में स्पष्ट कहा गया है कि प्रेम सबसे बड़ा पुरुषार्थ है। धर्म, अर्थ, काम, मोक्ष इसके नीचे हैं। जिस तरह चार वेद नीचे हैं—पाँचवें वेद से, उसी तरह ये चारों पुरुषार्थ उस पाँचवें पुरुषार्थ से नीचे हैं। इस पंचम पुरुषार्थ प्रेम के साथ जो सबसे बड़ी चीज आई थी, वह थी नये ईश्वर की रचना और उसके साथ अपना रिश्ता या सम्बन्ध। यह सम्बन्ध वही नहीं था जो उपनिषदों में आत्मा और परमात्मा का या ब्रह्म और जीव का सम्बन्ध था। भक्ति की कविताएँ पढ़ते हुए आपने देखा होगा कि भक्त अपने ईश्वर से लड़ते हैं, झगड़ते हैं, खीजते हैं, रिझाते हैं, गुस्सा करते हैं। यह उपनिषद् की आत्मा नहीं कर सकती थी, उसकी हिम्मत नहीं थी। इन भक्तों ने उस ईश्वर को जैसे ब्रह्मांड से उतारकर गोद में बिठा लिया, अपने घर में रखा और इस तरह अपना बना लिया कि वे उससे लड़-झगड़ करके भी प्रेम करते रहे, और इस तरह लोकजीवन में एक नया रिश्ता कायम किया। ईश्वर की सारी ईश्वरता और विभुता के बावजूद देव ने कहा है कि सम्पूर्ण ब्रह्म एक साथ और सारे लाव-लश्कर के साथ पूरे ब्रजमंडल में छा गया। कृष्ण अकेले नहीं आए बल्कि पूरा जैसे ग्लोबधाम ब्रज में उतर आया और ब्रज का वासी बन गया।

यह लगभग वैसे ही है, जैसे देश का राष्ट्रपति सहसा एक दरिद्र की झोंपड़ी में आकर कहे कि हमें एक सूखी रोटी दो। यह एक नया रिश्ता था जो इन भक्तों ने ईश्वर के साथ कायम किया। इसको क्या क्रान्ति से कम कहा जाएगा? इसलिए मैंने कहा कि छठी से आठवीं शताब्दी के मध्य यह क्रान्तिकारी घटना हुई थी। उस घटना के महत्त्व को समझना जरूरी है।

सबसे बड़ी बात यह है कि कोई भी क्रान्ति आरम्भ होती है भाषा से। मुझे गुरु से सुना हुआ ध्रुव का प्रकरण याद आता है। बालक ध्रुव अबोध था, भाषा नहीं जानता था और भगवान को खोजने के लिए जंगल से जा रहा था। पैर में काँटे, ठोकरें लग रही थीं। अचानक चतुर्भुज वेदधारी भगवान जब प्रकट हुए तो वह अवाक् रह गया। चाहता था कि उनकी स्तुति में कुछ कहे, लेकिन वाणी उसके पास नहीं थी। 'श्रीमद्‌भागवत' में है कि भगवान ने उसके गले से अपना शंख छुआ दिया और 'वाचमताम माम अन्त:करण' में जो छुपी हुई वाणी थी, वह सहसा शंख से छूने के बाद सजीव हो उठी और धाराप्रवाह श्लोकों में आई। यह नया ईश्वर जब आया और उससे जब नया रिश्ता कायम हुआ तो वह भाषा जो बोलचाल की थी, साहित्य जिसमें लिखा नहीं गया था, वह माध्यम बनी। सौभाग्य से पहले से समृद्ध संस्कृत के समानान्तर जो भाषा थी, उस तमिल में सहसा वह वाणी जो प्रसुप्त थी, इस नये ईश्वर के छूने से संजीवनी प्राप्त कर जीवित हो उठी। यह उदय केवल भाषा का नहीं है, हमारे चारों

ओर के परिवेश का भी है। सच्चाई यह है कि भक्ति आन्दोलन के साथ ही आधुनिक भाषाओं ने पहली बार साहित्यिक जीवन प्राप्त किया। ऐसा नहीं है कि भक्तों के पहले तमिल भाषा नहीं थी लेकिन तमिल को जो जीवनीशक्ति आलवार भक्तों से मिली, वह संगमकाल में नहीं थी। वह प्राचीन तमिल नहीं है जो क्लासिकल है। मैं इसका विशेषज्ञ नहीं हूँ, मैंने थोड़ा-सा ही भाषाविज्ञान पढ़ा है। भक्तों ने उस तमिल की रचना की, जो आधुनिक है। आज भी वही तमिल है। यह बात मैं इसलिए आपसे कहना चाहता हूँ कि पहली बार इस भक्ति साहित्य ने दलितों व पिछड़े हुए लोगों को, जो अपनी भाषा तो बोलते थे लेकिन वह भाषा काव्य का गौरव नहीं प्राप्त कर सकी, काव्य की प्राणशक्ति नहीं बन सकी थी, भक्ति आन्दोलन के बाद संस्कृत के समानान्तर भारत की सभी भाषाएँ एक-एक करके, जहाँ-जहाँ भक्ति पहुँची, वहाँ-वहाँ वे जी उठीं और काव्य की भाषा बनीं। आप भारत के भाषाई नक्शे पर जरा ध्यान दें—सबसे पहले भक्ति का उदय तमिल में हुआ है और तमिल उन नई जीवनीशक्ति के साथ प्रकट हुई छठी से नवीं शताब्दी के बीच। ठीक उसके बाद भक्ति कर्नाटक पहुँची। लगभग 1000 ई. के आसपास, ग्यारहवीं-बारहवीं शताब्दी के आसपास कन्नड़ में भक्ति का सहसा विस्फोट दिखाई पड़ता है जिसकी निकटतम भाषा कन्नड़ थी। ठीक उसके बाद मराठी में नामदेव और ज्ञानेश्वर के साथ बारहवीं शताब्दी में भक्ति आती है। इसी के आस-पास तेलगू और फिर जैसे-जैसे हम आगे बढ़ते हैं, महाराष्ट्र से गुजरात की ओर, सिन्ध की ओर, और फिर हिन्दी में कबीर आते हैं। पंजाबी में गुरुनानक देव के साथ पहली बार पंजाबी भाषा अपनी मूर्त स्थिति में आती है। लल्लेश्वरी के साथ कश्मीरी आती है। कबीर के साथ हिन्दी आती है। उसके और पहले विद्यापति मैथिली में आते हैं जिन्हें आज भी लोग विवाद की चीज समझते हैं कि वे श्रृंगार के कवि हैं या भक्ति के? मैं अब भी मानता हूँ कि विद्यापति के गीतों में जो तारतम्यता है, वह भक्त की तरह है। 15वीं शताब्दी के आसपास उड़ीसा, असम, बंगाल और बांग्लादेश में भी। चिटगाँव जैसे दूर प्रदेशों में दिखाई देती है।

इस भक्ति भावना के साथ लोक-समुदाय को, पिछड़े हुए वर्गों को और दलितों को वाणी मिली। महत्त्वपूर्ण बात यह है कि इस भक्ति के प्रसार में इतनी ताकत थी कि शूद्रों से इतर द्विज भक्त भी इसमें आए और उन्होंने भी इसे समझ लिया। इस देश की परम्परा रही है कि लोक और शास्त्र लगातार संवाद करते रहे हैं। वेद और लोक, इन दोनों के बीच संवाद के द्वारा भारतीय संस्कृति का विकास हुआ है। कभी तनाव भी रहा है, द्वंद्व भी रहा है। लेकिन चाहे तो द्वंद्व हो, चाहे वह तनाव हो, इन सबके साथ बराबर एक संवाद बना रहा है। भाषा में यदि डायलॉग नहीं है तो फिर भाषा मर जाती है। हम-आप सभी जानते हैं कि हमारी भाषा के मुहावरे दो ही जगहों पर सुरक्षित हैं—या तो हमारे घर-परिवार में, औरतों के बीच या उन लोगों में जो हाथ का काम करते हैं, जो मेहनत करते हैं। जीवट की भाषा उनके बीच होती

है, और जैसे-जैसे उससे हम दूर होते जाते हैं—चाहे वे तेलगू बोलनेवाले हों, चाहे वे तमिल बोलनेवाले हों, चाहे हिन्दी बोलनेवाले हों—भाषा मरती जाती है। लेकिन भाषा का वह मूल रूप स्त्रियों और श्रमिकों के बीच जीवित रहता है। वे ही भाषा को बनाते हैं। इसलिए भाषा मूलत: जीवित रूप में वहाँ से प्राप्त हुई। कच्चा लोहा वहीं से मिला और उस कच्चे लोहे को इस्पात का रूप देने के लिए जरूरी है कि हमारे पास एक खराद हो। सौभाग्य से हमारे देश में एक ऐसी भाषा थी जो सुसंस्कृत थी और उस सुसंस्कृत भाषा के खराद पर चढ़ाए बिना कच्चे लोहे से रेल की पटरियाँ नहीं बनाई जा सकतीं। उस लोहे को इस्पात की भट्ठी में डालकर इस्पात बनाना ही पड़ता है। इसलिए जब ये दो भाषाएँ मिलीं और अपनी विरासत में मिलीं तो संस्कृत से लेकर इन भक्तों ने एक अलग भाषा गढ़ी। इसीलिए आचार्य शुक्ल ने लिखा है कि यद्यपि बोलचाल की अवधि तो जायसी ने लिखी लेकिन अवधी भाषा के वैभव को देखना हो तो तुलसीदास को ही पढ़ना पड़ेगा। यही बात जो तमिल भाषा के सबसे बड़े कवि हैं, उनके सम्बन्ध में भी लागू होती है। उन्होंने तमिल को केवल बोलचाल तक सीमित नहीं रखा बल्कि नयनार की भाषा में वह संस्कार भी मौजूद है जिसके कारण उनका काव्य समृद्ध हुआ। मैं इसलिए यह कहना जरूरी समझता हूँ कि जब से संस्कृत और लोकभाषाओं के बीच संवाद समाप्त हुआ है, भाषाओं की क्षति हुई है। तमिलनाडु ने जब से चुन-चुनकर संस्कृत के शब्दों को निकालना शुरू किया है तब से तमिल भाषा अपनी वह रचनात्मकता लगभग खोने लगी है, यह स्वयं तमिल के साहित्यकार कहते हैं। जहाँ-जहाँ ऐसा नहीं हुआ, वहाँ संवाद कायम है। भाषा की सामयिकता को इस रूप में भी समझने की जरूरत है। इसलिए मैं यह कहना चाहता हूँ कि पहली बार भक्ति ने एक और बड़ा काम किया, वह यह कि देश ने अपनी भाषीय अस्मिता को उभारा।

भौगोलिक रूप से प्रत्येक भक्त लोकल है। तमिल के आलवार भक्त जहाँ-जहाँ घूमे, उन स्थानों का उनकी रचनाओं में जिक्र है। ये इतिहास के साथ ही अपने भूगोल की उपासना और पूजा करते थे और उन्हें देवत्व प्रदान करते थे। वे नदियों तथा पहाड़ों को भी भगवान के रूप में पूजते थे। भूमि, नदी, पहाड़, झरना, नगर, गाँव, कस्बे—मूर्त रूप में इन्होंने कविता में रख दिये। यह बात आपको उत्तर के भक्तों में दिखाई पड़ेगी। कबीर निर्गुण थे, लेकिन कबीर की रचनाओं में काशी और मगहर जिस रूप में आता है, वह देखने की चीज है। तुलसी के राम बार-बार कहते हैं कि अवध जितना प्रिय है, उतना और कोई नहीं। यह बात आपको मराठी शब्दों में तुकाराम में भी मिलेगी। हर आदमी अपने स्थान को, अपने लोकेल को, अपने भूगोल को दिव्यता और गरिमा प्रदान करता है।

भक्तों ने देश के सम्बन्ध में कहा कि जब अन्धकार रहता है तो अन्धकार में सब कुछ का एक ही हल दिखाई पड़ता है, लेकिन जब प्रकाश आता है तो हर

चीज का एक-एक रूप प्रकट होता है। अन्धकार की स्थिति में यही शहर एक धुन्ध मालूम होता है। लेकिन सूरज की पहली किरण आते ही हर मकान, हर पेड़, हर सड़क, हर गली, हर कूचा अपने-अपने रूप में उद्‌भासित होने लगता है। भक्ति के इस प्रकाश के उदित होते ही लगा, भारत केवल एक रूपरेखा नहीं है बल्कि एक ऐसा भरा-पूरा देश है जिसमें तमिलनाडु है, कर्नाटक है, आन्ध्र प्रदेश है, महाराष्ट्र है, बंगाल है, गुजरात है, अवध है, ब्रज है, कश्मीर है—एक-एक चीज अपने मूर्त रूप में प्रकाशित है। आदमी की पहचान केवल नाम से ही नहीं होती, रूप से भी होती है। इसलिए भक्तों ने भगवान को रूप ही नहीं दिया बल्कि भगवान जिस देश में आए, उस देश के प्रत्येक प्रदेश को और उसकी अपनी भाषाई अस्मिता में आत्मसात किया।

भक्ति काव्य को केवल काव्य तक सीमित रखना, उसे अधूरा रखना है। भले ही आरम्भ उसका काव्य के रूप में हुआ है लेकिन अगर आप ध्यान दें कि उसका अन्य कलाओं में भी विस्तार हुआ। भारतीय संगीत के इतिहास में भक्ति के आने के साथ भजन और कीर्तन से एक नये संगीत की शुरुआत हुई। यह ध्रुपद गायकी नहीं है। ध्रुपद को भक्तों ने नये रूप में ढाला। इसलिए आज भी संगीत सभा में हम देखते हैं कि भक्ति संगीत, भजन-कीर्तन अपने नये संगीतशास्त्र के द्वारा पहचाना जाता है। कहना न होगा कि भक्ति के साथ एक नया संगीत आया है। साथ-साथ नाट्य रूपों का अद्‌भुत विकास हुआ है। सच्चाई तो यह है कि भक्ति एक तरह से कविता में भाषा का नृत्य है। यह एक उन्माद है। चैतन्य महाप्रभु का सम्बन्ध साक्षात् रूप से उसके साथ जुड़ा हुआ है। वह भक्ति के आवेश में नाचने लगते थे। कबीर जैसा आदमी 'नाच रे मन मद नाच' कहते हुए नाचता हुआ-सा दिखाई पड़ता है। इसलिए भक्ति के साथ नृत्य-कला का विकास हुआ। नाट्य रूपों में से रास और जात्रा के अलावा सभी प्रकार के नाट्य रूप भौतिक साबित हुए। उल्लेखनीय बात यह है कि यह गुप्तकाल से शुरू हुआ। दुनिया में ग्रीक कल्चर के बाद हमारी संस्कृति और इस देश में एकमात्र मूर्तिकला है, उससे भी चुनौती लेती हुई। उसके समानान्तर अगर भारत की मूर्तिकला को निकाल दीजिए, फिर बचता क्या है? भक्ति की प्रेरणा ने, भक्ति की संजीवनी ने एक नया कला रूप प्रदान किया। भक्ति के कारण मूर्तिकला का विकास हुआ है। भक्ति का स्थापन विशेष रूप से दक्षिण के मन्दिरों में और क्रमशः उत्तर में भी हुआ है। चाहे कोणार्क में हुआ हो, चाहे खजुराहो के रूप में हुआ हो, एक नये स्थापत्य का विकास हुआ है। आर्यों के समय में चाहे जिस प्रकार के स्थापत्य रहे हों लेकिन गुप्तों के बाद इस भक्ति भावना का विकास हुआ, वह भी नये कला-रूपों में।

मैं यह कहना चाहता हूँ कि भक्ति को केवल काव्य तक सीमित रखना सही नहीं है। यह काव्य से अधिक बड़ी चीज है। यह एक सर्जनात्मक विस्फोट था।

सर्जनात्मक विस्फोट की व्यापकता इसी बात में निहित है कि वह कितनी अधिक कलाओं में अभिव्यक्त होता है। अगर कोई विचारधारा केवल गद्य में अपने को अभिव्यक्त करे तो समझ लीजिए, कहीं कोई कमी है। प्रगतिशील आन्दोलन के दौरान उपन्यास और कहानियों में ज्यादा विस्फोट हुआ, कविता आरम्भ में उतनी दूर नहीं गई। लेकिन प्रगतिशील आन्दोलन की तुलना आप भक्ति आन्दोलन से करें तो क्या यह समग्र कला अनुभव बन सकी थी? क्या इसके साथ नया स्थापन, नई मूर्तिकला, नई चित्रकला, नया संगीत, नया नाट्य रूप—ये सब प्रस्फुटित हुए थे?

भक्तों के साथ एक नया पॉलिटिक्स, एक नया काव्यशास्त्र, एक नया सौन्दर्यशास्त्र आया है। बाद में उसे एप्रोप्रिएट भी किया गया। इसका एक साक्ष्य यह है कि उसे रस बनाने की कोशिश की गई। यद्यपि भक्त लोग भी रस की ही चर्चा करते हैं। परवर्ती शास्त्रों में भी इस पर बहुत विचार हुआ है कि भक्ति को एक अलग रस बना दिया जाए। हमारे देश में ऐसी परम्परा पुरानी है। जात-पाँत को तोड़नेवाले साधु-संत-महात्मा इस देश में प्रकट हुए और थोड़े दिनों के बाद पाया गया कि वे एक जात बनकर रह गए। उस जात की एक खास जगह है। भक्ति ने एक नया काव्यशास्त्र, एक सौन्दर्यशास्त्र रचा। रस के आचार्यों ने कहा कि ठीक है, भक्ति बहुत अच्छी चीज है। रस के चक्र में भक्ति के लिए भी हम स्थान बना देंगे। आठ रस की जगह नौ हुए थे, चलो, दसवाँ बना देते हैं। यानी आप दस में से एक हैं। जैसे कोई पुराने राजा और बादशाह स्त्रियों का अपहरण करके ले आते थे—जहाँ नौ रानियाँ, एक तुम भी आ जाओ, दस हो जाओ—यह है हमारे यहाँ का प्रभुत्वशाली वर्ग, जो हर नई चीज की शुरू में तो भरसक कोशिश करता है कि उपेक्षा करे, रिजेक्ट करे, जब दिखता है कि अब काम नहीं चलेगा तो एप्रोप्रिएशन करता है। हर चीज को अपने अन्दर ले आने का यह प्रयास भयानक है।

इस काव्यशास्त्र के लिए भी लोगों ने कहा—चलो, भक्ति में रस होता है भई, इसे कैसे इनकार कर सकते हैं तो इसे दसवाँ रस मान लेते हैं। इस बात को भूल गए—अगर आप रूप गोस्वामी की 'उज्ज्वल नीलमणि' पढ़ें या मधुसूदन शास्त्री का 'भक्ति रसायन' आप पढ़ें, उन दोनों ग्रंथों में बताने की कोशिश की गई है कि बाकी को लौकिक रस कहा गया है। भक्ति महारस है और यह 'नाट्यशास्त्र' के विभिन्न रसों में से एक है। वह रस ऑब्जेक्टिव निर्वैयक्तिक हो सकता है। कालिदास ने कहा है कि यह भावयिक रस है। इसमें भक्ति के अनुभव पर जोर है। भाव पर है। भक्ति भाव शब्द का प्रयोग आम तौर पर व्यवहार में होता है। मराठी संतों ने प्रसिद्ध ग्रंथ 'अनुभवामृत' लिखा है इसलिए महत्त्वपूर्ण चीज अनुभव है। निर्गुण संतों ने बार-बार 'अनभय साँचा, अनभय साँचा' कहा है। यह अनभय साँचा जो है, वह श्रेष्ठ है। अनभय माने—भय रहित, निडर। अनभय का दूसरा अर्थ है—अनुभव साँचा : 'तू कहता कागज की लेखी, मैं कहता आँखिन, देखी'—ये आँखिन देखी

जो है, इम्प्रीसिज्म है, इम्प्रीकल है इसलिए आप देखें कि भक्त का जो रस था, जो पोयटिक्स था, उसका आधार 'नाट्यशास्त्र' में निरूपित प्राचीन भावचक्र नहीं है, बल्कि भाव की अनुभव आधारित एक नई कल्पना है, एक नया शास्त्र है, नया पोयटिक्स है। जैसे संगीत सुनें, आप तो उसमें रमते हैं लेकिन खयाल गायकी की कारीगरी के क्या कहने हैं! मैं काशी का रहने वाला हूँ। सिद्धेश्वरी देवी या गिरजाबाई या किशोरी अमोनकर या पंडित भीमसेन जोशी जब भजन गाते हैं, उस भजन में जो तन्मयता होती है, वह डूब जाना खयाल गायकी में नहीं होता, ध्रुपद गायकी में नहीं होता। ध्रुपद गायकी हमको उदात्त भूमिका पर ले जाती है जबकि भक्ति का मूल अर्थ ही है डूब जाना, डुबा देना—भगवान में और भगवानमयी विश्व में। यह डूबने वाला जो भाव है, एक नया पोयटिक्स है।

इस नये पोयटिक्स का निर्माण भक्तों ने किया, जिसका एक रूप ऐन्द्रियता है। 'श्रीमद्‌भागवत' पढ़ते हुए आप लोगों ने देखा होगा, गोपियाँ कृष्ण से जो सम्बन्ध रखती हैं, उसमें एक तरह की ऐन्द्रियता है। यहाँ भक्ति साहित्य जात-पाँत के विरुद्ध विद्रोह करता है। जात-पाँत के खंडन का सबसे बड़ा प्रमाण है कि भक्ति भगवान के साथ भक्तों को स्पर्श कराना चाहता है। गोपियाँ उनके चरणों से अपना गाल मलना चाहती हैं, उरोज मलना चाहती हैं, वक्ष मलना चाहती हैं, रगड़ना चाहती हैं। यह जो छू लेने की, स्पर्श की प्रवृत्ति है, वह उनके यहाँ ज्यादा दिखाई देती है। छुआछूत जिस समाज का श्राप रहा हो, वहाँ तो भगवान से वही चीज ज्यादा चाहते हैं, जैसे—उनके साथ खाना खाना, उनको खाना खिलाना, उनका जूठा खाना। यह छुआछूत भक्त और भगवान के बीच के सम्बन्धों के माध्यम से तोड़ देने की कोशिश है। यह स्पर्श की प्रवृत्ति कबीर के यहाँ भी है। वे कहते हैं :

*हम वासी उस देश के जहाँ जाति वर्ण कुल नाहिं।*
*शब्द मिलावा होइ रहा देह मिलावा नाहिं॥*

भक्त 'सबद मिलावा' से सन्तुष्ट नहीं थे, 'सबद मिलावा होइ रहा देह मिलावा नाहिं।' वे भगवान से 'देह मिलावा' चाहते थे। इस छुआछूत के विरुद्ध वे वचन उद्धृत नहीं करने चाहिए, जो कबीर ने कहे हैं। वहाँ छुआछूत को तोड़ना तो सबसे ज्यादा है, जहाँ भक्ति भाव में भगवान के साथ प्रगाढ़ के रूप में एकमेक हो जाना है और उनके चरणों से गोपियाँ अपने को रगड़-रगड़कर मलना चाहती हैं, उनका जूठा खाना चाहती हैं, अपना जूठन खिलाना चाहती हैं। भगवान राम शबरी से मिलकर और बोल-बतियाकर भी आ सकते थे। जैसे प्रधानमंत्री बहुत-से लोगों से मिलकर चले जाते हैं। लेकिन वे उससे तृप्त नहीं हुए थे। शबरी थाली सजाकर देती है लेकिन वह अपना जूठे बेर खिलाती है। यहाँ आकर छुआछूत, खाने-पीने का भेद मिट गया। भक्तों ने इस एकमयता की मिसाल दी है।

यह नया स्थेटिक्स है, नया पोयटिक्स है, नया एथिक्स है, नई नैतिकता है और नया सामाजिक मूल्य है। इसलिए मैंने कहा कि भक्तों ने एक नये काव्यशास्त्र की रचना की, नये सौन्दर्यशास्त्र की रचना की और इस नये काव्यशास्त्र और सौन्दर्यशास्त्र में एक नई नैतिकता जुड़ी हुई है, सामाजिक मूल्य जुड़ा हुआ है। इस सामाजिक मूल्य को मैं एक संस्कृति मानता हूँ। भक्ति अपने-आपमें एक सम्पूर्ण कल्चर था, सम्पूर्ण संस्कृति थी। यह समझना कि भक्त अकेले रहे, साधना करके और भगवान से प्रार्थना करके सन्तुष्ट हो जाए तो वह भक्त नहीं है। आम तौर से देखेंगे कि भक्त अपना कीर्तन-भजन समुदाय में करते थे। एक सामुदायिक और सामूहिक जीवन जीना, उनके बीच रहना—भक्तों ने रहनि को (रहन-सहन को), 'वे ऑफ लाइफ' को महत्त्व दिया है। कल्चर और क्या है? जबकि सारा ज्ञान, सारा अनुभव, सारा सौन्दर्य, प्रेम जब तक हमारे आचार का अंग न बन जाए! तुलसीदास कहते हैं : 'कबहुँ हौ यह रहनि रहौंगौ'—यह जो रहनि है, इसे ही कल्चर कहते हैं। यह रहनि यह नहीं है कि कैसे रहेंगे। यह नित्यकर्म करना नहीं है।

भक्त के लिए अलग से घंटी टुनटुनाने की जरूरत नहीं पड़ती। हम जो कर रहे हैं, वह सब भगवान का ही काम है। इसके लिए उन्होंने समुदाय का निर्माण किया है। इसलिए भक्ति केवल अकेले की चीज नहीं थी बल्कि एक सामूहिक चीज है। सामूहिक जीवन के द्वारा भक्तों ने एक कल्चर का निर्माण किया था। इसलिए देखेंगे कि वे भक्त जो समाज में तो वर्ण-व्यवस्था को सुरक्षित रखना चाहते थे, जैसे तुलसी। उनके यहाँ भी वर्ण-व्यवस्था तो थी लेकिन ऊँच-नीच नहीं है। वहाँ निशाद से भी राम गले मिलते हैं। अयोध्या में होते तो नहीं मिल सकते थे। इसलिए आचार्य शुक्ल ने चित्रकूट सभा को आध्यात्मिक घटना कहा है। अयोध्या में शायद गुरु वसिष्ठ केवट को दूर से ही भगा देते, लेकिन वहाँ आने पर चित्रकूट में गुरु वसिष्ठ भी केवट को गले लगाते हैं अर्थात् भक्ति एक ऐसा कल्चर है जिसमें सामाजिक बन्धन शिथिल हो गए हैं। लगभग वैसे ही समझ लीजिए कि कम्यूनिस्ट पार्टी के लोग जब शादी करने जाएँगे तो परिवार में जात-पाँत का भी खयाल रखेंगे, कर्मकांड करेंगे। लेकिन पार्टी दफ्तर में यह नहीं हो सकता है। पार्टी दफ्तर में तो आपको दूसरा ही व्यवहार करना पड़ेगा। भक्तों ने भी लगभग यही सिस्टम उस जमीन में लागू किया था। एक हजार साल के बाद आप भी कर रहे हैं और कहते हैं कि आप बड़े प्रगतिशील हैं!

भक्तों की दुनिया में मूल है प्रेम। यहाँ सब राममय है : 'सिया राम मय सब जग जानी'। केवट श्रीराम में, राम भी राम में, वसिष्ठ भी राम में हैं तो कम-से-कम वसिष्ठ जी अयोध्या में चाहे जो पुरोहिती चलाएँ लेकिन वहाँ आने के बाद उनको वही करना पड़ेगा, जो भक्ति कल्चर के नियम हैं, जो उस नियम के अन्तर्गत है। इसलिए भक्ति अपने-आपमें टोटल कल्चर है, केवल कविता नहीं है। यह संस्कृति

उन लोगों ने दी। इस कल्चर का शुभारम्भ निचले और पिछड़े वर्गों के लोगों द्वारा हुआ, किन्तु इनमें इतनी उदारता थी कि उन्होंने दूसरों का बहिष्कार नहीं किया। भक्ति के मूल्यों के आधार पर गोस्वामी तुलसीदास या राजरानी मीरा उसी तरह से थे, जैसे रैदास चमार थे। उनके चरणों में राजरानी मीरा को बैठना पड़ता था। इसलिए चाहे नायनार भले ही द्विज न रहे हों लेकिन ब्राह्मणों को भी नायनार के सम्मुख नतमस्तक होना पड़ा, यह कल्चर भक्ति ने बनाया था। इसलिए मैंने कहा कि यही सामाजिकता है, जो इस संस्कृति का मूल्यवान रूप है।

अन्तिम बात। आम तौर से इतिहासकारों, समाजशास्त्रियों की धारणा है कि आधुनिकता का आरम्भ उन्नीसवीं शताब्दी में हुआ है। अब नये सिरे से भारत का सांस्कृतिक इतिहास लिखा जाना चाहिए। बहुत-सी चीजों को जिन्हें हम उपनिवेशवाद की देन मानते हैं, शायद प्राक्-उपनिवेशवादी दौर में शुरू हो चुकी थीं। मेरा ऐसा मानना है कि भक्ति के साथ भारत ने, उस समान्ती समाज-व्यवस्था ने, अर्थतंत्र में भले ही बड़ा फेरबदल न किया हो लेकिन सांस्कृतिक और मानसिकता के स्तर पर उसमें आधुनिकता का उदय हो गया था और उस आधुनिकता की मैं एक पहचान मानता हूँ, वह पहचान है, मानव की गरिमा को महत्त्व। वह व्यवस्था अनाधुनिक है जिसमें किसी का महत्त्व उसके कुल के कारण होता है, किसी का महत्त्व उसके पद के कारण होता है, किसी का महत्त्व उसकी जाति के कारण होता है, किसी का महत्त्व उसके धर्म के कारण होता है। भक्तों ने पहली बार यह स्थापित किया कि भक्त का महत्त्व जात के कारण नहीं, कुल के कारण नहीं, पद के कारण नहीं, सम्पत्ति के कारण नहीं, धर्म के कारण नहीं होता बल्कि उसका महत्त्व होता है उसके भक्ति भाव के कारण। इसलिए वह व्यक्ति रूप में महत्त्वपूर्ण है। यही वजह है कि भारतीय साहित्य में पहली बार सभी भक्तों को उनका अपना मान मिलता है। कबीर, तुलसी, मीरा आदि सारे भक्त अपना नाम लेकर कहते हैं। और नाम लेकर कहते हुए जब जाति का भी नाम लेते हैं तो उन्हें कोई संकोच नहीं होता। वे 'कहे रैदास चमारा' जब कहते हैं तो खुलकर अपने को चमार कहते हैं। बहुतों की तरह से उनमें हीनता की भावना नहीं है। आजकल अपनी जात बताते हुए लोगों को संकोच होता है। भला हो गांधी जी का, उन्होंने इनको 'हरिजन' नाम दे दिया। बहुत-से लोगों ने जात-पाँत के सारे भेद को मिटाकर एक दलित शब्द दे दिया है। भक्त अपना नाम गर्व से कहता है। कबीर अपने को 'जुलाहा' कहते हैं : 'तू ब्राह्मण मैं काशी का जुलाहा।' अपने को जुलाहा या चमार कहते हुए कोई हीनता की भावना इन पर असर नहीं करती। प्राचीन समाज-व्यवस्था में चाहे आदमी जिस जाति का हो, लेकिन उस जाति को छिपाता नहीं था। उस जाति का होने में भी अपने-आपमें एक सम्मान अनुभव करता था। आज वह मनुष्य ज्यादा उपेक्षित, पीड़ित, दलित और पतित मान लिया गया है। पुराने समय में कम-से-कम भक्तों के

बारे में मिलता है कि अपनी जाति का उल्लेख करते हुए उनमें हीनता की भावना नहीं थी। इसलिए कि वे जानते थे कि व्यक्ति का महत्त्व भक्त के रूप में है, चमार के रूप में नहीं, जुलाहे के रूप में नहीं, नाई के रूप में नहीं, धोबी के रूप में नहीं, धुनिया के रूप में नहीं।

यूरोपीय समाज कहता है कि यूरोपीय समाज की सबसे बड़ी देन है इंडीविजुअल व्यक्ति का महत्त्व। एक विडम्बना देखिए कि आप व्यक्ति के रूप में एडमिशन लेने के लिए कॉन्वेंट में जाते हैं, तो वे लोग कहते हैं कि पैरेंट्स की परीक्षा हम लेंगे। आप किस परिवार से आए हैं, यह जानने के बाद आपको एडमिशन देंगे। उस पर तुर्रा यह है कि हम लोग बड़े विकसित हो गए हैं। कबीर ने जब कहा कि 'जात न पूछो साधु की, पूछ लीजिए ज्ञान; मोल करो तलवार का, पड़ा रहन दो म्यान', तो तलवार से आपका मतलब है कि आप देखना चाहते हैं कि तलवार काटती है कि नहीं। हीरों से जड़ी हुई म्यान में रखी तलवार अगर गर्दन उड़ा सकती है तो उसी का महत्त्व है। तलवार की धार देखिए। म्यान से उसका मूल्य मत आँकिए। म्यान जो है, वह जात है और तलवार की धार जो है, उसका भक्ति भाव है। इसलिए व्यक्ति मानव की गरिमा की स्थापना भारतीय इतिहास में पहली बार जिस दृढ़ता के साथ भक्त ने की, यह उसकी आधुनिकता का प्रमाण है। इंडिविजुअल ह्यूमन बीइंग्स—जिस पर यूरोप को गर्व है कि उनकी देन है, मैं कहना चाहता हूँ कि भारत में वह भक्ति की देन है। वह अंग्रेजों का तोहफा नहीं है। हमारे यहाँ कुछ लोग मानते हैं कि नये कानून बनने के कारण, कॉन्स्टिट्यूशन बनने के कारण यह हुआ। कॉन्स्टिट्यूशन में लिख दिया इसलिए भारत में ज्यादा भक्ति का महत्त्व हो गया। जेंडर तक का महत्त्व भक्तों ने तोड़ दिया। बड़े-बड़े भक्त हुए लेकिन मीरा की महिमा बड़ी है। यह आधुनिकता भक्ति के साथ आई थी।

एक आखिरी बात और चलते-चलते मैं यह कह दूँ कि मैंने जब कहा कि भक्ति ने भाषाई अस्मिता प्रदान की तो भक्ति ने एक बहुत बड़ा काम किया था, जिसे आज हम लोगों को याद रखना बहुत जरूरी है। भक्ति ने पहली बार भारतीय कल्चरल के फ्रंटियर्स निर्धारित किये थे। सांस्कृतिक राष्ट्र के रूप में भारत एक है, राजनीतिक रूप में भले ही एक न हुआ हो। यह राजनीतिज्ञों का काम है कि राजनीतिक एकता कायम करें। लेकिन पहले आप जानते हैं कि कोई मकान बनता है तो ब्लू प्रिंट तैयार किया जाता है। भारत एक राष्ट्र है। भक्तों ने उसका एक मानसिक-सांस्कृतिक नक्शा तैयार किया और यह काम राजनीतिज्ञों के लिए छोड़ा कि आगे चलकर उसे ये राजनीतिक राष्ट्र के रूप में स्थापित करें। मैं यह इसलिए कह रहा हूँ क्योंकि भक्ति आन्दोलन शुरुआत में क्षेत्रीय था, क्रमशः लहर के रूप में, तरंग के रूप में फैलता हुआ धीरे-धीरे दक्षिण से कश्मीर तक गया। गुजरात के कच्छ से लेकर चिटगाँव तक गया। इसने जो फ्रंटियर कायम किया, उस पर ध्यान

देना चाहिए। भक्ति अफगानिस्तान में नहीं पहुँची। भक्ति ईरान में नहीं गई। इसलिए ईरान और अफगानिस्तान से लगी हुई जो सांस्कृतिक सीमा है, भक्तों ने पश्चिम में यह सीमा स्थापित की—सिन्ध में है, पंजाब में, कश्मीर में, चिटगाँव में, लेकिन ब्रह्म देश (बर्मा) में नहीं है, सीलोन में नहीं है। राष्ट्र की यह सांस्कृतिक सीमा, एक तरह से चौहद्‌दी, भक्तों ने पहली बार स्थापित की। अर्थात् सांस्कृतिक राष्ट्र की चौहद्‌दी के भीतर हर प्रदेश की अपनी सांस्कृतिक अस्मिता की विशिष्टता है। मैं मानता हूँ कि भारत की राष्ट्रीय एकता, जिसे अंग्रेजी मुहावरे में लोग 'यूनिटी इन डाइवर्सिटी' कहते हैं, उसे कायदे से भक्तों की भाषा में देखें; अर्थात् तमिल विशिष्ट भारत, तेलगू विशिष्ट भारत, हिन्दी विशिष्ट भारत। इसलिए प्रत्येक प्रदेश की विशिष्टता के साथ भारत की सांस्कृतिक निकटता बनी हुई है। मैं उसे भिन्नता में एकता नहीं कहता। जैसा मैंने कहा कि भारत, सच पूछिए तो, राष्ट्र के रूप में विशिष्ट रूप पर आधारित है। भक्तों ने तमाम विभेदों के बीच भक्ति भाव की एकता स्थापित की थी। शिव की भक्ति करनेवाला भी भक्त है, कृष्ण की भक्ति करनेवाला भी भक्त है, राम की भक्ति करनेवाला भी भक्त है, निर्गुण ब्रह्म की भक्ति करनेवाला भी है, सगुण की करनेवाला भी है—चाहे जिस देवता की करें। यह विग्रह है। इस विग्रह का महत्त्वपूर्ण भाव है। इस भाव के द्वारा आप चाहे शिव की भक्ति करें, चाहे जैन-भक्त हों, चाहे बौद्ध-भक्त हों। यही नहीं बल्कि सूफी संतों का एक दूसरा ईश्वर हुआ करता था, वह भी इसलिए—चाहे वह सूफी हो, चाहे हिन्दू भक्त हो, चाहे जैन हो, चाहे बौद्ध हो—देवता का विग्रह कोई भी हो, भाव महत्त्वपूर्ण है। बार-बार भक्त कहा करते थे, भगवान भाव के भूखे हैं। विचित्र बात है कि मनुष्य उस भाव को छोड़कर रूप का भूखा हो रहा है और ईश्वरों को लड़ा रहा है।

[2]

भक्तों का काव्य पढ़ते हुए एक बात मेरे मन को बराबर कुरेदती रही कि सभी भक्तों में दुख की अनुभूति इतनी प्रबल क्यों है? कबीर का प्रसिद्ध दोहा है :

*सुखिया सब संसार है, खावै अरु सोवे।*
*दुखिया दास कबीर है जागे अरु रोवे॥*

यह अकेली उक्ति नहीं है, बल्कि कबीर के पदों से कुछ और उदाहरण आप दे सकते हैं :

*जियरा तेरा फिरे ते उदास जियरा तेरा फिरे रे उदास*
× × ×
*जात जुलाहा नाम कबीरा बन-बन फिरों उदासी।*

ये बन-बन उदास फिरते हैं। कबीर के यहाँ ऐसे अनेक वर्णन मिलेंगे, यहाँ तक कि सुख और दुख में से सुख को छोड़कर वह दुख को चुनने के लिए तैयार रहते थे :

*कबीरा सुख को जाये था आगे मिलिया दुख।*
*जाहि सुख घर आपने हम जाणैं और दुख।*

सुख मिला और सुख को छोड़ दिया। तू अपने घर जा, अब हम और दुख, दो ही हैं। यह कबीर का वचन है। अकेले कबीर का ही होता तो हम समझते कि कबीर कुछ खास तरह के आदमी थे। शायद यह भी कि वह जात के जुलाहे थे, समाज में छोटे समझे जाते थे, नीचे समझे जाते थे, अपमान और लांछन भोगते थे, इसलिए वह दुखी थे। तुलसीदास तो जाति के ब्राह्मण थे, तुलसी भी दुखी दिखाई पड़ते हैं। सम्भवत: कबीर से अधिक दुख के पद तुलसीदास की 'विनय-पत्रिका' में है। 'कवितावली' का उत्तरकांड पढ़ते समय यह दुख ज्यादा गहन रूप में आया है। कबीर तो गीत लिख रहे थे, तुलसीदास की 'विनय-पत्रिका' में और खास तौर से 'कवितावली' में यह गुंजाइश थी कि वे अपने दुख के आधार, वातावरण और परिवेश का जिक्र कर सकते थे। इसलिए काशी का जो वर्णन उन्होंने किया है, जहाँ खलों की बाढ़ आ गई है, दुष्ट ही भरे पड़े हैं, तरह-तरह से सता रहे हैं। उन तमाम लोगों का भी विस्तार से तुलसी ने वर्णन किया है। तुलसीदास को पढ़ने से मालूम होता है कि कोई भला आदमी ऐसा नहीं है जो सुखी दिखाई पड़ता है। किसान, भिखारी और दूसरे तरह-तरह के लोग हैं, जो पीड़ित और दुखी दिखाई पड़ रहे हैं। इन तमाम लोगों की लम्बी गाथा तुलसीदास ने लिखी है। वे यहाँ तक कहते हैं कि भगवान के रहते हुए 'सकल जीव जग होइ दुखारी'। इस दुनिया में भगवान है, यह संसार 'सिया राममय' है। बावजूद इसके 'सकल जीव जग दीन दुखारी'। सभी जीव दुखी हैं। इतने निराश, हताश होकर तुलसीदास कहते हैं कि मेरी जीने की लालसा ही समाप्त हो गई है। सारा जीवन बिता दिया राम के लिए। फिर भी 'जीव कौन लालसा दयालु महादेव मोही'। सम्पूर्ण जीवन पर दृष्टिपात करते हुए तुलसीदास कहते हैं कि 'कियो ना कछु, कहिबो ना कछु, करिबो ना कछु, मरिबो रह्यो कर'। आज तक न मैंने कुछ किया है, न आगे कुछ कहूँगा, न कुछ करूँगा, अब केवल मरना चाहता हूँ। कहनेवाले कहते हैं कि आखिरी दिनों में महामारी के प्रकोप के कारण तुलसीदास को एक ऐसी असाध्य बीमारी हो गई थी जिसके कारण शायद महाकवि निराश हो गए हों! कहनेवाले ऐसा कहते हैं। लेकिन कबीर को तो ऐसी कोई बीमारी नहीं थी। तुलसी इतने बड़े भक्त, राम में जिसकी आस्था हो, वह स्वयं अपनी जीने की लालसा छोड़ बैठा है और बार-बार कहता है कि 'जाऊँ कहाँ ठोर?' कोई जगह नहीं है, कहाँ जाऊँ? यह एक स्थिति है, जो तुलसीदास

की दिखाई पड़ती है। 'मेरो दर्द ना जाने कोय'—मीरा का दर्द इतना सर्वविदित है कि इसका उदाहरण देकर समझाने की जरूरत नहीं है। दूसरे एक संत रैदास हैं : 'जो मोहि वेदन अपनी आँखों, हरी बिन जीवन रहे कैसे राघव'। आर्द्र स्वर में रैदास पुकारते हैं : 'त्राहि त्राहि त्राहि त्राहि ध्रुवन पावन अतिशय शूल सकल बलि जाऊँ'। इस अतिशय शूल से रैदास भी पीड़ित दिखाई पड़ते हैं।

भक्ति साहित्य की चर्चा में बार-बार कहा जाता है कि भक्ति आनन्द का सागर है। इस आनन्द के सागर में यह जो दुख का, वेदना का, दर्द का, पीड़ा का, शूल का कण है, जो चुभता रहता है, वह क्या है? उसका क्या कारण है?

मित्रो, भक्ति के सामाजिक, सांस्कृतिक आयाम पर विचार करते समय कुछ लोगों ने दुखों के जिन कारणों की चर्चा की, वे सतही लगते हैं। वे वानर-भट के समान समुन्दर को छलाँग लगाकर पार करते हैं। उनके पास इसका उत्तर बड़ा स्पष्ट है : दरिद्रता या छोटी जाति। उनका मानना है कि रैदास और कबीर उस सामाजिक अपमान के कारण दुखी थे या पूरे समाज में कवि की भक्ति की उपेक्षा हुई। जैसे आजकल के बहुत-से साहित्यकारों को वर्तमान समाज में लौकिक और सांसारिक दुख है। भक्तों में भी वही दुख ढूँढ़ लें और देखें कि इन्हीं लौकिक दुखों की वजह से वे भी दुखी रहे हों, जैसे हम आज भी हैं। मुझे बार-बार लगता है कि यह उस वेदना का अपमान है, उपहास है, अति सरलीकरण है। जैसी गहरी वह वेदना थी, उस वेदना का सम्भव है कि एक सामाजिक आधार यह रहा होगा। किन्तु यह भौतिक वेदना इतने बड़े काव्य की रचना नहीं कर सकती। एक मार्क्सवादी विचारक ने कहा कि अगर किसी कंजूस आदमी का पैसा खो जाए और उसके बारे में कविता लिखे तो लोग हँसेंगे। कोई सेठ दिवालिया हो जाए और उस पर उपन्यास लिखे तो क्या सचमुच उपन्यास बनेगा? कोई मंत्री अपने पद से हटा दिया जाए और उसकी व्यथा में वह कुछ गीत लिखे तो क्या काव्य का दर्जा पा सकेगा? लेकिन प्रेमी टूटे हुए दिल को, खोए हुए प्रेमी की व्यथा को गाए तो काव्य बनता है। क्यों? इसलिए तुलसीदास दरिद्र होने के कारण और कबीरदास जुलाहा होने के कारण दुखी होते तो भक्ति काव्य में वह गहराई, वह खनक, वह लोक-व्याप्ति नहीं होती। मीरा राणा के द्वारा दिये गए विष की ही गाथा गातीं तो मुम्बइया फिल्मों के लिए भले ही आकर्षक बन जातीं लेकिन मीरा की इस व्यथा में गहराई नहीं होती जो लोगों को छू लेती। और किसी शब्द के अभाव में मैं यही कहूँगा कि यह लौकिक से ज्यादा बड़ी कोई अलौकिक या कोई आध्यात्मिक वेदना रही होगी जिस वेदना ने उस उदात्त और ऊँची भूमि पर काव्यों को प्रतिष्ठित करने की कोशिश की। इस तरह की वेदना अन्य देशों में भी संतों और भक्तों में दिखाई पड़ती है। पासकास, जो प्रसिद्ध ईसाई संत और भक्त थे, मैथमेटिक्स के विद्वान थे, उनमें भी दिखाई पड़ती है। कुछ ईसाई संत हैं, कुछ

सूफी संत हैं, उनमें यह वेदना है। सूफियों के यहाँ भी अनेक प्रेम की पीर के ही गायक थे। बौद्धों की थेरी गाथाओं को आप पढ़ें तो उनमें भी वह गहरी वेदना मिलेगी। मैं कहना चाहता हूँ कि संसार के तथाकथित धर्म के अन्तर्गत मिस्टिक अर्थात् रहस्यधर्मी प्रत्येक धर्म में हुए हैं। एक ओर उन धर्मों के पुरोहित, बिशप, फादर हुआ करते थे। बड़े सुखी-सन्तुष्ट होते थे। किसी ने कहा था कि सुखी सुअर के समान हुआ करते हैं। इसके समानान्तर ये रहस्यधर्मी हैं। चाहे वह ईसाइयत हो, चाहे वह इस्लाम हो, चाहे वह हिन्दुत्व हो, इसके भीतर जो एक समान बात दिखाई देता है, वह गहरी वेदना है।

कबीर को समझने की एक कुंजी मुझे प्रेमचन्द में मिली। शंकराचार्य के मायावाद का इस देश के लोगों ने बड़ा खंडन किया है कि शंकर ने विनाश कर दिया, संसार को माया कहते हैं। यह सतही ढंग से माया को समझने के कारण है। कबीर ने माया के बारे में बहुत लिखा है। इस माया को समझने के लिए प्रेमचन्द की 'कफन' कहानी को हम देख सकते हैं। जब समाज से पीड़ित घीसू और माधो कलवरिया में जाते हैं। अन्त में उस दुख को भुलाने के लिए शराब पीते हैं। उसके बाद वह झूमकर नाचते हैं और ठगनी का नाटक करते हैं। वह ठगनी और माया बार-बार कबीर में आती है। यह क्या चीज है, कौन-सी माया है, जिस माया के कारण हम लोग परेशान रहते हैं? माया के अनेक अर्थ हैं। यह माया भी कई तरह की होती है। घर जोड़ने की माया होती है। इसलिए इस संसार में माया के अनेक रूप हैं। लोगों ने माया को कई रूपों में स्वीकार किया है। कोई आदमी कुर्सी से चिपका रहे तो कहते हैं कि माया से चिपका है। कोई आदमी पढ़ाई-लिखाई छोड़कर केवल कार, बंगला वगैरह की सोचे तो हम कहते हैं कि घर जोड़ने की माया में लगा हुआ है। कबीर बार-बार कहते हैं, सारा जगत् माया का भुलाया हुआ है और विचित्र बात है कि कबीर उस माया से छेड़छाड़ करते हैं। मायावाद का खंडन करते हों, ऐसा कभी साफ-साफ नहीं लगता। एक ओर ऐसा लगता है कि उस माया से उनका लव-हेट का रिलेशनशिप है। उसी माया के पुतले वे खुद भी हैं। ऐसा प्रतीत होता है कि भगवान की माया हर तरफ द्वंद्व मचाती है। यह माया हरि की ही है जो द्वंद्व मचा रही है। इसलिए कबीर माया से भी छेड़छाड़ करते हैं। ऐसा लगता है, जैसे देवर-भाभी का सम्बन्ध हो और वे उस भाभी से छेड़छाड़ करते हुए दिखाई पड़ते हैं। इसलिए उस दुख को समझने की कोशिश में मुझे लगा कि कहीं कुंजी उस माया में तो नहीं, जिस माया में मैं अपनी आज की समस्या समझता हूँ?

एक विद्वान ने कहा था : 'रेशनल इज रीयल, रीयल इज रेशनल'। इसका ठीक उलटा होगा कि जो इर्रेशनलिज्म है, जो बुद्धि की पकड़ में नहीं आता है, संसार में बहुत कुछ हो रहा है जो हम बार-बार देखते हैं पर जो समझ की पकड़ से बाहर है।

आज की भारतीय राजनीति में भी कभी-कभी आपको दिखाई पड़ेगा। मैं उस माया को समझने की कोशिश करता हूँ तो मुझे लगता है कि माया एक तरह का जाल है, वह इर्रेशनल है। वह सत्य पर पर्दा डालता जाता है। वह एक प्रकार की माया का रूप है और शायद उस माया में ही दुख का कारण है। कबीर एक जगह कहते हैं :

*देह धरे का दंड है, सब काहू को होय।*
*ज्ञानी भुगते ज्ञान से, अज्ञानी भुगते रोय॥*

यह संसार जिस आदमी को इर्रेशनल दिखाई पड़ता है, वह सचमुच सुखी होना चाहिए, पर वह दुखी दिखाई पड़ता है। जिस आदमी को कायदे से पाप का दंड भोगना चाहिए, उसी को हम सबसे ज्यादा सक्सेसफुल और सफल देखते हैं, यह इर्रेशनल नहीं तो क्या है? जिस आदमी को हम समझते हैं कि दंड नहीं मिलना चाहिए, हम देखते हैं कि उसको दंड मिलता है और ठीक इसके उलटा जिस आदमी को कायदे से दंड दिया जाना चाहिए, वह छूट जाता है। अन्यायी जिस समाज में फलते-फूलते हैं, वह सोसाइटी इर्रेशनल है। यह एक विचित्र-सी स्थिति दिखाई पड़ती है कि भक्त इस संसार में हरि की माया के साथ रहने को मजबूर है। कबीर कहते हैं कि ऐसे समाज में रहने के कारण दुखी तो होना ही पड़ेगा। देह धारण करके इस संसार में रहना, जीना है इसलिए दुख तो होगा ही। संसार हमारे मन के मुताबिक नहीं बन सकता। हम अपने-आपको तो भक्त बना सकते हैं मगर सारे संसार को भक्त नहीं बना सकते। सारा संसार राम का, भगवान का या निर्गुण का भक्त बन जाए, सुधर जाए, यह तो नहीं हो सकता। अपने को तो मैं सुधार सकता हूँ, सारी दुनिया को तो नहीं सुधार सकता। ऐसे समाज में जीवित रहते हुए दंड तो भोगना ही पड़ेगा। फर्क इतना ही है कि यह ज्ञान हो जाने के बाद 'आफ्टर सच लाइट्स व्हाट फोर दिस'। इसलिए ईसाई धर्म में तो प्रसिद्ध है कि ज्ञान का ज्ञान ही पाप है। उसी का दंड भुगतते हैं। इसलिए भक्तों के दुख की एक सीमा है और वह यह मुझे दिखाई पड़ता है कि संसार माया में रचा हुआ है। इसलिए सारी दुविधा और द्वंद्व इस बात का है कि न इस संसार को पूर्णता से स्वीकार कर सकते हैं और न इस संसार को एकदम त्याग सकते हैं। उन लोगों का काम बहुत आसान है, जिन्होंने संसार को ज्यों-का-त्यों स्वीकार कर लिया या संसार को खारिज कर दिया, तिरस्कृत कर दिया, रिजेक्ट कर दिया और संन्यास लेकर चले गए। इस दुनिया को त्यागने के बाद, संन्यास लेने के बाद वे कितना सुखी रहते हैं?—यह एक अलग प्रश्न है। लेकिन भक्तों की पूरी व्यथा और द्वंद्व ही इस बात का है कि न इस संसार को पूर्णतः स्वीकार कर सकते हैं और न इस संसार को पूर्णतः खारिज कर सकते हैं। भक्त स्वीकार और खारिज के द्वंद्व में रहते हैं। तुलसी स्पष्ट हैं कि राम के सिवा मेरा कोई नहीं। वे कहते हैं : 'मैं हर देवी-देवता के पास गया

और सबको छोड़ करके अन्त में मैं तुम्हारे पास आया। तुम्हारे पास आने के बाद अब भी मैं दुखी हूँ। मेरा दुख दूर नहीं हो रहा है। मूर्त रूप में कहा जाए कि तुलसी ब्रह्म-रूप राम के पैर पकड़े हुए हैं फिर भी हाथ उनके काँप रहे हैं, हिल रहे हैं और जम नहीं पा रहे हैं। पूरी 'विनय-पत्रिका' में यह दिखाई पड़ता है कि ईश्वर है और यह संसार ईश्वरमय है। सिया-राममय है। बावजूद इसके एक तो दुविधा यह है कि यदि यह संसार सिया-राममय है तो इसको आनन्द का सागर होना चाहिए, फिर दुख के लिए कोई जगह नहीं होनी चाहिए। दुख है। इसलिए एक ओर न तो वे संसार को स्वीकार करते हैं, न अस्वीकार करते हैं। दूसरी ओर जिस ईश्वर को स्वीकार किया है, उस ईश्वर के प्रति अडिग आस्था रहते हुए भी कुछ ऐसा वे सोचते हैं कि जितनी अपेक्षाएँ तुमसे हैं, वे सारी की सारी अपेक्षाएँ संसार में पूरी हों या न पूरी हों, यह अलग सवाल है—स्वयं तुम मेरे लिए भी उस हद तक कल्याणकारी नहीं साबित हो रहे। इसलिए ईश्वर और संसार, दोनों के बीच इस रिश्ते को लेकर एक व्यथा और दुविधा है।

अंग्रेजी में एक बहुत अच्छी किताब ऑक्सफोर्ड यूनिवर्सिटी प्रेस से करीब दस साल पहले छपी थी। किताब का नाम है : 'विरह-भक्ति'। यह पुस्तक मुख्यतः तमिल भक्ति पर केन्द्रित है। यह भक्ति के एक पहलू पर प्रकाश डालती है। भक्ति काव्य चाहे वह निर्गुण हो, चाहे सगुण, उसका मूल स्वर और उसका प्राण है विरह। भक्ति में अन्तिम मिलन काम्य है, लेकिन अनुभव के धरातल पर विरह ही भक्ति है। यदि सम्पूर्ण भक्ति काव्य आप देखें तो विरह का ही काव्य है। अब इस विरह को समझने का तो एक तरीका हमारा पुराना क्लासिकल शृंगार रस है। रस के दायरे में, हिन्दी में रीतिकाल में लौकिक नायक-नायिका भेद की सीमा में विरह इतना सिकुड़ गया है कि भक्ति के सन्दर्भ में विरह की गरिमा और उदात्तता जैसे हम भूल ही बैठे हैं। क्लासकीय रस-सिद्धान्त के अन्तर्गत मान लिया गया है कि शृंगार के दो पक्ष होते हैं—संयोग शृंगार और वियोग शृंगार। परन्तु प्रमुख वियोग शृंगार ही होता है, विरह ही होता है। यद्यपि दोनों प्रकार के काव्य लिखे गए हैं।

'रामचरितमानस' में देखें तो अयोध्या कांड से विरह शुरू होता है। मेरा खयाल है कि भारतीय इतिहास में राम से बड़ा अभागा कोई नहीं हुआ। राजगद्दी मिलने वाली थी और अचानक छीन गई। फिर राजसिंहासन के स्थान पर वन मिला। वन में भी गए तो प्राणप्रिया पत्नी सीता छिन गई। पूरे वन के प्रसंग में सुख के क्षण कुछ ही बीते होंगे। अन्त में इतना बड़ा युद्ध लड़कर उन्होंने रावण को पराजित करके सीता को प्राप्त किया। लेकिन उसी प्राणप्रिया सीता को लोक के लिए अग्निपरीक्षा देनी पड़ी और दोबारा जब फिर लेकर आए तो पुनः सीता को वनवास देना पड़ा। आखिर में फिर उसी वियोग की स्थिति में यज्ञ किया। और

अन्त में भाई से विमुक्त होना पड़ा। उसने आत्महत्या की। स्वयं राम का अन्त भी लगभग इसी प्रकार हुआ। इतना बड़ा अभागा चरित्र मैंने नहीं देखा। इसलिए राम को लोक ने इतना मान दिया है। राम से बड़ी ट्रेजेडी किसी के जीवन में हो, ऐसा कोई दूसरा नायक दिखाई नहीं पड़ता। उसकी तुलना में कृष्ण को उतने दुख नहीं हुए जितने कि राम को हुए थे। लेकिन राम जैसे दुखी चरित्र को जिसने स्वयं विरह का अनुभव किया, उसको नायक बनाया था। इसलिए इस विरह की व्याख्या अपेक्षित है कि यह किस प्रकार का विरह है। प्रेमी-प्रेमियों के सामान्य लौकिक धरातल का विरह—भक्तों का विरह क्या उसी जाति का है, उसी कोटि का है या इस विरह का कोई और रूप है? खास तौर से जब प्रिय ईश्वर हो—चाहे वह निर्गुण हो या सगुण हो? उस निर्गुण और सगुण के रूप में पूरी कल्पना और दार्शनिक स्तर पर जिसका विवेचन करने के लिए रामानुजाचार्य और अन्य आचार्यों ने जीव और ब्रह्मा के सम्बन्ध दिखलाए हैं। मुख्य रूप से यह दिखाई पड़ता है कि ईश्वर और जीव, दोनों का अलगाव सनातन है। जीव अपनी परमसत्ता से अलग हुआ है, इस लोक में आया, लोक में रहा। इसलिए उस परम सत्ता से अलगाव सनातन है। भक्ति का कोषगत अर्थ है—विभाजन। जहाँ अलगाव है, वहीं भक्ति है। इसलिए भक्ति का एक अर्थ जो विभाजन है, वह जीवन और ब्रह्म का शाश्वत विभाजन है। प्लेटो के डायलॉग्स का एक कथन प्रसंगवश याद आता है। जैसाकि मैंने कहा कि इस मूल तत्त्व को समझने के लिए अलग-अलग दायरों से, अलग-अलग कोणों से गुजरना पड़ेगा। जैसे किसी जगह हम रोशनी डालते हैं तो उन तमाम पढ़ी हुई चीजों की याद आती है। प्लेटो के डायलॉग्स के एक एम्पोजयिम में सुकरात से लोगों ने पूछा कि प्रेम क्या होता है? तो सुकरात ने कहा कि प्रेम की दीक्षा लेने के लिए दायोत्मा उस बूढ़ी औरत के पास मैं गया था तो उसने मुझे एक कहानी सुनाई थी। उसने कहानी यह सुनाई थी कि सृष्टि के आरम्भ में ऐसा प्राणी था जिनके चार पैर थे, चार हाथ थे और वह नर और मादा, दोनों था। वह इतना शक्तिशाली था कि द्युलोक को जीतने के लिए आगे बढ़ा। द्युलोक का देवता ग्रीक माइटहौजी में ज्योस हुआ करता था, जिसको हम लोग अपनी भाषा में द्योस कहते हैं। महाप्रतापी ज्योस ने जब देखा कि ये चार हाथ, चार पैर वाला नर-मादा से संयुक्त एक प्राणी हमारी तरफ आ रहा है—द्युलोक को जीतने के लिए, तो उसने वज्र का प्रहार किया। उसके दो टुकड़े हुए—दो पैर दो हाथ के साथ पुरुष अलग, दो पैर दो हाथ के साथ स्त्री अलग। दोनों अलग हुए, शक्ति कम हुई। इन्द्रासन पर विजय असम्भव हो गई। तब से ये दोनों टुकड़े एक-दूसरे से मिलने के लिए जो बढ़े चले आ रहे हैं, यही प्रेम है। आज तक वे नहीं मिल सके हैं। इन मिथकों के द्वारा हम उन भावनाओं को समझने की कोशिश करेंगे। ईश्वर और जीव अलग हैं, यही संसार की विडम्बना है। जिस दिन ये

दोनों ताकतें एक होंगी (वह परम प्रेमी और परम प्रिया), निश्चित रूप से (जिस दिन मिलन होगा) उस दिन संसार में न माया का राज्य होगा, न दुख का राज्य होगा और वे स्वर्गलोक जय कर लेंगे, जो ग्रीक-गाथाओं में सुरक्षित है। ईश्वर और जीव का अलगाव, एक्जिस्टेंटियल है। यह अस्तित्व मात्र में निहित विभाजन है। इसी को कबीर ने अपनी भाषा में बाँटकर देखा। शायद इसीलिए भक्ति की गहरी वेदना हमारे स्त्री भक्तों में जैसी दिखाई पड़ी है, पुरुष भक्तों में वह गहराई नहीं आई है। मीरा जैसी वेदना सब कुछ के बावजूद कबीर में नहीं आ सकी है। इसीलिए सारे भक्त अपनी कल्पना भगवान की स्त्री के रूप में करते हैं। चैतन्य महाप्रभु भी यही कहते हैं। कबीर भी अपने को स्त्री के रूप में : 'हरि मेरो पिउ, मैं हरि की बहुरिया' के रूप में देखते हैं। क्योंकि स्त्री ही है जो इस विभाजन को अपने अस्तित्व में जानती और अनुभव करती है। अस्तित्व के जानने को जिस रूप में भक्तों ने चित्रित किया है, खास कर कबीर ने उसको दो हिस्सों में बाँटा है—एक नैहर और दूसरा सासुर। ये संसार जीव के लिए नैहर है और जहाँ प्रिय रहते हैं, वह ससुराल है। इस नैहर और ससुराल, दोनों में स्त्री की विडम्बनापूर्ण स्थिति है। वह विभक्त है। यद्यपि कबीर बार-बार कहते हैं कि नैहर में मेरा मन नहीं लग रहा है : 'बाबुल मोरा नैहर छूटो जाय'। यदि नैहर इतना बुरा है, प्रिय इतना प्रिय है तो फिर यह रोना काहे का है? फिर 'बाबुल मोरा नैहर छूटो जाय' में आप रो क्यों रहे हैं? भक्तों की यह स्थिति है कि नैहर और सासुर, दोनों में से ससुराल काम्य है, वहीं जाना है, प्रिय के पास। नैहर उसकी जगह नहीं ले सकता है। आजीवन हमको यहाँ नहीं रहना है। बावजूद इसके नैहर छूटने में भी व्यथा होती है। नैहर और सासुर, दोनों में से किसी को भी नहीं छोड़ सकते। पास्कल ने कहीं कहा है कि बड़ा वह नहीं होता जो दो छोरों में से एक को छोड़ दे। ऐसे ही लोगों को मैं एक्सट्रीमिस्ट कहता हूँ। जो दो छोरों में से एक छोर को पकड़ते हैं, वह एक एक्सट्रीम को पकड़ते हैं—चाहे संसार हो, चाहे व्यवस्था के बारे में भी कोई आदमी एक एक्सट्रीम चुने। जो दो छोरों में से एक छोर को छोड़ दे और एक को पकड़े, वह एक्सट्रीमिस्ट है। बड़ा वह होता है जो दोनों में से किसी छोर को छोड़ न सके, दोनों को बाँधने की कोशिश करे। यद्यपि दोनों छोरों को बाँधने में दर्द होता है, व्यथा होती है, टूटन होती है। लेकिन यह टूटन ज्यादा काम्य है, उसकी अपेक्षा जो एक को छोड़कर छुट्टा हो जाना चाहता है। छुट्टा हो जाने पर भी बहुत सुख मिलता हो, ऐसा कहना कठिन है। किसी एक्सट्रीमिस्ट से पूछना चाहिए। मैं उसके बारे में नहीं कह सकता। इसलिए भक्ति साहित्य को समझने की कोशिश में मुझे बार-बार यह दिखाई पड़ा कि यह सासुर और नैहर, यह लोक और परलोक के बीच जो विरह की भावना है, जो सेपरेशन है—इस विरह की गहरी पीड़ा महत्त्वपूर्ण है। केवल प्रिय से वियोग ही नहीं बल्कि स्वयं इस संसार

से भी वियोग है जो नहीं सहा जा सकता है। इसीलिए भक्तों का कार्य और भक्ति काव्य असंसारी नहीं है, असामाजिक नहीं है। शुद्ध पारलौकिक होता तो दूसरे प्रकार का होता। जैसाकि आम तौर पर देखने को मिलता है, बड़ा खराब-सा ही होता। इसीलिए भक्ति में जहाँ केवल उसी तरफ ध्यान रहे, नजर रहे, वह भक्ति काव्य शायद हलका होगा। जिस भक्त की नजर भूलोक से द्विलोक तक, दोनों जगह समतरण करती है, दोनों में से किसी को नहीं छोड़ती, दोनों को समेटकर चलती है, वही भक्ति काम्य है।

कबीर ने इसी संसार के बारे में कहा है : 'साधो, ई मुर्दन कै गाँव' अर्थात् यह गाँव मुर्दों का गाँव है। इस भारतभूमि की जैसी व्यवस्था है, उस व्यवस्था को देखकर लगता है—इस देश के लोगों में अपार धैर्य है कि इतना अन्याय सहने के बाद भी क्रान्ति नहीं कर रहे हैं तो यह कहना पड़ता है कि—साधो, ई मुर्दन कै गाँव—यह मुर्दों का गाँव है। बावजूद इसके हम इन मुर्दों के गाँव में आग लगा देना नहीं चाहते हैं। इन मुर्दों के गाँव को हम छोड़ नहीं देना चाहते हैं। कबीर ने छोड़ा नहीं है। यह मुर्दों का गाँव है बावजूद इसके यह दुनिया रहने लायक है, जीने लायक है और इसी के बीच रहकर उन्होंने इसे सावित किया। मैं इसलिए लोक और अलौकिक, इन दोनों के बीच भक्ति काव्य को अलौकिक कहता हूँ। अलौकिक कहने का मेरा मतलब क्या है? जितनी थोड़ी-सी संस्कृत मैं जानता हूँ, उसके अनुसार 'अ' निषेधवाचक उपसर्ग नहीं हुआ करता बल्कि वह 'ह' और 'न', दोनों होता है। जो लौकिक होते हुए भी लौकिक न हो, वह अलौलिक है। इस अर्थ में मैं भक्ति काव्य को अलौकिक मानता हूँ। इसीलिए यह वेदना भी अलौलिक है। लौकिक होते हुए भी यह पूर्णतः लौकिक नहीं है, बल्कि अतिक्रमण करती हुई दिखाई पड़ती है।

इस दुख की विलक्षणता को समझने के लिए एक और बात समझना जरूरी है। हमें ध्यान देना होगा कि बावजूद इस दुख के, इस वेदना के, ये भक्ति काव्य हमें निराश नहीं करते। हताश नहीं करते। यह वेदना इतनी सर्जनात्मक, इतनी क्रिएटिव है, इतनी ताकत देती है कि सुख का सन्देश देनेवालों की अपेक्षा इस दुख का सन्देश ज्यादा प्रभावी है। 'विनय-पत्रिका' पढ़ करके कोई आदमी आत्महत्या नहीं करता है। मीरा के विरह का काव्य पढ़कर वह मूर्ख लड़की होगी जो विष का प्याला पी लेती होगी—भली भाँति जानते हुए भी कि यह अमृत नहीं होनेवाला है। इतने दुख का काव्य जिजीविषा पैदा करनेवाला, शक्ति पैदा करनेवाला, आत्मबल देनेवाला क्यों हुआ, यह समझने के लिए हमें बुद्ध की ओर जाना होगा। इस देश में सबसे पहले जिस आदमी ने दुख को मानव अस्तित्व में स्थापित किया था और पहचाना था, वह सिद्धार्थ (गौतम बुद्ध) थे, जिन्होंने कहा कि दुख ही सत्य है। उन्होंने कहा था कि चार आर्य सत्यों में पहला आर्य सत्य है—दुख। मगर

यही आर्य सत्य है तो इसमें नया क्या है? यह तो आजीवक भी मानते थे कि दुख है। मख्खली गोशाल, पूरण कश्यप, अजित केशकम्बली भी मानते थे कि दुख है। इसीलिए जब बुद्ध ने कहा कि दुख है तो पहला आर्य सत्य था। उन्होंने कहा कि अन्तिम आर्य सत्य दुख से निर्वाण है। इसलिए बुद्ध बड़े हुए। उस निर्वाण के लिए बुद्ध ने संघ कायम किया। जीवधारी को संन्यास का दुख, संसार के त्याग का दुख है इसीलिए दुखों को धर्म कहा जाता है, जिसे उन्होंने अपनाया। आगे चलकर योग, ध्यान, समाधि आदि-आदि चीजें इसमें जुड़ती चली गईं। भक्ति ने इसका दूसरा विकल्प ढूँढ़ा। दुख है लेकिन योग के द्वारा यह दुख दूर नहीं होगा। इन्द्रियों के निरोध से दूर नहीं होगा।

अनेक लोग कहते हैं कि भक्ति तो 'गीता' में भी है और 'गीता' महाभारत का अंग है। आलवार भक्तों से भी पहले भक्ति 'गीता' में मौजूद है। मित्रो, मैं यही कहना चाहता हूँ कि 'गीता' में भक्तियोग है। वह ज्ञानयोग, कर्मयोग के समान भक्तियोग है। आलवार भक्तों की भक्तियोग नहीं है बल्कि वह भाव है, अनुभव है। भाव व अनुभव का अर्थ है कि दुख है और इस दुख का भावों, मनोविकारों और इन्द्रियों के दमन से समाहार नहीं हो सकता। चित्त-वृत्ति निरोध को ही योग कहते हैं : 'योगः चित्त-वृत्तिः निरोधः'। भक्तों ने कहा कि दुख का निवारण चित्तवृत्तियों के निरोध से नहीं होगा बल्कि दुख का निवारण होगा समस्त इन्द्रियों के द्वार खोलकर। इसीलिए भक्ति में भाव ही सबसे बड़ा ज्ञान है। राग ही सबसे बड़ा दुख है। इसीलिए भक्ति काव्य दुख को दूर करने के लिए दुख के मूल भाव अनुभव, इन्द्रिय-बोध और संवेदन पर बल देता है। बौद्धों ने कहा था कि संवेदन ही दुख का मूल है। इसलिए इन इन्द्रियों का निरोध करो। इन्द्रियों से भाव पैदा होता है, इमोशंस होते हैं इसलिए इनका निरोध करो। अफीम का सेवन आप कीजिए या ट्रैंक्यूलाइजर या डॉक्टर लोग सिरेटिम दे देते हैं ताकि दुख की वेदना न हो। योग लगभग यही कार्य कर रहा था। भक्तों ने कहा कि नहीं, हमको इस दुख से मुठभेड़ करनी पड़ेगी और उस मुठभेड़ का तरीका है—समस्त इन्द्रियों के द्वार खोलो। ये रूप, रस, गन्ध, स्पर्श से भरा हुआ जो पूरा संसार है, इस संसार का अनुभव करते हुए। उसके भाव के माध्यम से। इन तमाम इन्द्रियों के रूप-रस का सबसे बड़ा जो हमारा आधार है, वह तो भगवान स्वयं हैं। इसलिए जो भगवान लीला पुरुषोत्तम है, जो सुन्दर है, आनन्दमूर्ति है, उसके तमाम भावों के साथ तन्मय होकर, तादात्म्य होकर उसको अपने-आपमें समेट करके ही इस रूप का आनन्द लिया जाए तो दुख का ज्ञान हमको होगा और यह ज्ञान ही उस वियोग से मुक्ति का मार्ग है। ज्ञान से उसे भोगो, भक्ति भोग ही है। इसलिए भक्ति भोगने की चीज है। भोगने से अगर भागोगे तो चाहे यह संसार हो, चाहे ईश्वर हो, तुम नहीं पा सकते। इसलिए बौद्धों के दुखवाद से आलवार भक्तों की भक्ति

और आलवारों के बाद की भक्ति को आप देखें तो ये भक्त-भाव मनोविकारों को दबानेवाले नहीं हैं।

भक्तों ने एक काम यह भी किया कि भक्ति के लिए प्रमाणान्तर की आवश्यकता नहीं है। भाव ही प्रमाण है। इसके लिए और किसी प्रमाण की आवश्यकता नहीं है। इस भक्ति का अनुभव ही प्रमाण है। इस आधार पर दुख की गहरी अनुभूति के द्वारा कवि यही कर सकता है। कलाकार की क्रिएटिविटी, रचनाकार की सर्जनात्मकता इसी बात में है कि दुख हो या सुख हो, पूर्ण अनुभव के द्वारा ही आप उसका अतिक्रमण कर सकते हैं। वह अतिक्रमण होता है सर्जनात्मक कृतित्व के द्वारा, गान लिखकर या नाट्य से। दुख से मुक्ति होती है—दुख को संगीत में ढालकर, कविता में ढालकर स्थापत्य में ढालकर! इसलिए समूचे दुख को अनुभव में उतारकर सर्जनात्मक रूप, मूर्त रूप देने में ही दुख का निवारण होता है। इसीलिए बौद्ध लोगों में कोई कविता तब लिखी गई जब वह महायानपरक हुआ, जो भक्ति के मूल में आया। वर्ना बुद्ध ने जितने वचन दिये थे, बड़े अच्छे उपदेश थे। साधु चरित्र है बौद्धों का। प्रकृति में इतने रंग हैं। सारे रंगों को छोड़ करके भले आदमियों ने एक रंग का झंडा बना लिया है। इतने रंगों को छोड़कर जीवन में आप एक ही रंग चुनें, क्या यह सम्भव है? यह सृष्टि रंगारंग बनाई है सभी रंगों से खेलने के लिए। सोचिए, कोई कलाकार केवल भगवा रंग में ही सारे चित्र बनाए तो कैसा चित्रकार होगा और कौन उसको पूछेगा? इसलिए बौद्धों ने जो दुख का निवारण ढूँढ़ा और जिस रूप में ढूँढ़ा, वह 'निरस विषद गुणमय फलजासू' हैं। लेकिन चरित्र जब महायानपरक हुआ तो फिर उसमें वह काव्य-रचना हुई और थेरी गाथाओं को जिसने पढ़ा होगा, वे समझ सकते हैं कि कितनी गहरी वेदना उन बौद्ध भिक्षुओं ने अपने गान में निचोड़कर रखी है।

मित्रो, इस भक्ति की वेदना को समझने के लिए मैंने कल भी कहा था कि इसका सूत्र मार्क्स से ही मुझे मिला था। मार्क्स का एक वाक्य सभी लोग दोहराया करते हैं। पूछा जाए, कहाँ का है तो नहीं जानते। मार्क्स उस समय छब्बीस साल के युवक थे। 1844 में उन्होंने 'हीगेल्स फिलॉसफी ऑफ लॉ' लिखा। पी-एच.डी. के ठीक बाद पहला ग्रंथ। उसका जो इंट्रोडक्शन लिखा है, उसमें रिलीजन के बारे में एक कमेंट किया है जिसका एक वाक्य अक्सर दोहराया जाता है। लेकिन उसके ठीक पहले का वाक्य लोग नहीं दोहराते हैं। बाद का वाक्य है : 'रिलीजन इज एन ओपियम' अर्थात् 'धर्म अफीम है।' मार्क्स ने ठीक उसके पहले जो कहा है, वह आपके सामने अंग्रेजी अनुवाद में आपको पढ़कर मैं सुनाता हूँ :

'रिलीजन डिस्ट्रेस इज एट द सेम टाइम द एक्सप्रेशन ऑफ रिअल डिस्ट्रेस एंड ऑल्सो द प्रोटेस्ट अगेंस्ट रिअल डिस्ट्रेस। रिलीजन इज द साइ ऑफ द

ऑप्रेस्ड। क्रीचर द हार्ट ऑफ ए हार्टलेस वर्ल्ड जस्ट इज—इट इज द स्पिरिट ऑफ स्पिरिटलेस कंडीशंस। इट इज द ओपियम ऑफ द पीपुल।'

अर्थात् 'धर्म जो वास्तविक डिस्ट्रेस है, उसकी अभिव्यक्ति है और वास्तविक डिस्ट्रेस वेदना या पीड़ा के विरुद्ध विद्रोह भी है। वह ऑप्रेस्ड पीपुल की आह है। वह गरीब की आह है। हिन्दी का वह प्रसिद्ध दोहा है। जाने किसका है! मान लीजिए, रहीम का ही है या उसी काल के किसी भक्त का है। यह लोक प्रचलित है :

*रहिमन आह गरीब की हरि सो सही न जाय।*

रहीम का नाम मैंने जोड़ दिया है। लेकिन इसकी अमरता में ही ताकत है। बहुत-सी पुरानी कविताएँ अज्ञात हैं। इसलिए आप 'तुलसी आह गरीब की' भी कह सकते हैं, 'कबिरा आह गरीब की भी', 'रहिमन आह गरीब की भी।' महत्त्वपूर्ण यह है कि 'आह गरीब की हरि सो सही न जाय, मरे चाम की खाल सो सार भसम हुई जाय।' वह भाठी जिससे लुहार अपना लोहा गर्म करता है, वह मरा हुआ चाम है लेकिन उससे जो साँस निकलती है, उससे लोहा तक भस्म हो जाया करता है। मार्क्स ने कहा था कि धर्म गरीब की आह है। ऐसे ही हम कह सकते हैं भक्ति गरीब की आह है और उस गरीब की आह में इतना ताप, इतनी आँच है कि लोहा भी पिघल सकता है। भक्तों की जो कविता है और भक्तों का जो दुख है, यही वह ताकत है जो केवल छोटे-मोटे अभाव, रुपये-पैसे, धन-दौलत, जात-पाँत का नहीं था बल्कि वह गहरी आह थी। इसीलिए भक्ति कविता की जो आह है, व्यथा है, वह आधुनिक मालूम होती है। आज भी हर आदमी के—चाहे वह जिस जाति-पाँति का हो, जिस कुल का हो, कहीं-न-कहीं लगता है कि उसकी व्यथा में हमारे हृदय की व्यथा व्यक्त है।

## संवाद

**प्रश्न :** धर्म को लेकर जो भ्रम मार्क्सवाद विरोधियों में और उन मार्क्सवाद समर्थकों में भी है जो कि सचमुच ही एक अर्द्धवाक्य के सहारे गालियाँ निकालते रहते हैं, वह स्पष्ट हुआ। प्रश्न यह है कि यदि भक्ति भाव है, वियोग है और भाव प्रकट होता है कर्म में, तो मात्र कवियों की सृजनात्मकता कविता में ही है या कुछ और है? आज बीसवीं सदी के अन्त में जब हम भक्ति काव्य के सामाजिक-सांस्कृतिक आयाम की बात करेंगे तो उस भाव तक ही आकर रुक जाएँगे जो असन्तोष लगेगा। कर्म में उसके क्या आयाम होंगे? वह मात्र कवि ही थे या पॉलिटिकल क्रिएटिविटी या आर्टिस्टिक क्रिएटिविटी तक भी उनकी पहुँच थी? मुझे लगता है कि नामवर जी इस तरफ कुछ रोशनी डाल सकें तो हमारे लिए वे सामाजिक-सांस्कृतिक आयाम प्रासंगिक भी होंगे। मीरा की एक पंक्ति है : 'भगत देख राजी हुई जगत् देख रोई',

तो इस जगत् को देखकर रोना आता है क्योंकि यह इर्रेशनल है। नामवर जी ने दो छोरों की बात की और किसी भी एक छोर को पकड़ने वाला व्यंजना में या लक्षणा में नामवर जी ने कहा कि वह एक एक्सट्रीमिस्ट है। सवाल है कि छोर को छोड़ना तो वे लोग चाहते हैं जो द्वंद्वग्रस्त हैं, जो वेदना में तन्मय हैं, वेदना में डूबे हुए हैं, वे दोनों छोरों को स्वीकार नहीं करते हैं। एक छोर को छोड़ने की घोषणा करते हैं। जो भक्ति काव्य में जगह-जगह घोषणाएँ मिलती हैं कि छोड़ देना है—नहीं छोड़ पाते हैं। यह एक सच्चाई है कि नहीं छोड़ पाते हैं। नामवर जी ने बहुत अच्छी तरह से भक्ति काव्य के सन्दर्भ में उस इर्रेशनेलिटी की जो झलक दिखाई है माया के द्वारा, मुझे हमेशा ऐसा लगता रहा है कि यह पश्चिमी दृष्टि और पूर्वी दृष्टि का अन्तर है। वे तो यहाँ पर तुरन्त एक्सेप्टिडिटी की बात करेंगे लेकिन यहाँ हम एक्सेप्टिडिटी की बात नहीं कर सकते। हमारे पास माया है या माया से भी ज्यादा, क्योंकि माया के भी दो रूप होते हैं। भगवान के—विद्या, अविद्या आदि-आदि। ऐसे में सुपर हार्मोनी के लिए जिसे किसी एक अन्य विचारक ने कहा कि माया को फिलॉसफिकल टर्म नहीं माना जाना चाहिए, वह साइकोलॉजिकल टर्म है। कहनेवाले का जो तात्पर्य है, वह सामनेवाले को चेतावनी देने के लिए है। मैं समझता हूँ कि भक्ति काव्य के कवियों ने हमें जो चेतावनियाँ दीं, वे कविता से बाहर आकर भी दीं। नामवर जी ने भी भक्त के पूरे कल्चर का संकेत किया है। मुझे लगता है कि नामवर जी के द्वारा ही इस पर प्रकाश पड़ सकता है कि मात्र वेदना की अभिव्यक्ति जो प्रोस्टेट मार्क्स के उद्धरण में था भी। प्रोस्टेट का आयाम मात्र क्रिएटिविटी और वह भी स्वर या शब्द तक ही सीमित नहीं रह जाती है, प्रोस्टेट बाहर भी आता है।

इस व्याख्यान की सबसे बड़ी खूबी यह रही और मैं समझता हूँ कि हिन्दी के छात्रों के साथ-साथ विशेष रूप से अध्यापकों के लिए, जो पढ़ानेवाले हैं, उनके लिए उपयोगी रही। इस मामले में कि भक्ति काव्य के विश्लेषण में होता यह है कि हम लोग उसमें डूब जाया करते हैं या कई बार डूबते नहीं हैं तो डूबने का छद्म करते हैं। कई ऐसे भी लोग मिलेंगे जो रीतिकालीन मानसिकता से सूरदास की कविता का विश्लेषण करते हैं। मानसिकता वही होती है जिसको अलगाने की कोशिश नामवर जी के व्याख्यान में हमको दिखाई पड़ती है। जैसाकि भवभूति ने कहा है कि 'ऋषिनाम पुरनाद्या नाम वाचम अड़तून धावति।' हम लोगों का यह लक्ष्य होना चाहिए कि हम उनका निर्वचन करें। एक बात हमको जाननी है कि आपने तंत्र की कोई चर्चा नहीं की है। हिन्दी में डॉ. रामविलास शर्मा ने लिखा कि योग से जैसे भक्ति भिन्न है, वैसे ही वह तंत्र से भिन्न है। लेकिन तंत्र में जो रागतत्त्व है, हम कहीं-न-कहीं वह रागतत्त्व उस भक्ति में पाते हैं। क्या इस सन्दर्भ में उसको इससे जोड़कर विवेचन किया जा सकता है? दूसरी बात यह कि भागवत आचार्य की रचना है। जाहिर है कि उसमें जगह-जगह गोपीगीत, वेनूगीत, सबके बाद जब

आचार्य विराम लेता है तो उसके बाद वह कृष्ण के बारे में कहता है कि वह आत्माराम है। वह गोपियों के साथ रमण कर रहा है, वह केवल लीला करता है। भागवत में इन तमाम चीजों की जो उन्मुक्तता है, वह सब आलवार भक्तों से आई। क्या उस जमाने में सामाजिक बन्धनों में कोई शिथिलता आ रही थी, इस मामले में इतिहास का सच क्या है? इस बारे में लोगों ने विचार किया क्योंकि इंपिरिकल एविडेंस चाहिए। आलवार भक्तों की रचना में जो उन्मुक्तता हमको दिखाई देती है जिसको नामवर जी ने कहा कि क्रिएटिव ऑप्सर्ज है तो उस जमाने में समाज में जो आर्थिक सम्बन्ध थे, क्या उनमें कोई परिवर्तन आ रहा था और इसमें इंपिरिकल एविडेंस क्या है? इतिहास का सच क्या है?

**नामवर जी :** तंत्र और भक्ति के सम्बन्ध में डॉ. रामविलास शर्मा ने लिखा है, दोनों विरोधी हैं। मैं दोनों को भिन्न मानूँगा, विरोधी हैं। अनिवार्यतः मैं नहीं कह सकता। तंत्र की जो एंथ्रोपोलॉजिकल स्टडी लोगों ने की है, यह ट्राइबल ओरिजिन की है और अगर देवी प्रसाद चट्टोपाध्याय की पुस्तक 'लोकायत' आप लोगों ने देखी हो और उसके बाद तंत्र का सम्बन्ध देखा है तो उससे कुछ चीजें समझ में आएगी। आजकल जेंडर स्टडीज वाले कई लोग काम कर रहे हैं। यह मातृसत्ता और मातृकेन्द्रित साधना रही है। एक ट्राइबल समाज की अपनी भावनाओं की अभिव्यक्ति तंत्र के रूपों में हुई है और तंत्र उतना ही क्रिएटिव रहा है, इसका प्रमाण है मूर्तिकला में और पेंटिंग में। यहाँ तंत्र तो अद्भुत रूप में व्यक्त हुआ है। तंत्रों का प्रभाव भक्ति पर पड़ा होगा, इसका उदाहरण यह है कि कई भक्त तंत्र से भली भाँति परिचित थे। महाराष्ट्र के ज्ञानदेव क्या थे? नाथपंथी ही तो थे। नामदेव क्या थे? इसलिए कुछ ऐसे भक्त हुए हैं, खास तौर से शैव भक्ति का गहरा सम्बन्ध शाक्तों की परम्परा से रहा है। इसलिए मैं तंत्र और भक्ति को भिन्न मानता हूँ लेकिन परस्पर विरोधी नहीं। 'म्यूचुअली एक्सक्लूसिव' जिसको कहते हैं, यह मैं नहीं मानता। कुछ तत्त्व आया होगा। खास तौर से राग को राग से नष्ट करना यह सिद्धों का कथन रहा है। इसको सहज यान के लोग मानते थे। तंत्र एक बड़ा दर्शन था। इनका अपना एक स्वतंत्र दर्शन था जो बौद्ध भी था, शैव भी था, वैष्णव भी था। इसका मतलब है कि तंत्र ओवर राइडिंग था। अत्यन्त विनम्रता से कहूँगा कि रामविलास जी तंत्र के बारे में वक्तव्य देकर अपने घोर अज्ञान का परिचय दे रहे हैं। तंत्र के बारे में वह कुछ नहीं जानते हैं। तुलसीदास तांत्रिक नहीं थे तो इसका मतलब यह नहीं हो जाता है कि तंत्र बड़ी खराब चीज थी—एक तो यह कहूँगा।

आरम्भ में वेणु गोपाल जी कर्म पर बल दे रहे थे। वेणु गोपाल जी एक्टिविस्ट रह चुके हैं। अंग्रेजी में आजकल एक शब्द चलता है। आम तौर से जो कर्मवादी लोग या कर्मयोगी लोग हैं, वे काव्य को समझते हैं कि शब्द ही कर्म हैं। डॉ. मैनेजर पांडेय की पुस्तक भी है। कर्म अनेक प्रकार के होते हैं। उस कर्म का एक

रूप यही नहीं है कि तमंचा और गोली ले करके चलें और किसी पुलिस अफसर को मार दें। क्रम की व्याप्ति बहुत दूर तक है। हमारे यहाँ का एक दूसरा शब्द है। आजकल लोगों ने छोड़ दिया है। कर्म बहुत अच्छा शब्द नहीं माना जाता है। कर्म का बन्धन हुआ करता है। बौद्धों का सत्य है क्रिया। 'क्रिया केवलं उत्तरं।' इसलिए क्रिया, सर्जना, क्रिएशन—यह बुनियादी चीज है। मार्क्स की रचनाओं को अगर पढ़ें तो उसकी बुनियादी जो अवधारणा थी—'दैट वाज प्रोडक्शन', उत्पादन बुनियाद थी मार्क्स की।

मैं एक बात कहना चाहूँगा, वह यह कि भक्त पहले यूटोपियन थे और उन्होंने उस आदर्श लोक की भी कल्पना की। मैंने कल कबीर का एक दोहा उद्धृत किया था : 'हम वासी उस देश के जहाँ जाति वर्ण कुल नाहिं'। तुलसीदास ने रामराज्य के रूप में एक यूटोपिया की सृष्टि की है। भक्त इस लोक को अपर्याप्त समझते थे। उन्होंने एक स्वप्न देखा था। स्वप्नदर्शी भी थे इसलिए उन्होंने एक ऐसे लोक की भी कल्पना की, कम-से-कम उसका स्वप्न देखा और समाज के सामने आदर्श रखा। उस आदर्श को भक्तों ने व्यवहार में भी उतारा था। भक्तों का एक समुदाय हुआ करता था। भक्ति-मंडली हुआ करती थी—सत्संग के रूप में, विहार के रूप में, समागम के रूप में। 'इट यूज टू बी ए कम्यूनिटी।' वेणु गोपाल जी के ऊपर एक और टिप्पणी मैं करना चाहता हूँ कि दो छोरों में से यह लोक और परम प्रिय भगवान में से लोक न छोड़ने का दुःख और भगवान को पूर्णतः न पाने का दुःख। एक छूटता नहीं है और दूसरा मिलता नहीं है। यह दुःख था दो एक्स्ट्रीम्स का। ऐसा नहीं है कि दोनों को छोड़ना चाहते हैं। एक छूटता नहीं है, क्योंकि हमारी स्थिति ही ऐसी है कि आत्महत्या करके ही छूट सकती है। भक्त कर्म-बन्धन से मुक्ति नहीं चाहते थे। बार-बार जन्म लेना चाहते थे। भगवान के चरणों में प्रेम करना चाहते थे और मुक्ति का निरादार करते थे। यह अपने-आपमें प्रमाण है कि दुखी रहते हुए भी इस संसार में उनकी आस्था थी। जिसको सूर ने कहा है कि 'जैसे उड़ि जहाज को पंछी पुनि जहाज पै आवै', तो वह जहाज, वह भगवान भी हो सकता था और संसार भी। कबीर ने एक दोहे में अपने को भाड़ का चना कहा है। जायसी भी कहते हैं : 'फिरि-फिरि भूँजे'। जैसे भड़भूजा बालू में चना डालता है और वह तप करके उछलता है, फिर उसी में गिरता है। यह संसार उस भाड़ के समान है जहाँ हम तपते भी हैं। और 'फिर-फिर भूँजसि' बार-बार भूँजें। फिर कूदकर उसी में आएँगे। तमाम चीजों के बावजूद यह देश बचा रह गया है तो इसीलिए कि बेघर होने, उजड़ने, भुखमरी पड़ने, अकाल पड़ने के बावजूद किसान जमीन से जुड़ा रहता है। हम शहरातू लोग तो भाग करके अमरीका और इंग्लैंड चले जाते हैं। अगर हिन्दुस्तान के किसानों ने भी यही किया होता और सब लोग एन.आर. आई. हो गए होते तो क्या हालत होती? इसलिए भक्ति कविता का संसार से जो

सम्बन्ध है, मुझे एक किसान की टिनेसिटी (तपस्या) मालूम होती है कि तकलीफ होने के बावजूद खेत से जुड़ा है। मरेंगे, जिएँगे—रहेंगे इसी शहर में। मैं समझता हूँ कि तमंचा चलानेवाले लोगों की अपेक्षा जो किसानों और आदिवासियों के नायक बनकर काम करते हैं, वे ज्यादा बड़े योद्धा हैं। किसान और आदिवासी समुदाय लगातार लड़ता चला आ रहा है, सारे संघर्षों के बावजूद वे योद्धा हैं, सक्रिय हैं। मैं उन लोगों की ताकत समझता हूँ।

**प्रश्न :** मध्यकाल भारतीय साहित्य का, भारतीय इतिहास का ऐसा काल था जब बाहर से आक्रमणकारी आ रहे थे, विदेशी आ रहे थे और इसके साथ-साथ यहाँ की जो सभ्यता और संस्कृति के स्मारक थे, उनको गिरा रहे थे, लूट रहे थे और यहाँ की सम्पदा को बाहर ले जा रहे थे। उस समय क्या इस काल का कोई ऐसा कवि भी था जिसने इस चीज के खिलाफ, इस परिस्थिति के खिलाफ आवाज उठाई? क्या इन भक्त कवियों में कोई ऐसा कवि था जिसने इन भौतिक परिस्थितियों की ओर भी समाज का ध्यान खींचा और एक नया जीवन उनमें देने की कोशिश की जिससे कि इन परिस्थितियों का मुकाबला हो सके?

**नामवर जी :** कल जो मैंने व्याख्यान दिया था, उसमें इस बात का जिक्र मैंने इसलिए नहीं किया कि हिन्दी साहित्य में इस विवाद का लगभग अब समाधान हो चुका है। भक्त को आचार्य रामचन्द्र शुक्ल, जो हिन्दी साहित्य के सबसे बड़े इतिहासकार और समालोचक हैं, उन्होंने कहा था कि भक्ति का उदय इस्लाम के आक्रमण के विरुद्ध हिन्दुओं में फैली हुई निराशा की भावना के कारण हुआ। जब हम लोग हार गए और यह तय हो गया कि मुसलमान आक्रमणकारी यहाँ जीत गए और जम गए तो निराशा हुई। इसलिए इस लोक को छोड़कर भगवान की शरण में गए। यह आचार्य शुक्ल ने लिखा है। लेकिन आचार्य शुक्ल की स्थापनाओं में ही यह निहित है कि भक्ति के उदय का यह पर्याप्त कारण नहीं है। और दूसरे विद्वानों ने उसके बारे में कहा कि अगर ऐसा था तो फिर तमिलनाडु में जब भक्ति उपजी थी, उस समय तो मुसलमान दूर-दूर तक नहीं थे। तमिलनाडु में पल्लवों के जमाने में और पांडु लोगों के जमाने में कोई बाहर का आक्रमण नहीं हुआ था। राजा लोग आपस में ही लड़ रहे थे। इसलिए मुस्लिम आक्रमण से भक्ति का सम्बन्ध नहीं है। यह तथ्य से प्रमाणित हो गया। इसलिए भक्ति की उत्पत्ति देशज है। न यह बाहर से आई है और न यह बाहर की प्रतिक्रिया है। यह सारी चर्चा इसलिए हुई। हर थीसिस की एक सोशल ओरिजिन होती है। उपनिवेशवादी दौर में अंग्रेजी हमले के बाद हम लोगों की ऐसी मानसिकता बनी कि अपने हर इतिहास को हम लोग बाहरी आक्रमणकारियों के सन्दर्भ में देखने लगे। हम लोगों की दृष्टि इतनी अन्धी हो गई कि हम लोगों ने कहा कि आर्य आक्रमणकारियों ने द्रविड़ों को भगाया, यानी अपने इतिहास को

हम लोगों ने बाहरी आक्रमणकारियों की रोशनी में देखा। मैं इसे क्लोनिलिज्म का हैंगओवर समझता हूँ। इसलिए हम लोगों ने आर्यों को आक्रमणकारी कहा। फिर हूण आए। इस संस्कृति में जितने परिवर्तन हुए, हमने उन्हें बाहरी आक्रमणों की रोशनी में देखना शुरू किया। ईसा-पूर्व 4000 से ले करके आज तक के अंग्रेजी इतिहास को ही आरोपित किया, प्रोजेक्ट किया, पास किया। उसका नतीजा था कि हमने भक्ति को इस्लामिक आक्रमण के रूप में देखा। ध्यान रखिए कि आक्रमण दक्षिण में नहीं, उत्तर में हुआ था।

विचित्र बात है कि गोस्वामी तुलसीदास के सम्पूर्ण साहित्य में मुसलमान शब्द कहीं नहीं आया है, जिक्र तक नहीं हुआ है, यद्यपि फारसी के बहुत-से शब्द उनके यहाँ है। तुलसीदास ने मुसलमानों से या इस्लाम से एक इतना अच्छा शब्द लिया, ख़्वाजा मोइनुद्दीन चिश्ती अल्लाह को 'ग़रीबनवाज़' कहते थे। अपने परमप्रिय राम को तुलसीदास ने विशेषण दिया 'ग़रीबनवाज़'।'गई बहोर गरीबनेवाजू'।'ग़रीबनेवाज़' मोइनुद्दीन चिश्ती अपने अल्लाह को कहते थे, तुलसी अपने राम को कहते हैं। एक जगह उन्होंने केवल मुसलमान का प्रयोग किया है : 'जाजरो जराजवन। सूकर को सावक ढके, ढका ढकेलो मग में।' एक बूढ़े यवन को सुअर ने धक्का दे दिया और जब वह गिरा तो हार करके उसने 'हराम हो, हराम हो' कहा। तुलसीदास कहते हैं कि भगवान राम ने 'हराम-हराम' कहने के कारण उसको भी देखा। पूरे तुलसी-साहित्य में मुझे यवन कहीं मिला नहीं। कहीं म्लेच्छ शब्द नहीं मिला। नानक में बाबर के आक्रमण का और कून का जिक्र करते हुए एक प्रसिद्ध गीत है। कबीर हिन्दू-मुसलमान, दोनों मुल्ला और पांडे को फटकारते हैं। खुद मुसलमान थे। लेकिन किंवदन्ती है कि सिकंदर लोदी ने उनको हाथी के पाँव से कुचलवा देने का प्रयास किया था—किंवदन्ती है, सच है या झूठ, शायद झूठ ही है।

विचित्र बात है कि हमारे देश के लोगों ने—चाहे बाहरी आक्रमणकारी हो, चाहे भीतर का आततायी राजा हो, उनकी उपेक्षा की, क्योंकि मध्यकाल में जो हमारी व्यवस्था थी, उस व्यवस्था में राजनीतिक सत्ता अपेक्षाकृत आकस्मिक थी। एक बलिभाग या कर नाम की चीज होती थी और छठा भाग होती थी। आज जिस तरह से हम लोग टैक्स से भरे हुए हैं, मारे हुए हैं—कुछ डायरेक्ट, कुछ इनडायरेक्ट। उस जमाने में राजसत्ता हमारे लिए इतना ही मायने रखती थी कि एक बलिभाग वे लिया करते थे। इसके अतिरिक्त जो ग्राम-समुदाय था, जो गाँव था, वह अपने-आपमें स्वतः सम्पूर्ण हुआ करता था। समाज धर्म द्वारा अनुशासित होता था और धर्म एक आचार-संहिता का नाम था, जिसमें कुछ नियम स्थानीय थे और कुछ सार्वदेशिक। इसलिए इस्लामिक आक्रमणकारियों की संतों ने परवाह नहीं की। मेरा खयाल है कि उनकी ओर देखा ही नहीं। किसी सुल्तान को उन्होंने महत्त्व नहीं दिया। तुलसीदास के शब्दों में हमारी स्थिति यही थी कि 'कोउ नृप होइ हमैं

का हानी, चेरि छोड़ि अब होउ की रानी'। जिन गरीब भक्तों ने कविता लिखी, वे कहते थे कि हमको तो शूद्र का शूद्र ही रहना है। चाहे वह धर्म परिवर्तन क भी ले, तब भी जुलाहा अंसारी ही रहेगा। ध्यान रखिए कि मुगलकाल में अकबर के पहले तक शासन में उस जमाने के आई.ए.एस. ईरान से आए हुए और बाहर के लोग ही रहा करते थे। यहाँ के स्थानीय मुसलमान कन्वर्ट हो गए लेकिन उनकी किस्मत नहीं बदली। कबीर जुलाहा के जुलाहा रहे। कबीर जो हैं, वे मुसलमान शासकों से पंचहजारी खिताब पानेवाले नहीं हुए। वैसे ही अंग्रेजों के आने के बाद उनके साथ ईसाई चर्च आया और यहाँ बहुत-से लोग ईसाई बने। लेकिन वे ईसाई अंग्रेजी हुकूमत में ऊँचा पद पानेवाले नहीं थे। एंग्लो इंडियन लोगों को भले ही मिल गया हो। इसी वजह से भक्तों, गरीबों तथा छोटी जाति के पिछड़े हुए लोगों का कहना था कि हमारी जिन्दगी तो जो है, वह है। हमको इसी व्यवस्था के बीच लड़ना है जिसको मोटे तौर से हम 'भारतीय सामन्तवाद' कहते हैं। बाहरी आक्रमणकारियों में चाहे मुसलमान हों, लेकिन उनका कोई उल्लेख नहीं मिलता। इसलिए हम देश के लोगों ने कभी भी शासकों को वह महत्त्व नहीं दिया। क्षमा कीजिएगा, मैं बनारस का रहने वाला हूँ और एक जमाना था, लाट साहब आए और चले गए और गमछा पहनकर भाँग घोटनेवाले बैठे हुए हैं। होंगे लाट साहब, ठेंगे पर रखते हैं हम। वहाँ बड़े से बड़े राष्ट्रपति और प्रधानमंत्री चले जाएँ, ऐसे लोग हैं जो कह रहे हैं—आए होंगे, होंगे अपने घर के लाट साहब। राष्ट्रपति हुआ करते हैं। हम परवाह नहीं करते। अब भी बहुत कुछ यही स्थिति है। दिल्ली का तख्त जीत लिया, होंगे तुम राजा। हम अपने घर के कुछ कम हैं? यह एक अद्भुत मनोवृत्ति थी, शायद इन भक्तों के मन में कि 'हम चाकर रघुबीर के पटौ लिखौ दरबार, अब का तुलसी होएँगे नर के मनसबदार'। सूर को बुलाया, सूर नहीं गए। कुम्भनदास को बुलाया फतहपुर सीकरी में। कुम्भनदास ने कहा कि 'संतन को कहा सीकरी सो काम, आवत जात पनहियाँ टूटीं बिसर गयो हरि नाम।' इस बात को वे लोग नहीं समझ सकते हैं, जो जरा-जरा-सी बात पर दिल्ली दौड़े हुए जाते हैं। इसलिए अगर संतों और भक्तों ने इस्लाम आक्रमणकारियों की नोटिस नहीं ली तो यह अपने-आपमें उनकी अवज्ञा का एक सबूत है, न कि उनके अज्ञान का अथवा उनकी परमुखापेक्षता का या उदासीनता का।

**प्रश्न :** कल मैंने नामवर जी से प्रश्न किया कि लोग कहते हैं कि 'भक्ति द्राविड़ ऊपजी लाये रामानन्द।' यह कैसे है कि भगवान कृष्ण उत्तर में हुए और भक्ति दक्षिण में हुई? मेरे प्रश्न के जवाब में नामवर जी ने एक चमत्कारी बात कही कि सोलहवीं शताब्दी तक कृष्ण की उपासना मथुरा में नहीं थी। वल्लाभाचार्य जी के आने के बाद हुई। तो यह मेरे लिए एक रिवोल्यूशनिंग चीज है कि भई, कृष्ण की उपासना मथुरा में न हो। दूसरा, मैं भक्ति के बारे में सोच रहा था कि भक्ति के

साथ दुख इसलिए है क्योंकि भक्ति में विरह है और विरह जहाँ होगा, वहाँ दुख होगा। इसीलिए कबीरदास जी कहते हैं : 'कबीरा हँसना दूर कर रोने से कर प्रीति, बिनु रोये क्यों पायेगा प्रेम प्यार और प्रीति।' जब तक रोएँगे नहीं, तब तक भगवान कैसे पास आएगा? मेरा तो सिम्पल कैलकुलेशन यह है कि भई, हम भक्त हैं तो विरह है, प्रिय नहीं मिल रहा है तो हमें दु:ख है। नहीं मिल रहा है इसलिए हम उसके लिए रोते हैं, तड़पते हैं। आपने कहा कि भक्तों ने अधिकतर स्त्री के रूप में अपने-आपको कहा है : 'हरि मेरा पिउ मैं हरि की बहुरिया।' लेकिन सूफियों को अगर हम भक्त मानते हैं तो सूफियों ने तो अपने-आपको पुरुषों के रूप में देखा है?

**नामवर जी :** यह वैसे शोध का विषय है। आपने जो पहला प्रश्न किया जिसका मैंने कल उत्तर दिया था कि क्यों तमिलनाडु में भक्ति उत्पन्न हुई थी, उसको दोहराने की आवश्यकता नहीं है। व्यक्तिगत बातचीत में कुछ बातें कही हैं, कुछ और बात मैं कहूँगा। लेकिन मुझे यह दिलचस्प बात लगी कि देवता उत्तर के और वैष्णव भक्ति, मुख्य रूप से कृष्णगत भक्ति, पैदा हुई तमिलनाडु में, क्या रहस्य है? तब मैंने यह कहा कि यह उत्तर-दक्षिण का जो विभाजन है, यह भी कलोनियल हैंगओवर है। उत्तर-दक्षिण का इस प्रकार विभाजन इस देश में नहीं रहा है। भौगोलिक कठिनाइयों के बावजूद विन्ध्य की मालाओं के दोनों तरफ से आना-जाना लगातार बना रहा। कहते हैं कि अगस्त्य के साथ एक नया परिवर्तन आया था। वह हमारे मिथक में सुरक्षित है। इसलिए यदि देवता उत्तर में थे और भक्ति दक्षिण में हुई तो दोनों का कायदे से विश्लेषण किया जाना चाहिए। दक्षिण ने जिस कृष्ण की मूर्ति 'श्रीमद्भागवत' में गढ़ी और जो दक्षिण में रचा गया था, वह महाभारत के कृष्ण से अलग है। महाभारत के गोपी-कृष्ण के बारे में कहा जाता है कि ये लोक देवता थे। मुरुगन यहाँ का स्थानीय देवता था, उससे जुड़ी हुई जो प्रेम की कथाएँ हैं, कई लोककथाएँ सिलप्परिकारम पर आधारित हैं। अभी मैंने दिल्ली में एक नाटक देखा 'अन्तर्यात्रा' नाम से। उस पर एक टेलीफिल्म भी बनी है। श्रृंगार की, प्रेम की लोक-प्रचलित कथा को उसमें लिया गया है। उसमें जो लोकदेवता है, वह प्रेम की मूर्ति है। यह और महाभारत का कृष्ण, इन दोनों को मिला करके एक नये कृष्ण को जन्म वैष्णवों ने दिया। मैं एक उदाहरण दे सकता हूँ। आर्ट आर्किटेक्चर के इतिहासकार इसे प्रामाणिक रूप में बता सकते हैं कि महाबलिपुरम में गोवर्धन धारण की जो मूर्ति शिलाखंड पर बनी हुई है, वह सम्भवत: गोवर्धनधारण की सबसे पुरानी मूर्ति है और वह दक्षिण में है। उत्तर में जो इस प्रकार के स्ट्रक्चर बने हैं, वे बहुत बाद में बने हैं। इसका मतलब है कि इन्द्र पर कृष्ण की विजय की कहानी पुरानी है। आर्य संस्कृति और आर्यों में ऋग्वेद का प्रमुख देवता इन्द्र था। यद्यपि ब्रह्मा, विष्णु, महेश—तीनों का नाम लिया जाता है। ब्रह्मा की महिमा धीरे-धीरे घटती गई। इन्द्र की महिमा घटती गई और कृष्ण आते गए। इसका मूल स्रोत कहीं लोकजीवन से जोड़कर देखना चाहिए।

संक्षेप यह कि वैष्णवों का कृष्ण लोकल और क्लासिकल का संयुक्त रूप है; विग्रह है, जो दक्षिण में गढ़ा गया है। उस प्रतिमा को नया रूप भी दिया गया है। हमें कृष्ण के विभिन्न रूपों का अध्ययन करना चाहिए। जो तंत्र की बात आप पूछ रहे थे, उड़ीसा के जगन्नाथ के मूल में तंत्र भी शामिल है और जगन्नाथ के द्वारा उन्होंने कृष्ण का अद्भुत रूप गढ़ा। बंगाल में चैतन्य गौणीय वैष्णव ने कृष्ण का बिलकुल ही एक दूसरा रूप गढ़ा। वृन्दावन के कृष्ण का एक दूसरा स्थानीय रूप है। लाँगूल के द्वारा गढ़ा गया था। वह बिलकुल एक दूसरा ठेठ ब्रज का कृष्ण है। यही स्थिति गुजरात के द्वारिका के कृष्ण की है। महाराष्ट्र के विट्ठल की दूसरी स्थिति है। इसलिए वैष्णव भक्ति ने कृष्ण के अनेक रूप गढ़े और सब स्थानीय हैं। इसी अर्थ में मैंने कहा कि भक्ति बहुत अधिक लोकल है। अगर हम इस पर ध्यान नहीं देंगे तो हम अपना जो देशगत वैशिष्ट्य है, इसको भूल जाएँगे। लेकिन उनका दोनों में योगदान हुआ है। उस पर ध्यान दिया जाना चाहिए।

विरह के बारे में आपने जो कहा, वह ठीक ही है। उस विरह की केवल ईश्वर और जीव के सम्बन्धों के स्तर पर व्याख्या करना ज्यादा जरूरी है। केवल पुरुष और स्त्री के रूप में नहीं। सूफियों के बारे में जो आपने कही, वह दिलचस्प बात है। हम-आप बहुत अच्छी तरह जानते हैं कि ईरान की गजल की परम्परा में आशिक और माशूक, दोनों पुल्लिंग हैं। जयशंकर प्रसाद की कविता : 'शशि ऊपर घूँघट डाले अंचल में दीप छिपाये, जीवन की गोधूलि में कौतूहल से तुम आए।' लोगों ने कहा कि फारसी प्रभाव है। जयशंकर प्रसाद ने कविता के माध्यम से इसका जवाब दिया कि 'ओ मेरे प्रेम बता दो कि तुम नारी हो कि पुरुष हो?' प्रेम न नारी होता है, न पुरुष होता है। आजकल मैं दिल्ली में देखता हूँ कि महिलाएँ एक-दूसरे को पुल्लिंग में सम्बोधित करती हैं—कहो, तुम कहाँ गए थे, कैसे रहे? संस्कृत में बड़ी भारी छूट है कि संस्कृत की क्रियाएँ, सांस्कृत्य क्रिया में लिंग विधान नहीं होता है इसलिए पहचाना नहीं जा सकता कि वे पुरुष के रूप में कह रहे हैं या स्त्री के रूप में कह रहे हैं। ईरान की संस्कृति में एक दोहरापन मिलता है। परम प्रिय जो है, वह पुरुष भी है और माशूक भी है। शायद प्रेम की परिकल्पना में यह बात ईरान में जुड़ी जो हमारे यहाँ नहीं थी। शायद उतने उग्र रूप में नहीं थी। इसका कारण मैं समाज-व्यवस्था को इतना नहीं मानता। मैं यह नहीं कहना चाहता कि वेस्ट एशिया के लोग होमोसेक्सुअल हैं और हमारे यहाँ के नहीं हैं। मैं इस रूप में इसकी व्याख्या नहीं करता। इसकी व्याख्या रिलीजस और मेटाफिजिकल टर्म्स में की जानी चाहिए। और वह यह है कि अल्लाह की जो परिकल्पना वहाँ है, जो एकेश्वरवाद में हुआ करती है, वह हमारे यहाँ की भगवान की परिकल्पना से बिलकुल भिन्न है। वहाँ अल्लाह एक डिक्टेटर के रूप में आता है। वह दंड देता है। शासन करता है। यह बात ज्यूइश ट्रेडीशन में है। कहीं-न-कहीं ईश्वर का जो रूप वहाँ है, उस रूप पर एक बात उर्दू शायरी ने

और सूफियों ने उद्धृत की कि ऐसे ईश्वर के साथ एक और परिकल्पना जुड़ी और वह बेवफा होने की थी। माशूक बेवफा होता है। कृष्ण बेवफा नहीं है। बहुगोपीरमण हैं, ये सारी चीजें हैं लेकिन कृष्ण बेवफा नहीं है। उपेक्षा कर सकते हैं, उसके यहाँ से जा सकते हैं। आपको इस शब्द बेवफाई की परिकल्पना उर्दू शायरी के आशिकों में मिलेगी। ईश्वर बेवफाई कर रहा है, इस परिकल्पना के साथ जुड़ी हुई माशूक की कल्पना स्त्री-रूप के कारण होनी चाहिए। इसलिए भगवान को उन्होंने स्त्री के रूप में ही समझा, और परिकल्पना की। मैं इसकी बहुत विस्तृत और सन्तोषप्रद व्याख्या तत्काल नहीं कर सकता। लेकिन मैं यह कहना चाहता हूँ कि इन दोनों को ओवर सिम्पलीफाई (अति सामान्यीकरण) न करें। प्रिय ईश्वर है या पुरुष है, इससे कोई फर्क नहीं पड़ता है। दक्षिण में सोसाइटी मुख्य रूप से मातृसत्तात्मक रही है, केरल में आज भी है। सम्भवतः इसका स्रोत एंथ्रोपोलॉजी में ढूँढ़ना पड़ेगा। इसका स्रोत अगर आप सतही सोशल कनविन्स ट्रेडीशन पर ढूँढ़ेंगे, ओवर सिम्पलीफाई करेंगे तो आप समाज और मुस्लिम समाज के बारे में गलत धारणा ही बनाएँगे।

[हिन्दी विभाग, उस्मानिया विश्वविद्यालय, हैदराबाद द्वारा आयोजित
पं. विद्यालंकार स्मृति व्याख्यानमाला में दिये गए वक्तव्य]

# मध्यकालीन संत कवियों की सामाजिक जागरूकता

मध्यकालीन संत कवियों की सामाजिक चेतना (Social awareness) की चर्चा करते समय इस ठोस तथ्य को अनदेखा करना कठिन है कि समर्थ रामदास स्वयं, जिनकी त्रिशती के उपलक्ष्य में यह सेमिनार आयोजित किया गया है, महाराष्ट्र की आक्रामक हिन्दू राष्ट्रवादी शक्तियों (Militant Hindu Nationalist Forces) द्वारा 'हिन्दू पाद पादशाही' के अन्तिम गुरु के रूप में ढाल दिये गए हैं। दरअसल संत काव्य को इस तरह आयत्त कर लेने (Appropriation) की कोशिश भक्ति आन्दोलन के उदय के कुछ समय बाद से ही शुरू हो गई थी। महाराष्ट्र-जन्मा हिन्दी कवि गजानन माधव मुक्तिबोध ने काफी पहले 1955 में भक्ति आन्दोलन के इस पहलू की ओर ध्यान आकृष्ट किया था। उन्होंने कहा था : 'जो भक्ति आन्दोलन जनसाधारण से शुरू हुआ और जिसमें सामाजिक कट्टरपन के विरुद्ध जनसाधारण की सांस्कृतिक आकांक्षाएँ बोलती थीं, उसका 'मनुष्य सत्य' बोलता था, उसी भक्ति आन्दोलन को उच्चवर्गीयों ने आगे चलकर अपनी तरह बना लिया, और उससे समझौता करके, फिर उस पर अपना प्रभाव कायम करके अनन्तर जनता के अपने तत्त्वों को उनमें से निकालकर उन्होंने उस पर अपना पूरा प्रभुत्व स्थापित कर लिया।'

प्रमाण यह है कि भक्ति आन्दोलन शुरू तो हुआ मुख्यत: छोटी समझी जानेवाली जातियों के भावुक संतों के द्वारा, किन्तु धीरे-धीरे उसमें ऊँची जातियों के पंडितजन भी आ मिले। हिन्दी में शुरू-शुरू में उसका रूप निर्गुण था, जिसमें अधिकांशत: जुलाहे, कोरी, नाई, चमार, डोम आदि जातियों की बहुलता थी। इसमें हिन्दू भी थे और मुसलमान भी। फिर सगुण भक्ति की धारा बही। शुरू में कृष्ण-भक्ति, फिर बाद में राम-भक्ति। जहाँ तक कृष्ण-भक्ति का सवाल है, उसमें ब्राह्मणों के अलावा ब्राह्मणेतर छोटी जातियों के भी संत कम न थे और कृष्ण-प्रेम में कुछ ऐसा आकर्षण था कि बहुत-से मुसलमान भी कृष्ण-भक्ति में बरबस खिंचे चले आए। किन्तु आगे चलकर राम-भक्ति ने वर्णाश्रम धर्म की पुन:प्रतिष्ठा पर कुछ ऐसा जोर दिया कि मुसलमान तो उसकी ओर आकृष्ट हुए ही नहीं, हिन्दुओं में भी छोटी जाति का कोई उल्लेखनीय संत उसमें न पनप सका। जैसाकि मुक्तिबोध ने कहा है, शायद भक्ति

आन्दोलन की समाप्ति का मुख्य कारण भी यही है, वरना क्या कारण है कि हिन्दी में तुलसीदास और मराठी में रामदास के बाद कोई बड़ा संत कवि नहीं हुआ? वैसे, संत तो बाद में भी हुए और आज भी हैं और वे बड़े भी हैं; लेकिन सौभाग्य या दुर्भाग्य से, वे कवि नहीं हैं।

उच्च वर्गों द्वारा भक्ति काव्य के आयत्तीकरण (Appropriation) की इस प्रक्रिया का ही एक रूप है भक्ति आन्दोलन को मुस्लिम आक्रमणकारियों की प्रतिक्रिया के रूप में प्रस्तुत करने की कोशिश। दुख की बात तो यह है कि हिन्दी में एक समय देशभक्त और जनतांत्रिक विचारों के विद्वान भी इस धारणा के शिकार थे। स्वयं आचार्य रामचन्द्र शुक्ल ने जिन्हें मलिक मुहम्मद जायसी को हिन्दी में श्रेष्ठ कवि के रूप में प्रतिष्ठित करने का श्रेय है, भक्ति आन्दोलन को 'देश में मुसलमानों का राज्य प्रतिष्ठित हो जाने पर, अपने पौरुष से हताश हिन्दू जाति की भावनाओं की अभिव्यक्ति' कहा। यद्यपि पंडित हजारी प्रसाद द्विवेदी के द्वारा इस धारणा का युक्ति-युक्त और प्रमाणपुष्ट खंडन काफी पहले हो चुका है, फिर भी कुछ लोग आज भी पुरानी लीक पीटने से बाज नहीं आते। या तो उन्हें पता नहीं है, या फिर वे जानबूझकर इस बात से अनजान रहना चाहते हैं कि भक्ति आन्दोलन को इस्लाम की प्रतिक्रिया के रूप में प्रचारित करनेवाले मूलत: अंग्रेज उपनिवेशवादी विचारक थे। प्रोफेसर हैनेल ने 'हिस्ट्री ऑफ आर्यन रूल' में लिखा था कि 'मुसलमानी सत्ता के प्रतिष्ठित होते ही हिन्दू राजकाज से अलग कर दिये गए। इसलिए दुनिया के झंझटों से छुट्टी मिलते ही उनमें धर्म की ओर, जो उनके लिए एकमात्र आश्रय-स्थल रह गया था, स्वाभाविक आकर्षण पैदा हो गया।' आश्चर्य तो इस बात पर है कि इतिहास के ठोस तथ्यों के बावजूद यह मिथ्या धारणा फैलती रही। दिमाग में यह सवाल नहीं उठा कि तमिलनाडु में पाँचवीं-छठी शती में जब भक्ति आन्दोलन पैदा हुआ तो मुसलमान कहाँ थे? फिर यह सवाल भी आड़े न आया कि यदि भक्ति इस्लाम-विरोधी थी तो इतनी संख्या में मुसलमान क्यों कृष्ण-भक्त हुए? कितनी बड़ी विडम्बना है कि जिन मध्यकालीन संतों ने सम्प्रदायवाद—हिन्दू और मुस्लिम, दोनों सम्प्रदायवाद—के विरुद्ध संघर्ष किया, उसी सम्प्रदायवाद का आरोप उन पर किया जा रहा है! कहने की आवश्यकता नहीं कि सम्प्रदायवाद सामन्तवाद का ही एक अस्त्र है और मध्यकालीन संत कवियों का सम्प्रदायवाद-विरोध उनके व्यापक सामन्तवाद-विरोधी संघर्ष का ही एक अंग है।

किन्तु इधर मध्यकालीन भारत के कुछ 'प्रगतिशील' इतिहासकार 'वैज्ञानिक' शोध के द्वारा यह 'क्रान्तिकारी' सत्य खोज लाए हैं कि मध्यकालीन संत कवि वस्तुत: सामन्तवादी व्यवस्था के समर्थक थे। इस दृष्टि से हाल ही में प्रकाशित 'Aspects of State and Society As Reflected in Dadudayal's Granthavali'

शीर्षक लेख उल्लेखनीय है, जिसके लेखक डॉ. हरबंस मुखिया हैं। जवाहरलाल नेहरू विश्वविद्यालय में मध्यकालीन भारतीय इतिहास के शिक्षक और मेरे मित्र भी। दादू कबीर की शिष्य-परम्परा के सुप्रसिद्ध संत कवि और अकबर के समकालीन थे। दादू की समस्त रचनाओं की सूक्ष्म पड़ताल करने के बाद डॉ. मुखिया जिस निष्कर्ष पर पहुँचे हैं, वह निम्नलिखित है :

> 'Dadu generally seems to accept at the social level the ideals and institution of the ruling classes. He also accepts the class-structure of the society as it existed then. He would only like different classes to function more honestly and efficiently. His thought is not the thought of *protest* but at best of *resignation of* avoiding any conflicts in society. Dadu's thought therefore is not able to break the barriers of the ideology of the ruling classes; on the contrary it is this ideology which percolates down to the social level and gets assimilated there in *muted* forms. Thus as Marx said : 'The ideas of ruling class are in every epoch the ruling ideas', except when a given class secks to overthrow the whole existing social structure and the conditions are ready for such change. And it was too early to expect Dadu, or for that matter the leaders of the *Bhakti* movement as a whole, to be the prophets of this change, their great following among the masses notwithstanding.'

इस निष्कर्ष तक जिस (Method) से पहुँचा गया है, उसकी जानकारी के लिए सिर्फ यह एक बानगी काफी है :

> 'Given the correspondence between Dadu's concept of a majestic and absolute but benevolent God/Guru at the social level and Abul Fazl's similar concept of king at the political level, it is only logical that Dadu should admit the need of an absolute political authority.'

दादू और अबुल फज्ल के विचारों में 'Correspondence' का आधार प्रस्तुत करती हैं दादू की ऐसी पंक्तियाँ : 'सइंया तू है साहिब मेरा, मैं हौं बंदा तेरा' और 'तू साहिब, मैं सेवक तेरा।'

स्वीकार करता हूँ कि इस चमत्कृत कर देनेवाले 'Correspondence' के सामने Lucien Goldmann के The Hidden God में अन्वेषित एक ओर Post Royal, Jansenism और दूसरी ओर Racine की Tragedies के बीच की Homology भी

फीकी लगती है और उस Truism में विश्वास करने को जी होता है कि सचमुच ही साहित्य समाज का दर्पण होता है।

किन्तु यह विचार तो बाद में आया। लेख पढ़ने के बाद तो सबसे पहले मन में यही खयाल आया कि अच्छा हुआ कि क्षितिमोहन सेन इस लेख को देखने से पहले ही दुनिया छोड़कर चले गए, वरना यह देखकर उस वृद्ध का दिल टूट जाता कि किस Conformist के लिए उन्होंने अपनी जवानी के इतने बेशकीमती साल बर्बाद कर दिये और उसकी रचनाओं के संग्रह के लिए दर-दर की खाक छानी। पर ऐसा गलत है। सेन महाशय तो एकेडेमिक दुनिया से पहले ही सशंक थे। एकेडेमिक जगत में शास्त्र-तिरस्कृत संतों के प्रति न्याय की कोई आशा उन्हें न थी। इसीलिए उन्होंने दादू की वाणी का संकलन एकेडेमिक पद्धति छोड़कर वाचिक परम्परा से किया था। इस प्रकार सेन महाशय को तो इस स्थापना से फर्क न पड़ता लेकिन एकेडेमिक से सम्बद्ध हमारे जैसे लोग इस स्थापना की उपेक्षा न कर पाने के लिए अभिशप्त हैं। मध्यकालीन संत कवियों पर Conformism के इस आरोप का वजन इस बात से और बढ़ जाता है कि अपने मत के समर्थन में डॉ. मुखिया ने प्रसिद्ध इतिहासकार Professor D.D. Kosambi को उद्धृत किया है। अपनी 'Myth and Reality' (1962) नामक पुस्तक में 'Social and Economic Aspects of The Bhagavad Gita' शीर्षक अध्याय के अन्तर्गत महाराष्ट्र के 'वारकरी' संतों की चर्चा करते हुए प्रोफेसर कोसाम्बी अन्तत: कहते हैं : 'The reform and its struggle was never consciously directed against feudalism so that its very success meant feudal patronage and ultimately feudal decay by diversion of a democratic movement into the dismal channels of conquest and rapine.'

हालाँकि इसके कुछ ही पहले 'Protest in Religious guise' उपशीर्षक के अन्दर उन्होंने ज्ञानेश्वर, एकनाथ, तुकाराम आदि की चर्चा करते हुए यह भी लिखा है : 'The generally painful tenor of their lives shows that they were in the *opposition,* and did not care to exercise the meretricious art of pleasing those in power—quite unlike the brahmins, who did not score to develop the cult of these saints whenever it paid, but always pandered to the rich.'

इसके अलावा एकनाथ के बारे में उनका यह कथन है : 'The Paithan brahmin Eknath went out of his way to break the crudist restrictions of untouchability.' फिर ज्ञानेश्वर के जात-पाँत-विरोधी विचारों के प्रमाणस्वरूप गीता के 9.32 श्लोक पर ज्ञानेश्वरी की व्याख्या का एक अंश प्रस्तुत करते हुए यह कथन : 'The Gita doctrine is given a remarkable attractive turn by Jnaneshvar's quite original interpretation : 'Kshatriya, Vaishya, Women, Shudra and untouchable retain their separate existence only so long as they have not attained Me...Just as river have their individual names, Whether coming from East or West, only till they merge into the ocean.' Yet, on the very next stanza, the scholiast extants brahmin as veritable gods on earth. That is, he embodied the inner contradictions which he discerned in contemporary society but failed to discover in the Gita.'

सवाल यह है कि स्वयं प्रोफेसर कोसाम्बी ही अपने अन्तर्विरोधों से कितने अवगत हैं? एक ओर वे जिन संतों के बारे में कहते हैं कि 'They went out of their way to break the crudist restrictions of untouchability' और दूसरी ओर यह कि 'The reform and its struggle was never conciously directed against feudalism' क्या जाति-व्यवस्था भारतीय सामन्तवाद का हिस्सा नहीं है? यदि जात-पाँत-विरोध सामन्तवाद-विरोध नहीं, तो फिर सामन्तवाद-विरोध और क्या है? यदि मध्यकालीन संत सामन्ती व्यवस्था के समर्थक ही थे तो उस व्यवस्था के पोषक वर्गों द्वारा उन्हें तरह-तरह की यातनाएँ क्यों दी गईं? यदि ज्ञानेश्वर की अल्पवयस मृत्यु को आत्महत्या न मानकर 'natural death' भी मान लें तो तुकाराम की रहस्यमयी जल-समाधि की क्या व्याख्या है? तीन सौ वर्षों तक ज्ञानेश्वरी के लुप्त होने की? इसी तरह कबीर का काशी छोड़कर मगहर जाने के लिए विवश होना, तुलसी का काशी के पंडितों द्वारा सताया जाना, मीरा को तरह-तरह से दी जानेवाली यातनाएँ और सूर का स्वयं श्रीनाथ के मन्दिर से निष्कासन आदि की क्या व्याख्या हो सकती है? क्या इन संतों पर पुरोहिती-सामन्तवाद का यह कोप इस बात का प्रमाण नहीं कि संत कवि पुरोहिती-सामन्तवाद के दुश्मन थे?

मध्यकालीन संत कवियों को सामन्तवाद-विरोधी मानने के मार्ग में एक इतिहासकार के लिए शायद यह कठिनाई है कि उसे 14वीं-15वीं सदी के भारत में सामन्तवाद के ह्रास और उसके साथ ही उभरनेवाली नई सामाजिक शक्तियों के अस्तित्व को भी स्वीकार करना पड़ेगा, जिनके लिए उसे ठोस तथ्य मिलते प्रतीत नहीं होते। किन्तु इतिहास को इस सामान्य प्रश्न का उत्तर तो देना ही होगा कि उत्तर भारत में 14वीं-15वीं सदी में सहसा छोटी जातियों के बीच से इतने संत कवि क्यों पैदा हुए? यह घटना इतनी क्रान्तिकारी है कि इसकी मिसाल भारतीय इतिहास में उसके पहले तो मिलती ही नहीं, पिछले डेढ़ सौ वर्षों के उस आधुनिक कहे जानेवाले कालखंड में भी नहीं मिलती, जिसे 19वीं सदी के पुनर्जागरण और 20वीं सदी के राष्ट्रीय आन्दोलन और अन्त में स्वाधीन भारत के राष्ट्रीय नव-

निर्माण के द्वारा होनेवाले महान सामाजिक परिवर्तनों से गुजरने का गौरव प्राप्त है। उल्लेखनीय है कि 14-15वीं सदी के इस विशाल भक्ति आन्दोलन के दौरान बड़ी संख्या में स्त्री संत कवि भी हुए—इतनी संख्या में कि जिसकी मिसाल न पहले मिलती है, न पीछे—स्त्री-शिक्षा के व्यापक प्रचार-प्रसार के युग में। इस व्यापक भक्ति आन्दोलन के युग में यह भी उल्लेखनीय तथ्य है कि इसी के द्वारा आधुनिक भारतीय भाषाओं को अपनी अस्मिता प्राप्त हुई और असमिया, बंगाली, उड़िया, मराठी, गुजराती, पंजाबी, सिन्धी, कश्मीरी तथा उससे पहले तमिल, आन्ध्र, कन्नड़िया, केरलीय आदि जातियाँ एक नई सांस्कृतिक इकाई के रूप में अस्तित्व में आईं। प्रसंगवश यह भी उल्लेखनीय है कि प्रत्येक भाषा के भक्ति आन्दोलन ने अपने उदयकाल में ही ऐसे महान कवि पैदा किये जो आज भी उस भाषा के साहित्य के अविजेय शिखर हैं—हिन्दी में कबीर, जायसी, सूर और तुलसी; मराठी में ज्ञानेश्वर, एकनाथ और तुकाराम और रामदास; गुजराती में नरसी मेहता, पंजाबी में नानक, कश्मीरी में ललद्यद, असमिया में शंकर देव, बंगला में चंडीदास आदि।

क्या यह चमत्कार किसी महान सामाजिक आदर्श के बिना सम्भव था? क्या सांस्कृतिक उत्थान यथास्थिति के समर्थन की भावना से जीवनी-शक्ति प्राप्त कर सकता था? आज की भाषा में हम उसे सामन्तवाद-विरोध जैसी संक्षिप्त राजनीतिक-सामाजिक संज्ञा से पुकारें या कोई और साहित्यिक-सांस्कृतिक नाम दें, किन्तु था वह निश्चित रूप से एक नया मानव आदर्श जिसके कारण मध्ययुगीनता के उस दमघोंटू वातावरण में जनसाधारण ने 'भक्ति' का अनुभव किया था। संत कवियों ने अपनी ओर से उसके लिए एक छोटी-सी अभिधा दी थी : 'प्रेम'! 'भक्ति' जैसे अतिपरिचित शब्द का मूल तत्त्व यही 'प्रेम' है जो निर्गुण, सगुण, कृष्ण-भक्ति, राम-भक्ति, सूफी, शैव आदि नाना प्रकार की प्रवृत्तियों के भेद के बावजूद सर्वस्वीकृत और मान्य है।

सम्भव है, एक इतिहासकार या समाजशास्त्री की दृष्टि में इतिहास की व्याख्या के लिए इस 'प्रेम' का कोई महत्त्व नहीं हो, क्योंकि उसके लेखे 'प्रेम' में इतनी शक्ति कहाँ जो सदियों से जमी एक व्यवस्था में सेंध लगा दे? किन्तु तथ्य यही है कि संत कवियों ने इस दिव्य प्रेम के द्वारा जात-पाँत के भेद की जड़ें हिला दीं। मध्ययुगीन संत कवियों का यह 'प्रेम' आज के संतों का निरामिष सर्वोदयी प्रेम न था जो सबकी जय मनाएँ। कबीर का 'प्रेम' वस्तुत: एक नया 'ज्ञान' था और इसलिए 'शमशीर' :

*एक समसेर इकसार बजती रहे*
*खेल कोई सूरमा संत खेलें।*

इतिहास का यह भी एक चमत्कार ही है कि मध्यकाल के संत कवियों ने 'प्रेम' जैसे नितान्त कोमल हथियार से जात-पाँत की लोहे से भी कठोर बेड़ियों को काटने की कोशिश की। दरअसल उन्होंने फूल की पँखुड़ी से हीरे के जिगर को बेधना चाहा था। शायद इसलिए कि वे कवि थे। शायद इसीलिए वे कवि भी हो सके, वरना समाज-सुधारक तो और भी हैं।

जायसी की नजर में इस प्रेम की ऐसी महिमा थी कि उनके अनुसार :

*मानुस प्रेम भयउ बैकुंठी,*
*नाहिं त कहा छार एक मूठी।*

इस प्रकार संत कवि के लिए इस प्रेम के कारण ही मनुष्य मनुष्य है—मनुष्य ही नहीं, बल्कि देवता। एक दिव्य पुरुष।

एक ओर है यह मानव-मूल्य और दूसरी ओर है सामन्ती समाज के वे नियम जिनके अनुसार कोई ऊँचे कुल में या ऊँची जाति में जन्म लेने से बड़ा होता है या किसी धर्म के पालन से अथवा धन या शक्ति से महान बनता है। संत कवियों का प्रेम उन्हीं सामन्ती मूल्यों के लिए चुनौती था। आकस्मिक नहीं कि संत कवियों ने इसीलिए प्रेम को मूल्यों का मूल्य माना है : 'प्रेमा पुमर्थो महान्' मध्यकालीन भक्ति आन्दोलन का आप्त वाक्य है। शास्त्र जहाँ धर्म, अर्थ, काम और मोक्ष पुरुषार्थचतुष्ट्य को परम मूल्य मानता था, संत कवि उसके स्थान पर एक नई मूल्य-प्रणाली स्थापित कर रहे थे।

इस उदात्त मूल्य के द्वारा ही मध्ययुगीन संत कवियों ने उस महान 'लिरिक' काव्य की सर्जना की जो विश्व-साहित्य में बेजोड़ है। उल्लेखनीय है कि होने को तो संसार की अन्य भाषाओं में भी अनेक महान संत कवि हुए हैं जिन्हें प्राय: 'मिस्टिक' कहा जाता है किन्तु यह भारत की ही विशेषता है कि छठी से सत्रहवीं सदी तक लगभग एक हजार साल तक भक्ति काव्य की अबाध और विशाल धारा बहती रही जिसमें एक से एक बढ़कर श्रेष्ठ कवि और गायक हुए। विश्व-साहित्य में इतनी सुदीर्घ और ऊँचे स्तर की काव्यधारा दुर्लभ है।

यहाँ भक्ति आन्दोलन की अखिल भारतीय प्रकृति विशेष रूप से उल्लेखनीय है। वस्तुत: भक्ति आन्दोलन की अखिल भारतीयता उसकी सामन्तवाद-विरोधी प्रवृत्ति का दूसरा ठोस प्रमाण है। सामन्तवाद तो राष्ट्रीय और जातीय स्तर पर अपनी अलगाववादी प्रवृत्ति के लिए जाना जाता है। यदि मध्ययुगीन संत कवि सामन्तवाद के समर्थक थे तो उन्होंने मध्ययुग की राजनीतिक और प्रादेशिक सीमाएँ तोड़कर सारे भारत को एक भावात्मक सूत्र में जोड़ने का कार्य कैसे किया? क्या यह तथ्य नहीं है कि उस जमाने में भी दक्षिण के संत उत्तर भारत के संतों और साधारण जनता के लिए उतने ही अपने थे जितने अपने क्षेत्र के सन्त? भक्ति की एक ही

भावधारा थी जिसमें तमिल, कन्नड़, मराठी, गुजराती, बंगला, उड़िया, असमिया, पंजाबी और सिन्धी, हिन्दी के साथ एक हृदय होकर बह रहे थे और महाराष्ट्र के नामदेव हिन्दी के लिए उतने ही अपने थे, जितने कबीर महाराष्ट्र के लिए या कर्नाटक के लिए! यही स्थिति अन्य संतों की भी थी। मध्ययुग के इतिहासकार के पास समूचे सामन्ती भारत की इस भावात्मक एकता के लिए क्या सामाजिक व्याख्या है? उल्लेखनीय है कि समूचे भारत की एक भावात्मक एकता किसी एक भाषा के माध्यम से नहीं बल्कि विभिन्न प्रादेशिक भाषाओं के काव्य के माध्यम से कायम हुई थी। इसीलिए इसमें व्यापकता के साथ गहराई भी थी। गहराई का एक बहुत बड़ा कारण है—भक्ति की सामन्त-विरोधी-जनतांत्रिक भावना, जिसमें जात-पाँत और सम्प्रदायगत भेदभाव को तोड़कर जनसाधारण को सामान्य हितों के आधार पर जोड़ने की कोशिश थी।

इसलिए मेरी नजर में मध्यकालीन संत कवियों की सामाजिक चेतना (Social Awareness) का मूल मंत्र यह 'भक्ति' और प्रेम ही है। वैसे भक्ति काव्य में इधर-उधर से छुआछूत और जाति-पाँति-विरोधी तथा मन्दिर-मस्जिद के बाहरी धार्मिक आचारों का खंडन करनेवाली छिटपुट पंक्तियों को पेश करके भी संतों की 'सामाजिक चेतना' को प्रमाणित किया जा सकता है; किन्तु जहाँ संत कवियों की कविता बुलन्दियों को छूती है, वे स्थल वस्तुत: उस दिव्य प्रेम के ही हैं और साहित्य के आलोचक का कौशल तो यही है कि भक्तिभावापन्न उन उदात्त काव्य-पंक्तियों में ही 'सामाजिक चेतना' का परिदर्शन कराए।

सम्भवत: इसीलिए पं. हजारी प्रसाद द्विवेदी ने अपनी 'कबीर' नामक पुस्तक का उपसंहार करते हुए कहा है : 'कबीर ने ऐसी बहुत-सी बातें कही हैं जिनसे (अगर उपयोग किया जाए तो) समाज-सुधार में सहायता मिल सकती है। पर इसलिए उनको समाज-सुधारक समझना गलती है। ...वे मूलत: भक्त थे। यह भक्ति-रूप ही उनका वास्तविक रूप है। इसी केन्द्र के इर्द-गिर्द उनके अन्य रूप स्वयं प्रकाशित हो उठे हैं। जो लोग इन बातों से ही कबीर की महिमा का विचार करते हैं, वे केवल सतह पर ही चक्कर काटते हैं। ऊपर-ऊपर, सतह पर चक्कर काटनेवाले समुद्र भले ही पार कर जाएँ पर उसकी गहराई की थाह नहीं पा सकते। राम की वानरी सेना समुद्र जरूर लाँघ गई थी, पर उसकी गहराई का पता तो मन्द्राचल पर्वत को ही था, जिसका विराट शरीर आ-पाताल-निमग्न हो गया था :

*अब्धिर्संघित एव वानरभटै: किन्त्स्य गम्भीरताम्।*
*आ-पाताल-निमग्न पीवर तनुर्जानाति मन्द्राचल: ॥*

कहने की आवश्यकता नहीं कि मध्यकालीन संत कवियों की 'सामाजिक चेतना' का पता, भक्ति की गहराई में प्रविष्ट करने से ही चल सकता है; और

भक्ति की गहराई में प्रवेश करने का अर्थ है काव्य की गहराई में प्रवेश, जो एक इतिहासकार की Methodology से सम्भव नहीं। उसके लिए तो जैसाकि डॉ. एफ.आर. लीविस ने कहा है, संवेदनशील आलोचना की प्रज्ञा ही अपेक्षित है क्योंकि 'Literature will yield to the sociologist, or anyone else, what it has to give only if it is approached as literature.'

[काशीनाथ सिंह के व्यक्तिगत संग्रह से हस्तलिखित प्राप्त। सम्भवत: किसी संगोष्ठी के लिए लिखा गया आलेख। प्रकाशन की सूचना उपलब्ध नहीं। लेख का शीर्षक अंग्रेजी में है, जिसे यहाँ शब्दश: अनूदित करके प्रस्तुत किया गया है।]

# परम्परा और मूल्यांकन का मार्क्सवादी पक्ष

सबसे पहला सवाल यह है कि परम्परा के मूल्यांकन का प्रश्न कब उठता है और सामान्यत: किन स्थितियों में उठा है? जब तक कुछ मान्यताएँ, कुछ धारणाएँ या कुछ मूल्य रिवाज के रूप में समाज में अविच्छिन्न रूप से चलते रहते हैं और वे एक जीवन्त समाज में अपने आचरित रूप में मौजूद होते हैं, तब तक कोई कठिनाई नहीं उपस्थित होती। तब तक वह अतीत नहीं बनता है, इतिहास नहीं बनता है। हर आदमी सदियों से चली आई बातों को मानता है, विश्वास करता है और उसके अनुसार आचरण करता है। जिस दिन वह विच्छिन्न होती है, रोक लगती है, वह टूट जाती है और सहसा जीवन में इस प्रकार के परिवर्तन आते हैं कि हम उन बातों को किसी समय की कही हुई, कुछ लोगों के द्वारा मानी हुई बातों के रूप में देखने और जानने लगते हैं, कदाचित् तब वह ठीक-ठीक इतिहास, अतीत या कभी-कभी परम्परा के रूप में गृहीत होती है।

इतिहास के कुछ पन्नों की ओर मेरा इशारा है। हमारे देश में लगभग उन्नीसवीं सदी के आसपास, जिसे हम लोग मोटे तौर पर कभी-कभी पुनर्जागरण कहते हैं, उस नवजागरण में जिस ढंग से हमारे यहाँ के पढ़े-लिखे बुद्धिजीवी अपने अतीत के पुनराविष्कार या संग्रह की ओर प्रवृत्त हुए, उसे देखकर अन्दाजा लगाया जा सकता है कि कोई नई बात घटित हुई है, जो कदाचित् सत्रहवीं सदी में नहीं थी, अठारहवीं सदी में नहीं थी, अंशत: सोलहवीं शताब्दी में भी न रही होगी। यह कहने की आवश्यकता नहीं कि सदियों से अविच्छिन्न रूप से हमारे यहाँ परम्परा जिस प्रवाह के रूप में चली आ रही थी, पहली बार पश्चिम के आधार के कारण और साम्राज्यवादी शक्तियों के कारण उस पर प्रहार हुआ और यहीं के रहनेवाले और नई शिक्षा प्राप्त करनेवाले लोग स्वयं अपनी ही परम्परा से कट गए और उनको उसे नये सिरे से ढूँढ़ने की जरूरत पड़ी। इसीलिए हम उसे पुनर्जागरण या नवजागरण के रूप में जानते हैं। तब यह आकस्मिक नहीं है कि पुरातत्त्व विभाग की ओर से पुराने खँडहरों को ढूँढ़ना, ढूँढ़कर निकालना, पुरानी मूर्तियों को संग्रहालय में रखने की प्रवृत्ति बढ़ी। सहसा हम देखेंगे कि पुरानी पुस्तकों की खोज हो रही है, पुरानी पांडुलिपियाँ ढूँढ़ी जा रही हैं। जो साहित्य मौखिक परम्परा

से सामान्य जनजीवन में जीवित था, वही तुलसी फिर पांडुलिपि के रूप में खोजे जाने लगे, सुरक्षित किये जाने लगे और फिर उन्हें सुसम्पादित करने की जरूरत पड़ी। इसलिए उन्नीसवीं शताब्दी में ग्रंथागारों का निर्माण या संग्रहालयों का निर्माण बढ़ा। पहले तमाम चीजों को खोजना, खोजकर संगृहीत करना, संगृहीत करके उसमें चयन करना और चुन करके फिर उसकी व्याख्या और टीका करके नये सिरे से उपस्थित करने का प्रयत्न होने लगा। ये सारे प्रयत्न इस बात के सूचक हैं कि अतीत की सारी की सारी चीजें ज्यों-की-त्यों हमारे सामान्य जीवन में, दैनन्दिन जीवन में जीवित नहीं रह गई थीं, वे आचरित रूप में नहीं रह गई थीं, रिवाज के रूप में नहीं रह गई थीं, बल्कि एक पूरी पीढ़ी ऐसी आ गई थी जो उनसे अपने को अलग समझने लगी थी, दूर समझने लगी थी। उस समय, शायद इस 'परम्परा' शब्द का प्रचलन बढ़ा होगा। हिन्दी में कोई ऐतिहासिक शब्दकोश मेरी जानकारी में नहीं बना है। लेकिन सचमुच ही ऐसा ऐतिहासिक शब्दकोश यदि कोई बनेगा तो इन शब्दों के प्रचलन का इतिहास ज्ञात होगा। इस समय मैं ठीक-ठीक नहीं कह सकता कि हिन्दी में 'परम्परा' शब्द का प्रचलन कब हुआ। उसका क्या इतिहास है, मैं नहीं जानता। लेकिन सामान्यत: मोटे तौर पर कहा जा सकता है कि लगभग उन्नीसवीं सदी के उत्तरार्द्ध में किसी समय इस शब्द का बड़े पैमाने पर हिन्दी में उस अर्थ में प्रचलन हुआ होगा, जिस अर्थ में आज हम इस शब्द को समझते हैं।

पुनर्जागरण के काल में उसी के दौरान एक और शब्द चला और वह था—रूढ़ि। रूढ़ि और परम्परा, इन दोनों शब्दों का प्रचलन हम साथ-साथ देखेंगे। मैं नहीं जानता कि किसी जमाने में रूढ़ि अच्छा अर्थ देनेवाला भी शब्द रहा होगा, लेकिन इस पुनर्जागरण काल में आकर लगा कि रूढ़ि ऐसी चीज है, जो जड़ है और त्याज्य है। इसके विपरीत परम्परा नाम की चीज ऐसी है, जो ग्रहण करने योग्य है, ग्राह्य है, वांछनीय है और जो रूढ़ि के विपरीत जीवन्त है, जो जड़ नहीं हो गई है। तब हमने अलग-अलग शब्दों से अन्तर करना शुरू किया, जब संग्रह और त्याग का प्रश्न उठा। समूचा इतिहास, जिससे सम्बन्ध टूट गया था; उस इतिहास में चयन का सवाल उठा। अर्थात् सारा का सारा इतिहास परम्परा नहीं है, बल्कि उसमें कुछ है जो ग्रहण करने योग्य है, और कुछ है जो छोड़ देने योग्य है। यह चयन की वृत्ति जब से शुरू हुई, इस चयन के साथ ही इतिहास ने एक नया अर्थ ग्रहण किया और इस नये अर्थ-ग्रहण के साथ परम्परा केवल रिवाज नहीं रह गई, क्योंकि स्वयं इतिहास जब मौजूद ही नहीं है, तब वह रिवाज कहाँ रहा? इसलिए अतीत में से चुनते समय कई तरह की पद्धतियाँ अपनाई गईं, कई तरह की दृष्टियाँ अपनाई गईं, जिनमें एक थी कि अतीत में से कुछ कालों को चुन लो, कुछ ग्रंथों को चुनो, कुछ व्यक्तियों को चुनो—व्यक्तियों में से भी, या किसी

कवि-विशेष में से भी सब कुछ नहीं बल्कि कुछ चुनो, सारा ग्रंथ नहीं बल्कि ग्रंथ का एक अंश चुनो जो ग्राह्य हो और इस तरह जैसे तमाम बूटियाँ इकट्ठा करके, उनको खरल में कूट-पीस करके और सारे तत्त्व निकालकर आप कभी भस्म के रूप में या रस के रूप में बनाएँ; सारा इतिहास कपड़-छान करके उनमें से सार तत्त्व के रूप में निकाला गया। एक तो यह तरीका था, अर्थात् इतिहास-काल का निचोड़, और जो सर्वोत्तम सार-तत्त्व हो सकता है, वह परम्परा है। और इसमें कुछ कंकड़-पत्थर या गुठली बच जाए तो उसे फेंक दीजिए। इसीलिए इसमें इतिहास के प्रति एक प्रकार का सार-तत्त्ववादी दृष्टिकोण अपनाया गया और हम लोग देखेंगे कि उन्नीसवीं सदी में ऐसे बहुत सारे रसायनी लोग या तांत्रिक विचारक पैदा हुए जो परम्परा को निचोड़कर उसमें से कुछ तत्त्व, कुछ बूँदें टपका लिया करते थे। उसमें से कुछ को केवल अध्यात्म नाम की बूँद मिली कि सारी भारतीय परम्परा का निचोड़ क्या है, बोले—अध्यात्म। ऐसे ही कुछ लोगों ने तत्त्व निकाला और उस तत्त्व की बूँदों को अलग-अलग बोतलों में बन्द रखकर नाम दिया और कहा कि यह परम्परा है। और इसके अलावा बाकी चीजें कुछ नहीं। कुछ भौतिकवादी बातें करनेवाले दिखाई पड़े, बोले—यह रूढ़ि होगी, गुठली है, छोड़ दिया। लेकिन कुछ और भी लोग थे, जिन्होंने चयनधर्मी दृष्टि अपनाते हुए अतीत का कोई एक लोक, कोई काल, कोई कवि चुन लिया, जिसको उन्होंने स्वर्ण-युग नाम दिया। और उस काल में स्वर्ण-युग की बड़ी चर्चा थी। कोई वेदों में गया और वेदों में ही पालथी मारकर बैठ गया, फिर उससे आगे बढ़ा ही नहीं। कोई उपनिषद् में आया और कहा कि बस, उपनिषद् ही है। इतिहास के लोगों में तथाकथित 'गुप्तकाल, गुप्तकाल' बहुत चला था, कुछ लोग उस गुप्तकाल में बैठे और स्वर्ण-युग लेकर उस अतीत के गौरव के नाम पर कि यह परम्परा है; अर्थात् पूरे इतिहास में से किसी एक काल को, एक प्रवृत्ति को चुन लेना—यह दूसरी चयन की दृष्टि थी और इस तरह अतीत में से या तो हम चयन करते रहे या उसका सार-तत्त्व निकालते रहे और गुठलियों को अलग करके हमने परम्परा को किसी रूप से जीवित रखने की कोशिश नहीं की।

यह जो पूरा का पूरा नवजागरण का या पुनर्जागरण का प्रयत्न है, इस पृष्ठभूमि में हम दो चिन्ताएँ विशेष रूप से देखते हैं, जो कमोबेश परम्परा के मूल्यांकन के साथ आज भी जुड़ी हुई हैं। एक तो यह है कि पहली बार यह अनुभव हुआ कि परम्परा को अर्जित करना पड़ता है। इसके पहले था कि परम्परा स्वत: विरासत में मिलनेवाली चीज है। जब परम्परा रिवाज के रूप में थी तो अपने-आप मिलती थी। बाबा ने हमारे बाप को दिया और हमारे बाप ने हमें दिया, मानो यह मौरूसी जायदाद के रूप में थी, जो वंशानुक्रम से मिलती चली आ रही थी और सहज रूप से उसे हम प्राप्त समझा करते थे। उन्नीसवीं सदी में जब हमारी इस परम्परा पर

पश्चिम की एक साम्राज्यवादी संस्कृति, सभ्यता और एक शक्ति के द्वारा आघात हुआ और हमारी ही परम्परा या इतिहास से जब हमारा सम्बन्ध टूटा, तब अनुभव हुआ कि नहीं, यह मौरूसी जायदाद अपने-आप नहीं मिला करती है। उस समय लोगों ने देखा कि उस मौरूसी जायदाद के लिए भी मुकदमा लड़ना पड़ता है, कभी-कभी कचहरी में ही नहीं जाना होता है, बल्कि लाठी-डंडा से भी लड़ना पड़ता है। अर्थात् परम्परा स्वत: प्राप्त होनेवाली चीज नहीं है, बल्कि परम्परा को अर्जित करना पड़ता है। यह एहसास आधुनिक युग में जब पहली बार हुआ तो यह भी तय हुआ कि अतीत की जरूरी चीजें यदि हम अपने हित, अपनी दृष्टि के अनुरूप खींच नहीं लेंगे, उसका अधिग्रहण नहीं कर लेंगे तो सम्भव है कि वे हमेशा-हमेशा के लिए लुप्त हो जाएँ। क्योंकि ऐसी शक्तियाँ मौजूद हैं जो उसको हमेशा-हमेशा के लिए हमसे छीन लें। इसीलिए एक बात तो यह हुई कि परम्परा सहज रूप में अपने-आप प्राप्त नहीं होती; बल्कि इसे अर्जित करना पड़ता है, प्रयत्न करना पड़ता है। प्रयत्न करने का अर्थ है कि इसके लिए संघर्ष करना पड़ता है और इस संघर्ष के पीछे एक बहुत बड़ी चिन्ता होती है कि उसमें से जो भी मूल्यवान है, यदि नहीं पा लेंगे तो ऐसी शक्तियाँ मौजूद हैं, हमारे यहाँ से बाहर भी, जो उसे हमसे छीन लेंगी और इस कदर छीन लेंगी कि हम फिर उसे प्राप्त नहीं कर सकेंगे।

इतिहास के संघर्ष के दौरान हम भारतीयों ने, हमारे बुद्धिजीवियों ने, एक और बात का अनुभव किया और यह वही थी जो एक मार्क्सवादी विचारक ने बड़ी संकट की घड़ी में अनुभव की थी और कहा था कि दुश्मनों के हाथों अब मृत भी सुरक्षित नहीं हैं और न ही रहेंगे। यह कथन जर्मन मार्क्सवादी विचारक वॉल्टर बेंजामिन का है और यह बात उन्होंने अपनी 'थीसिस ऑन द फिलॉसफी ऑफ हिस्ट्री', जो करीब सन् '38-39 के आसपास के नोट्स थे, उसमें कही थी। जब हिटलर जर्मनी में प्रभुत्वशाली हो गया था, नात्सी शक्तियाँ इतनी प्रबल हो गई थीं कि विश्वयुद्ध का संकट पैदा हो गया था। समूची जर्मन संस्कृति, सभ्यता और कला के लिए यह खतरा पैदा हो गया था। सारे अतीत के साहित्यकारों की इस तरह व्याख्या की जा रही थी कि जो नात्सी-दर्शन में फिट बैठते हों। उस समय वॉल्टर बेंजामिन ने कहा था कि अब दुश्मनों के हाथों, जो मृत लोग हैं, वे भी सुरक्षित नहीं हैं और इसीलिए हमें केवल जीवित लोगों के लिए ही नहीं लड़ना है, बल्कि उनके लिए भी लड़ना है जो मर चुके हैं, अतीत के अंग बन चुके हैं, इतिहास के अंग हो चुके हैं। उनकी रक्षा का दायित्व भी हमारे ऊपर आ पड़ा है। कदाचित् मुझे ऐसा लगता है कि इसी कारण उन्नीसवीं सदी के उतरार्द्ध में, जिसे पुनर्जागरण और नवजागरण कहते हैं, उस नवजागरण काल में भारत के बुद्धिजीवी, लेखक, विचारक, साहित्यिक तत्परता के साथ अपने अस्तित्व को खोज रहे थे, उसकी

व्याख्या कर रहे थे। जब पहला छापाखाना खुला तो देखना चाहिए कि कौन-सी पुस्तकें सबसे पहले छपी हैं, और उसमें तुलसीदास की पुस्तकें सबसे पहली थीं। कलकत्ता में, हमारे मित्र आगरे के ही थे स्वर्गीय कृष्णाचार्य जी। उन्होंने 'हिन्दी के आदिमुद्रित ग्रंथ' नामक पुस्तक प्रकाशित की। उन आदिमुद्रित ग्रंथों में ध्यान से देख रहा था कि वे कौन-से ग्रंथ हैं, जो छापाखाना खुलने पर सबसे पहले छपे। उसमें तुलसीदास की कृतियाँ बार-बार छपीं। कभी-कभी 'रामचरितमानस' का एक कांड 'अयोध्या कांड' ही छपा और वही ज्यादा छपता रहा। 'विनय-पत्रिका' छपी। इससे उस काल के लोगों की मानसिक स्थिति का पता चलता है कि किस प्रकार अतीत की हमारी जो मूल्यवान निधि थी, उसके लिए लोगों को खतरा मालूम हो रहा था। याद रखें आप कि भक्तिकाल की रचनाओं की एक विशेष प्रकार की व्याख्या की जा रही थी। 'क्रिस्टोमैथी' नामक ग्रंथ लिखते हुए—चाहे वे भाषावैज्ञानिक ग्रियर्सन ही रहे हों, जिन्होंने विद्यापति पर भी लिखा, तुलसी पर भी लिखा, जायसी की भी चर्चा की। संतों-भक्तों के बारे में बहुत लिखा गया और उन संतों-भक्तों की जो व्याख्या की जाती थी, एक ओर उन ग्रंथों का सम्पादन, अंग्रेजी में अनुवाद और साथ ही उसकी टीका-टिप्पणी करते हुए समस्त संत और भक्ति साहित्य को एक तरह की ईसाइयत के प्रभाव से प्रभावित रचना के रूप में दिखाने की कोशिश बराबर की जाती थी। यह उस काल के लोगों के लिए स्वभावत: चिन्ता का विषय था। पुनर्जागरण का एक रंग विद्रोह-धर्म का रूप लेकर भी प्रकट हुआ है। उस समय एक यह भी आयाम था। जब मैंने कहा कि दुश्मनों के हाथों अब मृत भी सुरक्षित नहीं हैं, यही नहीं कि संत-साहित्य और भक्ति-साहित्य आदि चीजें यदि केवल लुप्त होतीं तो एक प्रकार का खतरा था, आविष्कृत होकर उनके युग की दृष्टि में दूषित होकर अथवा विकृत व्याख्याओं के माध्यम से हमारे सामने आ रही थीं, यानी अतीत इस ढंग से उपस्थित किया जा रहा था, जो भारत के लिए बहुत गौरव की चीज नहीं हो सकती थी। हर प्राचीन चीज को दिखाया जाता था कि भारत की अपनी मौलिक मनीषा नहीं है, अपना चिन्तन नहीं है, बल्कि हर चिन्तन, हर उपलब्धि के मूल में दिखाने की कोशिश की जाती थी कि जो महान रोम, ग्रीक सभ्यता है अथवा जो महान ईसाई धर्म है, उसका प्रभाव है। कहीं-न-कहीं कोई विदेशी चीज है, और यही नहीं, बल्कि जिन आर्यों को अपने आर्यावर्त कहने पर गर्व था, यह कहा गया कि ये भी बाहर से ही आए। यानी भारत में जो कुछ परम्परा के नाम पर है, यह साबित करने की कोशिश की जाती रही कि सब अपना नहीं, पराया है। जो मूल्यवान है, बाहर का है। जो निकृष्ट है, अधम है—अन्धविश्वास आदि चीजें, भूतों-चुड़ैलों वगैरह की चीजें जो अथर्ववेद में हैं, कहा कि वे यहाँ की चीजें हैं। इसलिए जो कुछ अग्राह्य है, वह यहाँ का है। जहाँ भी कुछ जान दिखाई पड़ती है, वह सब बाहर का है।

जहाँ इस प्रकार के प्रयत्न हो रहे थे, स्वभावतः लोगों ने अनुभव किया होगा कि मृत भी अब दुश्मनों के हाथों सुरक्षित नहीं है। इन दो चिन्ताओं के कारण परम्परा की खोज और परम्परा के मूल्यांकन की स्थितियाँ पैदा हुईं।

मैंने इसका उल्लेख किया कि आज भी या किसी भी काल में उन्नीसवीं सदी के बाद, बीसवीं सदी में अपने स्वाधीनता-संग्राम के दौरान, स्वाधीनता-संग्राम ने जब जनोन्मुख रूप धारण किया और उसमें किसानों, मजदूरों और आम जनता का दबाव बढ़ा, उसके हितों का संघर्ष जब प्रबल हुआ तब फिर परम्परा के बारे में बार-बार सवाल उठता रहा और आज की स्थिति में भी हम देखेंगे कि तब से परम्परा के मूल्यांकन का जो प्रश्न उठा, उसका दायरा बराबर यही रहा करता था; अर्थात् परम्परा का प्रश्न एक तरह से संघर्ष का प्रश्न बना—दो विरोधी शक्तियों के बीच। परम्परा जिसे कहिए कि वर्ग-संघर्ष का अखाड़ा बन गई, परम्परा एक तरह से राजनीतिक संघर्ष का रूप बन गई। आज यदि कोई कहे कि परम्परा शुद्ध बौद्धिक चिन्तन का प्रश्न है तो उसको उन्नीसवीं सदी की अपनी ही परम्परा याद रखनी चाहिए कि स्वयं उन्नीसवीं सदी में परम्परा का अन्वेषण और परम्परा का मूल्यांकन शुद्ध बुद्धि-विलास था या वह सच्चे अर्थों में राजनीतिक संघर्ष के अंग के रूप में उभरकर आया था, जहाँ सही अर्थ में साम्राज्यवाद-विरोधी संघर्ष की नींव पड़ी, और साम्राज्यवाद-विरोधी ही नहीं, बल्कि एक दूसरे संघर्ष की भी बुनियाद पड़ी थी। सामन्तवाद के खिलाफ संघर्ष की नींव भी पड़ी, उसी उन्नीसवीं शताब्दी में। इसलिए परम्परा के मूल्यांकन का प्रश्न वस्तुतः राजनीतिक संघर्ष का प्रश्न बराबर रहा है, शुरू से रहा है। इसलिए समय-समय पर परम्परा क्या है, किसे हम परम्परा कहें और किसे हम रूढ़ि कहें—यह प्रश्न उठा। आगे चलकर इसके साथ दो और शब्द जुड़े—प्रगति और प्रयोग; अर्थात् परम्परा के मूल्यांकन का ही प्रश्न नहीं था, बल्कि परम्परा के साथ प्रगति का और प्रयोग का प्रश्न भी जुड़ा।

बहुत दिनों तक प्रगति अथवा प्रयोग के उत्साह में ऐसे भी दौर आए हैं, क्षणिक और छोटे दायरे में, जब एक प्रकार का उच्छेदवादी दृष्टिकोण अपनाया गया और सम्पूर्ण अतीत को नकारकर सर्वथा प्रगति की एक नई छलाँग लगाने की कोशिश हुई और सर्वथा नया प्रयोग करने का दावा भी किया गया। लेकिन अन्ततः कुछ ही दिनों बाद उस दायरे की भी भूलें मालूम हुईं और लगा कि प्रगति अथवा प्रयोग की दिशा में कोई भी नया कदम उठाने के लिए जरूरी है और उसमें यह निहित है कि नये सिरे से परम्परा का मूल्यांकन किया जाए, जब परम्परा का मूल्यांकन ही प्रगति की दिशा में एक नया कदम होगा और कदाचित् तथाकथित प्रयोग की दिशा में भी एक नया कदम होगा। इसलिए इस दिशा में जितने प्रयत्न हुए, उनमें विचारों की टकराहट और उन पद्धतियों की ओर हम ध्यान दें। जैसा

मैंने कहा कि परम्परा के मूल्यांकन के मूर्तिमान रूप डॉक्टर रामविलास शर्मा यहाँ मौजूद हैं। पहले आचार्य महावीर प्रसाद द्विवेदी ने अपनी परम्परा के मूल्यांकन का प्रयास 'सरस्वती' के माध्यम से, अपने लेखों के माध्यम से बराबर किया। उसके बाद समूचा 'हिन्दी साहित्य का इतिहास' लिखकर आचार्य रामचन्द्र शुक्ल ने किया। आचार्य हजारी प्रसाद द्विवेदी ने 'हिन्दी साहित्य की भूमिका' और अन्य ग्रंथों के द्वारा किया। इस दिशा में, परम्परा के मूल्यांकन के संघर्ष की इसी कड़ी में, लेकिन प्रगतिशील विचारकों की ओर से इस दृष्टि से किया जानेवाला सबसे सुसंगत प्रयास डॉक्टर रामविलास शर्मा ने किया। यद्यपि 'हिन्दी साहित्य का इतिहास' नाम की कोई पुस्तक डॉक्टर साहब ने नहीं लिखी, लेकिन हम सभी जानते हैं कि अकेले केवल हिन्दी साहित्य ही नहीं बल्कि सम्पूर्ण भारतीय साहित्य की परम्परा के मूल्यांकन की दिशा में किए गए प्रयासों की एक लम्बी कड़ी है, जो डॉक्टर साहब ने पेश की है।

बहुत पहले वाल्मीकि पर 'आदिकाव्य' नाम का निबन्ध डॉक्टर साहब ने लिखा था। शाश्वत मूल्यों का प्रश्न उठाते हुए दूसरा निबन्ध कालिदास पर लिखा। बाद के दिनों में सन् '70-71 के आस-पास ट्रेजेडी पर विचार करते हुए भवभूति के नाटकों पर लिखा। वाल्मीकि, कालिदास, भवभूति और उसके बाद स्वयं जो ठेठ हिन्दी साहित्य है, उस हिन्दी साहित्य की परम्परा के बारे में एकत्र आप देखना चाहें तो 'आचार्य रामचन्द्र शुक्ल और हिन्दी आलोचना' में शुक्ल जी की आलोचना के मूल्यांकन और उसकी व्याख्या के बहाने से लेकर छायावाद तक के समूचे साहित्य पर केवल शुक्ल जी के विचार नहीं दिये गए हैं, बल्कि उन विचारों की परीक्षा करते हुए डॉक्टर साहब ने हिन्दी साहित्य की पूरी परम्परा का अपना एक मूल्यांकन प्रस्तुत किया है। इसके अतिरिक्त अकेले तुलसीदास पर डॉक्टर साहब ने जितना लिखा है, उसे संकलित कर दिया जाए तो एक पुस्तक से अधिक ही पड़ेगा। लेकिन इन लेखों और तमाम चीजों के अलावा भारतेन्दु, महावीर प्रसाद द्विवेदी, रामचन्द्र शुक्ल, निराला, प्रेमचन्द जैसे महत्त्वपूर्ण कृतिकारों को अपने मूल्यांकन के लिए चुनना और चुनकर विस्तार से उनका विवेचन उपस्थित करना समूचे हिन्दी साहित्य की परम्परा का मूल्यांकन नहीं तो और क्या है? डॉक्टर साहब का एक ग्रंथ जिसके कुछ अंश छप चुके हैं, और स्वतंत्र पुस्तक के रूप में शीघ्र ही हम लोग देखेंगे, वह 'भारतीय साहित्य का इतिहास' है जो वैदिक काल से लेकर आज तक के उस व्यापक परिप्रेक्ष्य को उपस्थित करेगा, जहाँ हम भारतीय समाज के विकास के क्रम में समूचे भारतीय साहित्य के विकास की मुख्य रेखाओं को देख सकेंगे।

यह जो प्रयत्न है, ऐसा तो नहीं है कि इस प्रयत्न की जानकारी लोगों को हिन्दी में नहीं है। यह दूसरी बात है कि इस मूल्यांकन के रहते हुए भी हमारे

यहाँ शिक्षा संस्थाओं में जो पढ़ाया जाता है, और औसत विद्यार्थी को जो कुछ दिया जाता है, वह वही पुराना माल है, जैसे यह सब कुछ प्रयास किया ही न गया हो! परम्परा के मूल्यांकन का यह रूप हमारे हिन्दी विभागों में विद्यार्थियों के सामने सुलभ नहीं है। और यह शिकायत नहीं है, बल्कि मैं कहना चाहूँगा कि यह प्रमाण है इस बात का कि परम्परा का मूल्यांकन वस्तुत: राजनीतिक संघर्ष का, वैचारिक संघर्ष का प्रश्न हुआ करता है। इसलिए यदि डॉ. शर्मा द्वारा किया हुआ परम्परा के मूल्यांकन का स्वरूप सुलभ नहीं है तो यह अकारण नहीं है, यह आकस्मिक नहीं है। यदि इन प्रयत्नों की ओर अपने अध्यापकों की उपेक्षा के बावजूद बहुत-से सचेत विद्यार्थी आकृष्ट होते हैं तो यह भी संघर्ष का ही अंग है। इन सारी चीजों को हम देखें और इससे उठे हुए कुछ प्रश्नों को देखें, तो कुछ उल्लेखनीय बातें दिखाई पड़ेंगी।

आम तौर से शिकायतें आईं और कहा गया है कि डॉ. शर्मा भारतेन्दु को भी कम्यूनिस्ट साबित कर रहे हैं और महावीर प्रसाद द्विवेदी को भी साबित कर रहे हैं कि वह भी भौतिकवादी थे। रामचन्द्र शुक्ल को भी साबित कर रहे हैं, निराला के बारे में कहने की हिम्मत जरा कम पड़ती है, क्योंकि निराला क्रान्तिकारी थे। लेकिन वेदान्त वाले निराला को भी खींचकर डॉ. शर्मा कहीं यथार्थवाद के सहारे, कहीं भौतिकवाद के समीप ले आते हैं। प्रेमचन्द जी की जो व्याख्या की, उस पर तो आज तक विवाद हो रहा है कि प्रेमचन्द तो गांधीवादी थे, इन्होंने उनको कम्यूनिस्ट और मार्क्सवादी साबित कर दिया है; अर्थात् परम्परा की व्याख्या के इस सन्दर्भ और विवाद में इन लेखकों की नई प्रतिमाएँ बनीं। हिन्दी के अनेक कवियों और लेखकों की एक विशेष प्रकार की प्रतिमा रही है। तुलसी की एक विशेष प्रकार की तसवीर है; भारतेन्दु, महावीर प्रसाद द्विवेदी, रामचन्द्र शुक्ल, प्रेमचन्द, निराला आदि सभी की एक विशेष तसवीर रही है। इस बनी हुई या स्थापित प्रतिमा को किस प्रकार एक प्रगतिशील आलोचक ने चुनौती दी और उसका खंडन नहीं किया, बल्कि दूसरी प्रतिमा निर्मित की। तुलसीदास के बारे में डॉक्टर साहब ने लिखा : तुलसी चौबीस घंटे छापा लगाकर राम-राम भजनेवाले थे। उनमें अपने युग की, अपने समाज की, जनता के दुख-दर्द की, उनके अभावों की, उनकी गरीबी की चेतना भी थी। इस रूप में तुलसी की एक दूसरी प्रतिमा आई, जो हिन्दी में जानी-पहचानी प्रतिमा नहीं थी। उनकी जैसी जयन्तियाँ मनाई जाती थीं और जैसी राम-धुन हुआ करती थी, उसके सम्मुख तुलसी की एक दूसरी प्रतिमा पहली बार सामने आई कि गरीबी के खिलाफ, दरिद्रता के खिलाफ और उसके अनुभव से इतना जूझने वाला कवि कोई नहीं था। यह जीवन तुलसी के काव्य का एक अंग है। इस पर किसी का ध्यान नहीं गया था। आधुनिक हिन्दी के जनक भारतेन्दु हरिश्चन्द्र की तसवीर हिन्दी में थी कि गद्य का प्रासाद निर्मित

किया है। उन्नीसवीं सदी में इस देश की प्रखर राष्ट्रीय चेतना, निश्चय ही उनमें राजभक्ति भी थी, लेकिन उसके साथ स्वदेशी का प्रचार करनेवाले और उसके साथ ही 'अन्धेर नगरी' जैसा नाटक लिखनेवाले भारतेन्दु की एक नई प्रतिमा हिन्दी में आई। इससे पहले भारतेन्दु के विशेषज्ञ लक्ष्मीसागर वार्ष्णेय ही हुआ करते थे, जिन्होंने हिन्दी के दुर्भाग्य से उस काल पर कई पुस्तकें लिखीं, फोर्ट विलियम कॉलेज पर लिखा और लगा कि फोर्ट विलियम कॉलेज न कायम हुआ होता तो जो हिन्दी आप देख-पढ़ रहे हैं, वह हिन्दी आज होती ही नहीं। भला हो अंग्रेज बहादुर का कि उन्होंने फोर्ट विलियम कॉलेज बनाया और जिसके कारण आधुनिक हिन्दी का जन्म हो गया। फोर्ट विलियम कॉलेज की जय-जयकार करनेवाले लोग, भारतेन्दु की राजभक्ति का गुणगान करनेवाले लोग—भारतेन्दु एक आरम्भिक ढंग की खड़ी बोली का गद्य लेखक—यही स्थापित करते दिखाई पड़ते थे। भारतेन्दु का आधुनिक हिन्दी के जनक का व्यक्तित्व जितना समाज-चेतन, जनजीवन से जुड़ा हुआ राष्ट्रीय व्यक्तित्व होना चाहिए, यह भारतेन्दु की तसवीर थी ही नहीं। संयोग से डॉक्टर साहब ने दिखाया कि यह तसवीर आचार्य रामचन्द्र शुक्ल ने दिखाई थी। 'समुझि परें नहिं पंथ, जिमि पाखंड वाद ते लुप्त होंहि सद्ग्रंथ', तो पाखंड-विवाद से, यानी परम्परा के अन्वेषण से हम यह भी देखते हैं कि केवल भारतेन्दु की ही खोज नहीं हुई, भारतेन्दु की खोज करने के क्रम में हमने देखा कि भारतेन्दु बीच में खोजे गए थे, बाद में फिर लुप्त कर दिये गए। इसलिए हम परम्परा के मूल्यांकन के क्रम में परम्परा के मूल्यांकन की परम्परा का भी क्रम देखें कि कब-कब नये सिरे से मूल्यांकन हुआ, उन मूल्यांकनों में कब-कब धोखाधड़ी हुई, कब-कब दुश्मनों ने उस पर परदा डाला। यह भी हम देखते हैं कि भारतेन्दु की नई प्रतिमा थी जिसकी स्मृति ताजा थी 1922 तक। भारतेन्दु की वह प्रतिमा तब धूमिल हुई, जब इन विश्वविद्यालयों में नई शिक्षा प्राप्त करके कुछ नये पी-एच.डी. और डी.लिट्. निकलने लगे, तो इस नये दौर में, और शिक्षा एक निश्चित राजनीतिक व्यवस्था का, सामाजिक व्यवस्था का अंग-सी रही है। उसमें हिन्दी की ऐसी पढ़ाई हुई कि शुक्ल जी द्वारा खोजे गए, प्रतिष्ठित किए गए और शुक्ल जी की स्मृति में जीवित, भुला दिये गए भारतेन्दु की एक नई प्रतिमा हमारे सामने आई। महावीर प्रसाद द्विवेदी के बारे में दशकों से लोगों के सामने एक धारणा रखी जाती थी। केवल भाषा ठीक करनेवाले एक हेडमास्टर के समान उनकी प्रतिमा थी—घनी मूँछों वाले, टोपी वाले और डंडा वाले पंडितजी ऐसे दबंग हेडमास्टर थे जो लोगों की भाषा ठीक किया करते थे। द्विवेदी जी इसके अलावा जो कुछ थे, वह लोगों की स्मृति में नहीं था। 20 साल तक 'सरस्वती' में रहकर वे केवल प्रूफ रीडिंग नहीं करते रहे, और वे केवल कामता प्रसाद गुरु की तरह व्याकरण लिखने का तरीका नहीं बताते रहे, बल्कि उन लेखों के द्वारा, अपनी रचनाओं के द्वारा उन बीस वर्षों

में महावीर प्रसाद द्विवेदी ने कुछ और भी काम किया था। आप लोगों ने डॉक्टर साहब का ग्रंथ देखा होगा, उसका सारांश बताने की मुझे जरूरत नहीं है। उन्होंने इस देश में उस वैज्ञानिक चेतना का, विकासवाद से जुड़ी हुई चेतना का प्रसार किया। उन्होंने भारत की बुद्धिजीवी और विवेकवादी परम्परा की स्थापना की। रीतिकालीन रुचियों और संस्कारों का विरोध कर उन्होंने साहित्य में आधुनिक-बोध की प्रतिष्ठा की। और यही नहीं, उनकी यह खोज थी कि द्विवेदी जी ने अर्थशास्त्र की 'सम्पत्तिशास्त्र' नाम की पुस्तक लिखी थी, और यह अर्थशास्त्र की कोई ऐसी पुस्तक नहीं थी, जो एक अरसे तक विश्वविद्यालयों के अर्थशास्त्र के अध्यापक लिखा करते थे, बल्कि उसका गहरा सम्बन्ध भारत के औपनिवेशिक शोषण से था। इसमें किसानों की दुर्दशा और उसके कारणों पर प्रकाश डाला गया था। इस खोज से महावीर प्रसाद द्विवेदी की एक दूसरी प्रतिमा हमारे सामने आई और यहाँ वह क्रान्तिकारी खोज थी, जिस प्रतिमा की ओर संयोग से, और शायद अधिक निकट होने के कारण शुक्ल जी का ध्यान नहीं गया होगा। महावीर प्रसाद द्विवेदी का यह जो व्यक्तित्व था, इस व्यक्तित्व को हिन्दी में पहली बार प्रतिष्ठित करके, भारतेन्दु से चली आती हुई परम्परा की अगली कड़ी को उन्होंने जोड़ा। महावीर प्रसाद द्विवेदी से स्पष्टत: आचार्य रामचन्द्र शुक्ल को जोड़ा। शुक्ल जी को बहुत दिनों तक एक विशेष प्रकार के लोक-संग्रहवाद, मर्यादावाद के लिए जाना जाता रहा बल्कि हिन्दी में आचार्य रामचन्द्र शुक्ल को ब्राह्मणवादी मूल्यों के अधिष्ठाता के रूप में समझा जाता था और समझा जाता था कि आचार्य रामचन्द्र शुक्ल लोक-मंगल और लोक-संग्रह के द्वारा विशेष प्रकार के ब्राह्मणवादी मूल्यों की स्थापना करते हैं और यह प्रतिमा कुछ खराब यों भी थी कि उनके साथ यह भी जुड़ा था कि उन्होंने अपने जमाने की जो जीवन्त काव्यधारा थी—छायावाद—उसका उन्होंने विरोध किया था, इसलिए ऐसा प्रतिक्रियावादी आदमी जो अपने समय की जो महत्त्वपूर्ण साहित्यिक धारा है, उसका विरोध करता हो और लोक-संग्रह के नाम पर प्राचीन ब्राह्मणवादी मूल्यों की हिमायत करता हो, ऐसे आदमी के बारे में स्वभावत: बहुत श्रद्धा नहीं हो सकती थी। डॉक्टर रामविलास शर्मा ने 'रामचन्द्र शुक्ल' नामक पुस्तक के माध्यम से दिखाने की कोशिश की कि कुछ अन्तर्विरोधों, असंगतियों के बावजूद शुक्ल जी अपनी उसी गौरवशाली परम्परा के साथ जुड़े हुए थे, जो अधिक जनोन्मुख थी और जो उस समय के राष्ट्रीय स्वाधीनता-संग्राम के विकसित मूल्यों के निकट थी। बाद की कृतियों में प्रेमचन्द और निराला के बारे में बहुत कहने की जरूरत नहीं है। निराला को हिन्दी साहित्य में प्रतिष्ठित करने का प्रयत्न कुछ लोगों ने पहले भी किया था। आचार्य नन्ददुलारे वाजपेयी उनके बहुत निकट रहे हैं और उनके प्रयत्न हम लोगों के सामने हैं। वाजपेयी जी ने किन अर्थों में निराला को रखा था, आप सभी जानते हैं। उन पर टिप्पणी करने की

आवश्यकता नहीं है। डॉक्टर शर्मा ने निराला को किस रूप में रखा और उसके द्वारा निराला के अन्तर्विरोध, असंगतियाँ और निराला का समूचा साहित्य उभरकर आया। तुलसीदास के बाद तुलसी की परम्परा में आधुनिक युग का ओजस्वी स्वर निराला में सुनाई पड़ा, ऐसा कहकर डॉक्टर साहब ने निराला के माध्यम से आधुनिक युग को ही नहीं बल्कि अतीत, मध्य युग और आधुनिक युग—तीनों की परम्परा को एक साथ जोड़ दिया। यह नई प्रतिमा थी।

पहले रूढ़िवादी लोगों ने और परम्परा के मूल्यांकन के संघर्ष में समाज को पीछे ले जाने की इच्छा रखनेवाले लोगों ने, जो समाज और साहित्य को रूढ़िवादी मूल्यों में बाँधे रखना चाहते हैं, स्वयं हिन्दी साहित्य की जो व्याख्या की थी, परम्परा की व्याख्या की थी, उसको चुनौती देनेवाला जब यह दूसरा मूल्यांकन आया तो इस मूल्यांकन के बारे में यह कहा गया कि यह तो मूल्यांकन नहीं है, बल्कि जबरदस्ती की व्याख्या है अर्थात् मार्क्सवादी आरोप है। यानी वे जो कर रहे थे, वह परम्परा का वस्तुगत मूल्यांकन था और जो प्रगतिशील मूल्यांकन है, वह पूर्वग्रहग्रस्त है, विकृत है, आरोपण है और सबको जबरदस्ती ठेल-ठालकर प्रगतिशील बनाना है। इस प्रसंग में मैं कहना चाहता हूँ और कहने की जरूरत नहीं है कि कायदे से परम्परा का कोई भी मूल्यांकन, किसी भी समय तथाकथित वस्तुगत, वास्तविक, ज्यों-का-त्यों, परम्परा जैसी थी वैसा ही, न किसी ने रखा है, न कोई रख सकता है। व्याख्या मात्र किसी-न-किसी पक्ष, किसी-न-किसी दृष्टि की हुआ करती है, और यह पक्ष या दृष्टि किसी-न-किसी वर्ग हित की ही हुआ करती है। इसलिए जो परम्परा को तथाकथित वस्तुगत रूप में ज्यों-का-त्यों रखनेवाले लोग थे, वह भी एक व्याख्या है, एक मूल्यांकन है। अर्थात् परम्परा का कोई भी मूल्यांकन, जैसा मैंने कहा कि यह उस व्यापक वर्ग-संघर्ष का, या राजनीतिक संघर्ष का अंग है। किसी-न-किसी समुदाय की दृष्टि, उसके पक्ष, उसके हित से ही यह मूल्यांकन जुड़ा रहता है। कोई भी मूल्यांकन, कोई भी व्याख्या कभी भी इस मामले में बहुत वस्तुगत और तर्कसंगत नहीं हुआ करती। वस्तु के कौन अधिक-से-अधिक निकट है, आप दावा यह कर सकते हैं, और यह उस व्याख्या पर निर्भर है, जिसमें प्रश्न उठेगा उसकी वैधता का, उसकी प्रामाणिकता का।

परम्परा के मूल्यांकन के बारे में आम तौर से और दो शब्द चलते रहते हैं—एक इस मूल्यांकन के बारे में अंग्रेजी का शब्द है : 'रेलिवेंस' या 'प्रासंगिकता'। हर दौर अपने अतीत को अपने लिए 'रेलिवेंट' बनाने की कोशिश करता है और चूँकि हर दौर सर्वसम्मत नहीं हुआ करता, इसलिए वह 'रेलिवेंस' भी सर्वसम्मत नहीं हुआ करती है। अतीत का रूप किसी के लिए एक अर्थ में 'रेलिवेंट है, दूसरे के लिए दूसरे अर्थ में 'रेलिवेंट' है। इसलिए 'प्रासंगिकता' की बात करते समय बहुत ठोस ढंग से बराबर यह सवाल उठाया जाना चाहिए कि किसके लिए 'रेलिवेंट'?

प्रगतिशील ढंग से परम्परा की हुई व्याख्या किसके लिए 'रेलिवेंट' है? और दूसरी व्याख्या किसके लिए 'रेलिवेंट' है? क्या लक्ष्य है, क्या सिद्धि होती है? उदाहरण के लिए अतीत, जिसके बारे में अज्ञेय जी ने बहुत कम लिखा है, लेकिन किसी काल में संयोग से 'केशव की कविताई' नाम का एक निबन्ध लिखा। सम्पूर्ण अतीत में उन्हें न तुलसी पर लिखने की जरूरत महसूस हुई, न कबीर पर लिखने की जरूरत महसूस हुई। उनको जरूरत महसूस हुई केशव पर लिखने की। 'ए री मेरी गोरी, मेरी गिरा की गुराई है।'—इस पंक्ति को उद्धृत करते हुए उन्होंने कहा कि केशव में व्यंग्य का बोध (और व्यंग्य उन्होंने 'आयरनी' के अर्थ में कहा है) दिखाई पड़ता है, जो अतीत के कवियों में बहुत कम दिखाई पड़ता है। 'कठिन काव्य के प्रेत' केशव की हिन्दी में दूसरे प्रकार की प्रतिमा रही है और शुक्ल जी उसे बनाकर गए थे, जिसे मिटाकर अभी तक कोई ठीक-ठीक दूसरी प्रतिमा तो नहीं बना सका, लेकिन वात्स्यायन जी ने कोशिश की, मैं ठीक नहीं जानता। वे डॉक्टर साहब के समकालीन हैं, इसलिए उनके बारे में और उनकी चिन्तन-प्रक्रिया के बारे में डॉक्टर साहब ज्यादा जानते होंगे। लेकिन मुझे ऐसा लगा कि जैसे अंग्रेजी में जब नई आलोचना चली और आधुनिकतावादी कविता चली, इलियट ने पूरी अंग्रेजी की परम्परा में से उन तथाकथित 'मेटाफिजिकल' कवियों को ढूँढ़ निकाला है, जिस पर नजर जरा कम ही जाया करती थी और इसलिए शेक्सपियर और मिल्टन को तो खैर, उन्होंने ध्वस्त ही किया है। और डॉन हर्बर्ट और मार्वेल को उन्होंने ढूँढ़ा और मार्वेल को तथा मेटाफिजिकल कवियों को लेकर उन्होंने कहा कि ये ही हर दृष्टि से महत्त्वपूर्ण हैं, क्योंकि इन्हीं में संवेदना का पृथक्करण नहीं हुआ था, और बाकी में शेली, कीट्स, बायरन आदि महत्त्वपूर्ण हैं, उसके पहले के भी कुछ कवि महत्त्वपूर्ण हैं। कदाचित् मुझे ऐसा लगता है कि वात्स्यायन जी ने ऐसा सोचा कि इलियट यदि सभी से उपेक्षित मेटाफिजिकल कवियों को और उसमें मार्वेल को सबसे ऊपर रख सकता है, तो मैं भी क्यों नहीं ढूँढ़कर इन कबीर, सूर, तुलसी आदि पर केशवदास को प्रतिष्ठित करूँ? अब अपना-अपना भाग्य है कि इलियट का सिक्का तो कुछ दिनों तक चला, लेकिन हिन्दी वाले इतने पिछड़े हुए हैं कि 'केशव की कविताई' का पुनर्मूल्यांकन दुर्भाग्य से नहीं चल सका—न हिन्दी विभागों की जड़ीभूत प्रणाली में, और न स्वयं तथाकथित प्रयोगवादी काव्य-परम्परा में ही। केशव के पुनर्मूल्यांकन की नौबत नहीं आई। मैंने यह उदाहरण केशव का इसलिए दिया है कि केशव कुछ लोगों को 'रेलिवेंट' लगे हैं।

प्रगतिशील आलोचकों ने जिस परम्परा का मूल्यांकन किया, उसमें स्वयं अपने स्वाधीनता-संग्राम के लिए, जनवादी संघर्ष के लिए, सामान्य जनता के हितों के लिए, मूल्यों के लिए और यही नहीं, बल्कि इन तमाम मूल्यों में बाधा डालने वाली जो देश की पुरानी तथाकथित सामन्ती मूल्य-प्रणाली है, उनके विरुद्ध;

स्वदेशी विकास के मार्ग में आनेवाली पश्चिम की जो पतनशील प्रवृत्तियाँ हैं, उन पतनशील प्रवृत्तियों के विरुद्ध भी आगाह करते हुए इस 'रेलिवेंस' की स्थापना की थी। इसलिए परम्परा के मूल्यांकन के सिलसिले में जब भी 'रेलिवेंस' की बात उठाई जाती है, स्पष्ट है कि प्रगतिशील दृष्टि से परम्परा का किया मूल्यांकन इस मामले में अपनी प्रासंगिकता को अमूर्त, हवाई और अनिश्चित नहीं रखता, बल्कि उस प्रासंगिकता का एक निश्चित लक्ष्य मूल्य के स्तर पर, जनसमुदाय के स्तर पर रखता है और स्वयं अपने राष्ट्रीय जीवन के विकास की दृष्टि से उसकी प्रासंगिकता को रेखांकित करता है। जबकि दूसरे लोग केवल यही कहते हैं कि प्रासंगिक है—किसके लिए, कुछ पता नहीं। इसके बारे में वे चुप हैं। जो आदमी प्रासंगिकता के बारे में चुप रहे, समझना चाहिए कि वह या तो बताना नहीं चाहता है, या तो उसे साफ कहने की हिम्मत नहीं है या इतनी शर्म की बात होगी कि कदाचित् वह प्रासंगिकता भी बहुत प्रासंगिक नहीं होगी, बल्कि अप्रासंगिक का दर्जा ही हासिल करेगी।

दूसरी बात, इस पूरे विवेचन में और जहाँ हमारे सामने समस्या उपस्थित होती है, वह यह है कि मुख्य रूप से प्रगतिशील दृष्टि के द्वारा परम्परा का जो मूल्यांकन किया गया है, इसके अन्तर्गत स्वयं कुछ समस्याएँ पैदा होती हैं। चूँकि मार्क्सवादी दृष्टि से जब परम्परा का मूल्यांकन हम करते हैं तो उसके साथ इतिहास की एक मार्क्सवादी दृष्टि भी सामने है। अतीत का जो साहित्य है, उसकी रचना के पीछे कार्य कर रही निश्चित सामाजिक अवस्थाओं के बारे में मार्क्सवाद की अपनी एक दृष्टि है। अतीत का इतिहास वर्ग-संघर्ष का इतिहास है। आम तौर पर साहित्य के बारे में यह समझा जाता है कि वह विचार-प्रणाली और विचारधारा का अंग है। डॉक्टर साहब ने अपने अनेक ग्रंथों में कहा है कि साहित्य विचारधारा से प्रभावित होता हो, लेकिन उसे विचार-प्रणाली या विचारधारा के अन्तर्गत गिनना सही नहीं है। यानी वह विचार-प्रणाली मात्र नहीं है। तुलसीदास का 'रामचरितमानस' या 'विनय-पत्रिका' उस युग की जो प्रभावशाली वर्ग की विचारधारा रही होगी, उस विचारधारा से कितनी प्रभावित हुईं? या कितनी प्रभावित नहीं हुईं? उस युग की विचारधारा में अनेक तरह की विचारधाराएँ रही होंगी और उनमें जो प्रभुत्वशाली विचारधारा रही होगी, उसमें असंगतियाँ भी रही होंगी। अर्थात् अतीत के साहित्य में और महान साहित्यिक कृतियों में हमने—आम तौर से मार्क्सवादी आलोचकों ने—अन्तर्विरोध या असंगतियाँ दिखाईं। इन असंगतियों के निरूपण के क्रम में दो बातें दिखाई पड़ती हैं। एक बात गले नहीं उतरती है। डॉक्टर साहब ने तुलसीदास पर लिखते हुए कुछ ऐसी बातें लिखी हैं, जैसे—'ढोल गँवार सूद्र पसु नारी' एकदम ही तो नहीं, लेकिन इस प्रकार की कुछ बातें हैं, उन्हें क्षेपक मानना चाहिए। जब असंगति दिखाई पड़ती है, उस असंगति का विवेचन और इसका मूल्यांकन किस

प्रकार किया जाए? उन लोगों के लिए यह काम बहुत आसान है कि जो किन्हीं कारणों से अतीत के किसी एक महान लेखक में असंगति नहीं देखते, अन्तर्विरोध नहीं देखते—या तो सर्वथा त्याज्य है या सर्वथा ग्राह्य है, लेकिन जहाँ महान कवियों में और तुलसीदास में ऐसे अन्तर्विरोध दिखाई पड़ें तो क्या किया जाए? स्वयं भारतेन्दु में एक ओर राष्ट्रभक्ति भी है, दूसरी ओर राजभक्ति भी है। स्वयं महावीर प्रसाद द्विवेदी में ऐसी चीजें दिखाई पड़ती हैं, रामचन्द्र शुक्ल में दिखाई पड़ती हैं, निराला में दिखाई पड़ेंगी। अतीत ही नहीं, हम देखते हैं कि वर्तमान का भी कौन-सा बड़े-से-बड़ा कवि या लेखक है जिसमें अन्तर्विरोध या असंगति नहीं है? बहुत बड़े जिगरे वाला कोई आदमी होगा, जो कहेगा कि मैं सुसंगत हूँ। ठोस हूँ। असंगतियाँ अवश्य होंगी, लेकिन बड़े साहित्यकार और छोटे साहित्यकार की असंगतियों में भी फर्क होता है। असंगतियों में जो संघर्ष होता है, उसकी तीव्रता और गहराई में फर्क होता है। उसके स्वर में फर्क हुआ करता है और उस असंगति और तनाव को दूर करने के लिए जो प्रयत्न करता है, संघर्ष करना होता है, उस प्रयत्न की गम्भीरता में भी अन्तर होता है। अनेक रूप हुआ करते हैं। कहीं यह दूसरा छोर तो नहीं है कि अतीत के साहित्यकारों को साधारण जनजीवन के लिए उपयोगी प्रमाणित करने की प्रक्रिया में हम आज की आवश्यकता के अनुरूप वे सारी बातें ढूँढ़ लेते हैं और उस ढूँढ़ने के प्रयास में जो असुविधाजनक अवांछनीय तत्त्व होते हैं, आम तौर से उन्हें या तो हम क्षेपक मान लेना चाहते हैं या हम उनका महत्त्व कम करके रखना चाहते हैं? उन तत्त्वों को हम ज्यादा उभारकर रखना चाहते हैं, जो तत्त्व हमारे लिए ज्यादा उपयोगी हैं। कठिनाई इसमें तब होती है, जब अतीत के साहित्यकारों में जो कुछ गिनी-चुनी चीजें हैं, हम सबमें देखने लगते हैं। उस काल-विशेष के जितने मुख्य तत्त्व हैं अर्थात् 'जिन खोजा तिन पाइयाँ', जो हम खोजने निकलते हैं, वही-वही पाते हैं और वही लेकर निकलते हैं। नतीजा यह होता है कि तमाम साहित्यकारों की प्रतिमा एक-सी दिखाई पड़ती है। बहुत-कुछ एकरूपता का निर्माण होता है और दूसरी ओर उन असंगतियों या अन्तर्विरोधों का उल्लेख करते समय हम उनको गौण, महत्त्वहीन, उपेक्षणीय मानकर प्राय: प्रसन्नता की दृष्टि से कि ये ज्यादा महत्त्वपूर्ण हैं या मुख्य हैं, इसलिए मुख्यता के आधार पर हम उनकी एक ऐसी प्रतिमा निर्मित करते हैं, जो प्रतिमा हमें ज्यादा पसन्द होती है या हमारे लिए सुविधाजनक होती है। कदाचित् परम्परा के मूल्यांकन का यह दूसरा छोर है, जो उच्छेदवादी दृष्टि का बिलकुल प्रतिरूप है। एक, जो सम्पूर्ण परम्परा को प्रतिक्रियावादी मानता है कि सामन्ती युग का साहित्य सामन्ती है, पूँजीवादी युग का साहित्य पूँजीवादी है। दूसरे, सामन्ती युग या पूँजीवादी युग के जितने महान साहित्यकार हैं, चूँकि वे महान हैं, इसलिए प्रगतिशील होना ही चाहिए और चूँकि वे प्रगतिशील हैं, इसलिए उनमें वे सारे मूल्य, जो आज दिखाई पड़ते हैं, वे सब

कुछ हों। कभी-कभी ऐसा भी होता है कि वर्तमान में और अतीत में निरन्तरता लागू करने की प्रक्रिया में वह जो अन्तर है, वह मिट जाया करता है। वर्तमान को अतीत से जोड़ने के प्रयास में अतीत पूरा का पूरा वर्तमान हो उठता है और वर्तमान हो जाने की प्रक्रिया में यह तो सही है कि परम्परा की पूरी शक्ति, पूरी निधि, पूरी पूँजी आज के लिए हासिल करते हैं, लेकिन एक खतरा बराबर बना रहता है, क्योंकि अतीत के कवियों में अन्तर्विरोध होने के कारण उनके दूसरे पक्ष भी हैं और उन दूसरे पक्षों का दुश्मन प्रचार-प्रसार करके ज्यादा उपयोग करते हैं और किया करते हैं। इसलिए तुलसी, भारतेन्दु, महावीर प्रसाद द्विवेदी, रामचन्द्र शुक्ल की एक प्रगतिशील प्रतिमा निर्मित करने के साथ ही यह चिन्ता होनी चाहिए कि उनकी यह प्रतिमा कितनी देर तक वर्तमान के आलोक में और कायदे से इतिहास के तथ्यों के आलोक में सुरक्षित रह सकेगी। इन प्रतिमाओं में नये अन्तर्विरोध चुनौती के रूप में कब-कब नहीं उभरकर आया करेंगे। आम तौर से यहाँ भी और बाहर भी मार्क्सवादी मूल्यांकन के सामने कई प्रकार के खतरे उपस्थित किये गए हैं। यह केवल किताबी या लेखकों और बुद्धिजीवियों तक बात रहती तब तो ठीक है। संयोग से तुलसी-जयन्ती हर साल मनाई जाती है और तुलसीदास पर तरह-तरह के व्याख्यान हुआ करते हैं और हम लाख कहा करें, तुलसीदास को किसानों-मजदूरों तक अपनी दृष्टि से ले जाने के लिए जितनी दूर तक हम प्रयत्न करते हैं, इसके बावजूद दूसरी ओर से भी तुलसीदास का उपयोग करनेवाले लोग मौजूद हैं और काफी हैं और उनके नाम पर खास तरह से साधारण लोगों को संगठित भी कर लिया करते हैं और संगठित करके कभी-कभी कार्यवाही भी कर बैठते हैं, जिसके रूप हमारे सार्वजनिक जीवन में दिखाई पड़ते हैं। ऐसी स्थितियों में क्या मूल्यांकन की यह स्ट्रैटजी सही है या हमको इस पर नये सिरे से विचार करने की जरूरत पड़ेगी? इस तरह का विवाद यूरोप में फासिज्म के जमाने में भी हुआ था। एक ओर जॉर्ज लूकाच उपन्यास की महान परम्परा की व्याख्या करते हुए उन्नीसवीं सदी के महान उपन्यासकारों बाल्जाक, टॉल्स्टॉय वगैरह पर लेख लिखकर उन सबको फासिस्ट-विरोधी संघर्ष के लिए इस्तेमाल कर रहे थे। उसी समय जर्मनी के दूसरे नाटककार बर्टोल्ट ब्रेख्त ने नाटक लिखने के क्रम में परम्परा के मूल्यांकन के बारे में एक दूसरा सूत्र स्थापित किया। उसे विचार के लिए मैं रखना चाहता हूँ। उन्होंने यह विचार एक मार्क्सवादी की हैसियत से रखा और लूकाच के सिद्धान्त के ठीक विपरीत रखा। लूकाच ने बाल्जाक, टॉल्स्टॉय के तमाम प्रगतिशील तत्त्वों को उभारकर सामने रखा। लूकाच के विरुद्ध ब्रेख्त का प्रसिद्ध सिद्धान्त 'एलिएनेशन इफेक्ट' आया कि अतीत को समकालीन बनाकर उपस्थित करना गलत है। यानी शेक्सपियर को समकालीन बनाकर उपस्थित करना शेक्सपियर के साथ तो अन्याय है ही, अपने साथ भी अन्याय है। अतीत को इस रूप में उपस्थित किया जाए कि

अतीत और वर्तमान के बीच की दूरी बराबर बनी रहे। उसकी जो 'अदरनेस' है, वह बनी रहे; अर्थात् तुलसीदास तुलसीदास ही हैं, वह न निराला हैं, न निराला हो सकते हैं। तुलसीदास का महत्त्व, उनकी गरिमा और सार्थकता निराला होने में नहीं है, तुलसीदास बने रहने में है—समस्त असंगतियों, अन्तर्विरोधों के साथ। इसलिए उनकी जो अतीतता है, उनके अन्तर्विरोध हैं, उनकी असंगतियाँ, इनका सही-सही वास्तविक ज्ञान हम प्राप्त करें, यानी हम तात्कालिक उपयोग के लिए उनका इस्तेमाल नहीं करना चाहते हैं बल्कि उनको अधिक-से-अधिक उनके अपने सही ऐतिहासिक सन्दर्भ और उनके समस्त अन्तर्विरोधों के साथ उपस्थित करके देखें कि वे हमसे दूर हैं, अलग हैं, अपने समय की समस्याएँ उन्होंने हल की हैं। हमारी समस्याएँ उन्होंने हल नहीं कीं, लेकिन ऐसा न करके उन्होंने गलत काम नहीं किया। इस संघर्ष में, उनके अपने संघर्ष में, अपने अन्तर्विरोध में भी इतनी शक्ति है कि आज भी वे हमें बता सकते हैं। इसलिए परम्परा का मूल्यांकन करते समय परम्परा के बारे में एक दृष्टि है—लगातार उसे समकालीन बनाते जाना, वर्तमान के लिए प्रासंगिक बनाते जाने का प्रयत्न, और इस तरह वर्तमान और अतीत के अन्तर को कम करना। दूसरा प्रयत्न है—अतीत की अतीतता को बराबर सुरक्षित रखते हुए वर्तमान और अतीत की, उस दूरी को रेखांकित करना, जिसमें वर्तमान की अपनी अस्मिता, अपनी विशिष्टता, अपनी समस्याएँ पूरी ज्वलन्तता के साथ मौजूद रहें, वे अतीत से अपना बराबर पार्थक्य समझते रहें। अगर ऐसा नहीं होगा तो हम लोग अपने आज के संघर्षों को वस्तुत: अतीत का पुराना संघर्ष मान लेंगे, जो राजनीतिक दृष्टि से भी गलत होगा। इसलिए आज के ज्वलन्त संघर्षों में और अतीत के संघर्षों में जो ऐतिहासिक अन्तर है, उसे स्पष्ट रखना चाहिए; इनमें एक कड़ी है, एक रिश्ता है, एक नैरन्तर्य है, लेकिन एक पार्थक्य भी है। उस पार्थक्य को कायम रखना चाहिए। ब्रेख्त ने लूकाच पर यही आरोप लगाया था कि लूकाच उस दूरी को कम करना महत्त्वपूर्ण समझते हैं, मैं उस दूरी को कम नहीं करना चाहता, बल्कि जितनी है, ज्यों-की-त्यों उसे बनाए रखने में विश्वास करता हूँ और उन्होंने कहा कि वह ज्यादा जरूरी और क्रान्तिकारी काम है।

मुझे डॉक्टर साहब (रामविलास शर्मा) की पुस्तकों को पढ़ते हुए बार-बार यह लगा कि यह दूसरा तत्त्व डॉक्टर साहब के विवेचन में मौजूद है, किन्तु उतना उभरकर नहीं आता। वे तुलसीदास पर लिखते हुए, रामचन्द्र शुक्ल पर लिखते हुए, महावीर प्रसाद द्विवेदी पर लिखते हुए, उनके अन्तर्विरोधों पर बल देते हैं। कहीं अन्यत्र दूसरे प्रसंग में भी पढ़ा था कि डॉक्टर साहब की हर रचना एक निश्चित वैचारिक संघर्ष के दौर में लिखी गई है। इसलिए कभी-कभी उस सन्तुलन को ठीक करने के लिए ऐसी चीजों पर ज्यादा बल देना पड़ता है, जिनकी ओर लोगों का ध्यान नहीं जाता है। इसलिए महावीर प्रसाद द्विवेदी पर पुस्तक लिखते हुए कदाचित् महावीर प्रसाद

द्विवेदी के ऐसे निषेधात्मक पक्ष थे, जिन पर उतना बल नहीं दिया गया है, क्योंकि दूसरे लोग उनसे ज्यादा परिचित हैं। जो उपेक्षित पहलू हैं, उन पर ज्यादा बल दिया गया है। किन्तु बराबर मुझे ऐसा लगा कि अपनी सर्वोत्तम समीक्षाओं और मूल्यांकन में डॉक्टर साहब (रामविलास शर्मा) अतीत और वर्तमान की इस दूरी और अन्तर की ओर, खास तौर से आज के राजनीतिक और सामाजिक संघर्षों की विशिष्टता की ओर संकेत करते चलते हैं।

मैं विधिवत् डॉक्टर साहब का शिष्य तो नहीं रहा, किन्तु बहुत कुछ सीखा है डॉक्टर साहब से, और इसके नाते मैं कह सकता हूँ कि स्वयं जैसे परम्परा के वे अभिन्न जीवन्त अंग हैं, उनकी रचनाओं की भी जिस प्रकार की व्याख्या की जा रही है, उसमें आम तौर से इनका लेखन एक ऐसे प्रकार के लेखन को प्रोत्साहन देता है जो वर्तमान और अतीत की दूरी को कम करके ज्यादा से ज्यादा उसे समकालीन और वर्तमान बनाने को प्रेरित करता है, और दूसरा पक्ष, जो स्वयं इनकी रचनाओं में है, जब दूरी को बनाए रखने की ओर ध्यान कम दिया जाता है। दोनों में कौन सही रास्ता है या इन दोनों के अलावा भी कोई तीसरा रास्ता हो सकता है, मैं जानता हूँ कि डॉक्टर साहब यह बताने में भी समर्थ हैं और उस पर अपने विचार व्यक्त कर सकते हैं।

[प्रस्तुति : नन्द भारद्वाज]

[आर.बी.एस. कॉलेज, आगरा की संस्था 'सहचिन्तन' द्वारा आयोजित संगोष्ठी में 21 नवम्बर, 1983 को डॉ. रामविलास शर्मा की उपस्थिति में दिया गया व्याख्यान। 'पहल'-26 में प्रथम प्रकाशन।]

# भारतीय साहित्य की प्राणधारा और 'लोकधर्म'

29 जनवरी, '40 को हजारी प्रसाद द्विवेदी ने पं. बनारसीदास चतुर्वेदी को लिखा : 'यदि आप इधर आए तो अपनी लिखी एक छोटी-सी पुस्तिका दिखाऊँगा। पुस्तक का नाम होगा 'भारतीय साहित्य की प्राणधारा' या ऐसा ही कुछ।'

यह वही पुस्तक है जो अगले महीने फरवरी में 'हिन्दी साहित्य की भूमिका' के नाम से प्रकाशित हुई। नाम वह नहीं रहा, पर कथ्य वही है : भारतीय साहित्य की प्राणधारा। प्रमाण है 'भूमिका' के आरम्भिक दो अध्याय, जिनका शीर्षक है : 'भारतीय चिन्ता का स्वाभाविक विकास' और जो 'भूमिका' की आधारशिला हैं।

'भूमिका' का आरम्भ इस घोषणा से होता है : 'मैं जोर देकर कहना चाहता हूँ कि अगर इस्लाम नहीं आया होता तो भी इस (हिन्दी) साहित्य का बारह आना वैसा ही होता, जैसा आज है।'

इस नाटकीय घोषणा की आवश्यकता इसलिए पड़ी कि बहुत-से विद्वान हिन्दी साहित्य के उदय को मुसलमानों और हिन्दुओं के संघर्ष का परिणाम मानते हैं। स्वयं आचार्य रामचन्द्र शुक्ल ने हिन्दी साहित्य के आदिकाल को 'वीरगाथा काल' माना क्योंकि उस समय मुसलमान आक्रमणकारियों के विरुद्ध हिन्दू राजाओं के वीरतापूर्ण युद्ध की गाथाएँ लिखी गईं। फिर भक्तिकाल आया क्योंकि 'देश में मुसलमानों का राज्य प्रतिष्ठित हो जाने पर हिन्दू जनता के हृदय में गौरव, गर्व और उत्साह के लिए अवकाश न रह गया।...अपने पौरुष से हताश जाति के लिए भगवान की शक्ति और करुणा की ओर ध्यान ले जाने के अतिरिक्त दूसरा मार्ग ही क्या था!'

पहले तो द्विवेदी जी ने इस बात का प्रतिवाद किया कि हिन्दी साहित्य 'हतदर्प पराजित जाति' की सम्पत्ति है; फिर उन्होंने भक्ति काव्य को मुस्लिम आक्रमण की 'प्रतिक्रिया' समझनेवाली धारणा का खंडन करते हुए कहा कि 'सूरदास और तुलसीदास आदि वैष्णव कवियों की समूची कविता में किसी प्रकार की प्रतिक्रिया का भाव नहीं है। जिस समाज को ये भक्तगण सुधारना चाहते थे, उसमें विदेशी धर्म का कोई प्रभाव उन्होंने लक्ष्य नहीं किया था।' (पृ. 28) किन्तु आगे किसी भ्रम के लिए गुंजाइश न छोड़ते हुए उन्होंने यह भी जोड़ दिया कि 'इन सबका यह अर्थ नहीं कि मुसलमानी धर्म का कोई प्रभाव साहित्य पर नहीं पड़ा है।...किन्तु, यह

प्रभाव 'प्रभाव' के रूप में ही स्वीकार किया जाना चाहिए, प्रतिक्रिया के रूप में नहीं।' (पृ. 29)

इस प्रसंग में विशेष रूप से उल्लेखनीय बात यह है कि प्रतिवाद के लक्ष्य के रूप में द्विवेदी जी ने शुक्ल जी को नहीं, बल्कि अंग्रेज इतिहासकार हेवेल को चुना है। 'भूमिका' में उन्होंने लिखा है कि 'प्रोफेसर हेवेल ने अपने 'हिस्ट्री ऑफ आर्यन रूल' में लिखा है कि मुसलमानी सत्ता के प्रतिष्ठित होते ही हिन्दू राजकाज से अलग कर दिये गए। इसलिए दुनिया की झंझटों से छुट्टी मिलते ही उनमें धर्म की ओर, जो उनके लिए एकमात्र आश्रय स्थल रह गया था, स्वाभाविक आकर्षण पैदा हुआ—यह गलत व्याख्या है।' (पृ. 15)

यद्यपि द्विवेदी जी ने यहाँ हेवेल के मत की समीक्षा नहीं की है, किन्तु ऐसा संकेत प्रतीत होता है कि भक्ति आन्दोलन को मुसलमानों के विरुद्ध हिन्दुओं की प्रतिक्रिया बताने की जिम्मेदारी मूलत: साम्राज्यवादी अंग्रेज इतिहासकारों पर है; इसलिए यदि कोई भारतीय इतिहासकार उसी बात को दुहराता है तो वह अनजाने ही अंग्रेज साम्राज्यवाद द्वारा प्रचारित भ्रम का शिकार है और इस प्रकार वह अन्तत: उस साम्राज्यवादी हित का ही समर्थन करता है। कहने की आवश्यकता नहीं कि यह इतिहास की सम्प्रदायवादी दृष्टि है जिसका भरपूर इस्तेमाल अंग्रेजी साम्राज्यवाद ने देश की हिन्दू-मुस्लिम साधारण जनता को विभाजित करने के लिए किया और इस कार्य में उन्हें देशी सामन्तों और उनके सहायक पुरोहितों और मौलवियों से मदद मिली।

निस्सन्देह इस सम्प्रदायवादी इतिहास-दृष्टि के विरोध का श्रेय हजारी प्रसाद द्विवेदी को है जिन्होंने हिन्दी में पहले-पहल साम्राज्यवादी इतिहासकारों द्वारा फैलाए गए एक भ्रम को तोड़ने का प्रयास किया। 'हिन्दी साहित्य की भूमिका' इस दृष्टि से ऐतिहासिक दस्तावेज है।

वैसे, आज भी द्विवेदी जी का मत विवाद से परे नहीं है। उदाहरण के लिए डॉ. रामस्वरूप चतुर्वेदी ने 'आलोचना' के द्विवेदी स्मृति अंक (नवांक 49-50, अप्रैल-सितम्बर, 1979) में शुक्ल-द्विवेदी विवाद को फिर से उठाते हुए लिखा है : 'पर एक बात की ओर ध्यान दिलाए बिना यह प्रसंग अधूरा रह जाएगा। सूरदास पर कार्य करते समय विद्वानों ने प्राय: वल्लभाचार्य की इन पंक्तियों को उद्धृत किया है, 'देश म्लेच्छाक्रान्त है, गंगादि तीर्थ दुष्टों द्वारा भ्रष्ट हो रहे हैं, अशिक्षा और अज्ञान के कारण वैदिक धर्म नष्ट हो रहा है, सत्पुरुष पीड़ित तथा ज्ञान विस्मृत हो रहा है, ऐसी स्थिति में एकमात्र कृष्णाश्रय में ही जीवन का कल्याण है।' भक्त कवियों के एक प्रमुख गुरु के सीधे साक्ष्य पर यों प्रतिक्रिया वाली व्याख्या पुष्ट होती है।' (पृ. 57)

दरअसल वल्लभाचार्य के जिस उद्धरण के बल पर भक्ति की मुसलमानों की प्रतिक्रिया माननेवाली धारणा को पुष्ट किया गया है, उससे आचार्य शुक्ल अनभिज्ञ न थे। 'हिन्दी साहित्य का इतिहास' में तथा 'सूरदास' नामक पुस्तक के 'वल्लभाचार्य'

शीर्षक परिच्छेद में आचार्य शुक्ल ने ही यह लिखा है : ''कृष्णाश्रय' नामक अपने एक प्रकरण ग्रंथ में आचार्य जी ने देशकाल की अत्यन्त विपरीत दशा का वर्णन किया है जिसमें वेद-मार्ग या मर्यादा-मार्ग का अनुसरण उन्हें अत्यन्त कठिन या असम्भव दिखाई पड़ा। वल्लभाचार्य जी के समय में देश में मुसलमानी साम्राज्य अच्छी तरह दृढ़ हो चुका था। हिन्दुओं का एकमात्र स्वतंत्र और प्रभावशाली राज्य दक्षिण का विजयनगर राज्य रह गया था; पर बहमनी सुलतानों के पड़ोस में रहने के कारण उसके दिन भी गिने हुए दिखाई पड़ते थे। इस्लामी संस्कृति का प्रभाव अच्छी तरह जम रहा था। सूफी भक्तों या पीरों के द्वारा सूफी-पद्धति की भक्ति का प्रचार कार्य चल रहा था। इस परिस्थिति में भागवत की प्रेमलक्षणा भक्ति के प्रचार द्वारा ही लोगों के कल्याण-मार्ग की ओर आकर्षित होने और साथ ही भारतीय संस्कृति के बने रहने की सम्भावना आचार्य जी को दिखाई पड़ी।' ('सूरदास', प्रथम संस्करण 2000 वि., पृ. 117)

वल्लभाचार्य-कृत 'कृष्णाश्रय' के जिन श्लोकों के आधार पर उपर्युक्त स्थापना की गई है, वे इस प्रकार हैं :

*म्लेच्छाक्रान्तेषु देशेषु पापैकनिलयेषु च।*
*सत्पीडाव्यग्रलोकेषु कृष्ण एव गतिर्मम॥*
*गंगादितीर्थवर्येषु दुष्टैरवावृतेष्विह।*
*तिरोहिताधिदेवेषु कृष्ण एव गतिर्मम॥*
*अपरिज्ञाननष्टेषु मंत्रोष्वव्रतयोगिषु।*
*तिरोहितार्थवेदेषु कृष्ण एव गतिर्मम॥*
*नानावादविनष्टेषु सर्वकर्मव्रतादिषु।*
*पाषण्डैकप्रयत्नेषु कृष्ण एव गतिर्मम॥*

यह सही है कि स्तोत्रा के इन श्लोकों में एक जगह देश के 'म्लेच्छाक्रान्त' होने का उल्लेख है और यदि 'म्लेच्छ' को मुसलमानों का वाचक मान भी लिया जाए तो उससे यह कहाँ सिद्ध होता है कि गंगादि तीर्थों के भ्रष्ट होने, वेदों के अर्थ के तिरोहित होने, व्रतादिक सभी कर्मों के नष्ट होने, पाषंड, पाप, अज्ञान आदि के बढ़ने के लिए ये म्लेच्छ ही जिम्मेदार हैं और इन्हीं के आक्रमण के कारण कृष्ण का आश्रय ढूँढ़ा जा रहा है? उल्लेखनीय है कि शुक्ल जी ने 'कृष्णाश्रय' के सन्दर्भ में जहाँ देशकाल की 'विपरीत दशा' का वर्णन किया है, वहाँ मुसलमानों को उसका कारण नहीं बताया है। मुसलमानों का उल्लेख उनकी अपनी टिप्पणियों में है जहाँ बहमनी सुल्तानों के साथ-साथ सूफी भक्त और पीर भी घसीट लिये गए हैं।

जैसाकि द्विवेदी जी ने अन्यत्र कहा है : 'यह बात अत्यन्त उपहासास्पद है कि जब मुसलमान लोग उत्तर भारत के मन्दिर तोड़ रहे थे तो उसी समय अपेक्षाकृत

निरापद दक्षिण में भक्त लोगों ने भगवान की शरणागति की प्रार्थना की। मुसलमानों के अत्याचार के कारण यदि भक्ति की भावधारा को उमड़ना था तो पहले उसे सिन्ध में और फिर उत्तर भारत में प्रकट होना चाहिए था, पर प्रकट हुई वह दक्षिण में।' ('हिन्दी साहित्य : उसका उद्‌भव और विकास', संस्करण 1969, पृ. 55)

इसी क्रम में यह भी पूछा जा सकता है कि यदि भगवद्‌भक्ति के लिए आक्रान्ता मुसलमान ही जिम्मेदार थे तो स्वयं मुसलमान भक्त कृष्ण की शरण में क्यों आए और जो मुसलमान कृष्ण की शरण में नहीं आए, वे निर्गुण भगवान और सूफी मार्ग की ओर क्यों गए? इसमें तो कोई शक नहीं कि भगवान की शरण ढूँढ़ने के लिए साधारण जनों के बीच से उठनेवाले भक्त किसी-न-किसी बड़े कष्ट के कारण ही गए, किन्तु इस कष्ट के लिए सिर्फ मुसलमान आक्रमणकारियों और शासकों को दोषी ठहराना ठीक नहीं है।

आचार्य शुक्ल के प्रति आदर भाव डॉ. रामविलास शर्मा को डॉ. रामस्वरूप चतुर्वेदी से कम नहीं, बल्कि कुछ अधिक ही है और तुलना के लिए द्विवेदी जी सामने हों तो और भी अधिक है। फिर भी 'आचार्य रामचन्द्र शुक्ल और हिन्दी आलोचना' (1955) नामक पुस्तक में उन्होंने इस विषय में शुक्ल जी की धारणा को गलत माना है, लिखा है : 'शुक्ल जी का विचार था कि यह निराशा और उदासी मुस्लिम शासन के कारण थी। देश में विदेशी जातियों का आक्रमण और उनका शासन भी एक कारण था। लेकिन वास्तविकता यह है कि सत्ता में सहायक और भाग लेनेवाले देशी सामन्त भी थे। उन सामन्तों के देशी सहायक पंडे और पुरोहित भी थे। स्वयं शुक्ल जी ने दरबारी कवियों को जो चुन-चुनकर सुनाई है, उससे स्पष्ट है कि उनकी सहानुभूति देश-रक्षा के इन ठेकेदारों के साथ न थी। फिर भी उनके विवेचन में देशी सामन्तों की भूमिका हर जगह स्पष्ट नहीं है, इसलिए उन्होंने निराशा का कारण मुस्लिम शासन बताया है।' (पृ. 84-85, जोर मेरा) और 'इससे परिणाम यह निकलता है कि जो लोग इस्लाम और हिन्दू धर्म की टक्कर में मध्यकालीन समाज की आशा-निराशा का स्रोत ढूँढ़ते हैं, वे उस समय के साहित्यिक आन्दोलनों के सामाजिक आधार का सही-सही पता नहीं लगा सकते।' (पृ. 86)

इस प्रकार अन्तत: द्विवेदी जी के मत के औचित्य की पुष्टि होती है।

दरअसल भारत पर तुर्कों और मुगलों के आक्रमण तथा शासन से जुड़ा हुआ एक और प्रश्न है, जिसे द्विवेदी जी ने तो नहीं उठाया है, लेकिन डॉ. रामविलास शर्मा ने उठाया है और प्रसंगवश उसकी चर्चा आवश्यक है। प्रश्न यह है कि क्या तुर्कों और मुगलों के आक्रमण तथा शासन के कारण भारतीय समाज में कोई ऐसा उल्लेखनीय परिवर्तन आया जिससे यहाँ का साहित्यिक-सांस्कृतिक जीवन भी प्रभावित हुआ?

डॉ. रामविलास शर्मा ऐसे किसी प्रकार के परिवर्तन को स्वीकार करने के लिए तैयार नहीं हैं। क.मा.मुं. हिन्दी विद्यापीठ आगरा की 'भारतीय साहित्य' पत्रिका

(वर्ष 19, अंक 3-4, जुलाई-अक्टूबर, 1974) में प्रकाशित 'भारतीय साहित्य का इतिहास : साहित्य में देशी भाषाओं की प्रतिष्ठा' शीर्षक लेख में तुर्कों के हमले पर हिन्दुत्व-प्रेमी इतिहासकारों की विडम्बनापूर्ण स्थिति पर प्रकाश डालते हुए डॉ. शर्मा लिखते हैं : 'इतिहास-लेखक तुर्क आक्रमण-काल को प्राचीन भारत और मध्यकालीन भारत की विभाजक रेखा मानते हैं। ये सब बड़े हिन्दुत्व-प्रेमी इतिहासकार हैं। इनसे पूछना चाहिए, यदि तुर्क आक्रमणकारियों की भूमिका क्रान्तिकारी नहीं थी तो एक युग समाप्त कैसे हो गया, दूसरे युग का सूत्रपात कैसे हुआ? प्राचीन भारत का अवसान और मध्यकालीन भारत का अभ्युदय, इससे अधिक युग परिवर्तन का स्पष्ट रूप और क्या होगा? तुर्कों की धर्मान्धता और क्रूरता को निरन्तर कोसनेवाले ये इतिहासकार अप्रत्यक्ष रूप से उन्हें युग-प्रवर्तक स्वीकार करते हैं। जहाँ तक आधुनिक आर्य भाषाओं के अभ्युदय का प्रश्न है, साहित्य में उनके प्रतिष्ठित होने का प्रश्न है, वहाँ यह स्वीकृति बहुत अप्रत्यक्ष भी नहीं है।' डॉ. सुनीतिकुमार चाटुर्ज्या ने लिखा है : 'यदि तुर्क-मुसलमान विजय न हुई होती तो यह सम्भव था कि आधुनिक भारतीय आर्य लोकभाषाओं का औपचारिक रूप से उद्‌भव तो हो जाता किन्तु लगता है कि गम्भीर साहित्यिक उद्‌देश्यों के लिए उनकी स्वीकृति में विलम्ब होता।' ('इंडो आर्यन एंड हिन्दी', कलकत्ता, 1960, पृ. 103)

इसके बाद भारतीय समाज पर तुर्कों के प्रभाव के विषय में अपना मत व्यक्त करते हुए डॉ. शर्मा कहते हैं : 'जहाँ तक तुर्कों का सम्बन्ध है, ये कबीलों के रूप में संगठित थे और सामन्ती व्यवस्था की प्रारम्भिक मंजिलों से गुजर रहे थे। भारत में आकर उन्होंने सामन्ती व्यवस्था के बदले गण-व्यवस्था कायम की हो, ऐसा नहीं हुआ। सामन्तवाद के बदले यहाँ पूँजीवादी व्यवस्था कायम की हो, ऐसा भी नहीं हुआ। तब उन्होंने कौन-सा युग परिवर्तन किया कि वे यहाँ के सामाजिक ढाँचे में खप गए?'

डॉ. शर्मा का यह कहना सही है कि तुर्कों ने भारत में आकर कोई 'युग परिवर्तन' नहीं किया; न उन्होंने सामन्तवाद को तोड़कर गण-व्यवस्था कायम की, न पूँजीवादी व्यवस्था। फिर भी प्रश्न यह है कि 'युग परिवर्तन' न सही, कोई और परिवर्तन उनके आने के साथ हुआ या नहीं—मसलन तकनीकी या प्रौद्योगिकी परिवर्तन? डॉ. शर्मा का ध्यान इस ओर नहीं गया, लेकिन वे इतिहासकार जो 'हिन्दुत्व-प्रेमी' नहीं हैं, इस समस्या पर निरन्तर शोध कर रहे हैं। प्रोफेसर इरफान हबीब ने 13वीं और 14वीं सदी के सन्दर्भ में 'प्रौद्योगिकीय परिवर्तन और समाज' शीर्षक शोध निबन्ध में ठोस तथ्यों के आधार पर यह दिखलाने का प्रयास किया है कि तुर्कों के शासन के समय भारत में वस्त्र-उद्योग, सिंचाई, कागज, चुम्बकीय 'कुतुबनुमा', समयसूचक उपकरण तथा घुड़सवार सेना, प्रौद्योगिकी आदि के क्षेत्रों में उल्लेखनीय विकास हुआ। इन तकनीकी परिवर्तनों के द्वारा सामाजिक ढाँचे में होनेवाले परिवर्तनों की ओर संकेत करते हुए निष्कर्ष स्वरूप प्रोफेसर हबीब ने लिखा है : '13वीं-14वीं

सदी के ये प्रौद्योगिक परिवर्तन काफी महत्त्वपूर्ण थे। उन्होंने शिल्प और कृषि उत्पादन को बढ़ाया। व्यापारिक गतिविधि को तीव्र किया। इससे वर्ग-सम्बन्धों में भी कुछ परिवर्तन आया होगा। नई तकनीक में कुशल दक्ष कारीगर प्राप्त करने की ललक ने व्यक्तिगत नौकरी लागू करने को प्रोत्साहित किया होगा। कागज के प्रचलन से अखिल भारतीय बाजार के विकास में मदद मिली होगी, इत्यादि।' ('मध्यकालीन भारत', मैकमिलन, 1981)

यदि प्रोफेसर हबीब के शोध-निष्कर्ष सही हैं तो स्पष्ट है कि 13वीं-14वीं सदी में तुर्कों के कारण भारतीय समाज के सामन्ती ढाँचे के अन्दर व्यापारी पूँजीवाद के विकास की दिशा में अवश्य ही कुछ उल्लेखनीय परिवर्तन हुए होंगे, जो देर-सबेर सामाजिक-सम्बन्धों को प्रभावित करते हुए सांस्कृतिक-साहित्यिक परिवर्तन के लिए भी पृष्ठभूमि तैयार कर सके होंगे। इन तकनीकी परिवर्तनों की गैर-जानकारी के बावजूद जैसाकि द्विवेदी जी ने 'कबीर' नामक पुस्तक में दिखलाया है, जुलाहे जैसे अनेक दस्तकारों और कारीगरों ने उस बीच सामूहिक रूप से धर्म-परिवर्तन किया था। इसलिए भारतीय समाज पर तुर्कों और उनके बाद मुगलों के प्रभाव को एकदम नकारना सही नहीं है। इस सन्दर्भ में यह न भूलना चाहिए कि हिन्दुत्व-प्रेम तुर्कों को युग-प्रवर्तक मानने में ही प्रकट नहीं हुआ है, बल्कि उसका एक रूप तुर्कों के प्रभाव का एकदम नकार भी है। इस सन्दर्भ में द्विवेदी जी की 'बारह आना' वाली बात महत्त्वपूर्ण है। उन्होंने इस्लाम के प्रभाव को पूरा का पूरा नहीं नकारा। सिर्फ इतना ही कहा कि तीन-चौथाई समाज वही रहता। इसलिए देखना चाहिए कि वह बचा हुआ 'चार आना' अथवा एक-चौथाई क्या है जो इस्लाम के आने का परिणाम है?

भारत में आनेवाले तुर्कों के बारे में इतना ही कहना काफी नहीं है कि 'ये कबीलों के रूप में संगठित थे और सामन्ती व्यवस्था की प्रारम्भिक मंजिलों से गुजर रहे थे।' उनके पास एक व्यवस्थित 'विचारधारा' भी थी और वे अपने राजनीतिक प्रभुत्व के साथ उस 'विचारधारा' के प्रभुत्व की स्थापना के लिए भी प्रयत्नशील थे। भारतीय समाज पर इस 'विचारधारात्मक' अथवा 'सांस्कृतिक' प्रभुत्व-स्थापन का क्या प्रभाव पड़ा, इसकी चर्चा भी जरूरी है।

तुर्कों के आक्रमण के इस 'सांस्कृतिक' पक्ष पर द्विवेदी जी ने 'सूर-साहित्य', 'हिन्दी साहित्य की भूमिका', 'कबीर' आदि अनेक पुस्तकों में विचार किया है और थोड़े-बहुत अन्तर के साथ सबमें एक-सी बातें ही कही हैं, किन्तु सबसे सुलझा हुआ रूप 'कबीर' के अन्तर्गत 'भारतीय धर्म-साधना में कबीर का स्थान' शीर्षक अध्याय में मिलता है। उल्लेखनीय बात यह है कि 'इस्लाम के आने के पहले इस विशाल जनसमूह का कोई एक नाम तक न था। अब उसका नाम 'हिन्दू' पड़ा। हिन्दू अर्थात् भारतीय, अर्थात् गैर-इस्लामी मत। स्पष्ट ही गैर-इस्लामी मत में कई

तरह के मत थे।' परन्तु इस विशाल जनसमूह को 'धर्म' के स्तर पर संघबद्ध करने के लिए 'स्तूपीभूत शास्त्र वाक्यों की छानबीन से एक बहुत-कुछ मिलता-जुलता आचार-प्रवण धर्ममत स्थिर' किया गया। इस प्रकार 'हिन्दू को और भी अधिक हिन्दू बना दिया गया।' इस हिन्दू समाज की 'वर्जनशीलता' के कारण वैरागियों, आश्रम-भ्रष्ट गृहस्थों आदि की संख्या बढ़ने लगी। उन दिनों ऐसे लोगों की तादाद काफी थी जो 'न हिन्दू, न मुसलमान' की स्थिति में थे, जिनमें से कई अन्तत: सामूहिक रूप से मुसलमान हो गए। द्विवेदी जी ने इन बातों की चर्चा करके यह संकेत करना चाहा है कि इस्लाम के आने पर 'सांस्कृतिक' सम्पर्क तथा टकराव के फलस्वरूप एक हद तक सामाजिक सम्बन्धों में भी परिवर्तन आया। निस्सन्देह सामाजिक ढाँचा मूलत: सामन्ती ही रहा, किन्तु ढाँचे पर खड़ी इमारत की अधिरचना में कुछ-न-कुछ परिवर्तन अवश्य हुआ। एक ओर जाति-व्यवस्था में जगह-जगह विशृंखलता के लक्षण दिखाई पड़े तो दूसरी ओर उसे और ज्यादा कठोर बनाने के भी प्रयत्न हुए। भक्ति काव्य में जहाँ एक ओर इस विसंगतिपूर्ण स्थिति के समाधान का प्रयास है, वहीं इस स्थिति का चित्रण भी मिलता है। सम्भवत: यही वह चौथाई अंश है, जिसके विश्लेषण की प्रक्रिया में द्विवेदी जी को इस्लाम के प्रभाव से अस्पृष्ट परम्परागत तीन-चौथाई अंश का एहसास हुआ और वे इस निष्कर्ष पर पहुँचे कि इस्लाम और हिन्दू धर्म की टक्कर मध्यकाल के भारतीय समाज का मुख्य अन्तर्विरोध नहीं है और न इसे हिन्दी साहित्य की विकास की केन्द्रीय शक्ति ही माना जा सकता है।

फिर वह क्या है जिसकी प्रक्रिया इस्लाम के आने के पहले ही शुरू हो गई थी और उसके बाद भी अवाधित गति से चलती रही?

'भूमिका' के प्रथम अध्याय 'भारतीय चिन्ता का स्वाभाविक विकास' का उपसंहार करते हुए द्विवेदी जी इस प्रश्न का उत्तर इस प्रकार देते हैं : 'भारतीय पांडित्य ईसा की एक सहस्राब्दी बाद आचार-विचार और भाषा के क्षेत्रों में स्वभावत: ही लोक की ओर झुक गया था। यदि अगली शताब्दियों में भारतीय इतिहास की अत्यधिक महत्त्वपूर्ण घटना अर्थात इस्लाम का प्रमुख विस्तार न भी घटा होता तो भी वह इसी रास्ते जाता। उसके भीतर की शक्ति उसे इसी स्वाभाविक विकास की ओर ठेले लिये जा रही थी।' (पृ. 15)

इस उद्धरण में 'स्वभावत:' और 'स्वाभाविक' शब्दों का प्रयोग 'प्रभाव' के विरुद्ध 'स्व-भाव' पर बल देने के निमित्त प्रतीत होता है। तात्पर्य यह है कि लोक की ओर शास्त्र का झुकना किसी बाहरी 'प्रभाव' के कारण नहीं, बल्कि भारतीय समाज के 'स्व-भाव' के कारण ही हुआ। 'स्वभावत:' से इस प्रक्रिया के अनायास, स्वत:स्फूर्त ढंग से सम्पन्न होने का भ्रम न होना चाहिए क्योंकि इसके कुछ ही पहले द्विवेदी जी कह आए हैं कि 'ग्यारहवीं-बारहवीं शताब्दी के पंडितों को लोकजीवन की ओर झुकने को बाध्य होना पड़ा था।' दूसरे शब्दों में लोकशक्ति ने शास्त्र को

झुकने के लिए बाध्य किया था। स्पष्ट है कि यह लोकशक्ति ही वह 'भीतर की शक्ति' है जो भारतीय इतिहास को उस विकास की ओर ठेले लिये जा रही थी।

इस प्रकार मध्ययुग के भारतीय इतिहास का मुख्य अन्तर्विरोध शास्त्र और लोक के बीच का द्वंद्व है, न कि इस्लाम और हिन्दू धर्म का संघर्ष। यदि इस 'शास्त्र लोक द्वंद्व' पर किसी मार्क्सवादी पंडित को इसलिए एतराज हो कि यह वर्ग-संघर्ष की वैज्ञानिक शब्दावली नहीं है तो उसके परितोष के लिए मार्च, 1946 के 'द मॉडर्न क्वार्टर्ली' (जिल्द 1, संख्या 2, लन्दन) में प्रकाशित जॉन इर्विन के लेख 'द क्लास स्ट्रगल इन इंडियन हिस्टरी एंड कल्चर' का हवाला देना पर्याप्त है जिसमें उस मार्क्सवादी इतिहासकार ने भारतीय इतिहास के सन्दर्भ में इसी शास्त्रीय ब्राह्मण धर्म और लोक-संस्कृति के संघर्ष को वर्ग-संघर्ष के मूल रूप की तरह प्रतिपादित किया है। जॉन इर्विन के अनुसार भारतीय इतिहास में 'ऐसे समय आते रहे हैं जब आर्य लोग अपनी आत्मसात् कर लेने की प्रवृत्ति को खो देते रहे हैं और परिणाम यह होता था कि ब्राह्मणवादी निरंकुशता पहले से ही आर्थिक दृष्टि से दलित जनता पर निष्ठुरतापूर्वक लाद दी जाती थी। ऐसी परिस्थिति में संकट अनिवार्य था। दलित जन-शक्तियाँ रूढ़िवाद के स्तर के नीचे वेग से संगठित होने लगती थीं और एक खुले विद्रोह की भूमिका तैयार हो जाती थी। बौद्ध धर्म का प्रारम्भिक इतिहास वस्तुत:, ऐसा ही था जिसने ब्राह्मणवादी कर्मकांड के विरुद्ध जनव्यापी विद्रोह का रूप धारण कर लिया था।' भारतीय इतिहास की इस सामान्य प्रवृत्ति का उल्लेख करने के बाद लेखक ने मध्ययुग के वैष्णव भक्ति आन्दोलन के विशेष सन्दर्भ में लिखा है कि 'ये सम्प्रदाय ब्राह्मण धर्म की अनुदारता के विरुद्ध व्यापक जन-विद्रोह के रूप में जनता द्वारा अपनाए गए। ये आन्दोलन रहस्यवादी प्रकृति के थे और व्यक्ति को जाति तथा रूढ़ियों की परवा किए बिना अपने ढंग से पूर्णता प्राप्त करने का आह्वान करके ब्राह्मणों के पुरोहितवाद को सीधे चुनौती दे रहे थे। इस प्रकार लोक-संस्कृति वह मुख्य माध्यम बन गई जिसके द्वारा यह धार्मिक विद्रोह जनता में फैल गया और कालक्रम से उन आन्दोलनों के समान ही, लोक-संस्कृति उच्चवर्गीय आचारसंहिता की अवज्ञा का साधन बन गई। इसका परिधान हमेशा एक समृद्ध मानववाद रहा जिसमें जीवन की पूर्ण स्वीकृति और ऐन्द्रिय उपभोग का भाव निहित था और इस प्रकार यह भावना तपस्या और उपासना पर बल देनेवाले कट्टरपंथ के सर्वथा विपरीत थी।' कहने की आवश्यकता नहीं कि द्विवेदी जी जॉन इर्विन से छह वर्ष पहले ही 'हिन्दी साहित्य की भूमिका' में इसी प्रकार की स्थापनाएँ कर चुके थे।

शास्त्र और लोक के बीच द्वंद्व की इस प्रक्रिया का आकलन करते हुए द्विवेदी जी ने भारतीय इतिहास की एक और विशेषता की ओर संकेत किया है, वह यह है कि लोक के दबाव में शास्त्र ने कभी-कभी अपने-आपको लचीला बनाकर लोक की बहुत-सी विशेषताओं को अन्तर्भुक्त कर लिया। भारत में उच्चवर्ग के इस वैचारिक

लचीलेपन और समझौतावादी रुख का ही यह परिणाम हुआ कि हिंसात्मक विद्रोह की स्थितियाँ बहुत कम उत्पन्न हुईं। इस दृष्टि से भारत की प्राचीन मनीषा अन्य अनेक देशों के बुद्धिजीवियों से अधिक चतुर और व्यवहारकुशल प्रतीत होती है। किन्तु यदि एक ओर 'शास्त्र' ने झुककर लोक की विशेषताओं को अन्तर्भुक्त किया तो दूसरी ओर शास्त्र-वंचित लोक भी अपने अनुभव-संचित विचार-खंडों को सुसंगत और समृद्ध बनाने के लिए 'शास्त्र' का सहारा लेता रहा है। इस दुहरी प्रक्रिया में कभी-कभी एक ऐसे 'लोकधर्म' का निर्माण हुआ है जो व्यापक जन-विद्रोह के लिए वैचारिक आधार का काम करता रहा है। भारतीय इतिहास के सन्दर्भ में द्विवेदी जी द्वारा प्रस्तुत यह 'लोकधर्म' की अवधारणा निश्चय ही बहुत महत्त्वपूर्ण है।

वैसे तो 'लोकधर्म' शब्द का प्रयोग द्विवेदी जी से पहले शुक्ल जी ने भी किया है किन्तु जैसाकि 'तुलसीदास' नामक पुस्तक के 'लोकधर्म' शीर्षक अध्याय से स्पष्ट है, शुक्ल जी का 'लोकधर्म' बहुत कुछ वर्णाश्रम धर्म ही है। 'भक्ति के नाम पर वेदशास्त्रों की निन्दा करनेवाले' और 'आर्यधर्म के सामाजिक तत्त्व को न समझकर लोगों में वर्णाश्रम धर्म के प्रति अश्रद्धा उत्पन्न करनेवाले' नीच जातियों के निर्गुणपंथी भक्तों की जैसी भर्त्सना शुक्ल जी ने की है, उससे स्पष्ट है कि शुक्ल जी का 'लोकधर्म' वस्तुत: 'आर्य शास्त्रानुमोदित' सनातन धर्म ही है।

इसके विपरीत 'भूमिका' में जब द्विवेदी जी कहते हैं कि 'बौद्ध धर्म उत्तरोत्तर लोकधर्म में घुल-मिल रहा था', (पृ. 11) तो स्पष्ट है कि सामान्य जन में प्रचलित टोना, टोटका, तंत्र-मंत्र, मिथक आदि विश्वासों को ही वे लोकधर्म मानते हैं। इसी प्रकार 'सूरदास : प्रेरणा और स्रोत' शीर्षक निबन्ध में वे फिर कहते हैं कि 'असल में 'सूरसागर' शास्त्रीय वैष्णव भक्ति शास्त्र से प्रेरणा अवश्य लेता है, पर शास्त्रीय की अपेक्षा लोकधर्म के अधिक निकट है।' (ग्रंथावली, 4/152) यहाँ तंत्र-मंत्र, टोना, टोटका आदि के अतिरिक्त 'लोक में प्रचलित शाक्त देवियों' के उन अनेक रूपों को भी 'लोकधर्म' में समेट लिया गया है जिनका प्रभाव 'सूरसागर' में वर्णित गोपियों की बहुविधि लीलाओं के रूप में व्यक्त हुआ। कृष्ण-लीला में 'कदम्ब' के फूल का प्रवेश एक ऐसे ही लोकप्रचलित मिथक-विश्वास का उदाहरण है जो 'लोकधर्म' का अंग है। इसी प्रकार निर्गुण भक्ति साधना के स्रोतों पर विचार करते हुए उन्होंने निरंजन, धर्म-पूजा आदि ऐसे अनेक मिथकों और साधना-पद्धतियों का जिक्र किया है जो या तो किसी आदिवासी समाज में प्रचलित थे अथवा नीची समझी जानेवाली किसी जाति के अन्दर उसकी आदिम प्रथा के रूप में अवशिष्ट रह गए थे। उल्लेखनीय है कि संस्कारवश द्विवेदी जी ने इस 'लोकधर्म' के पहले कभी-कभी 'निकृष्ट' शब्द का भी प्रयोग किया है। जब वे यह कहते हैं कि 'बौद्ध धर्म उत्तरोत्तर लोकधर्म में घुल-मिल रहा था', तो यह वाक्य बौद्धधर्म के अपकर्ष का सूचक है, उत्कर्ष का नहीं।

किन्तु इस पूर्वग्रह से भी अधिक महत्त्वपूर्ण है 'लोकधर्म' की शक्ति का स्वीकार। इस दिमागी खुलेपन का सबूत है 'भूमिका' का यह कथन : 'मतों, आचार्यों, सम्प्रदायों और दार्शनिक चिन्ताओं के मानदंड से लोक-चिन्ता को नहीं मापना चाहता बल्कि लोक-चिन्ता की अपेक्षा मैं उन्हें देखने की सिफारिश कर रहा हूँ।' (पृ. 8)

जनसाधारण के जीवन में नाना विश्वासों के रूप में जीवित इस तथाकथित 'लोकधर्म' का महत्त्व इस बात में है कि जनता के असन्तोष को विद्रोह का रूप देने के लिए वैचारिक और भावनात्मक शक्ति की भूमिका यही अदा करता है। द्विवेदी जी के साहित्य में भक्ति आन्दोलन की पूर्व पीठिका के रूप में 'लोकधर्म' की विस्तृत चर्चा का कारण यही है कि वे 'लोकधर्म' को ही भक्ति आन्दोलन की जन्मभूमि मानते हैं। जब वे यह कहते हैं कि 'कबीरदास की वाणी वह लता है जो योग के क्षेत्र में भक्ति का बीज पड़ने से अंकुरित हुई थी', तो संकेत यही है कि योग के रूप में 'लोकधर्म' 'क्षेत्र' की भूमिका अदा करता है।

इस प्रकार 'लोकधर्म' साधारण जनों के विद्रोह की विचारधारा है। इसे 'लोकधर्म' कहने का एक कारण तो यह है कि यह उच्चवर्गों के 'शास्त्र' के समान सूक्ष्मातिसूक्ष्म तर्क-पद्धति से सम्पन्न तथा व्यापक विश्वदृष्टि के रूप में विकसित कोई सुसंगत और सुव्यवस्थित 'विचार-प्रणाली' नहीं है। दूसरा कारण यह है कि यह पूँजीवादी समाज के बीच निर्मित किसी एक सुनिश्चित वर्गचेतन वर्ग की विचार-प्रणाली नहीं, बल्कि सामन्ती युग के असंगठित किसानों और दस्तकारों के विविध वर्गों, उपवर्गों की मिली-जुली भावनाओं का पुंज है। शास्त्र-वंचित विविध दलित जातियों और जनसमूह की मानसिक अभिव्यक्ति होने के कारण इस 'लोकधर्म' का अव्यवस्थित और अनिश्चित होना अनिवार्य है, और इसलिए उच्चवर्गों के शास्त्र की तुलना में वह हीनतर भी प्रतीत हो सकता है किन्तु सिर्फ इसीलिए वह महत्त्वहीन नहीं हो जाता।

जैसाकि द्विवेदी जी ने 'भूमिका' में 'संत मत' के प्रसंग में कहा है : 'सच पूछा जाए तो शास्त्रज्ञान, तत्त्वज्ञान के मार्ग में सब समय सहायक ही नहीं होता और कभी-कभी तो उस युग की तथोक्त नीच जातियों से आए हुए महापुरुषों का तर्कजाल से मुक्त होना श्रेयस्कर जान पड़ता है। इन संस्कारों से वंचित रहने के कारण ही वे सब जगह से सहज सत्य को सहज ही ले सकते थे। वे रूढ़ियों और मिथ्या विश्वास के शिकार नहीं हुए। वे उस बेमतलब की निजत्व-बुद्धि के भी शिकार नहीं हुए जो दूसरों की लिखी हुई बात को तोड़-मरोड़ कहने में दूसरों से ग्रहण करने के महादोष से अपने को मुक्त समझती है।' (पृ. 36)

इस प्रकार परिस्थितिवश शासक वर्ग की विचारधारा के प्रभाव से बहुत कुछ मुक्त रहने के कारण 'लोकधर्म' शास्त्र से हीन प्रतीत होते हुए भी उसका 'विकल्प'

बनकर उपस्थित होता है और यही उसकी शक्ति है। 'लोकधर्म' का प्राण उसका विद्रोह है। इसलिए दमनकारी व्यवस्था के विरुद्ध विद्रोह के रूप में खड़े होनेवाले प्रत्येक जन-आन्दोलन की शक्ति और सीमा को समझने के लिए उसके द्वारा मान्य ऐसे 'लोकधर्म' का अध्ययन आवश्यक है।

इसीलिए अन्तोनियो ग्राम्शी ने जेल की लम्बी सजा काटते हुए अपनी 'नोट बुक' में इस समस्या पर गहराई से विचार किया, जबकि उन दिनों अधिकांश मार्क्सवादी शासक वर्ग के वैचारिक 'प्रभुत्व' का जवाब देने के लिए मजदूर वर्ग की 'विचार-प्रणाली' के विकास पर जोर दे रहे थे। ग्राम्शी ने किसानों और कारीगरों जैसे 'परम्परित' वर्गों की वैचारिक आवश्यकताओं की ओर ध्यान देने का आग्रह किया। इस दृष्टि से उन्होंने बतलाया कि सामान्य जनों के प्रचलित विचार अपेक्षाकृत सरल और अल्प-संघटित होते हैं। अक्सर वे परस्पर-विरोधी और उलझे हुए भी होते हैं और उनमें लोकवार्ताओं, मिथकों और रोजमर्रा के लोकप्रचलित अनुभवों का पँचमेल होता है; फिर भी उन विचारों का बहुत महत्त्व है क्योंकि व्यापक जन-आन्दोलन के लिए यही कारगर होते हैं। इस सन्दर्भ में ग्राम्शी ने यह भी कहने का साहस दिखलाया कि मार्क्स द्वारा निरूपित 'आइडियोलॉजी' की क्लासिकी अवधारणा इन जन-आन्दोलनों की लोकप्रिय विचारधारा को समझने में बहुत काम की साबित नहीं हो सकती। वस्तुत: किसी जन-विद्रोह की लोकप्रिय विचारधारा का मूल्यांकन 'ऐतिहासिक' दृष्टि से ही उचित है, 'तात्त्विक' दृष्टि से नहीं।

इस दृष्टि से देखने पर स्पष्ट है कि सिद्धों, योगियों, निर्गुण संतों और सगुण भक्तों के विचारों में पंडितों ने जो असंगतियाँ दिखाई हैं, वे सर्वथा अनुचित हैं। इस प्रक्रिया में पंडितों की झुँझलाहट, कठिनाई, बेबसी और भर्त्सना भली भाँति समझ में आ जाती है जब योगियों और भक्तों की विचारधारा परम्परागत वेदान्त की विभिन्न दर्शन-प्रणालियों में से किसी के चौखटे में पूरी तरह फिट नहीं आती। इसीलिए आज भी पंडित-मंडली इन प्रश्नों को लेकर असमंजस में पड़ी है कि कबीर का अपना दर्शन क्या था? कुछ था भी या नहीं? जायसी सूफी मत से कितने प्रभावित थे और यदि थे तो किस सूफी सम्प्रदाय से? सूरदास के कुछ पद वल्लभाचार्य के पुष्टि-मार्ग से क्यों बाहर पड़ते हैं? तुलसीदास अद्वैतवादी हैं या विशिष्टाद्वैतवादी? कहने की आवश्यकता नहीं कि ये सारे प्रश्न 'तात्त्विक' समीक्षा की दृष्टि से उत्पन्न हुए हैं और इस दृष्टि में खतरा यह है कि अपने प्रिय संत या भक्त में तो श्रम करके किसी तरह संगति बैठा ली जाती है, लेकिन जो पसन्द नहीं है, वह अन्तत: भर्त्सना का शिकार होता है। शुक्ल जी ने इसी दृष्टि से कबीर के विचारों को खिचड़ी कहा और तुलसी के अद्वैतवादी तथा विशिष्टाद्वैतवादी विचारों में एक संगति ढूँढ़ ली। दूसरी ओर द्विवेदी जी ने कबीर के परस्पर-विरोधी विचारों में भी एक संगति बैठाने का प्रयास किया। इस विवाद में कुछ मार्क्सवादी

आलोचकों का रुख विशेष रूप से विचारणीय है, जिन्होंने शुक्ल जी का समर्थन करते हुए योगियों के साथ-साथ कबीर के रहस्यवाद की आलोचना की और जायसी के रहस्यवाद में प्रशंसा के लिए अलौकिकता के अन्दर लौकिकता के तत्त्व निकाल लिये। लेकिन जैसाकि ग्राम्शी ने कहा है, प्रश्न इस तथाकथित 'रहस्यवाद' की तात्त्विक समीक्षा का उतना नहीं, जितना 'ऐतिहासिक' समीक्षा का है। रहस्यवाद 'तात्त्विक' दृष्टि से लोकविरोधी और बुद्धिविरोधी होने के कारण एक गलत विचारधारा हो सकती है, किन्तु जरूरी नहीं कि किसी निश्चित ऐतिहासिक सन्दर्भ में भी उसकी वही लोकविरोधी भूमिका हो। यह तथ्य है कि मध्ययुगीन सामन्ती-पुरोहिती उत्पीड़न के वातावरण में विभिन्न देशों के अनेक रहस्यवादी संतों ने विद्रोह का झंडा बुलन्द किया और इस तरह के अधिकांश विद्रोही संत तत्त्वत: रहस्यवादी ही थे। इसलिए हिन्दी के योगियों और संतों के रहस्यवाद का मूल्यांकन भी इसी ऐतिहासिक दृष्टि से समीचीन है।

विचित्र विडम्बना है कि निरन्तर 'तात्त्विक' चिन्तन की चुनौती झेलते हुए भी द्विवेदी जी ने अपने समकालीन अनेक मार्क्सवादी आलोचकों की तुलना में योगियों और संतों के रहस्यवाद के मूल्यांकन में अधिक ऐतिहासिक दृष्टि का परिचय दिया। प्रसंगवश, योगियों और संतों की जिस विचारधारा को प्राय: 'रहस्यवाद' की संज्ञा दी गई, द्विवेदी जी ने प्राय: इस सन्दर्भ में उस शब्द के इस्तेमाल से परहेज किया। अपनी 'लोकधर्म' की अवधारणा के अनुसार उन्होंने योगियों और संतों की 'सहज साधना' में किसी प्रकार की रहस्य साधना के स्थान पर एक अनुभवसम्मत विवेकपूर्ण जीवन-दृष्टि के दर्शन किये। 'सहज साधना' (1963) नामक पुस्तक में उन्होंने इस जीवन-दृष्टि का विवेचन करते हुए 'पारखपद' और 'अनभै साँचा' जैसे शब्दों के आधार पर यह दिखलाने की कोशिश की है कि संतों का बल अनुभव-सत्य और अनभय-सत्य पर था, इसीलिए वे 'कागद की लेखी' न कहकर 'आँखिन देखी' कहने के विश्वासी थे। इसी कारण वे अपने ज्ञान को 'सुच्छमवेद' कहते थे जो एक तरह से स्थूल वेद के विरुद्ध 'सूक्ष्मवेद' था, किन्तु मूलत: स्वसंवेद्य ज्ञान था। इस अनुभववादी ज्ञान-मीमांसा की परिणति अन्तत: 'पारख पद' में होती थी जिसका अर्थ है : अनुभव से प्राप्त ज्ञान की बुद्धि द्वारा परीक्षा। यदि यह व्याख्या सही है तो रहस्यवादी कहे जानेवाले संत वस्तुत: अनुभववादी और विवेकवादी ठहरते हैं। उन्हें ज्ञानी कहने का कारण भी सम्भवत: यही है। इसी अनुभववाद और विवेकवाद के अस्त्र से उन्होंने जाति-पाँति, छुआछूत और ऊँच-नीच के भेदभाव पर चोट की थी। कहने की आवश्यकता नहीं कि यह अनुभव-सम्मत विवेकवाद 'लोकधर्म' का सहज स्वभाव है।

'लोकधर्म' की प्रकृति की सही पहचान के कारण ही द्विवेदी जी को यह घोषित करने में कोई हिचक नहीं हुई कि भक्ति आन्दोलन विराट 'जन-आन्दोलन'

था। (भूमिका, पृ. 57) इसीलिए वे हिन्दी साहित्य का 'वास्तविक आरम्भ' भक्ति आन्दोलन से मानते हैं, न कि औरों की तरह तथाकथित वीरगाथाओं से। इस तरह वे विद्यापति की समस्या का भी समाधान ढूँढ़ लेते हैं, जिन्हें आचार्य शुक्ल ने वीरगाथा काल के फुटकल खाते में डाल रखा था। विद्यापति असन्दिग्ध रूप से आधुनिक भाषाओं में 'लिरिक' के पहले महान कवि थे। अब यदि ऐसा कवि साहित्यिक इतिहास के अन्तर्गत एक काल के फुटकल खाते में स्थान पाए तो क्या उस काल-विभाजन का समूचा सिद्धान्त ही सन्दिग्ध नहीं हो जाता? द्विवेदी जी की दृष्टि में विद्यापति संक्रमण काल के ऐसे महत्त्वपूर्ण कवि हैं जिनका एक पाँव अपनी अवहट्ट कृति 'कीर्तिलता' के कारण आदिकाल में है तो दूसरा देशी भाषा में लिखित राधाकृष्ण लीला के सरस पदों की 'पदावली' के कारण भक्ति काव्य में। इस प्रकार द्विवेदी जी की इतिहास-योजना में विद्यापति हिन्दी साहित्य की प्राणधारा के मुख्य प्रवाह में हैं।

किन्तु साहित्य की प्राणधारा के साथ एक समस्या यह उठती है कि प्राणधारा के अन्तर्गत अनेक अन्तर्धाराएँ होती हैं जिनमें परस्पर सहभाव के साथ कभी-कभी टकराव की भी सम्भावना होती है। सवाल इन अन्तर्धाराओं के पारस्परिक सम्बन्धों के निर्धारण और सापेक्षिक मूल्यांकन का है। उदाहरण के लिए द्विवेदी जी ने जहाँ 'भूमिका' के अन्तर्गत 'मध्ययुग के संतों का सामान्य विश्वास' निरूपित करके भक्ति आन्दोलन के समान तत्त्वों पर बल दिया है, वहीं अगले अध्याय में 'भक्तिकाल के प्रमुख कवियों का व्यक्तित्व' भी अलग-अलग निरूपित किया है। यद्यपि व्यक्तित्व-निरूपण में प्राय: सभी कवियों के विधेयात्मक पक्षों का ही उल्लेख है, फिर भी तारतमिक दृष्टि से देखने पर यह बात छिपी नहीं रहती कि द्विवेदी जी की दृष्टि में निर्गुण भक्ति के कवियों के सामाजिक विचार अधिक प्रगतिशील थे। यह मत स्पष्टत: आचार्य शुक्ल की स्थापनाओं के विरुद्ध हैं जिनके अनुसार निर्गुण भक्त लोक-विरोधी थे और सगुण भक्त लोक-संग्रही और उनमें भी सूरदास में केवल लोकरंजन का पक्ष ही आ सका। कहने की आवश्यकता नहीं कि शुक्ल जी के समर्थक बड़े-से-बड़े प्रगतिशील आलोचक के लिए भी शुक्ल जी की इन स्थापनाओं से पूरी तरह सहमत होना कठिन है। ऐसी हालत में इधर अक्सर कहा जाने लगा है कि भक्ति आन्दोलन के अन्तर्गत अन्तर्विरोधों का प्रश्न न उठाकर समान तत्त्वों पर बल देना ही उचित है।

इसी तरह देखा जाए तो छायावाद के कवियों में भी जितनी समानताएँ हैं, उतनी असमानताएँ नहीं और कुछ लोगों की दृष्टि में अज्ञेय-मुक्तिबोध वाली सम्मिलित नई कविता के आन्दोलन की भी स्थिति बहुत कुछ समान ही होगी। फिर भी यह तथ्य है कि छायावाद तथा नई कविता में निहित अन्तर्विरोधों का उल्लेख किया जाता है। फिर भक्ति आन्दोलन के अन्तर्विरोधों पर ही परदा क्यों डाला जाए? इस प्रसंग

में मई, 1955 की 'नई दिशा' में प्रकाशित गजानन माधव मुक्तिबोध का निबन्ध 'मध्ययुगीन भक्ति आन्दोलन का एक पहलू' अत्यन्त महत्त्वपूर्ण है। मुक्तिबोध की मुख्य स्थापना यह है कि निचली जातियों के बीच से पैदा होनेवाले संतों के द्वारा निर्गुण भक्ति के रूप में भक्ति आन्दोलन एक क्रान्तिकारी आन्दोलन के रूप में पैदा हुआ किन्तु आगे चलकर ऊँची जातिवालों ने इसकी शक्ति को पहचानकर इसे अपनाया और क्रमश: उसे अपने विचारों के अनुरूप ढालकर कृष्ण और राम की सगुण भक्ति का रूप दे डाला जिससे उसके क्रान्तिकारी दाँत उखाड़ लिये गए। इस प्रक्रिया में कृष्ण-भक्ति में तो कुछ क्रान्तिकारी तत्त्व बचे रह गए लेकिन राम-भक्ति में जाकर तो रहे-सहे तत्त्व भी गायब हो गए। अपने मत की पुष्टि में उन्होंने ये प्रश्न उठाए हैं : 'क्या यह एक महत्त्वपूर्ण तथ्य नहीं है कि राम-भक्ति शाखा के अन्तर्गत एक भी प्रभावशाली और महत्त्वपूर्ण कवि निम्नजातीय शूद्र वर्गों से नहीं आया? क्या यह एक महत्त्वपूर्ण तथ्य नहीं है कि कृष्ण-भक्ति शाखा के अन्तर्गत रसखान और रहीम जैसे हृदयवान मुसलमान कवि बराबर रहे आए, किन्तु राम-भक्ति शाखा के अन्तर्गत एक भी मुसलमान और एक भी शूद्र कवि प्रभावशाली और महत्त्वपूर्ण रूप से अपनी काव्यात्मक प्रतिभा विशद नहीं कर सका?...क्या कारण है कि तुलसीदास भक्ति आन्दोलन के प्रधान (हिन्दी क्षेत्र में) अन्तिम कवि थे?' ('नई कविता का आत्मसंघर्ष तथा अन्य निबन्ध', पृ. 90-91)

इस प्रश्नों के उत्तर इसी धारणा की ओर ले जाते हैं कि इन सबके लिए भक्ति आन्दोलन पर उच्चवंशी उच्चजातीय वर्गों का प्रभुत्व जिम्मेदार है और अन्तत: भक्ति आन्दोलन की शिथिलता तथा समाप्ति के लिए भी वही दोषी है। इस विवेचन से भक्तिकाल के बाद रीतिकाव्य के उदय का कारण भी स्पष्ट हो जाता है। यदि आरम्भ के शास्त्र-निरपेक्ष निर्गुण काव्य की शास्त्र-सापेक्ष सगुण परिणति की ओर ध्यान दें तो शास्त्रीयतावाद के पुनरुत्थान के रूप में रीतिकाव्य के प्रसार की भी संगति लग जाती है।

इस सन्दर्भ में द्विवेदी जी द्वारा बार-बार दुहराया जानेवाला यह फिकरा विचारणीय हो जाता है कि एक बार शास्त्र का सहारा पाकर यह मत इस सिरे से उस सिरे तक फैल गया। यह बात उन्होंने कबीर के सन्दर्भ में भी कही है और सूर के सन्दर्भ में भी, यही नहीं बल्कि रीतिकाव्य के सन्दर्भ में भी उन्होंने 'भूमिका' में यही लिखा है कि 'इस विशेष काल में जब शास्त्र-चिन्ता लोक-चिन्ता का रूप धारण करने लगी थी, वह पुरानी लोक काव्यधारा शास्त्रीय मत के साथ मिलकर देखते-देखते विशाल रूप ग्रहण कर गई।' (पृ. 125) यदि शास्त्र की सहायता को प्रचार-प्रसार के लिए उपयोगी मान भी लें तो इससे यह प्रमाणित नहीं होता कि शास्त्र का प्रभाव लोकधर्म के लिए घातक नहीं है। निर्गुण संतों की चर्चा के प्रसंग में द्विवेदी जी जिस प्रकार उनका शास्त्र-वंचित होना शुभ समझते हैं, उससे स्पष्ट

है कि वे शास्त्रों के घातक प्रभाव से भली भाँति परिचित हैं, फिर भी यदि अन्य प्रसंगों में उस बात को भूल जाते हैं तो इसे प्राणधारा के वेग का ही फल कहा जाएगा। शायद यही वजह है कि जितने विश्वसनीय ढंग से वे हिन्दी साहित्य की प्राणधारा का दिग्दर्शन कराते हैं, अन्तर्धाराओं के अन्तर्विरोध का निरूपण उतनी स्पष्टता से करते प्रतीत नहीं होते। शायद इसका एक कारण यह हो कि कम-से-कम भक्ति आन्दोलन में उत्तरोत्तर शास्त्र का सहारा लेनेवाली कृतियाँ साहित्यिक दृष्टि से श्रेष्ठतर होती गईं। यह भी एक विरोधाभास ही है कि शास्त्र-संवलित होकर साहित्य जिस मात्रा में सामाजिक दृष्टि से लोक-विमुख तथा लोक-विरोधी विचारों की ओर विचलित होता गया, काव्य-भाषा तथा काव्य-कला की दृष्टि से उसी मात्रा में समृद्धतर होता गया। कबीर से चलकर क्रमशः जायसी, सूर और तुलसी तक के विकास का मूल्यांकन इस दृष्टि से रोचक हो सकता है। किन्तु यह प्रश्न न तो मुक्तिबोध ने उठाया है और न द्विवेदी जी ने ही, इसलिए महत्त्वपूर्ण होते हुए भी प्रस्तुत प्रसंग में इसकी चर्चा अप्रासंगिक होगी।

['दूसरी परम्परा की खोज' में संकलित]

# ‘प्रेमा पुमर्थो महान्’

हजारी प्रसाद द्विवेदी का पहला प्रकाशित लेख है ‘वैष्णव कवियों की रूपोपासना’ (1933) और पहली प्रकाशित पुस्तक ‘सूर-साहित्य’ (1936)। बीस वर्ष बाद उन दिनों को याद करते हुए उन्होंने लिखा था कि उन दिनों इस महान भक्त की कविता का नशा था। (‘सूर-साहित्य’, द्वितीय संस्करण, निवेदन, 1955) वैसा नशा फिर भले ही न हुआ हो, लेकिन बाद की रचनाएँ बतलाती हैं कि उसका असर कभी गया नहीं। शायद इसलिए कि वह प्रथम प्रेम था। इस कृष्ण-भक्ति में उन्हें एक नया मंत्र मिला था—प्रेम सबसे बड़ा पुरुषार्थ है : ‘प्रेमा पुमर्थो महान्’। इस मंत्र का प्रभाव था एक नया जन्म! इस मंत्र को पाकर स्वयं सूरदास एक अन्धे भिखारी से ऊपर उठकर सूरदास हो गए—सूर शूर हो गए थे।

‘चौरासी वैष्णवों की वार्ता’ तो बहुतों ने पढ़ी और वल्लभाचार्य से सूरदास के मिलन का उल्लेख भी किया; किन्तु द्विवेदी जी के लिए वह घटना इतनी महत्त्वपूर्ण थी कि उसका उल्लेख उन्होंने अनेक बार किया है और बहुत रस लेकर किया है। उन्हें उस घटना में विशेष अर्थ मिला। महाप्रभु ने जब सूरदास को कुछ सुनाने का आदेश दिया, तो उन्होंने गाया : ‘प्रभु हौं सब पतितन कौ नायक’ और ‘प्रभु हौं सब पतितन कौ टीकौ।’ प्रभु ने दो ही भजन सुने और फिर डाँटकर कहा : ‘सूर ह्वै कै ऐसो घिघियात काहे को हौ, कछु भगवत् लीला वर्णन करि।’ इस पर सूर ने अपना अज्ञान बताया तब महाप्रभु ने उपदेश किया। सूरदास को ज्ञानोदय हुआ और उन्होंने यह पद गाया : ‘चकई री चल चरन सरोवर जहाँ न प्रेम वियोग।’ आचार्य सन्तुष्ट हुए। बाद को सूरदास ने यह पद सुनाया : ‘ब्रज भयौ महर के पूत जब यह बात सुनी।’ यह ‘सूरसागर’ की शुरुआत थी। कहने की आवश्यकता नहीं कि यह पद ब्रज में ‘महर’ के पूत—कृष्ण के ही होने की सूचना नहीं है, उनके भक्त सूरदास के भी जन्म का उद्घोष है।

क्या इस वार्ता में स्वयं हजारी प्रसाद द्विवेदी के नये जन्म की आत्मकथा निहित नहीं है? शान्तिनिकेतन आने पर रवीन्द्रनाथ से मिलने की घटना का जिक्र करते हुए अपने संस्मरणों में द्विवेदी जी ने एक जगह भाव-विह्वल भाषा में लिखा है : ‘उनके पास जाने से बराबर यह अनुभव होता था कि मैं छिन्नवृंत

तूलखंड की भाँति व्यर्थ ही इधर-उधर मारे-मारे फिरने के लिए नहीं बना हूँ।' ('मृत्युंजय रवीन्द्र', पृ. 7)

याद करें तो यह 'छिन्नवृन्त तूलखंड' सूरदास का 'जहाज का पंछी' ही है जिसके भटकने की पीड़ा ही उसके परम आश्रय का अर्थ-सन्दर्भ है। अपने अन्तिम दिनों के लिखे एक लेख 'यह अन्धा गायक कौन था?' (1978) में द्विवेदी जी ने इस भटकने की पीड़ा का बड़ा ही मार्मिक चित्र खींचा है। लिखते हैं : 'यह अन्धा मनुष्य जो महाप्रभु वल्लभाचार्य की शरण में गया था, जो अपने को 'सब पतितन कौ टीकौ', 'जनमत ही कौ पातकी' बताकर व्याकुल वेदना से 'घिघिया' उठा था (स्वयं महाप्रभु ने ही इस शब्द का प्रयोग किया था) और अपने को भगवल्लीला के विषय में अनजान बताया था, वह कौन था? वह किन अवस्थाओं में अन्धा हुआ था, कहाँ-कहाँ भटकता हुआ गऊघाट पहुँचा था; कितना अपमान, कितनी अवहेलना, कितना तिरस्कार पा चुका था, इसका कुछ भी पता नहीं है। किस बड़भागी माता-पिता ने उसे जन्म दिया था, किन निदारुण परिस्थितियों में उनका यह लला दर-दर भटकने को मजबूर हुआ था, कोई नहीं जानता। किसी ने जानने की परवा भी नहीं की। जिसका दृढ़ विश्वास हो गया था कि मैं 'जनमत ही कौ पतित' हूँ, 'सब पतितन कौ नायक' हूँ, वह कितना उपेक्षित हो चुका होगा, कितना अपमानित जीवन बिता चुका होगा, किन असहाय परिस्थितियों में जीने की दुर्वार लालसा ने उसे भरमने-भटकने को विवश किया होगा—हमें बिलकुल नहीं मालूम। अलौकिक चमत्कारों के विश्वासी हमारे इस देश के लोगों ने मान लिया कि वह तो जन्मान्ध होकर दिव्यदृष्टि-सम्पन्न था, या फिर उसने अपनी आँखों को कुमार्ग में प्रवृत्त होते देख स्वयं फोड़ लिया था, या पूर्वजन्म के अभिशाप और वरदान की आँखमिचौनी के कारण इस जन्म में अन्धा होकर भी दिव्यदृष्टि पाकर नित्यलीला विहार का साक्षी बना रहा, इत्यादि-इत्यादि। उसे कभी कोई कष्ट नहीं हुआ, दुख नहीं हुआ, जलती रेत में पटकी हुई मछली की भाँति कभी छटपटाया नहीं, हाहाकार की झंझा उसके हृदय को कभी विकल वेदना से झटका नहीं दे गई—सब प्रकार से सन्तुष्ट, सब प्रकार से विगतशंक, दिव्यदृष्टि-सम्पन्न लोकोत्तर पुरुष! परन्तु भरमा वह अवश्य था। सारे कष्टों की कहानी अब मालूम नहीं, पर उसे भटकना अवश्य पड़ा था।' (ग्रंथावली, 4/161)

जिस अनुभूति के साथ सूरदास के भरमने और भटकने की पीड़ा का वर्णन किया गया है, वह केवल सूरदास तक ही सीमित नहीं लगती। जो हो, कृष्ण की भक्ति का महत्त्व इस भटकन की पीड़ा से त्राण में है। जो अपने-आपको पतित समझने के लिए विवश किये गए थे, वे भक्तवत्सल कृष्ण की शरण में आकर इस पाप-बोध से मुक्त हुए और उनमें आत्मगौरव का संचार हुआ। 'बाणभट्ट की आत्मकथा' में जब बाणभट्ट पहली बार नारायण-भक्त सुचरिता से उसकी कुटिया

में मिलते हैं तो सुचरिता यही कहती है : 'मानव देह केवल दंड भोगने के लिए नहीं बनी है, आर्य! यह विधाता की सर्वोत्तम सृष्टि है। यह नारायण का पवित्र मन्दिर है। पहले इस बात को समझ गई होती, तो इतना परिताप नहीं भोगना पड़ता। गुरु ने मुझे अब यह रहस्य समझा दिया है। मैं जिसे अपने जीवन का सबसे बड़ा कलुष समझती थी, वही मेरा सबसे बड़ा सत्य है। क्यों नहीं मनुष्य अपने सत्य को देवता समझ लेता आर्य?' (आवृत्ति बारहवीं, 1979, पृ. 182)

सुचरिता को इस सत्य का साक्षात्कार तब हुआ जब उसमें अपने समस्त कर्मों को नारायण को समर्पित कर देने का भाव आया। तभी तो वह बाणभट्ट से कहती है : 'मन क्यों नहीं समझ पाता आर्य, कि वह किसी कार्य का उत्तरदायी नहीं है? वासुदेव के रहते इतना वृथा सोच क्यों करता है वह?' (वही, पृ. 183)

जो बात इतने सीधे सहज शब्दों में सुचरिता ने कही है, वही तो वल्लभाचार्य का आदेश था। आचार्य के 'अणुभाष्य' का कथन है : 'कर्म दुख रूप तब होता है जब वह अभिमानपूर्वक किया जाता है कि 'मैं कर रहा हूँ।' ब्रह्मविद् जो कर्म करता है, वह अपने को कर्ता मानकर नहीं, ब्रह्म को असली कर्ता मानकर। इस प्रकार उसके सारे कर्म ब्रह्म को अर्पित हो जाते हैं। जिस प्रकार जगत के सारे व्यापारों को वह ब्रह्म-प्रयत्न के रूप में देखता है, वैसे ही अपने कर्मों को भी। सब कुछ करता हुआ भी वह समझता है कि मैं कुछ नहीं कर रहा हूँ। इस प्रकार व्यक्तिगत सत्ता का लोकसत्ता में लय हो जाने से प्रिय-अप्रिय की परिमित भावना का परिहार हो जाता है। इस दशा को प्राप्त जीव कर्ता और भोक्ता होकर भी दुख से परे रहता है।'

मध्ययुग में इस दिव्य दर्शन ने दुखी प्राणी को कितनी राहत दी होगी, इसका अनुमान करना कठिन नहीं है। फिर भी यह प्रश्न तो रहता ही है कि मनुष्य में पाप-बोध क्यों जगता है? द्विवेदी जी ने 'बाणभट्ट की आत्मकथा' में यह प्रश्न उठाया है और इसके उत्तर की ओर भी संकेत किया है। 'आत्मकथा' में बाणभट्ट कहते हैं : 'निपुणिका ने कल कहा था कि 'मेरी ही शपथ करके तुम सत्य-सत्य कहो आर्य, मेरा कौन-सा ऐसा पाप-चरित्र है जिसके कारण मैं आजीवन दुख की निदारुण भट्ठी में जलती रही? क्या स्त्री होना ही मेरे अनर्थों की जड़ नहीं है?' इन शब्दों में कितना मर्मान्तक दुख है, यह मैं ही जानता हूँ। निपुणिका में इतने गुण हैं कि वह समाज और परिवार की पूजा का पात्र हो सकती थी, पर हुई नहीं। इतने दिनों से साथ हूँ, उसके चरित्र में मैंने कहीं कोई कलुष नहीं देखा। वह हँसमुख है, कृतज्ञ है, मोहिनी है, लीलावती है—ये क्या दोष हैं? मेरा चित्त कहता है कि दोष किसी और वस्तु में है, जो इन सारे सद्गुणों को दुर्गुण कहकर व्याख्या करा देती है। वह वस्तु क्या है? निश्चय ही कोई बड़ा असत्य समाज में सत्य के नाम पर घर बना बैठा है।' (वही, पृ. 243) इसी प्रसंग में द्विवेदी जी का बाणभट्ट अन्यत्र कहता

है कि 'मनुष्य के सामाजिक सम्बन्धों की जड़ में ही कहीं कोई बहुत बड़ा दोष रह गया है।' (वही, पृ. 242)

बाणभट्ट जिस सामाजिक दोष की ओर केवल संकेत करके रह जाता है, उसे बाबा अघोर भैरव बहुत पहले अपनी दो-टूक साफ भाषा में उससे कह चुके थे। बाबा ने कहा था : 'देख रे! तेरे शास्त्र तुझे धोखा देते हैं। जो तेरे भीतर सत्य है, उसे दबाने को कहते हैं; जो तेरे भीतर मोहन है, उसे भुलाने को कहते हैं; जिसे तू पूजता है, उसे छोड़ने को कहते हैं। मायाविनी है यह, मायाविनी; तू इसके जाल में न फँस। समस्त पुरुषों को भरमा रही है, स्त्रियों को सता रही है, माया का दर्पण पसारे है। तू उसे नहीं देखता, मैं देख रहा हूँ।' (वही, पृ. 77)

मध्ययुगीन समाज के सन्दर्भ में यह 'माया-दर्पण' सामन्ती-पुरोहिती व्यवस्था है जिसके शस्त्र के रूप में शास्त्रों ने पाप-पुण्य के कठोर नियम बनाए और इस तरह पाप के भय से मनुष्य को बन्दी बनाए रखा। 'सूर-साहित्य' में द्विवेदी जी ने सप्रमाण दिखलाया है कि मध्यकाल के आरम्भ में किस प्रकार बड़े-बड़े निबन्ध-ग्रंथों और टीका-ग्रंथों की रचना हुई, जिनका एकमात्र प्रयोजन था : 'मनुष्य की दुर्बलता को दबाने के लिए कठोर-से-कठोर विधि-व्यवस्था का आयोजन।' इस प्रसंग में द्विवेदी जी ने यह भी लिखा है कि इस प्रयास में टीका-युग के पंडित असफल रहे। इनकी तुलना में सूरदास जैसे महापुरुष कहीं अधिक सफल रहे क्योंकि 'महापुरुषों की विशेषता यह है कि वे मनुष्य की दुर्बलता को पहचानते हैं और इन्हीं दुर्बलताओं को, उसकी रक्षा के लिए उपयुक्त प्रहरी बना देते हैं।' यह सब किस प्रकार सम्भव होता है, इसकी व्याख्या करते हुए आगे वे कहते हैं : 'ये दुर्बलताएँ हैं क्या चीज? नरकमय दंड, अभिशाप आदि के नाम पर मानव जाति के कल्याणकामी शास्त्रकारों ने विधि-निषेध की सीमाएँ निर्धारित कर दी हैं। परन्तु जिस प्रकार हवा बाँधने से नहीं रुकती, उसी प्रकार मनुष्य की प्रकृति भी बन्धन से नहीं बँधती। एक तरफ बाँधने से वह दूसरी ओर निकल पड़ती है—भयानक वेग से। यह दूसरी ओर निकली हुई प्रवृत्तियाँ मनुष्य की दुर्बलताएँ हैं। जिन दिनों टीका-युग के विद्वान 'तथा हि' और 'अपि च' की धुआँधार वर्षा के साथ शास्त्रों का आदेश मानव-समाज पर लाद रहे थे, उन्हीं दिनों :

*जोबन-मद जन-मद मादक-मद धन-मद विध-मद भारी।*
*काम-विवश परनारि भजत दुइ पंचसरहिं फिरि भारी॥*

सूरदास आदि संत कवियों ने इसी विरुद्धगामी प्रवृत्ति को भगवान की ओर कर देने की चेष्टा की और आश्चर्यजनक सफलता पाई।' ('सूर-साहित्य', पृ. 77-78)

यदि इस कथन को फ्रायडीय भाषा के खोल से हटाकर धर्मशास्त्रों के ठोस ऐतिहासिक सन्दर्भ में देखें तो स्पष्ट हो जाएगा कि मानवीय प्रवृत्तियों का दमन

सामन्ती दमन का ही एक अंग है। अमानवीकरण की यह प्रक्रिया शासक वर्गों के दमन का प्रमुख अस्त्र रही है। सामन्ती युग में इस दमन-कार्य के लिए शासक वर्ग धर्म का सहारा लेता था और आधुनिक पूँजीवादी युग में धर्म के अतिरिक्त वैज्ञानिक-तार्किक-व्यावहारिक नीतिशास्त्र का भी। इस दिशा में स्वयं मार्क्स ने तो संकेत किया ही है, हर्बर्ट मार्कुजे ने इस दमन की व्याख्या के लिए 'इरोस एंड सिविलिजेशन' नामक पूरी पुस्तक ही लिखी है। कहने की आवश्यकता नहीं कि हिन्दी में सूरदास आदि का भक्ति काव्य इस सामन्ती दमन के विरुद्ध मानवीय विद्रोह था।

द्विवेदी जी ने 'सूर-साहित्य' में प्रवृत्तियों के दमन का जो विरोध किया है, उसकी अनुगूँज आगे चलकर 'बाणभट्ट की आत्मकथा' में भी सुनाई पड़ती है। बाणभट्ट बाबा अघोर भैरव के एतद्विषयक उपदेश का सार अपने ढंग से निउनिया को समझाते हुए कहते हैं कि 'प्रवृत्तियों को दबाना भी नहीं चाहिए और उनसे दबना भी नहीं चाहिए। प्रत्येक व्यक्ति का देवता अलग होता है। देवता का परिचय शायद प्रवृत्तियाँ ही कराती हैं। हम बहुत बार अपने देवता को मन-ही-मन पूजते तो रहते हैं, पर हमें पता नहीं होता।' (पृ. 90) बाबा की एक बात बाणभट्ट दबा गए कि 'त्रिभुवन मोहिनी ने जिस रूप में तुझे मोह लिया है, उसी रूप की पूजा कर, वही तेरा देवता है।' (पृ. 86)

प्रेमभक्ति की चर्चा में 'बाणभट्ट की आत्मकथा' की सहायता लेने पर शायद आपत्ति की जा सकती है। इसलिए स्पष्टीकरण के लिए भट्टिनी की इस घोषणा का उल्लेख आवश्यक है कि 'मुझे भागवत धर्म में यह पूर्णता दिखाई देती है।' (पृ. 259) इसके अतिरिक्त यह अकारण नहीं है कि इस कथाकृति के सभी प्रमुख चरित्र—निपुणिका, भट्टिनी, सुचरिता, यहाँ तक कि स्वयं बाणभट्ट भी या तो महावाराह के उपासक हैं या नारायण के। यह भी कम संकेतपूर्ण नहीं है कि उपन्यास का 'उपसंहार' करते हुए व्योमकेश शास्त्री अपनी ओर से यह टिप्पणी जोड़ना जरूरी समझते हैं : 'मध्ययुग के किसी-किसी कवि ने राधिका की इस उत्कट अभिलाषा का वर्णन किया है कि वे समझ सकतीं कि कृष्ण उनमें क्या रस पाते हैं! श्रीकृष्ण ने भी, कहते हैं, राधिका की दृष्टि से अपने को देखना चाहा था और इसीलिए नवद्वीप में चैतन्य महाप्रभु के रूप में प्रकट हुए थे। काव्य की और धर्म-साधना की दुनिया में जो कल्पना थी, उसे दीदी ने अपने जीवन में सत्य करके दिखा दिया।' (पृ. 294) इस प्रकार 'आत्मकथा' की पूरी परिकल्पना ही कृष्ण-भक्ति की एक निगूढ़ भावना में विन्यस्त की गई है।

जहाँ तक भक्ति के प्रसंग में तांत्रिक अवधूत बाबा अघोरनाथ के विचारों के औचित्य का प्रश्न है, वह भी सर्वथा संगत और प्रासंगिक है। द्विवेदी जी का प्रतिपाद्य ही यह है कि कृष्ण-भक्ति के विकास में तंत्र की महत्त्वपूर्ण भूमिका रही है। 'बाणभट्ट की आत्मकथा' में सुचरिता के गुरु वेंकटेश भट्ट का परिचय 'श्रीपर्वत

से आए हुए वैष्णव तांत्रिक' के रूप में दिया गया है जो एक समय उड्डीयानपीठ में सौगततंत्र की उपासना करते थे। (पृ. 173-74) उल्लेखनीय है कि 'सूर-साहित्य' का प्रथम अध्याय 'राधा-कृष्ण का विकास' है जिसके अन्त में यह कहा गया है कि 'ब्रजभाषा काव्य की युगलमूर्ति का परिचय अपूर्ण ही रह जाएगा यदि हम तंत्रवाद और सहजवाद का रहस्य न समझ लें।' (पृ. 33) कृष्ण-भक्ति में सहजमत की यह धारणा अन्तर्भुक्त हुई कि मनुष्य अपने सहज स्वाभाविक रास्ते में ही भगवान को प्राप्त कर सकता है। (पृ. 34) इसके अतिरिक्त 'तंत्रवाद के ससीम रस से सीमाहीन की उपलब्धि के सिद्धान्त ने तात्कालिक जन-समुदाय को, सखा रूप से, प्रिय रूप से, कृष्ण की उपासना के प्रति अग्रसर कर दिया था।' (पृ. 35) द्वितीय अध्याय 'स्त्रीपूजा और उसका वैष्णव रूप' में यह दिखाया गया है कि 'शाक्तों का एक सम्प्रदाय जो पराशक्ति की उपासना स्त्री-रूप से करता था, इसका प्रभाव भागवत सम्प्रदाय पर भी पड़ा।...राधा और गोपियों के रूप में तंत्रशास्त्र का उक्त अंग भी इसमें सुलभ हो गया।' (पृ. 39) इसी क्रम में द्विवेदी जी ने यह भी दिखाने का प्रयास किया है कि वैष्णव भक्ति—विशेषत: चैतन्य देव के वैष्णव सम्प्रदाय में परकीया-प्रेम को जो इतना ऊँचा स्थान दिया गया है, वह भी एक तरह से तांत्रिक साधना का ही परिमार्जित रूप है। (पृ. 40)

कृष्ण-भक्ति के मूल स्रोत ढूँढ़ने के लिए तंत्रदिक साधनाओं तक दौड़ इसलिए लगानी पड़ी कि भक्ति को ग्रियर्सन जैसे पंडित ने 'अचानक बिजली की कौंध के समान फैल जाने' की बात लिख दी; यही नहीं बल्कि उन्होंने इसे ईसाई-प्रभाव भी बता डाला। इसलिए प्रतिवादस्वरूप द्विवेदी जी को अतीत से अनेक तथ्य जुटाकर पहले तो यह साबित करना पड़ा कि 'बिजली की कौंध' प्रतीत होनेवाली भक्ति के प्रकाश के लिए 'सैकड़ों वर्षों से मेघखंड एकत्र हो रहे थे।' फिर यह भी दिखलाना पड़ा कि हिन्दू भक्तों का पाप-बोध ईसाई धर्म के पाप-बोध से तत्त्वत: भिन्न है। द्विवेदी जी के शब्दों में : 'सूरदास आदि भक्त कवियों का पाप बाह्य या आगन्तुक वस्तु है, परन्तु ईसाई भक्तों का पाप आन्तर्य और स्वाभाविक है।' (पृ. 71) इस पूरे खंडन-मंडन में महत्त्वपूर्ण बात यह है कि 'सूरदास आदि स्वभावत: अपने-आपको पापात्मा नहीं समझते।' (पृ. 70) स्पष्ट है कि यदि मनुष्य स्वभावत: पापात्मा नहीं है और पाप बाह्य आरोप है तो इस बाहरी स्रोत का पता लगाकर उससे निपटने की कोशिश की जा सकती है। स्वयं भक्तों में यह चेतना कितनी थी, यह बात विवादास्पद हो सकती है किन्तु द्विवेदी जी द्वारा प्रस्तुत हिन्दी भक्ति काव्य की व्याख्या यह चेतना जाग्रत करती है, इसमें सन्देह नहीं।

प्रेम पाप नहीं, बल्कि मनुष्य का 'स्व-भाव' है और इस स्वभाव को स्वीकार करके ही चरम लक्ष्य को प्राप्त किया जा सकता है—यह स्थापित करने के लिए ही द्विवेदी जी ने गोया 'अनामदास का पोथा' नामक अपना अन्तिम उपन्यास

लिखा। रैक्व की पीठ को जब से जाबाला का स्पर्श प्राप्त हुआ, तभी से उसमें एक सनसनाहट-सी होती है और उसे वह खुजलाया करता है। भगवती अरुन्धती पूछती हैं तो वह कहता है कि वह, जो पाप का फल है, मैंने पाप किया था, उसी का दंड भोग रहा हूँ। इस पर भगवती समझाती हैं कि यह तो सनसनाहट है। वह पाप के कारण नहीं है, मन के कोने में छिपी हुई किसी दुर्दम अभिलाष-भावना की देन है। यह बात तू कभी न सोच कि तूने पाप किया और उसका दंड भोग रहा है। नहीं, इसमें पाप की कोई बात नहीं है। कुछ देर बाद इस प्राण के उपासक ऋषिकुमार को दार्शनिक स्तर पर उसकी समस्या का समाधान करते हुए भगवती फिर बतलाती हैं कि तुम्हारा झुकाव प्राणतत्त्व की ओर है, और तुम ब्रह्म के प्रिय रूप को अपनाने में समर्थ हो। महाज्ञानी याज्ञवल्क्य ने प्राण की उपासना करनेवाले को 'प्रिय ब्रह्म' का अधिकारी बताया था। रैक्व यह गूढ़ दर्शन ठीक से समझ नहीं पाता तो भगवती उसे जनक-याज्ञवल्क्य संवाद का पूरा ब्यौरा देते हुए फिर कहती हैं कि 'प्रियता' प्राण से ही तो प्रकट होती है, तभी तो कहते हैं 'प्राण-प्रिये!' निष्कर्ष यह कि तुम्हारा स्व-भाव प्रेम है। उसी के माध्यम से तुम सत्य का साक्षात्कार कर सकते हो। इस प्रकार 'अनामदास का पोथा' मनुष्य की उस मूलभूत 'काम-भावना' की अकुंठ प्रतिष्ठा करता है जो पाप के नाम पर निर्मित समस्त वर्जनाओं को चुनौती देती है। 'प्राण' शक्ति के रूप में काम-भावना का निरूपण करके द्विवेदी जी यह स्पष्ट कर देना चाहते हैं कि यह मनुष्य की आन्तरिक ऊर्जा है जो उसके विकास का बीज है। भगवती अरुन्धती की दार्शनिक व्याख्या एक प्रकार से प्रेमनिष्ठ भक्ति का ही मूलमंत्र है।

इस पापबोध जगानेवाले वर्ग से निपटने के लिए भक्तों के पास सबसे अमोघ अस्त्र था—प्रेम। आश्चर्य नहीं कि पुरोहिती हितों के पोषक पंडितों ने सबसे अधिक कोप इस 'प्रेम' पर ही प्रकट किया। कोप का एक रूप तो यह है कि इसे अभारतीय कहकर अग्राह्य बना दिया जाए। विचित्र विडम्बना है कि हिन्दी भक्ति काव्य के अनेक लोकवादी मूल्यों के प्रशंसक आचार्य शुक्ल ने भी भक्ति काव्य के प्राण 'प्रेम' को अभारतीय कहा। भक्ति-सम्प्रदाय में प्रेम का ही दूसरा नाम माधुर्य भाव है। यह माधुर्य भाव कबीर और जायसी में भी है तथा सूर और मीरा में भी। जायसी आदि सूफियों के काव्य में प्रेम का महिमा-गान देखकर आचार्य शुक्ल को कुछ ऐसा विश्वास हो चला कि यह माधुर्य भाव मूलत: फारसी परम्परा की वस्तु है और इस प्रकार अभारतीय है। उन्होंने कुछ कटुता के साथ लिखा कि 'भारतीय भक्ति का सामान्य रूप रहस्यात्मक न होने के कारण इस 'माधुर्य भाव' का अधिक प्रचार नहीं हुआ। आगे चलकर मुसलमानी जमाने में सूफियों की देखादेखी इस भाव की ओर कृष्ण-भक्ति शाखा के कुछ भक्त प्रवृत्त हुए। इनमें मीराबाई हुईं जो 'लोकलाज खोकर' अपने प्रियतम श्रीकृष्ण के प्रेम में मतवाली रहा करती थीं।'

मीरा को व्यंग्य का लक्ष्य बनाने के बाद आचार्य ने लिखा कि 'चैतन्य महाप्रभु में सूफियों की प्रवृत्तियाँ साफ झलकती हैं।' फिर निर्गुण धारा के संतों का ध्यान आया तो कहा कि 'निर्गुण धारा के कबीर, दादू आदि संतों की परम्परा में ज्ञान का जो थोड़ा-बहुत अवयव है, वह भारतीय वेदान्त का है, पर प्रेमतत्त्व बिलकुल सूफियों का है। इसमें से दादू, दरिया साहब आदि तो खालिस सूफी ही जान पड़ते हैं। कबीर में 'माधुर्य भाव' जगह-जगह पाया जाता है।' इसके अतिरिक्त स्वयं 'जायसी ने इश्क के दास्तान वाली मसनवियों के प्रेम के स्वरूप को प्रधान रखा है।'

इस प्रकार भक्तिकाल के प्रेम और माधुर्य भाव को फारसी की सूफी काव्य-परम्परा का प्रभाव कहकर आचार्य शुक्ल ने अपनी भारतीय परम्परा से उन्हें बाहर कर दिया। इस 'प्रेम' को अभारतीय कहने का कारण यह है कि वह 'ऐकान्तिक' और 'लोकबाह्य' है। शुक्ल जी की दृष्टि में एक तुलसीदास को छोड़कर प्राय: सभी भक्त कवियों का प्रेम 'ऐकान्तिक' है। कबीर, सूर, मीरा आदि का प्रेम तो 'ऐकान्तिक' है ही, शुक्ल जी के अति प्रिय जायसी का 'पद्मावत' भी एक नागमती विरहवाले प्रसंग को छोड़कर मुख्यत: 'प्रेमगाथा' ही है।

जायसी के सन्दर्भ में इस प्रेम की 'ऐकान्तिकता' की व्याख्या करते हुए शुक्ल जी ने लिखा है : 'वह संसार की वास्तविक परिस्थिति के बीच नहीं दिखाया जाता, संसार की और सब बातों से अलग एक स्वतंत्र सत्ता के रूप में दिखाया जाता है। उसमें जो घटनाएँ आती हैं, वे केवल प्रेममार्ग की होती हैं, संसार के और-और व्यवहारों से उत्पन्न नहीं। साहस, दृढ़ता और वीरता भी यदि कहीं दिखाई पड़ती है, तो प्रेमोन्माद के रूप में, लोक-कर्तव्य के रूप में नहीं।'

शुक्ल जी के इस आरोप का खंडन करने के लिए द्विवेदी जी का केवल यह एक वाक्य काफी है : 'इस ऐकान्तिक प्रेम में लोक-मर्यादा का अतिक्रम दोष नहीं, गुण समझा जाता है।' ('सूफी साधकों की मधुर-साधना', मध्यकालीन धर्म-साधना, तृतीय संस्करण, 1962, पृ. 255) वस्तुत: जिस 'लोक-मर्यादा' के विरोध में जायसी का प्रेमी नायक घरबार छोड़कर निकल पड़ता है, उसी के निर्वाह की उम्मीद उससे कैसे की जा सकती है? जिस प्रेम को शुक्ल जी लोक-बाह्य कहते हैं, वह दरअसल एक निश्चित सीमा में जकड़े हुए लोक से बाहर है—निष्प्राण नियमों और रीति-रिवाजों में बँधे हुए समाज से बाहर निकलने का प्रयास है! उस प्रेम की ऐकान्तिकता ही उसकी लोकोन्मुखता है और वैयक्तिकता ही सामाजिकता, जैसाकि हर रोमांटिक विद्रोह में होता है। इसीलिए शुक्ल जी की दृष्टि में जो 'दोष' है, वह वस्तुत: 'गुण' है!

उल्लेखनीय है कि अपने इस पूर्वग्रह के बावजूद आचार्य शुक्ल सूरदास की गोपियों के प्रेम की स्वच्छंदतावादी प्रकृति को लक्षित करने में समर्थ हुए हैं। लिखते हैं : 'इस प्रेम को हम जीवनोत्सव के रूप में पाते हैं।...सूर के कृष्ण और गोपियाँ पक्षियों के समान स्वच्छंद हैं। वे लोक-बन्धनों से जकड़े हुए नहीं दिखाए गए हैं।

जिस प्रकार स्वच्छंद समाज का स्वप्न अंग्रेज कवि शेली देखा करते थे, उसी प्रकार का यह समाज सूर ने चित्रित किया है।' ('सूरदास', प्रथम संस्करण, 1942, पृ. 173)

कृष्ण-भक्ति के रूढ़ि-विरोधी प्रेम की प्रकृति से शुक्ल जी परिचित न हों, ऐसा भी नहीं। वल्लभाचार्य के 'पुष्टिमार्ग' की विशेषताएँ बतलाते हुए वे स्पष्ट लिखते हैं : 'इस पुष्टि मार्ग में आने के लिए पहली आवश्यक बात यह है कि लोक और वेद, दोनों के प्रलोभनों से दूर हो जाए—उन फलों की आकांक्षा छोड़ दे, जो लोक का अनुसरण करने से प्राप्त होते हैं तथा जिनकी प्राप्ति वैदिक कर्मों के सम्पादन द्वारा कही गई है।' जो प्रेम 'लोक और वेद', दोनों के 'प्रलोभनों' से दूर है, उसे लोक-विरोधी अथवा लोक-निरपेक्ष कैसे कहा जा सकता है? वस्तुत: जैसाकि कुछ आलोचकों ने लक्षित किया है, शुक्ल जी 'अनेक दृष्टियों से विचारों में प्रगतिशील होते हुए भी भावबोध की उसी दुनिया में रहते थे जिसके सम्राट आचार्य महावीर प्रसाद द्विवेदी थे' और इसीलिए वे प्रेम के मामले में द्विवेदी-युगीन 'सामाजिक रूढ़िवाद' और 'सशंक नैतिकता' के समर्थक थे। यही कारण है कि भक्तों के प्रेम की लोकवादी भूमिका को पूरी तरह न पचा सके।

हजारी प्रसाद द्विवेदी द्वारा भक्ति काव्य के प्रेम की उन्मुक्त स्वीकृति इस सन्दर्भ में निश्चय ही शुक्ल जी के चिन्तन के आगे की कड़ी है और इसीलिए प्रगतिशील भी।

'सूर-साहित्य' में भक्ति आन्दोलन की विशेषताएँ गिनाते हुए एक स्थान पर वे कहते हैं कि इस भक्ति-मार्ग में 1. प्रेम ही परम पुरुषार्थ है; 2. भगवान के प्रति प्रेम कौलीन्य से बड़ी चीज है; 3. भक्ति के बिना शास्त्रज्ञान और पांडित्य व्यर्थ है; और 4. भक्त भगवान से बड़ा है। संक्षेप में कहा जा सकता है कि यह मत 'ब्राह्मण धर्म का विरोधी तो नहीं था, परन्तु सम्पूर्ण अनुगामी भी नहीं था।' (पृ. 91) अन्यत्र सूरदास के सन्दर्भ में इसी बात को दूसरे शब्दों में इस प्रकार कहते हैं : 'इसका मतलब यह नहीं कि सूरदास स्मार्त पंथ के विरोधी हैं। वे भक्ति को सर्वोपरि समझते हैं। अगर भक्ति है तो तीर्थ-व्रत की जरूरत नहीं। अगर भक्ति नहीं है तो तीर्थ-व्रत से कुछ बड़ी चीज की प्राप्ति नहीं होगी। भगवान की दृष्टि में जाति-पाँति, कुलशील आदि कोई चीज नहीं है। केवल प्रेम चाहिए, प्रेम से ही वे मिलते हैं।' (पृ. 65)

इन दोनों उद्धरणों से ब्राह्मण धर्म अथवा स्मार्त धर्म के विषय में सूरदास आदि भक्तों के विरोध-समर्थन से अधिक स्वयं द्विवेदी जी की अपनी झिझक का आभास मिलता है। प्रेम की पुरोहितवाद-विरोधी और सामन्तवाद-विरोधी शक्ति का समर्थन करते हुए भी वे जैसे व्यवस्था को आमूल चुनौती देने से हिचकते प्रतीत होते हैं। हो सकता है, यह मध्ययुगीन भक्ति के ऐतिहासिक सन्दर्भ का भी अनुरोध हो! क्योंकि सर्जनात्मक कृतियों में जहाँ किसी धार्मिक प्रसंग का बन्धन

नहीं है, वे लोक-जीवन के उन्मुक्त प्रेम के सम्मुख शास्त्र को झुकाने का आग्रह खुलकर करते हैं।

उदाहरण के लिए 'पुनर्नवा' का वह प्रकरण जब चन्द्रा के 'व्यवहार' को लेकर अमात्य पुरन्दर और आचार्य पुरगोभिल में विचार-विमर्श हो रहा है। बाहर आभीर महिलाओं की मंडली से सहसा एक युवती अपभ्रंश में लोकगान गाती है, जिसका अर्थ है कि वह शास्त्र और पुरजनों का बरजना जल जाए, जो प्रिय मिलन का निवारण करता है और साजन को मार डालता है। आचार्य पुरगोभिल अमात्य की ओर देखकर मुसकराते हुए कहते हैं : 'सुन लिया धर्मावतार, हर गाँव, हर हाट, हर गली में ये गाने सुनाई देंगे। आज आप इसे केवल भावलोक का विद्रोह कहकर टाल सकते हैं। पर लोकमानस में शुष्क धर्माचार और रूढ़ मान्यताओं के प्रति यह भावलोक का विद्रोह किसी दिन वस्तुजगत के विद्रोह का रूप ले सकता है। जानते हैं धर्मावतार, आदि मनु ने धर्म के लिए हृदय-पक्ष को ध्यान में रखने पर भी बल दिया था, 'हृदयेनाभ्यनुज्ञात:' कहा था। पुराण ऋषि जानते थे कि आचार मात्र धर्म नहीं है।' अन्त में आचार्य पुरगोभिल चुनौती के स्वर में कहते हैं : 'अगर निरन्तर व्यवस्थाओं का संस्कार और परिमार्जन नहीं होता रहेगा, तो एक दिन व्यवस्थाएँ तो टूटेंगी ही, अपने साथ धर्म को भी तोड़ देंगी।' (पृ. 172-73)

प्रेम के इसी लोक-आधार पर द्विवेदी जी ने हिन्दी के भक्ति काव्य की स्वीकृतिपरक व्याख्या की है। अपने अन्तिम दिनों के लिखे एक निबन्ध 'सूर-काव्य : प्रेरणा और स्रोत' (1978) में वे सप्रमाण यह स्थापित करते हैं कि 'असल में 'सूरसागर' शास्त्रीय वैष्णव भक्तिशास्त्र से प्रेरणा अवश्य लेता है, पर शास्त्रीय की अपेक्षा लोकधर्म के अधिक निकट है।' इसी क्रम में आगे वे फिर कहते हैं कि 'लोकजीवन ही 'सूरसागर' की लीलाओं की मुख्य सामग्री है। विसातिन, दही बेचनेवाली, नट-बाजीगर, मेला, पनघट आदि के प्रसंग में सूरदास की वाणी सह सुरों में मुखरित हो जाती है। टोना-टोटका, मंत्र-जंत्र, झाड़-फूँक आदि के लोकप्रचलित विश्वासों के माध्यम से रस का महास्रोत उमड़ पड़ा है। इसका संधान किसी प्रस्थान-त्रयी या प्रस्थान-चतुष्ट्य में खोजना बेकार है।' (ग्रंथावली, 4/152, 159) इस प्रसंग में 'सूरसागर' में कृष्ण के लिए प्रयुक्त 'लंगर' के लोकस्रोत की खोज सबसे दिलचस्प है। निष्कर्ष यह कि भक्तों के प्रेम ने यदि मध्ययुग में पंडितों के शास्त्र को चुनौती दी तो उसका आधार लोकजीवन है। आकस्मिक नहीं है कि इस शास्त्र-विरोध में अग्रणी भूमिका उन्होंने अदा की जो समाज में 'पतित' समझे जाते हैं—जाति से भी और परिवार से भी। उल्लेखनीय है कि 'चारु चन्द्रलेख' की सबसे मधुर नारी-चरित्र 'नाटी माता' हैं जो जाति से कारुनट हैं और गिरिधर नागर को प्रेम करने के कारण अपने-आपको 'नागर नटी' कहती हैं—संक्षेप में ना-टी। तांत्रिक साधनाओं के विस्तार का भ्रम पैदा करते हुए भी यह उपन्यास तंत्र पर

भक्ति की विजय का उद्घोष है। नागर नटी द्वारा गायी जानेवाली शिखरिणी 'गताऽहं कालिन्दीं गृहसलिलमानेतुमनसा' प्रेमभक्ति के मधुर संगीत की अनुगूँज के समान समूचे उपन्यास पर छाई रहती है।

कवि मंडन के 'अलि हौं तो गई जमुना जल कौ' वाले सवैये में निहित भक्ति भावना का यह जीवन्त निरूपण सृजन का शृंगार है। एक शृंगारी समझे जानेवाले सवैया को भक्ति की गरिमा प्रदान कर द्विवेदी जी ने परोक्ष ढंग से उस सुधारवादी दृष्टि पर भी चोट कर दी जो लोकभाव प्रसूत स्वच्छंद प्रेम की अनेक सरस रचनाओं को तथाकथित रीतिकाव्य के दरबारी दायरे में डाल चुकी है। प्रसंगवश यह भी उल्लेखनीय है कि 'सूर-साहित्य' के अन्तर्गत 'ब्रजभाषा साहित्य में ईश्वर' और 'ब्रजभाषा के कवि और युगलमूर्ति' शीर्षक से दो परिशिष्ट भी सम्मिलित हैं जिनमें रसखान के अलावा मतिराम, देव, ठाकुर और पद्माकर जैसे रीतिवादी कहे जानेवाले शृंगारी कवियों की भी कविताएँ उद्धृत हैं।

जिनके मानस में हजारी प्रसाद द्विवेदी की प्रतिमा कबीर के साथ एकाकार है, वे शायद इन बातों से कुछ विचलित हों, किन्तु इसमें आश्चर्य के लिए जगह नहीं है। 'सूर-साहित्य' से चलकर ही द्विवेदी जी 'कबीर' तक पहुँचे थे, यह तथ्य है। और सच पूछिए तो इस विचार-यात्रा में कोई विरोध भी नहीं है। सूर से कबीर तक की यात्रा प्रेम के पंथ की ही भाव-यात्रा है। सामाजिक विद्रोह का एक रूप वह भी है जो प्रेम की भाषा में अभिव्यक्ति पाता है। आकस्मिक नहीं है कि द्विवेदी जी के कबीर पर सूर की प्रेमभक्ति का गहरा रंग है। द्विवेदी जी के कबीर उनके सूर से निश्चय ही अधिक मुखर क्रान्तिकारी हैं और इसीलिए द्विवेदी जी उनकी ओर आकृष्ट भी होते हैं, पर ऐसा लगता है कि उनके अन्दर कहीं-न-कहीं सूरदास के रूप में एक मृदु-विद्रोही भी बैठा हुआ था जिसका प्रवेश साहित्य-साधना की उस वय में हुआ जिसका संस्कार जल्दी नहीं छूटता और प्राय: स्थायी हुआ करता है।

'सूर-साहित्य' में उन्होंने लिखा है : 'सूरदास आदि भक्त कवियों में कहीं विरोध की ध्वनि नहीं है। वे अगर किसी बात को अनुचित समझेंगे तो अत्यन्त मृदु भाषा में उसकी उपेक्षा पर जोर देंगे। यह उपेक्षा भी वे सीधे नहीं कहेंगे। कहेंगे कवि की भाषा में, लक्षणा और व्यंजना का आवरण डालकर। इनकी तुलना उपनिषद् के ऋषियों से की जा सकती है जो यज्ञ-याग के विरोधी नहीं, उपेक्षक थे। सूरदास का 'सूरसागर' प्रेम का काव्य है। इस प्रेम की लीला का वर्णन करते-करते प्रसंगवश वे कहीं-कहीं योग, तीर्थ आदि पर कुछ कह गए हैं।' (पृ. 61)

इसी बात को आगे चलकर 'हिन्दी साहित्य की भूमिका' में अधिक व्यवस्थित रूप में इस प्रकार कहा गया है : 'सूरदास सुधारक नहीं थे, ज्ञानमार्गी भी नहीं थे, किसी को कुछ सिखाने का मान उन्होंने कभी किया ही नहीं। वे कहीं भी सम्प्रदाय, मतवाद या व्यक्ति विशेष के प्रति कटु नहीं हुए। यह भी उनके सरल हृदय का ही

निदर्शक है। लेकिन वे कबीर की तरह ऐसे समाज से नहीं आए थे जो पद-पद पर लांछित और अपमानित होता था और जहाँ का गृहस्थ-जीवन वैराग्य जीवन की अपेक्षा ज्यादा कठोर और तपोमय था। सूरदास जिस समाज में पले थे, उसका गृहस्थ जीवन विलासिता का जीवन था, मिथ्याचार और फरेब का जीवन था और 'यौवन मद, जनमद, धनमद, विधमद भारी' का जीवन था। इसीलिए इस समाज से वैराग्य ग्रहण करना उनका मत था। वे तुलसीदास की भाँति दृढ़चेता सेनानायक नहीं थे जो समाज की कुरीतियों से कुशलतापूर्वक बाहर निकलकर उस पर गोलाबारी आरम्भ कर दें। नन्ददास की तरह पर-पक्ष की युक्तियों को तर्क-बल पर निराश करना भी वे नहीं जानते थे। वे केवल श्रद्धालु और विश्वासी भक्त थे जो झगड़ों में पड़ने के नहीं।' (पृ. 101-02)

जिस प्रकार तुलनात्मक ढंग से कबीर, तुलसीदास और नन्ददास जैसे प्रमुख भक्तों से अलगाते हुए सूरदास के विशिष्ट व्यक्तित्व को यहाँ उभारा गया है, उसमें द्विवेदी जी के अपने झुकाव को परिलक्षित करना ज्यादा कठिन नहीं है। किसी के प्रति कटु न होना और झगड़े में न पड़ना द्विवेदी जी का काम्य भले ही रहा हो, किन्तु यह नहीं भूलना चाहिए कि द्विवेदी जी सूरदास के-से कथित समाज से नहीं आए थे। यदि वे ऐसे पद-पद पर लांछित और अपमानित होनेवाले समाज से नहीं आए थे, तो सूरदास के-से सम्पन्न समाज से भी उनका जन्मना सम्बन्ध न था। इसलिए यदि द्विवेदी जी के स्वभाव को सूरदास के समान समझने की प्रवृत्ति होती है तो यह स्पष्ट हो जाना चाहिए कि उसका कारण जन्मना प्राप्त समाज और परिवेश नहीं है। वैसे भी किसी लेखक के दृष्टिकोण को उसे पैदा करनेवाले जाति, वर्ग या समाज के आधार पर निर्धारित करने का प्रयास 'फूहड़ समाजशास्त्र' है। जो द्विवेदी जी को निकट से जानते हैं, उनके सामने द्विवेदी जी का बहुत कुछ ऐसा ही व्यक्तित्व है कि वे विरोध में कभी कटु नहीं हुए और भरसक झगड़ों से बचे रहना चाहते थे। किन्तु यह भी तथ्य है कि वे झगड़ों में खींचे भी गए और विरोध भी उनका कम नहीं हुआ। इन सबके बीच उन्होंने स्वर में कभी कटुता नहीं आने दी तो इसका अर्थ यह नहीं कि उनके विचारों में विरोध और विद्रोह नहीं था! जरूरी नहीं कि विद्रोह का स्वर भी उग्र हो! यह बात सूर के बारे में जितनी सच है, उतनी ही द्विवेदी जी के बारे में भी। विद्रोह भी आखिर प्रेम का—'मधुर भाव' का ही तो है—मधुर नहीं होगा तो और क्या होगा?

['दूसरी परम्परा की खोज' में संकलित]

# अपभ्रंश काव्य-परम्परा और भक्ति काव्य

अपभ्रंश-साहित्य की प्राणधारा ऐहिक लोकगीतों के अतिरिक्त जिन रचनाओं में व्यक्त हुई, वे प्राय: सब-की-सब धार्मिकता का पुट लिये हुए हैं। लोक-प्रचलित कहानियों में जगह-जगह धार्मिक संकेत की छौंक देकर इस्तेमाल में लाने की प्रथा इस देश में पहले से ही मौजूद रही है। लोकगीतों में धार्मिकता का पुट तो नहीं दिया गया क्योंकि वे गाने के लिए लिखे गए और अपने राग-रंग के ऐहिक क्षणों में जनसाधारण भरसक धार्मिक जीवन के ऊँचे आदर्श को भूलना ही अच्छा समझते हैं। आखिर यह भी क्या जीवन है कि जब देखो तब ऊँचे-ऊँचे आदर्शों की ही दुनिया में रहा जाए, एक उच्चतर आमुष्मिक भाव की ही चर्चा में रत रहे। वास्तविकता भी कोई चीज होती है, सहज जीवन का भी अपना आनन्द होता है, अनावृत क्षणों का भी अपना महत्त्व होता है। 'वीसलदेव रास' और ढोला के दोहे ऐसे ही अवसरों पर गाए जाने के लिए रचे गए हैं। इसका कारण शायद यह भी हो कि जिन दिनों ये रचे गए, धार्मिकता की लहर लोकजीवन में उतनी नहीं उठी थी, क्योंकि थोड़े दिनों के बाद ही जब उत्तर भारत में भक्ति की बाढ़ आई तो ये तमाम लोक-प्रचलित गीत गोविन्द राम आदि भगवत्परक नामों से संबलित करके भक्तिभाव के लिए इस्तेमाल कर लिये गए। ढोला के अनेक दोहों को कबीर ने ज्यों-का-त्यों उठा लिया—कहीं-कहीं अपनी ओर से इतना ही किया कि जहाँ 'प्रीतम' था, वहाँ 'गोविन्द' को रख दिया, जैसे ढोला के :

*राति जु सारस कुरलिया गुँजि रहे सब ताल।*<br>
*जिणकी जोड़ी वीछड़ी, तिणका कवण हवाल॥*

को कबीर ने इस प्रकार कर लिया :

*अंबर कुंजाँ कुरलियाँ गरजि भरे सब ताल।*<br>
*जिन पै गोविन्द वीछुटे तिनके कौण हवाल॥*

लेकिन लोकगीतों की अपेक्षा कहीं अधिक परिवर्तन लोककथाओं में किया गया है क्योंकि उनमें परिवर्तन की गुंजाइश अधिक होती है।

अपभ्रंश की 'भविसयत्त कहा' मूलत: एक लोककथा है। इस तरह की कहानी आज भी हमारे यहाँ गाँवों में कही जाती है कि एक सौदागर के दो औरतें थीं। छोटी को वह बहुत मानता था, बड़ी की कोई कद्र नहीं थी। कुछ दिनों बाद अपने बाप की आज्ञा से छोटी स्त्री का लड़का रोजगार के लिए परदेस चलने लगा। यह देखकर बड़ी का भी लड़का मचल उठा। माँ ने मना किया लेकिन वह न माना। आखिर उपेक्षिता के लड़के की ही तकदीर खुली और उसे काफी धन मिला, यहाँ तक कि धन के साथ ही एक कन्या भी मिली। दूसरी ओर पति की प्रिया के लड़के के हाथ कुछ न लगा। तब ईर्ष्यावश रास्ते में इस लड़के ने अपने सौतेले भाई को कुएँ में झोंक दिया और उसका सब कुछ लेकर वह खुद घर चला आया। संयोग से उस लड़के की जान बच गई और वह फिर बहुत सारा धन लेकर पहुँचा। भेद खुलने पर एक को दंड और दूसरे को पुरस्कार दिया गया। जैसे उसका राजपाट लौटा, वैसे सबका लौटे।

'भविसयत्त कह' की कहानी यही है। कहीं यही कहानी राजा-रानी और राजकुमारी के रूप में कही जाती है और कहीं सौदागर के रूप में। लेकिन इससे कोई फर्क नहीं पड़ता। चाहे वह राजा हो, चाहे सौदागर, है वह एक साधारण आदमी का ही प्रतिनिधि।

यदि ध्यान से देखा जाए तो स्वयं इस कहानी की रचना में ही एक विशेष उद्देश्य काम कर रहा है। यह कहानी रची ही गई है इस उद्देश्य के लिए कि जो मनुष्य द्वारा तिरस्कृत होता है, उसकी मदद भगवान या भाग्य करता है। लोककथाएँ प्राय: स्त्री-जाति द्वारा ही रची जाती हैं, इसलिए स्वभावत: उनमें उन्हीं का दुख-सुख सबसे अधिक होता है और दुख-सुख में वास्तविक तो दुख ही रहता है, सुख तो केवल आकांक्षा की उपज होती है। पुरुषों द्वारा सताई हुई स्त्री-जाति आखिर इसके सिवा और क्या सोच और कह सकती हैं! पति अपने सुख के लिए एक से अधिक विवाह कर ही लिया करते थे। ऐसी दशा में कभी तो छोटी सौत से तकलीफ मिलती थी और कभी बड़ी सौतों से सबसे छोटी रानी को क्योंकि कभी-कभी अनुभवी रानियाँ छोटी रानी को ही कौवा बना देती हैं, राजा के मानने से क्या होता है! वह चौबीस घंटे अपनी छोटी रानी की देखभाल तो नहीं कर सकता। जो हो, किसी-न-किसी पत्नी की तकलीफ होना जरूरी है। पीड़ा तो पीड़ा है, इस अँगुली को दबाएँ तो पीड़ा और उस अँगुली को दबाएँ तो पीड़ा।

अब पीड़ित औरत स्वयं तो कुछ कर नहीं सकती। इसलिए उसकी पीड़ाओं को दूर करनेवाला उसका बेटा होता है। स्त्री को अपने बेटे का सबसे बड़ा बल होता है। यहीं से उनकी कल्पना को पंख लगते हैं और बाकी कहानी उसी कल्पना का परिणाम होती है जिसमें उसका लड़का सात समुन्दर पार कहीं से अचानक अपार धनराशि और साथ में एक चुनमुनी बहू भी लेकर लौटता है। माँ का हृदय आखिर ठहरा तो माँ का ही हृदय। पुत्र के इस आकस्मिक भाग्योदय पर भी उसे विपत्ति की आशंकाएँ हैं और ये वास्तविक आकांक्षाएँ इतनी प्रबल हैं कि कल्पना में भी

मन को नहीं छोड़तीं। ये आशंकाएँ उसके काल्पनिक सुख को भी अपनी छाया से मलिन कर देती है। फलतः पुत्र का भाग्योदय भी किसी-न-किसी बाधा-विघ्न अथवा संकट से ग्रस्त होता है। यह संकट कभी दैवी होता है और कभी मानवीय। कभी वह अपनी ही सौत के लड़के की ओर से आता है और कभी किसी अदृश्य शक्ति की ओर से। लेकिन कल्पना केवल आंशकाओं की सृष्टि के लिए नहीं की जाती। कभी-कभी की भी जाती है लेकिन ऐसी कल्पनाएँ उसी मन की होती हैं जो अधिक शंकाकुल, संदेहशील और निराशावादी होता है। लेकिन यहाँ तो माँ को अपने बेटे पर अडिग विश्वास है इसलिए उसे पूरी आशा है कि हमारा लड़का धरती चीरकर, चाहे आकाश फाँदकर, कहीं-न-कहीं से हमारा दिन लौटाएगा। यही विश्वास ऐसी हर कहानी को सुखान्त बनाता है; वे बाधाएँ कुछ तो मनुष्य के अपने उद्योग से और कुछ अतिमानवीय शक्तियों की मदद से दूर हो जाती हैं। दूसरे शब्दों में प्रकृति अथवा परिस्थिति की मदद से मनुष्य अपने दुर्भाग्य पर विजय प्राप्त करता है। स्त्री का सौभाग्य यदि पुरुष छीनता है, तो पुरुष ही उसे वापस भी करता है। अन्तर इतना ही है कि पीढ़ी छीनती है तो आगे आनेवाली पीढ़ी पर आशा लगी रहती है कि वह वापस लौटाएगी; पति यह पीढ़ी है तो पुत्र अगली पीढ़ी का प्रतीक है।

इस तरह यदि 'भविसयत्त कहा' की मूल लोककथा का अच्छी तरह विश्लेषण किया जाए तो वह अपने-आपमें बहुत अधिक सोद्देश्य है।

फिर भी ऐसा मालूम होता है कि विद्वानों को इतने से सन्तोष नहीं हुआ। यही क्यों, उस उद्देश्य से उनके उद्देश्य का मेल नहीं बैठा। नारी का असन्तोष भी कोई असन्तोष है? यह भी कोई मानवीय वस्तु है? यह तो कर्मों का फल है और वह भी पूर्वजन्म के कर्मों का फल। इस पर किसी का क्या वश? यह कष्ट जैसा स्त्री के साथ, वैसा पुरुष के साथ। इसे भला कोई अदृष्ट शक्ति कैसे दूर कर सकती है? अदृष्ट तो अदृष्ट ही है, उसका क्या भरोसा? उससे अधिक भरोसा तो अपने आराध्य देव का किया जा सकता है। ये आराध्य देव चाहे जिन हों या और कोई; इनका भरोसा इसलिए किया जा सकता है कि इन्हें प्रसन्न करने की विधियाँ निश्चित हैं और मालूम है, जबकि अदृष्ट अथवा भाग्य तो अनिश्चित है, रामभरोसे है। अपने आराध्य देव को प्रसन्न करने के लिए पूजा-पाठ, व्रत आदि काफी हैं और जैन मत में 'श्रुत पंचमी' एक ऐसा ही व्रत है। इस तरह जो कहानी पहले शुद्ध कल्पना-जनित भाग्य पर आधारित थी, वह सिद्धान्त-विशेष-जनित उपासना-विधि पर स्थापित कर दी गई।

मध्ययुग में ऐसा सोद्देश्य संशोधन अनेक लोककथाओं के साथ किया गया है। उत्तर भारत में प्रचलित 'सत्यनारायण की कथा' भी ऐसा ही सोद्देश्य संशोधन है। यह संशोधन कभी-कभी इस हद तक किया जाता है कि मूल कथा गायब हो जाती है और केवल संशोधन ही बच रहता है, जैसे 'सत्यनारायण की कथा' में व्रत

और कथा का केवल माहात्म्य ही रह गया, मूल कथा इतनी घिस गई है कि केवल 'सत्यनारायण' नाम के रूप में शेष रह गई है।

यही नहीं, इन लोककथाओं में परवर्ती युग के पंडितों ने एक और प्रकार का संशोधन किया। स्त्रियों की आदिम लोककथाओं में सारा वातावरण घरेलू और गँवई स्तर का ही हुआ करता था। उनमें राजाओं और रानियों का नाम तो रहता था लेकिन राजाओं के बड़े-बड़े युद्धों के लिए कोई जगह न थी। धन-वैभव के वर्णन में हीरे-जवाहरात, घोड़ा-हाथी तो रहते थे लेकिन तोप-तलवारें न थीं। मध्ययुग के पंडितों ने उन लोककथाओं को अपने हाथ में लेते ही देखा कि इनमें राजा-रानी अपने पूरे वैभव के साथ आए ही नहीं हैं। आखिर राजा भी क्या कि दो-चार लड़ाइयाँ न करे। ऐसे सामन्त-युगीन प्रभाव से इस कवि का प्रभावित होना स्वाभाविक था। बिना इस संशोधन के उसी कहानी की वास्तविकता में उस समय विश्वास कौन करता?

'भविसयत्त कहा' के दूसरे खंड में कवि ने यही संशोधन किया है। इधर विद्वानों में पुरानी पोथियों की प्रामाणिकता का पता लगाने की ऐसी आकुलता है कि वे हर कथा के मूल रूप को ही प्रामाणिक मानने का पैमाना लेकर दौड़ पड़े हैं। उन्हें जहाँ भी किसी कथा में कुछ जोड़ और कुछ चकतियाँ दिखाई पड़ती हैं, चट से वे इन सबको प्रक्षिप्त कहकर कतर फेंकते हैं। ये खोजी विद्वान् केवल नींव का पता लगाने निकले हैं, इनको नींव के ऊपर चुनी हुई ईंटों की प्रामाणिकता-अप्रमाणिकता को लेकर बेहद परेशानी होती है। लेकिन यह रचना परेशानी की चीज नहीं है। नींव ही वास्तविक नहीं है, उसके ऊपर समय-समय पर जितनी ईंटें रखी गई हैं, वे सब भी वास्तविक हैं, उन सबका भी ऐतिहासिक महत्त्व है। बल्कि इतिहासकार की दिलचस्पी इन स्तरों में ही सबसे अधिक होनी चाहिए। किस युग की विचारधारा ने मूल-कथा पर कौन सी चिप्पी लगाई, यह जानना कम महत्त्वपूर्ण नहीं है। समय-समय पर जोड़ी हुई ये चिप्पियाँ किसी युग के साहित्य और समाज को समझने में विशेष सहायक हुआ करती हैं। भाषा जैसी अल्प परिवर्तनशील तथा काव्य-रूप आदि अन्य परम्परित काव्यात्मक उपादनों की मदद से किसी रचना की प्रामाणिकता और अप्रामाणिकता के निर्णय करने की अपेक्षा, मूल कथा में समय-समय पर विभिन्न उद्देश्यों से प्रेरित परिवर्तनों का विश्लेषण अधिक उपादेय हो सकता है। एक ही राम कथा को वाल्मीकि से लेकर मैथिलीशरण गुप्त तक किसी प्रकार संशोधित किया गया—इसके विवेचन से वाल्मीकि से लेकर आधुनिक राष्ट्रीय आन्दोलन तक के विविध सामाजिक परिवर्तनों का पता लगाया जा सकता है और फिर इन सामाजिक परिवर्तनों की पृष्ठभूमि पर विभिन्न साहित्यिक उत्थानों को भी समझने में मदद मिल सकती है।

'भविसयत्त कहा' में पूर्व प्रचलित लोककथा को जिस ढंग से मोड़ा गया है, उससे धनपाल अथवा जैन धर्म के विचारों का ही पता नहीं चलता, बल्कि उस सम्पूर्ण युग में काम करनेवाली सामान्य मनोवृत्ति का आभास मिलता है।

धार्मिक उद्देश्य के अनुसार लोककथाओं को मोड़ने की यह प्रवृत्ति कुछ और विकसित रूप में हिन्दी के आरम्भिक आख्यानों में भी दिखाई पड़ती है। इन आख्यानकों का उपयोग सूफियों ने सबसे अधिक किया। कारण स्पष्ट है। हिन्दी भक्त कवियों की तरह कहानियों की अपनी कोई धार्मिक-पौराणिक परम्परा न थी। सूर-तुलसी तो कृष्ण और राम की पौराणिक कथा का सहारा ले सकते थे लेकिन ईरान से आए हुए सूफी संतों के पास अपनी पौराणिक कथाओं की कोई निधि न थी, सम्भवत: ईरान का सूफी काव्य प्राय: मुक्तक और गीत ही है।

भारत के इस्लाम धर्म में दीक्षित हिन्दू इस मामले में अधिक सौभाग्यशाली थे। किन्तु धार्मिक कारणों से उन्होंने हिन्दी पौराणिक कथाओं को अपनी रचना का आधार नहीं बनाया। पौराणिक कथाओं को न अपनाने का एक कारण शायद यह भी रहा हो कि गाँवों में रहनेवाले ये भोले-भाले नव-दीक्षित मुसलमान घरेलू लोककथाओं से जितना परिचित थे, उतना पौराणिक कथा से अभिज्ञ न थे। कारण जो भी हो, तथ्य यही है कि हिन्दी के सूफी संतों ने लोककथाओं को अपने आदर्शों के लिए अपनाया। लोककथाओं को इस तरह अपनाने का उत्साह हिन्दी के हिन्दू भक्त कवियों में नहीं देखा गया।

जायसी का 'पद्मावत' एक ऐसा ही सूफी काव्य जिसमें 'भविसयत्त कहा' की ही तरह लोककथा का सोद्देश्य संशोधन किया गया है। जिस प्रकार राजकीय वैभव के लिए भविष्यदत्त के भाग की कहानी में कुरु जंगल और पोयणपुर के राजाओं का युद्ध जोड़ दिया गया है, उसी प्रकार रतनसेन और पद्मावती की प्रेम-कहानी में भी अलाउद्दीन का चित्तौर का आक्रमण बढ़ा दिया गया है। इससे सामान्य लोककथा में सामन्ती वैभव तो जुट ही गया है, समसामयिकता की भी छाप लग गई है। लेकिन यह तो गौण बात है। मुख्य बात है पद्मावती की सामान्य प्रेम-कहानी को भगवत्प्रेम का रूप देना। धनपाल ने लोककथा में जो धार्मिक रंग दिया है, उसमें व्रत और आचार-पालन का ही आग्रह है, लेकिन जायसी के धार्मिक रंग में साधारण आचार-पालन से ऊपर उठकर ईश्वरोन्मुख प्रेम की प्रगाढ़ता है। यह वस्तु जायसी की अपनी है और जायसी के साथ जायसी के युग की है। भक्ति की यह भावना धनपाल और धनपाल के युग में न थी। यह भावना तत्कालीन जैन समाज में ही नहीं बल्कि ब्राह्मण और बौद्ध समाज में भी न थी। भक्ति की यह भावना अपभ्रंश में ही नहीं, बल्कि तत्कालीन प्राकृत और संस्कृत साहित्य में भी न थी। यह भावना ब्रज, अवधी, बंगला, गुजराती, मराठी, पंजाबी, असमी, उड़िया आदि आधुनिक भारतीय साहित्यों की अपनी विशेषता है और इसका अभ्युदय कुछ आगे-पीछे इन साहित्यों में तेरहवीं शताब्दी ईसवी के बाद हुआ।

धनपाल के युग में सम्भवत: व्रत और आचार का पालन ही सबसे बड़ा आदर्श था, लेकिन धीरे-धीरे वह भी रूढ़ि-पालन मात्र हो गया। बहुत सम्भव है, धनपाल

के समय ही उसमें बहुत कुछ जड़ता आ गई हो। लेकिन यह निश्चित है कि आगे चलकर उस धार्मिकता में जीवन प्रेरणादायिनी शक्ति नहीं रह गई थी। इसकी प्रतिक्रिया जोइंदु रामसिंह आदि जैन मुनियों के द्वारा ही शुरू हो गई थी किन्तु आगे चलकर तेरहवीं शताब्दी के बाद ब्राह्मण, बौद्ध, इस्लाम—सभी भारतीय धर्मों और समाजों में अपने-अपने ढंग से इस तरह की आचार-प्रधान रूढ़ियों के विरुद्ध प्रतिक्रिया हुई। और उसकी जगह भगत्प्रेम की प्रतिष्ठा हुई।

इस नवीन उद्देश्य ने 'पद्मावत' की लोककथा को भी मोड़ दिया। परन्तु इस संशोधन में भी स्पष्ट रूप से ऐहिक और आमुष्मिक तत्त्व अलग-अलग दिखाई पड़ जाते हैं। 'पद्मावती' को भगवान् और 'रतनसेन' को भक्त का प्रतीक तो जायसी ने बना दिया लेकिन 'नागमती' के 'गोरखधंधा' पर वह धार्मिकता का रंग न चढ़ा सके। नागमती का वियोग मूल लोककथा के अवशेष के रूप में ही रह गया और यह अवशेष भी इस तरह रहा कि उसकी सत्ता स्वतंत्र और अलग प्रतीत होती है। विशेष दृष्टिकोण के कारण जायसी ने नागमती को दुनिया का 'गोरखधंधा' भले कह दिया हो, लेकिन उसके लौकिक रस को पद्मावती का प्रेम भी नहीं पा सका। 'पद्मावती' के रूप में जायसी ने चाहे कितना अलौकिक प्रभाव भर दिया हो उसके 'पारस रूप' में, उन्होंने चाहे जितनी शक्ति संचित कर दी हो, लेकिन हृदय तो उन्होंने नागमती को ही दिया और हृदय भी ऐसा दिया कि उसकी निरी लौकिकता के सामने पद्मावती के रूप की अलौकिकता भी फीकी पड़ जाती है। यही हृदय की लौकिकता तथा सौन्दर्य को अलौकिकता 'पद्मावती' काव्य की विशेषता है जिनमें जायसी के आदर्श की अलौकिकता के साथ भावों की लौकिक सम्पदा भी सुरक्षित है। वास्तविकता में कल्पना और यथार्थ में आदर्श की प्रतिष्ठा का यह उत्कृष्ट उदाहरण है।

## राम और कृष्ण भक्ति काव्य

कथा में भक्ति का पुट देने की यह प्रवृत्ति थोड़े-से अन्तर के साथ हिन्दी के राम भक्ति काव्य में भी दिखाई पड़ती है। कहने को तो अपभ्रंश के जैन कवियों ने 'पउम चरिउ' और 'हरिवंश पुराण' लिखे जिनमें क्रमशः राम और कृष्ण का चरित्र गाया गया है लेकिन उनमें राम और कृष्ण ईश्वर के अवतार नहीं हैं। उनके यहाँ यह हो भी कैसे सकता था? हर विचारधारा का उद्गम सुदूर अतीत में ढूँढ़ निकालने वालों के लिए तो अवतारवाद की भावना वेद से ही चली आ रही है। लेकिन वेद से उसका आरम्भ होना एक बात है और मध्ययुग में उसका अत्यधिक व्यापक हो जाना दूसरी बात है। अवतारवाद का आरम्भ चाहे जितना पहले हुआ हो लेकिन अवतार में लोकजीवन का सामान्य विश्वास जितना मध्ययुग में प्रचलित हुआ, उतना पहले कभी न था। अवतारवाद की यह व्यापकता निश्चित रूप से

भक्ति आन्दोलन के द्वारा मिली। संत और भक्त कवियों का यह सामान्य विश्वास था। पिंड में ब्रह्मांड को देखना, ब्रह्मरन्ध्र में अनहद नाद को सुनना, पद्मावती में अलौकिक सत्ता का आभास पाना; दशरथ-सुत राम में मर्यादा पुरुषोत्तम राम के दर्शन करना और वसुदेव-सुत कृष्ण में लीलाधाम परमात्मा को निहारना, यह सब प्रकारान्तर से उसी अवतारवादी भावना के ही विविध पक्ष हैं। विविध धर्मों और सम्प्रदायों के अनुरूप भक्ति-युग की एक ही भावना ने अनेक रूप धारण कर लिया था।

अपभ्रंश काव्य में इस भावना के दर्शन जो नहीं होते तो उसका यह कारण नहीं है कि उसके अधिकांश कवि जैन थे। भक्ति भावना केवल हिन्दू धर्म की अपनी सम्पत्ति नहीं है। यह एक युग विशेष की लोकव्यापी सामान्य प्रेरणाशक्ति है जो हिन्दू धर्म के साथ ही इस्लाम में भी दिखलाई पड़ती है। धर्म इसका क्षेत्र है, बीज नहीं; आकार है, वस्तु नहीं; देह है, आत्मा नहीं। भक्ति का बीज और उसकी आत्मा सामान्य लोकजीवन की मुक्ति-कामना में है। यह एक विशेष सामाजिक परिस्थिति की उपज है।

अपभ्रंश के उत्थान-युग में वह परिस्थिति न थी। इसलिए उसमें यह भाव भी उत्पन्न न हो सका।

इसलिए जिस प्रकार सूफियों के प्रेमाख्यानों पर अपभ्रंश के कथा और चरित काव्यों का कोई प्रत्यक्ष प्रभाव नहीं पड़ा, उसी प्रकार राम भक्त और कृष्ण कवियों की मूल भावना पर भी अपभ्रंश के राम-कृष्ण काव्यों का कोई प्रत्यक्ष प्रभाव नहीं है। राहुल जी ने स्वयंभू की 'रामायण' और तुलसी के 'रामचरितमानस' में रूप-विन्यास सम्बन्धी कुछ थोड़ी-सी समानताओं को देखकर जो यह कह दिया है कि 'तुलसी बाबा ने स्वयंभू-रामायण को जरूर देखा होगा', वह अतिकथन है। अपने इस अतिकथन पर राहुल जी को भी थोड़ा संकोच हुआ। इसलिए वे आगे कहते हैं : 'तुलसी बाबा ने स्वयंभू-रामायण को देखा था, मेरी इस बात पर आपत्ति हो सकती है, लेकिन मैं समझता हूँ कि तुलसी बाबा ने 'क्वचिदन्यतोऽपि' से स्वयंभू-रामायण की ओर ही संकेत किया है!' ऐसी अटकलबाजियाँ मनोरंजक हो सकती हैं, लेकिन इससे किसी तथ्य का ठीक पता नहीं चल सकता। इस तरह की पहेली-बुझौवल का काम लाल-बुझक्कड़ के ही ऊपर छोड़ना चाहिए। स्वयंभू-रामायण को तुलसी ने देखा था या नहीं देखा था और 'क्वचिदन्यतोऽपि' में स्वयंभू-रामायण की ओर संकेत है या नहीं है—इससे कुछ नहीं बनता-बिगड़ता। मान लिया कि तुलसी ने यह सब किया है लेकिन सवाल यह है कि यह सब करने के बाद तुलसी ने जो 'मानस' तैयार किया, उसकी मूल भावधारा का स्वयंभू-रामायण से क्या सम्बन्ध है? दोनों कृतियों की भाव-धाराओं में क्या सम्बन्ध है? और इस विषय में अटकलबाजी के लिए कोई जगह नहीं है। इसे साहित्य का

सामान्य पाठक भी कह सकता है कि तुलसी में जो भक्ति भावना की प्रधानता है, वह स्वयंभू में बिलकुल नहीं है और इसी भावना-भेद के कारण दोनों की रामकथाओं के स्वरूप में भेद आ गया है।

ऐसा नहीं है कि राहुल जी इसको अनुभव नहीं करते। वे इस तथ्य को देखते हुए आश्चर्य प्रकट करते हैं कि तुलसी ने स्वयंभू की सीता की एकाध किरण भी अपनी सीता में क्यों नहीं डाल दिया? थोड़ा-सा ही सोचने पर इस सवाल का जवाब मिल सकता है। सीधी बात है कि तुलसी स्वयंभू की सीता जैसी अपनी सीता को नहीं बनाना चाहते थे। और यह जो नहीं बनाना चाहते थे, वह कुछ यों ही—अकारण ही नहीं; बल्कि उनका उद्देश्य कुछ और था; उनकी भी अपनी सीमाएँ थीं।

फिर यह सवाल तुलसी के ही विषय में क्यों? स्वयंभू के भी विषय में पूछा जा सकता है कि उन्होंने वाल्मीकि की सीता की तरह अपनी सीता को क्यों नहीं बनाए? स्वयंभू ने सीता के सम्पूर्ण असन्तोष की आग को कर्म-फल का छींटा देकर बुझा क्यों दिया?

इसके अलावा स्वयंभू को तुलसी ने पढ़ा था, यह नहीं—यह तो विवादास्पद हो सकता है; लेकिन वाल्मीकि को तो उन्होंने निश्चय ही पढ़ा था, तुलसी भी कहते हैं और दूसरे भी मानते हैं। फिर तुलसी ने वाल्मीकि के ही नमूने पर अपनी रामकथा क्यों न गढ़ दी? ऐसे तमाम 'क्यों' का केवल एक उत्तर कवि का अपना उद्देश्य—परिस्थितिजन्य उद्देश्य।

इस ऐतिहासिक तथ्य को ध्यान में रखते हुए स्पष्ट रूप से कहा जा सकता है कि अपभ्रंश के राम-कृष्ण काव्यों और हिन्दी के राम-कृष्ण काव्यों की भावधारा में कोई समानता नहीं, कोई प्रत्यक्ष सम्बन्ध नहीं है। यदि कोई सम्भव सम्बन्ध हो सकता है तो वह अत्यन्त परोक्ष और पौर्वापर्य का ही हो सकता है। यही बात सूफी प्रेमाख्यानों के बारे में भी कही जा सकती है।

## अपभ्रंश का सिद्ध साहित्य और हिन्दी संत काव्य

भक्ति की यह भावना हिन्दी के कबीर संत कवियों की भी अपनी विशेषता है जो अपभ्रंश के सिद्ध कवियों में नहीं मिलती। कबीर में शब्दों की 'सहज' 'शून्य' साधना का उल्लेख अवश्य मिलता है, इसके अतिरिक्त कुछ और भी पारिभाषिक शब्दों की आवृत्ति दिखलाई पड़ सकती है, परन्तु ये बातें कबीर की मूल भावधारा नहीं हैं। सहज और शून्य पर जितना जोर सहजयानी सिद्धों की रचनाओं में दिखाई पड़ता है, उतना कबीर में नहीं है। कबीर के काव्य में इनका प्रयोग पुरानी परिपाटी के अवशेष की सूचना मात्र देता है। कबीर में एक भक्त का जो विह्वल हृदय है, वह सिद्धों में कहीं नहीं दिखाई पड़ता। तात्त्विक दृष्टि से कबीर का निर्गुण भी सहजयानियों के 'शून्य' से भिन्न है और सम्भवत: अधिक भावात्मक है। इसलिए

कबीर के आत्म-समर्पण में जो तरलता है, वह किसी सिद्ध कवि की रचना में नहीं मिलती। इसमें कोई शक नहीं कि अक्सर कबीर के रूपक सिद्धों से मेल खाते हैं, यहाँ तक कि उन्हीं से लिये हुए प्रतीत होते हैं। कबीर का 'बेहद्दी मैदान' सरह के उस लोक से भिन्न नहीं है : 'जहँ मण पवण न संचरे, रवि ससि णाह पवेस'। परन्तु ये सभी ऊपरी समानताएँ हैं। इन सब रूपकों और पारिभाषिक शब्दों के बीच जो मूल भाव है, वह कबीर का अपना है। इस महत्त्वपूर्ण तथ्य की ओर पं. हजारी प्रसाद द्विवेदी बहुत पहले ही विद्वानों का ध्यान आकृष्ट कर चुके हैं, इसलिए इसकी और अधिक व्याख्या करना आवश्यक है।

इस प्रकार हिन्दी के आदिकाल में जितनी मुख्य-प्रवृत्तियाँ दिखाई पड़ती हैं, उनका ऐतिहासिक अध्ययन करने से पता चलता है कि हिन्दी में अपभ्रंश की जीवन्त भावधारा का विकास अपने ढंग से हुआ। चौदहवीं शताब्दी के सांस्कृतिक पुनर्जागरण के कारण अपभ्रंश से आती हुई भावधारा में इतना अधिक परिवर्तन हो गया कि हिन्दी साहित्य में उसने जो संत-काव्य का रूप लिया, उससे अपभ्रंश की धार्मिक चेतना का सीधा सम्बन्ध दिखाई पड़ता। चौदहवीं शताब्दी का सांस्कृतिक पुनर्जागरण मध्य देश की अपनी सामाजिक और धार्मिक परिस्थितियों की उपज है; यह वह प्रदेश है जिसमें जैन धर्म का जोर कभी नहीं था। अपभ्रंश की रचनाएँ भी इस भू-भाग में नहीं हुईं। इसलिए अपभ्रंश के अधिकांश साहित्य से इस जाति का सीधा सम्पर्क कभी नहीं रहा। ऐसी दशा में जैनों के अपभ्रंश साहित्य से अवधी और ब्रज के संत भक्ति काव्य का अभ्युदय दिखलाना हथेली पर सरसों उगाने का-सा काम होगा। अधिक-से-अधिक इन दोनों साहित्यों में परोक्ष सम्बन्ध ही दिखाई पड़ता है। यह परोक्ष सम्बन्ध यह है कि दोनों के अभ्युदय के मूल में मुख्यत: लोकजीवन का ही हाथ है। अपभ्रंश ने भारतीय साहित्य की जिस गति को लोकजीवन से दूर जाते देखकर फिर से उसके साथ कर दिया, उसी प्रयत्न के फलस्वरूप हिन्दी आदि आधुनिक साहित्यों का अभ्युदय हुआ। इसलिए अपभ्रंश काव्य में यह जो लोक-हृदय की धड़कन सुनाई पड़ती है, वही आगे चलकर और भी स्पष्ट रूप से अवधी, ब्रज, राजस्थानी आदि साहित्यों के आदिकाल में सुनाई पड़ती है। हिन्दी के लिए यह पृष्ठभूमि तैयार करके अपभ्रंश ने ऐतिहासिक महत्त्व का कार्य किया।

['हिन्दी के विकास में अपभ्रंश का योग' पुस्तक का एक अंश]

# लोक की अवधारणा और भक्ति साहित्य

'लोक' शब्द बड़ा गोलमटोल है, मैंने यह बताने की कोशिश की है। लोक शब्द का प्रयोग रामचन्द्र शुक्ल करते हैं तो अपेक्षाकृत हजारी प्रसाद द्विवेदी से संकुचित है, भिन्न है। जिस अर्थ में तुलसीदास लोक शब्द का प्रयोग करते हैं, उस तरह कबीर नहीं करते। 'लोका मति के भोरा रे' तो वहाँ कबीर जब लोक शब्द का प्रयोग करते हैं तो बहुत वांछनीय नहीं लगता। 'पाछे लागा जाय था लोक वेद के साथ' कबरी जब कहते हैं, तो मैं लोक के पीछे जा रहा था, वेद के पीछे जा रहा था, पर जब गुरु मिल गए, ज्ञान दिया, पीछे चलना बन्द कर दिया। वहाँ भी लोक के पीछे चलना हमेशा सही रास्ते पर चलना नहीं है। गुरु ने आगे बढ़कर ज्ञान दिया और मैं सही रास्ते पर आ गया। इसलिए संतों को इसका ध्यान था। कबीरदास जब कहते थे कि 'पाछा लागा जाय था, लोक वेद के साथ' तो वहाँ लोक के पीछे चलना, गलत रास्ते पर जाना है, जिसे आगे चलकर मैंने 'अन्धवाद' कहा है। इसलिए मध्यकालीन संतों को इसका बोध था और आज भक्ति साहित्य पर लिखते हुए जनवादी दृष्टि वाले भी संतों के विचार को भूल जाते हैं। इसलिए मैंने कहा कि लोक शब्द बहुत गोलमटोल है और हर आदमी लोकवादी बनता है, जैसे आजकल जनता के नाम पर न जाने कितनी पार्टियाँ बनी हैं—भारतीय जनता पार्टी भी जनता का नाम लेती है। और तो कोई राष्ट्रीय जनता पार्टी है, कोई नई गुजरात जनता पार्टी है, एक जनता पार्टी है, एक जनता दल है, इसलिए जनता का नाम तो हर आदमी लेता है। घोर जनता के विरोधी लोग भी जनता का नाम लेते हैं। उसी तरह लोक-विरोधी लोग लोक का नाम लेते हैं। इसलिए मैं फिर कहता हूँ कि शब्द पर न जाओ। उस शब्द का व्यवहार देखो। कोई आदमी अब लोक कहता है तो उसमें कौन लोग होते हैं? उसमें शामिल हैं कि नहीं? स्त्रियाँ हैं कि नहीं? उसमें आदिवासी हैं कि नहीं? उसमें गरीब हैं कि नहीं? काशी का ब्राह्मण भी अपने को लोक कह सकता है। इसलिए मैंने इस शब्द के माध्यम से जिस लोक की ओर इशारा करना चाहा है और अलग-अलग सन्दर्भ में इसके खतरे कहाँ है, यह 'अन्ध लोकवाद' वाले प्रसंग में बताया है। अंग्रेजी का एक शब्द होता है—पोप्यूलिज्म, जैसेकि आजकल थोड़ी देर के लिए लालू प्रसाद यादव ने जो 'रैला' निकाला था अपने बचाव के लिए, यह पोप्यूलिज्म है।

आजकल तो हर राजनीतिक नेता पोप्यूलिज्म—अन्ध लोकवाद का सहारा ले रहा है। मध्यकाल के संत इसमें ज्यादा विवेकवादी थे। दूसरी बात इस सन्दर्भ में और छोटी-सी कहना चाहूँगा। तुलसीदास का दोहा है—अयोध्या कांड में चित्रकूट सभा में भरत राम को अपना निर्णय बदलकर सिंहासन पर बैठने के लिए अपनी अरजी देते हैं। उस समय वसिष्ठ ने एक महत्त्वपूर्ण दोहा कहा है :

*भरत विनय सादर सुनिय करिय विचार बहोरि।*
*करब लोकमत साधुमत नृप नय निगम निचोरि॥*

इस दोहे में यदि लोकमत ही पर्याप्त होता तो तुलसीदास लोकमत कहकर ही सन्तुष्ट हो जाते। लेकिन तुलसीदास ने कहा कि केवल वह न कीजिए, जो लोक-सम्मत हो। जो केवल लोगों को अच्छा लगे, वह कीजिए। जो साधु सम्मत हो, अर्थात् विवेकपूर्ण हो, उचित हो, बुद्धिसंगत हो, सिद्धान्ततः सही हो, इसलिए लोकमत और साधुमत, दोनों को ध्यान में रखिए। साहित्य के बारे में भी केवल वह कविता, जो लोक-रिझाऊ हो, वह कविता मेरी दृष्टि में लोक-सम्मत भी नहीं है, साधु-सम्मत की तो बात ही क्या? आजकल ऐसा बहुत साहित्य लिखा जा रहा है जिसे मैं 'स्त्री-रिझाऊ' कहता हूँ; जिसको सुन करके औरतें बुल-बुल हो जाती हैं कि देखिए, हमारे अधिकारों की बात की जा रही है!

प्राचीन भक्ति काव्य में लोकवाद—सच्चे लोकवाद और अंध लोकवाद पर विचार करें तो पंडित रामचन्द्र शुक्ल की दृष्टि में नाथपंथियों का और निर्गुण पंथियों का तंत्र, मंत्र, योग आदि लोक निकृष्ट कोटि का लोकवाद था लेकिन आचार्य क्षितिमोहन सेन, प्रबोधचन्द्र बागची, राहुल सांकृत्यायन और हजारी प्रसाद द्विवेदी की दृष्टि में वही सहज साहित्य यानी सरहपा जैसे सिद्धों का साहित्य सच्चा लोकवाद था। इससे पता चलेगा कि शुक्ल जी जैसे ब्राह्मणवादी विचारधारा या शास्त्रवादी कहें तो धर्मशास्त्रों का अनुयायी पंडित जिन लोकवाद प्रवृत्तियों को निकृष्ट समझते थे, इससे उनकी दृष्टि की सीमा का स्पष्ट परिचय मिलता है। इसलिए भक्ति साहित्य के सम्बन्ध में लोकवाद का निर्णय करते समय यह ध्यान रखना चाहिए कि कुछ लोगों की दृष्टि में सूर का तो लोकवाद ठीक है, क्योंकि गोपियाँ जिस लोक का आधार ले करके ऊधव के ज्ञान का और योग का विरोध करती हैं, वह तो सच्चा लोकवाद है। तुलसीदास जब 'लोकहु वेद न आन उपाई'—लोकवेद का एक ही साँस में बार-बार नाम लेते हैं तो वह भी लोकवाद है पर कबीर लोक-विरोधी हो जाते हैं, गोरख भी लोक-विरोधी हो जाते हैं, सरहपा लोक-विरोधी हो जाते हैं। तो इससे मालूम हुआ कि लोक-सम्बन्धी दो विरोधी धारणाएँ स्वयं भक्ति आन्दोलन के बारे में व्यक्त होती हैं। और मार्क्सवादियों में भी इस बात को ले करके दो खेमे दिखाई पड़ेंगे। आज के जो आधुनिक मार्क्सवादी हैं, उनमें से बहुत-से लोग दोनों

को समान रूप से लोकवादी मानते हैं : राम की भी जय और रावण की भी जय। राहुल जी के लिए भी आदर उनके मन में है और शुक्ल जी के लिए भी। ये भूल जाते हैं कि दो टाट अलग-अलग हैं। मैं कहता हूँ कि वहाँ इन्हें भेद करना चाहिए। अन्धश्रद्धा इनमें ज्यादा है। अन्ध लोकवाद की चर्चा करनी चाहिए। हम लोगों में कुछ लोगों के प्रति अन्धश्रद्धा होने के कारण यह मानने तो तैयार ही नहीं होते कि रामचन्द्र शुक्ल लोक-विरोधी हो सकते हैं। मैं वह विवेक चाहता हूँ जो भक्ति साहित्य में है और मेरे लेखन में दिखाई पड़ेगा। मैंने जब भक्तिकाल पर और भक्ति कविता पर विस्तार से कई व्याख्यान दिये हैं, उनके सारे भाषण जब लिखित रूप में आएँगे तब मालूम हो जाएगा कि स्वयं भक्तिकाल के बारे में सच्ची-सही लोकवादी दृष्टि क्या होगी। मैं इसका थोड़ा और विस्तार करना चाहता हूँ।

भारतीय इतिहास-लेखन में आजकल सबॉल्टर्न स्टडीज की प्रवृत्ति बढ़ी है। इस पर नौ पुस्तकें छप चुकी हैं—रजनीत गुहा के नेतृत्व में और यह सबॉल्टर्न ग्रुप जिस अर्थ में लोक को समझता है, उसमें कई मार्क्सवादी भी शामिल है, उसमें वह लोक नहीं है। तो इससे मालूम होगा कि सच्चे अर्थों में भारतीय इतिहास, भारतीय जनता का इतिहास लिखा जाएगा तब पता लगेगा कि बहुत-से लोग जो अब तक बेजुबान थे, स्वयं अपनी कहानी नहीं कहते थे। इतिहासकारों की जबानी उनकी कहानी हमारे सामने आई थी। उनकी आवाज तो दाखिल ही नहीं हुई है, दर्ज ही नहीं हुई है। अभी तक जो लोग इतिहास, लिख रहे हैं, वे सारे के सारे ऊँचे वर्ग के अंग्रेजी पढ़े लोग हैं। अभिलेखागारों में अंग्रेजों ने जो रिपोर्ट दर्ज की है, आखिर आदिवासियों का इतिहास, कहानी, उपन्यास—आजकल महाश्वेता देवी ने कई लिखे हैं तो उनके बारे में जो लिखित रेकॉर्ड है, वह यह है कि दरोगा, थानेदार, पुलिस इंस्पेक्टर, कलक्टर उनके बारे में क्या सोचते थे? उन्हीं के आधार पर हम अर्थ निकालने की कोशिश करते हैं।

आम तौर से इन लोगों को ठग माना जाता था। ये चोरी-डकैती, खून करनेवाले लोग माने जाते थे। ढंग से पढ़ो यानी 'डिकंस्ट्रक्शन' करो तो मालूम होगा कि असली डाकू, लुटेरे दूसरे थे क्योंकि उनके हाथ में ताकत थी। बेचारे जो सताए हुए लोग थे, उनके बारे में कहा जाता था कि वे चोरी कर रहे हैं। जंगल के जिन लोगों ने लकड़ी की चोरी की, तो जंगल उनका था। लकड़ी उन्होंने काटी तो उनकी नजर में वह चोरी नहीं थी। उनकी नजर में चोर वे थे, जो जबर्दस्ती जंगल दखल करके लकड़ियों को बेच करके रुपया कमाते थे।

इसलिए लोक साहित्य का इतिहास लिखने के लिए उनके लोकगीतों, लोककथाओं, उनके अन्धविश्वासों और मिथकों के आधार पर लिखना पड़ेगा जिनको हम टोना-टोटका, तंत्र-मंत्र समझते हैं। हम लोगों ने समझा था कि वह अवैज्ञानिक झूठी चीजों का प्रचार है, जबकि उन्हीं में उनके जीवन का अनुभव

और उनकी कहानी छिपी हुई है। उनके संघर्ष की कहानी, उनकी पीड़ा की कहानी भी। इसलिए जिनको हम लोगों ने किंवदन्ती और मिथक समझ लिया है, दरअसल वह सच्चा साहित्य है। अब पूरी-की-पूरी नजर लोकदृष्टि के बारे में बदल गई है। हमारे हिन्दी के साहित्य पर लिखनेवाले आलोचक विद्वान इस मामले में पिछड़े हुए हैं और अनजाने ही सत्ता-समर्थक लोग हैं। इसलिए 'लोक-लोक' की माला जपते हुए समझते नहीं कि लोकदृष्टि का मतलब क्या है और साहित्य में लोकदृष्टि का पता कैसे लगाया जाता है। उनसे बेहतर यह काम इतिहासकार कर रहे हैं। मैं समझता हूँ कि इस दृष्टि से यह काम किया जाए, तब पता चलेगा कि सच्ची लोकवादी दृष्टि क्या है।

[किरण सिंह द्वारा किये गए एक लम्बे साक्षात्कार का अंश। 'बात बात में बात' में संकलित]

# नवजागरण और भक्ति आन्दोलन

नवाजगरण से आशय यदि 'रिनेसांस' है तो वह इटली की तरह ही भारत में भी तथाकथित 'मध्ययुग' में हुआ। बल्कि इटली से कुछ पहले ही शुरू हुआ। फर्क इतना ही है कि इटली के सन्दर्भ में उसे 'रिनेसांस' कहते हैं और भारत में हम लोग भक्ति आन्दोलन कहते हैं। और भारत में हम लोग भक्ति आन्दोलन कहते हैं। तमिल आलवार भक्ति को याद करें तो भारतीय नवजागरण की शुरुआत आठवीं शताब्दी में ही हो चुकी थी। और बात यह है कि वह आन्दोलन धीरे-धीरे उत्तर की ओर फैलता हुआ सोलहवीं-सत्रहवीं शताब्दी में शिखर पर पहुँचा। मेरी दृष्टि में असली भारतीय नवजागरण बड़ी भक्तिधारा है जिसका मूल उत्स सामान्य लोकजीवन है। इसकी विशेषता यह है कि इसकी अगुआई करनेवालों में ज्यादातर समाज के निचले स्तर के संत थे, लेकिन इसकी व्यापकता पर दृष्टिपात कीजिए तो शूद्र से ब्राह्मण तक, सभी जातियों के जागरूक जन शामिल हुए। व्यापकता के साथ ही गहराई में भी यह 'नवजागरण' उन्नीसवीं शताब्दी के तथाकथित 'नवजागरण' से कहीं अधिक धर्म और समाज की बुनियादी समस्याओं की तह में आ गया।

अब सवाल यह उठता है कि यदि सचमुच का नवजागरण भक्ति आन्दोलन था तो 19वीं शताब्दी के भारत में जिस नई चेतना का उदय हुआ, वह क्या था? नाम देने की जल्दबाजी करने से पहले यह देखें कि जो कुछ हुआ, उसका स्वरूप क्या था और फिर उसका ऐतिहासिक सन्दर्भ क्या था?

इसमें कोई शक नहीं कि भक्ति आन्दोलन की तरह ही 19वीं शताब्दी की यह नई लहर भी अपनी व्याप्ति में अखिल भारतीय थी। यह और बात है कि बंगाल में शुरुआत पहले हुई और हिन्दी में कुछ देर से। ऐतिहासिक सन्दर्भ पर ध्यान दें तो अंग्रेजी राज जहाँ पहले कायम हुआ, वहाँ इसकी शुरुआत पहले हुई। इसका सम्बन्ध अंग्रेजी शिक्षा से भी है। जहाँ अंग्रेजी की पढ़ाई पहले शुरू हुई, वहाँ इस चेतना का उदय पहले हुआ। कलकत्ता, बम्बई और मद्रास इस चेतना के पहले केन्द्र बने। इसीलिए बंगला, मराठी, गुजराती और तमिल, तेलगू, कन्नड़, मलयालम आदि में इस चेतना की अभिव्यक्ति उत्तर की भाषाओं से कुछ पहले

ही हो गई। स्पष्ट है कि इस चेतना के उदय का ऐतिहासिक सन्दर्भ उपनिवेशवाद है। इसलिए औपनिवेशिक सन्दर्भ के बिना इस नई चेतना की प्रकृति की सटीक व्याख्या सम्भव नहीं है।

वस्तुत: 19वीं शताब्दी के तथाकथित नवजागरण के अग्रदूत थे मुख्यत: मध्यवर्ग के आधुनिक शिक्षा-प्राप्त नये बौद्धिक—अधिकांशत: सवर्ण। अपवाद थे तो महाराष्ट्र के महात्मा फुले। इसलिए मराठी के 'नवजागरण' में 'गुलामगीरी' के विरोध का एक अछूता आयाम जुड़ा।

भक्ति आन्दोलन की तरह इस नये सांस्कृतिक आन्दोलन का भी मूल स्रोत धर्म ही था। इस बार चुनौती ईसाई मिशनरियों की ओर से आई थी। बाइबिल के अनुवाद धड़ल्ले से हो रहे थे। बड़ी भाषाओं में ही नहीं, स्थानीय बोलियों में भी, धर्मान्तरण का अभियान चल रहा था। ईसाई मिशनरी हिन्दुओं के साथ-साथ मुसलमानों के धर्म की खिल्ली उड़ा रहे थे। इस तरह पूरे देश में जगह-जगह धार्मिक बहसें शुरू हो गईं। पुराने धर्मशास्त्र फिर से निकाले गए और उनकी व्याख्याएँ होने लगीं। इस धार्मिक शास्त्र में एक ओर धर्म-रक्षा की प्रवृत्ति बढ़ी तो दूसरी ओर धर्म-सुधार की चिन्ता भी जाग्रत हुई। धर्म-रक्षा के नये संगठन बने तो धर्म-सुधार के लिए भी नये समाज बने।

इस प्रक्रिया में एक ओर सती-प्रथा, बाल-विवाह, विधवा-विवाह आदि प्रथाओं की समीक्षा का सिलसिला चला तो दूसरी ओर हिन्दू समाज की जाति-प्रथा भी फिर से विचार के केन्द्र में आई। विशेष बात यह है कि वाद-विवाद नाटक, कविता, कथा-साहित्य का भी विषय बना और बौद्धिक जागरण एक व्यापक साहित्यिक-सांस्कृतिक जागरण में रूपान्तरित हो गया।

इस बीच एक नई बात यह हुई कि अंग्रेजी शिक्षा के साथ पश्चिमी विज्ञान का भी प्रवेश हुआ और उसके साथ एक प्रकार की प्रारम्भिक वैज्ञानिक दृष्टि की ओर भी लोग आकृष्ट हुए। इस तरह धर्म और विज्ञान रू-ब-रू हुए और विज्ञान की दृष्टि से भी धार्मिक मामलों की जाँच-पड़ताल करने का उत्साह पैदा हुआ।

इस बीच कलकत्ता, बम्बई, मद्रास जैसे महानगरों के साथ-साथ कुछ दूसरे शहरों में छापेखाने खुले, जिनमें पुरानी-नई पोथियों के मुद्रण के साथ पहली बार भाषाई समाचार-पत्र और पत्रिकाओं का प्रकाशन आरम्भ हुआ। इस प्रकार मौखिक परम्परा में पला-पुसा समाज एक आधुनिक मुद्रित समाज में रूपान्तरित होने की प्रक्रिया से गुजरने लगा।

कहना न होगा कि यह संक्रमण एकदम सीधा-सरल और समरस न था, बल्कि इसके अन्दर परस्पर काफी घात-प्रतिघात थे, अनेक प्रकार के द्वंद्व और अन्तर्विरोध थे। कोई दायें था तो कोई बायें और बहुत-से लोग हमेशा की तरह बीच में। कुछ आमूल-चूल सुधार के पक्ष में तो कुछ सर्वथा सुधार-विरोधी। कभी एक

पक्ष ताकतवर होता, तो कभी दूसरा पक्ष। परम्परा और आधुनिकता का अन्तर्द्वंद्व इस काल की चारित्रिक विशेषता है।

भक्ति आन्दोलन की तरह ही 19वीं शताब्दी का यह जागरण बहुत-सी बातों में समान होते हुए भी प्रत्येक भाषा की अपनी सांस्कृतिक परम्परा के कारण कुछ निजी विशिष्टता लिये हुए था। इस दृष्टि से हिन्दी प्रदेश के जागरण की विशिष्टता पर अलग से विचार करना जरूरी है।

रामविलास जी ने हिन्दी नवजागरण को 1857 के प्रथम स्वाधीनता-संग्राम से जोड़कर पूरे विमर्श को एक नया मोड़ दे दिया। इस राजभक्ति-देशभक्ति नवजागरण का मुख्य मुद्दा बन गया। केन्द्र में 1857 के आते ही हिन्दी नवजागरण भारतीय नवजागरण की माला का सुमेरु बन गया क्योंकि गदर की रंगभूमि तो मुख्यत: हिन्दी प्रदेश ही था। इस प्रस्थान के कारण हिन्दी के साथ-साथ उर्दू नवजागरण भी स्वभावत: आ गया, जिसकी अन्तिम परिणति यह हुई कि हिन्द प्रदेश का नवजागरण हिन्दू और मुस्लिम, दो समाजों के अनुसार दो टुकड़े हो गया। यह प्रसंग इतना नाजुक और जटिल है कि फिलहाल संक्षेप में इस पर कुछ भी कहना भ्रामक हो सकता है। फिर भी यह तो कहना ही पड़ेगा कि राजनीतिक मोड़ देने से 19वीं सदी का भारतीय नवजागरण सांस्कृतिक जागरण नहीं बल्कि राष्ट्रीय जागरण है।

इस प्रक्रिया में हम यह भी भूल गए कि उस दौर के लोग अपनी-अपनी भाषा में उस दौर को किस नाम से पुकारते थे। उदाहरण के लिए गुजराती में उस दौर को 'सुधारा युग' के नाम से याद किया जाता है, तो मराठी में 'प्रबोधन काल' कहते हैं। अपनी हिन्दी में किसी समय उसे 'पुनरुत्थान काल' कहा जाता था। अकेला बंगाल है जो अंग्रेजी की 'रिनेसांस' संज्ञा का प्रयोग करता था। मेरे मन में इस ऐतिहासिक विविधता के लिए पूरा सम्मान है और किसी प्रकार की अवधारणात्मक एकरूपता को थोपने से गुरेज करता हूँ।

जहाँ तक अपनी हिन्दी का सवाल है, मुझे उस दौर को 'पुनरुत्थान युग' कहने में किसी प्रकार का कालदोष नहीं दिखता। इस संज्ञा के द्वारा 19वीं शताब्दी का जागरण 15वीं शताब्दी के 'नवजागरण' से अपना सम्बन्ध भी पुन: परिभाषित कर देता। भारतेन्दु के 'वैष्णवता और भारतवर्ष' निबन्ध को याद करें तो स्पष्ट हो जाता है कि इस दौर में भी पुराने वैष्णवों के संस्कार स्मृति-शेष थे।

[किरण सिंह द्वारा किये गए एक लम्बे साक्षात्कार का अंश। 'बात बात में बात' में संकलित]

# सूफीवाद का सार : प्रेम

एक जमाना था, जब हिन्दी लेखकों ने सूफी मत पर बहुत काम किया। 19वीं सदी में सुधाकर द्विवेदी ने जायसी के 'पद्मावत' का एक अंश ग्रियर्सन के साथ प्रकाशित किया। रामचन्द्र शुक्ल की सबसे अच्छी किताब जायसी पर ही है और सबसे अच्छी भूमिका उन्होंने इसी किताब की लिखी। इसी प्रकार चन्द्रबली पांडे ने सूफी मत पर एक पूरी किताब लिखकर और रामपूजन तिवारी ने शान्तिनिकेतन में इस विषय पर काम करके सूफी मत के महत्त्व को स्थापित किया। कहने का अर्थ यह कि आज से सौ-पचास साल पहले हिन्दी और अन्य भारतीय भाषाओं के सूफी मत में गहरी दिलचस्पी थी, जो अब दिखाई नहीं देती। अभी कुछ समय पहले जर्मनी में पांडुलिपि के रूप में जायसी की एक पुस्तक 'कन्हौत' मिली, लेकिन उस पर कोई ध्यान नहीं दिया गया। इसी प्रकार पुस्तकें मिलती चली गईं लेकिन उनकी चर्चा नहीं हुई। भारतीय साहित्य और संस्कृति के सूफी मत का गहरा योगदान है। एक प्रकार से आधुनिक भारतीय साहित्य का आरम्भ ही सूफी रचनाकारों द्वारा हुआ। पहले सूफी कवि बाबा शेख फरीद पंजाब के ही थे। इन कवियों ने आधुनिक भारतीय भाषाओं को साहित्यिक माध्यम के रूप में इस्तेमाल कर इन भाषाओं का विकास किया। प्रेम की भी नई परिकल्पना इन्होंने ही रखी। जायसी ने प्रेम को जीवन का नमक कहा है। उन्हीं की पंक्ति है : 'मानुष पेम भएउ बैकुंठी। नाहिं त काह, छार भरि मूठी।' सूफी मत को उपनिषदों-वेदान्त में रखकर देखनेवाले यह नहीं जानते कि प्रेम पर ऐसा जोर उपनिषदों और वेदान्त में भी नहीं है। प्रेम की लहर इतनी दूर तक गई है कि रामचन्द्र शुक्ल ने मीराबाई पर लिखते हुए कहा कि मीरा की दीवानगी सूफियों से प्रभावित है। प्रेम में पागल हो जाना और दीवानापन सूफियों की ही देन है। इसी प्रकार संगीत और नृत्य को भी सूफियों की बड़ी गहरी देन है। सूफी संत मोइनुद्दीन चिश्ती ने 'गरीब नवाज' शब्द का प्रयोग किया और इस शब्द को अपनाकर तुलसीदास ने भी अपने आराध्य को गरीब नवाज के नाम से पुकारा। दीन-दुखियों की चिन्ता भी सूफी काव्य के केन्द्र में है। सिख धर्म में मौजूद वर्ग और जात-पाँत से ऊपर उठकर सामूहिक भोज की लंगर जैसी प्रथा भी सूफियों की ही देन है।

[वैभव सिंह द्वारा किये गए एक लम्बे साक्षात्कार का अंश। 'सम्मुख' में संकलित]

# कलात्मक सौन्दर्य का आधार

मलार्मे ने कहीं लिखा है कि कविता विचारों से नहीं, शब्दों से लिखी जाती है। और वह अर्थहीन होती है, इतना जोड़ना भूल गया। विचारों से शब्दों का बिलगाव करके और शब्द-शिल्प पर अधिक जोर देकर, उसने अत्यन्त दीक्षागम्य तथा सांकेतिक कविताएँ लिखीं। यह प्रवृत्ति थोड़े-बहुत अन्तर के साथ यूरोप के अन्य देशों में भी दिखाई पड़ी। आज हमारे साहित्य में भी किसी-न-किसी रूप में इस सिद्धान्त और प्रयोग का चलन है। इसलिए मालार्मे के उस सूत्र की सीमाओं पर विचार करना आवश्यक है।

साहित्य की अभिव्यक्ति का माध्यम है भाषा। इसलिए साहित्य में कलात्मक सौन्दर्य लाने के लिए उस माध्यम पर अधिकार प्राप्त करना आवश्यक है। लेकिन उस माध्यम को ही साध्य मानकर उसी की कारीगरी में सिमट जाना, कोरा रीतिवाद अथवा रूपवाद है। ऊपर से देखने पर ऐसा लगता है कि कोई साहित्यकार ऐसा नहीं कर सकता, किन्तु व्यवहार में बड़े-बड़े साहित्यकार इस राह पर भटकते देखे गए हैं। हिन्दी कथा-साहित्य में नई शैली के प्रवर्तक जैनेन्द्र कुमार निर्जीव शिल्पाभास के छोर पर पहुँच गए और हिन्दी समीक्षा में रुचिर गद्य के शिल्पी शान्तिप्रिय द्विवेदी भी धीरे-धीरे चमत्कारपूर्ण सूक्ति-विधान में जा भटके। लेकिन विचार-विरहित अतिशय शिल्प-प्रियता का दुष्परिणाम गद्य में उतना नहीं दिखाई पड़ता, जितना कविता में। रीतियुग के कवि अन्तिम दिनों में घनाक्षरी या सवैया का अन्तिम चरण खूब जोरदार या चमत्कारपूर्ण गढ़ने लगे थे और शेष चरण केवल छंद-पूर्ति भर के लिए देते थे। इधर नये गीतकार भी कविता की पहली पंक्ति खूब रंग जमानेवाली ढूँढ़कर बाकी पंक्तियाँ केवल गीत को आकार देने के लिए बिठाते पाए जाते हैं। परन्तु अत्याधुनिक काव्य-प्रवृत्ति में यह रूपवादी मनोवृत्ति कुछ सुसंस्कृत रूप में प्रकट होती है। यहाँ कवि अपने माध्यमों के साथ प्रयोग करता है; कभी छंद के साथ, कभी प्रतीकों के साथ, कभी केवल कुछ शब्दों के साथ, कभी विराम-चिह्नों के साथ और कभी एक ही कविता में इन सबके साथ। वह इस शिल्प में इतना तल्लीन हो जाता है कि विषयवस्तु पीछे छूट जाती है और ऊपर उसकी कारीगरी ही दिखाई पड़ती है। इन कवियों के आग्रह पर इन्हें 'प्रयोगवादी' न कहकर, 'प्रयोगशील' ही क्यों न कहा

जाए, उससे उनके प्रयोग में तात्त्विक अन्तर नहीं पड़ता। विचार या भाव से रहित कोरे शिल्प-संस्कार को वे असफल प्रयोग कहकर तिरस्कृत भले ही कर दें लेकिन है उन सबके मूल में वही रूपवाद।

रूपवादी अथवा प्रयोगवादी रचना का यह मतलब नहीं है कि उसमें किसी विचार या भाव का सर्वथा अभाव हो; बल्कि यह कि उसमें विचार या भाव से अधिक शिल्प का उभार हो। जब रचना में सार्थक और साकांक्ष शब्दों का प्रयोग है तो कुछ-न-कुछ अर्थ होगा ही और अर्थ के साथ किसी-न-किसी विचार या भाव का अनुबन्ध स्वाभाविक है; लेकिन रूपवादी रचना में विचार या भाव की अन्तरिक समृद्धि नहीं मिलती। साफ शब्दों में, रूपवादी बहुत-कुछ उस बतकहे की तरह है जिसमें बात करने का कौशल तो खूब हो, परन्तु कहने के लिए कोई महत्त्वपूर्ण बात न हो और उसके साथ घंटे-दो-घंटे बात करने के बाद भी कुछ हासिल न हो। यह आकस्मिक नहीं है कि हिन्दी के ये प्रयोगवादी कवि कभी विषयवस्तु की चर्चा नहीं करते। रूप-कल्प और शैली-शिल्प की इतनी चर्चा, लेकिन जिस वस्तु से ये सभी चीजें सजीव, सशक्त और सुन्दर होती हैं, उसके विषय में बिलकुल चुप रहने का और क्या अर्थ हो सकता है? वहाँ वे कभी-कभी गोलमोल शब्दों में विषयवस्तु का उल्लेख करते हैं, लेकिन वह भी रूपवाद पर परदा डालने के लिए अथवा उस अभिप्राय के लिए, जिसे मनोविज्ञान में 'रेशनलाइजेशन' कहते हैं। यह तर्क भी विचित्र है : 'नया रूपविधान नये रागात्मक सम्बन्धों के कारण और नये रागात्मक सम्बन्ध नई सामाजिक परिस्थितियों के कारण।' ऊपर से देखने में सामाजिक आवश्यकता का परिणाम प्रतीत होने पर भी, प्रयोगों में सारा नया रूपविधान नये रागात्मक सम्बन्धों के नाम पर केवल समाज-निरपेक्ष मध्यवर्गीय व्यक्ति की मानसिक बीमारियों का सहानुभूतिपूर्ण और मोहक अलंकरण है। इसी आत्महीनता के कारण वे विषयवस्तु पर जोर नहीं देते। 'चोर नारि जिमि प्रगट न रोई'। गरज कि जिस प्रकार रूपविधान की चर्चा करते समय विषयवस्तु की समस्याओं में उतरना अनिवार्य हो जाता है, उसी प्रकार रूपविधान के साथ विषयवस्तु के अभिन्न सम्बन्ध अथवा उसके महत्त्व पर जोर देना आवश्यक है। यदि बड़े-से-बड़ा रूपवादी भी अपनी वकालत के लिए ही सही, विषयवस्तु और 'सामाजिक आवश्यकता' का सहारा लेने के लिए बाध्य है, तो इसका साफ मतलब है कि रूपविधान की अपेक्षा विषयवस्तु का महत्त्व अधिक है। इसीलिए प्रगतिशील समीक्षक साहित्य में विषयवस्तु की चर्चा अधिक करते हैं और उस पर जोर भी अधिक देते हैं।

हमारे साहित्य की महान परम्परा भी यही रही है। तुलसीदास ने भी विषयवस्तु की महत्ता पर ही अधिक बल दिया है :

*भनिति बिचित्र सुकबि कृत जोऊ।*
*राम नाम बिनु सोह न सोऊ॥*

अथवा

*हृदय सिन्धु मति सीप समाना।*
*स्वाति सारदा कहहिं सुजाना॥*
*जौ बरषइ वर बारि बिचारू।*
*होंहि कबित मुकुतामनि चारू॥*

यहाँ हृदय, मति और विचार का यह संघटन सोद्देश्य और साकांक्ष है—यों ही रूपक-निर्वाहमात्र नहीं है। 'सरल कवित कीरति विमल' का आदर्श रखनेवाले महाकवि ने स्पष्ट शब्दों में कहा है कि 'सो न होइ बिनु विमल मति'। कहने के लिए बात बड़ी चाहिए, ढंग तो उसके आवेग से स्वयं लिपटा आता है। भक्त कवियों के पास यही विशेष बात थी, जिसने बिहारी आदि कुशल शब्दशिल्पी कवियों से उन्हें ऊपर उठा दिया। भक्त कवियों को 'लोक-संग्रह' की चिन्ता अधिक थी; वे कवि दग्ध प्राणियों के उद्धार के लिए आकुल थे; उनकी कविता का आदर्श था : 'सुरसरि सम सब कहँ हित होई'। इसके विपरीत रीतिवादी कवि दिन-रात काव्यशास्त्र के नियमों और लक्षणों की चिन्ता में लीन थे, उन्हें ऊँचे आदर्श की परवा कहाँ? समाज के दुख-दर्द की ओर उनकी दृष्टि क्यों जाती? परिणाम सामने है। काव्य के रूपविधान की चर्चा न करते हुए भी भक्त कवियों ने ऊँची काव्य-क्रिया का उदाहरण रखा और रीतिवादी कवि दिन-रात उनकी साधना करने पर भी टापते रहे। प्रयोग-प्रिय आधुनिक कवियों को अपने इतिहास से सीख लेनी चाहिए। यह अभ्यास बहुत-कुछ वैसा ही है, जैसे कोई स्वस्थ होने के लिए घी-दूध-फल आदि पौष्टिक पदार्थों का सेवन न करके या तो योगासन और स्वास्थ्य-रक्षा आदि की पुस्तकों से नियम रटता रहे; अथवा उन नियमों का अभ्यास करे। यह प्रयत्न पेड़ काटकर पल्लव सींचने के समान है।

इसलिए निष्कर्ष यह निकला कि विषयवस्तु पर विशेष बल देना एकांगी होना नहीं है, बल्कि सही तरीका है; और रूपविधान पर जोर देना गलत है।

अब सवाल यह उठता है कि विषयवस्तु पर जोर देने के सही माने क्या हैं? कुछ लोग सिद्धान्तों के अनुकथन को ही ऊँची कविता समझते हैं। भक्त कवियों ने भी कहीं-कहीं अपने दार्शनिक सिद्धान्तों की पद्यबद्ध उद्धरणी की है। लेकिन सुधीजन जानते हैं कि उन महाकवियों की कीर्ति उन अनुवादों के कारण नहीं है। पन्त जी ने भी 'युगवाणी' की कुछ कविताओं में यही किया है। आगे चलकर उनके 'स्वर्ण-किरण', 'स्वर्ण-धूलि', 'उत्तरा' और 'रजत शिखर' में भी यही प्रवृत्ति पाई जाती है। इधर 'नवीन', 'दिनकर', उदयशंकर भट्ट को भी दार्शनिक सूक्तियाँ पद्यबद्ध करने की आदत पड़ने लगी है। प्रगतिशील काव्य तथा कथा-साहित्य के नाम पर भी इसी तरह कोरे मार्क्सवादी विचारों की अभिव्यक्ति हुई है। क्या विषयवस्तु पर जोर देने का अर्थ यही है? क्या कविता में महान विचारों की

अभिव्यक्ति का ढंग यही है? जवाब साफ है। स्वयं इन रचनाओं के कृती कवि और लेखक ही इसको हेय मानेंगे।

कहानियों और उपन्यासों में अभिप्रेत विचार को पात्रों के जीवन और उनके पारस्परिक सम्बन्धों के सजीव रूपों से सहज उद्‌भूत और ध्वनित होना चाहिए; निष्कर्ष को चित्रित प्रसंगों में अन्तर्भूत होना चाहिए, उन पर आरोपित नहीं। कविता में इन विचारों को सजीव चित्रों और प्रतिमाओं के रूप में व्यक्त होना चाहिए। लेकिन यह शक्ति कैसे आती है? विचार जिस प्रकार प्राप्त होता है, उसी प्रकार अभिव्यक्त भी होता है। यदि वह पुस्तकों से प्राप्त होता है, तो पुस्तकी ढंग से प्रकट होता है। यदि वह जनारण्य से दूर एकान्त कमरे में आरामकुर्सी के चिन्तन से प्राप्त होता है, तो रचना में भी एकान्त और वैयक्तिक चिन्तन का रूप लेता है, और यदि वह जीवन के संघर्षों में कुछ निछावर करने से प्राप्त होता है, तो उसी गर्मी, उसी ताजगी, उसी सजीवता, उसी सक्रियता तथा उसी मूर्तिमत्ता के साथ रूपायित होता है। साहित्य में इसी रूपायन का महत्त्व है।

व्यापक समाज से कटे हुए मध्यवर्गीय व्यक्ति की तरह उसके विचार भी अर्थ-उदास और निरंग होते हैं और इन अमूर्त विचारों को वहन करनेवाली रचना भी ऐकान्तिकता से अभिशप्त दिखाई पड़ती है। यह फल के उस रस की तरह होती है, जिसे सजीव फल में से निचोड़कर बोतल में बन्द कर दिया जाता है। उस निचोड़े हुए रस में भी मिठास होती है, लेकिन पल्लवों से सुशोभित छिलका, रेशा, गुठलीवाले सजीव फल की शोभा तथा सरसता और ही है। साहित्य में ऐसी ही सुषमा तथा ऐसे ही रस की महिमा है। यह तभी सम्भव है, जब साहित्यकार जीवन का सक्रिय उपभोग करे और उस भोग की बाधक शक्तियों से संघर्ष करे तथा साधक शक्तियों के सुख-दुख में भाग ले। जीवन का भली भाँति उपभोग करने के लिए आवश्यक है कि जीवन-सत्य को पूर्णत: समझ लिया जाए। क्योंकि :

*देह धरे को दंड है, सब काहू को होय।*
*ज्ञानी भुगतै ज्ञान करि, मूरख भुगतै रोय॥*

इसलिए साहित्य में विषयवस्तु पर बल देने का अर्थ है : यथार्थ जगत् के सत्य का पूर्ण और गहरा ज्ञान। इसी ज्ञान से जीवन के प्रति वह अडिग आस्था आती है, जो सम्पूर्ण साहित्य को अदम्य दीप्ति देती है। यह आस्था समाज के व्यापकतम सम्बन्ध और उन सम्बन्धों को वैज्ञानिक ढंग से समझने के प्रयत्न से ही सम्भव है।

आज हमारे सामने सबसे बड़ी समस्या यही है कि अधिकांश लेखक मध्यवर्ग के हैं—उस वर्ग के, जिसका सम्बन्ध व्यापक जनजीवन से दिन-पर-दिन कम होता

जा रहा है अथवा यह सम्बन्ध मानवोचित न होकर क्रमशः पण्यवस्तुपरक होता जा रहा है। अपनी साहित्यिक परम्परा का अध्ययन करने से पता चलता है कि व्यापक जनजीवन से साहित्यकार का अलगाव इतना अधिक पहले न था। व्यास, वाल्मीकि, कालिदास आदि संस्कृत कवियों तथा कबीर, सूर, तुलसी, आदि हिन्दी कवियों के युग में समाज इस गहराई तक विभाजित न था। गाँवों और नगरों के बीच ऐसी खाई न थी। मनुष्य-मनुष्य के बीच इस कदर बाजारू सम्बन्ध न था। यह अतीत के प्रति अन्धानुराग मात्र नहीं, बल्कि ऐतिहासिक तथ्य है। आधुनिक युग में भी रवीन्द्रनाथ, प्रेमचन्द, प्रसाद आदि के काल में मध्यवर्ग सामान्य जनजीवन से इतना विच्छिन्न न था। गांधी जी के नेतृत्व में राष्ट्रीय आन्दोलन ने गाँवों और नगरों को एक चेतन-धारा का रूप दे दिया था। इसीलिए उन सभी साहित्यकारों की वाणी में ओज, शक्ति, आशा तथा तरल आकांक्षा के अनेक धूपछाँही रूप सजीव हो उठे हैं। लोकगीतों की मार्मिकता का यही रहस्य है कि लोककवि अपने समाज का अभिन्न अंग होता है। लेकिन आज का साहित्यकार दो नावों पर है। एक ओर है उसके मध्यवर्ग का संस्कार और दूसरी ओर व्यापक जनजीवन से मिलने की आकांक्षा। उसमें अन्तर्द्वंद्व है। अनुभूति-प्रवण सभी साहित्यकार अनुभव करते हैं कि वर्तमान समाज-व्यवस्था साहित्य और कला की विरोधी है। इस व्यवस्था ने साहित्यकार के साथ-साथ, उसके साहित्य को भी पण्यवस्तु बना दिया है। एक अध्ययन सीरीजवाली पुस्तकों की निन्दा करना आसान है, लेकिन देखा जा रहा है कि चार साल पहले जो लोग उनके निन्दक थे, वही लोग आज दिल्ली, आगरा आदि नगरों के प्रकाशकों के तकाजे पर स्वयं भी छात्रोपयोगी समीक्षा-संग्रहों का कार्य कर रहे हैं। यही हाल है 'वासना और हत्या'-परक बाजारू उपन्यासों का। दोष इन साहित्यकारों का ही नहीं है, दोष है उस वणिग्-व्यवस्था का। दूसरी ओर वे शुद्ध साहित्यकार रो रहे हैं, जिनकी ऊँची (?) कला-कृतियों को कोई छाप नहीं रहा है और छाप भी रहा है तो वे बिक नहीं रही हैं; प्रायः अपनी पुस्तकें वे स्वयं छापने को बाध्य हो रहे हैं। अपनी 'शुद्धता' के सीमित दायरे में सिमटे हुए ये साहित्यकार भी वर्तमान सामाजिक व्यवस्था का दबाव अनुभव कर रहे हैं। सैद्धान्तिक चर्चा में प्रायः ऐसी बातों को बचा जाना ही अच्छा समझा जाता है। लेकिन यहाँ जानबूझकर ये बातें उन लोगों के लिए कही गई हैं, जो इस आर्थिक चक्की में पिसते हुए भी साहित्य-शास्त्र की चर्चा में 'साहित्य के आर्थिक आधार' पर बे-तरह भड़क उठते हैं।

साहित्यकार का दोष यही है। यथार्थ को देखते और अनुभव करते हुए भी, जब वह इस साहित्य-विरोधी व्यवस्था का विरोध करने के लिए वैज्ञानिक दृष्टिकोण से काम नहीं लेता, तो समझना चाहिए कि वह स्वयं अपने ही विरुद्ध है और अपने ही हितों का निषेध कर रहा है। साहित्य में विषयवस्तु पर जोर देने का यही

अर्थ है कि वह इस आत्म-सत्य को स्वीकार करे। जब तक वह इसे स्वीकार नहीं करता, उसमें वह आस्था नहीं आएगी, जो उसकी रचना को कलात्मक सौन्दर्य प्रदान कर सकती है।

इस सत्य का निषेध करके कुछ साहित्यकार व्यक्ति-स्वातंत्र्य का नारा बुलन्द करते हैं। वे इस पीड़ा को व्यक्ति की पीड़ा मानते हैं और सम्पूर्ण समाज को अपना दुश्मन समझते हैं। यह जग अराजकतावादी है। ये साहित्यकार वर्तमान से उतने पीड़ित नहीं हैं, जितने भविष्य से। इन्हें वर्तमान की सम्पूर्ण पीड़ा इसी सूत्र में दिखाई पड़ती है कि 'व्यक्ति-स्वातंत्र्य आज खतरे में है।' सामूहिक स्वातंत्र्य में ही सच्चा व्यक्ति-स्वातंत्र्य है, इस सत्य को वे नहीं समझ पाते। इस प्रकार भविष्य की स्वतंत्र जन-व्यवस्था से डरनेवाले ये साहित्यकार वर्तमान दासता की पीड़ा को झुठलाते हैं। दूसरे शब्दों में ये यथार्थ का निषेध करते हैं। ये आत्म-विरोधी साहित्यकार अपने देश की जनता के निकट जाने की बात न करके, सोवियत रूस की 'सेंसरशिप' की चर्चा बहुत करते हैं। वस्तुत: इन सभी बातों के मूल में है उनका चरम व्यक्तिवाद। उन्हें भय है कि जब सामान्य जन भी स्वतंत्र हो जाएँगे, तो उनके अबाध व्यक्ति-स्वातंत्र्य को धक्का लगेगा। लेकिन वे यदि थोड़ा रुककर समाज-निरपेक्ष अकेलेपन की पीड़ा, निराशा, उदासीनता, मानसिक कुंठा का विश्लेषण करते तो साम्यवादी देशों की 'सेंसरशिप' की फिजूल चर्चा छोड़कर अपने देश के सामान्य जन-स्वातंत्र्य में सक्रिय योग देने का प्रयोग करते। ऐसा न करना उनकी 'अनजानी गैर-ईमानदारी' है। वस्तुत: उनके 'भविष्य की कल्पना' ही गलत है। वे चाहते हैं कि इस परिवर्तन के बाद ऐसी व्यवस्था आए, जिसमें औरों की स्वतंत्रता चूल्हे-भाड़ में जाए, लेकिन उनको अबाध छूट मिले। इस तरह उनकी 'स्वतंत्रता' की धारणा ही गलत है। वह निषेधात्मक है; उसमें परस्पर सहकारिता का अभाव है। पारस्परिक सहयोग की पराकाष्ठा की प्राप्ति ही स्वतंत्रता है। ऐसे ही सहयोग और सुविधा में महान् व्यक्तित्ववाले युग-पुरुष तथा साहित्यकार पैदा होते हैं जिनके व्यक्तित्व में सम्पूर्ण समूह और जाति का पौरुष पुंजीभूत हो उठता है। ऐसे भविष्य का विश्वासी साहित्यकार अपनी रचना में महान् विषयवस्तु दे सकता है, क्योंकि उसकी जिस प्रतिभा-वल्लरी में ऐसे स्वप्न का फूल खिलनेवाला है, उसकी जड़ें वर्तमान जनजीवन के प्रयत्नों की यथार्थ भूमि में गहराई तक गई हैं।

लेकिन यहाँ तो कुछ साहित्यकारों को अपने ही सन्देहों से फुरसत नहीं है। और उसी को वे अपना धन समझते हैं। इसी कारण इन सन्देहवादी साहित्यकारों की कृतियों में जब घोर निराशाजनक लम्बे चित्रण के बाद अन्त में भावी समाज का काल्पनिक चित्रण आता है, तो वह एकदम अस्वाभाविक और आरोपित प्रतीत होता है। मानवतावाद की लम्बी-चौड़ी वार्ता के बाद भी मानव-जय का कोई मूर्त

रूप इनके सामने नहीं होता। मूर्त रूप नहीं होता, क्योंकि जनता की यथार्थ शक्ति से इनका परिचय नहीं है। अस्तु, उनका मानवतावाद खोखला, झूठा और आदर्शवादी है, क्योंकि उसमें यथार्थ की आग नहीं होती। इनका गोल-मोल और हवाई मानवतावाद बिलकुल निर्लिप्त और निर्विकार होता है; उसका किसी से विरोध नहीं है, वह सबका कल्याण मनाता है, यदि वह विरोध भी करता है, तो पाप, शोषण, दैन्य, कलुष आदि अमूर्त मनोविकारों का; वह मूर्त मानव-मूर्तियों का नाम लेते ही मौन हो जाता है। इस मानवतावाद का अभिप्राय कुछ-कुछ ऐसा है कि विचारमात्र से ही विचार बदल जाएँगे और फिर जगत भी आदर्श हो जाएगा; इन विचारों को सक्रिय रूप देने की बात वे सोच भी नहीं सकते, क्योंकि वहाँ कुछ लोगों से संघर्ष हो जाने की आशंका है। पन्त जी का नवीन मानवतावाद बहुत कुछ इसी तरह का है, जो मूलत: आदर्शवादी है।

इसमें तनिक भी सन्देह नहीं है कि जिसका मानवतावाद जितना ही अस्पष्ट और उलझा हुआ होगा, उसके साहित्य का रूपविधान भी उतना ही अस्पष्ट और उलझन पूर्ण होगा। सूक्ष्म मानवतावादी कवि सदैव 'सामान्य' बातें कहता रहेगा, क्योंकि 'विशेष' के चित्रण से खतरा है; फलत: 'विशेष चित्रों' और 'विशेष मानव-मूर्तियों' के अभाव में उसका सारा काव्य और कथा-साहित्य निर्जीव सामान्यीकरण-मात्र रह जाएगा। इसके विपरीत जिसका मानवतावाद जितना ही स्पष्ट और मूर्त होगा, उसके चित्रों और पात्रों में भी उतनी ही सजीवता होगी तथा उसकी भाषा भी उतनी ही सहज, स्वाभाविक, संवेद्य और ओजस्विनी होगी। हम दूसरों को धोखा दे सकते हैं, लेकिन अपने को नहीं; और जो साहित्यकार ऐसा करने का प्रयत्न करता है, वह तमाम शिल्प-ज्ञान के बावजूद अपनी कला को चौपट करता है।

इसलिए विषयवस्तु पर जोर देने का सही अर्थ है : मूर्त और ठोस रूप में युग-सत्य को पहचानना और स्पष्ट रूप से मानव-जय वाहिनी का पक्षधर होना।

युग-सत्य को मूर्त रूप में पहचानना ही काफी नहीं है; साहित्यकार के जीवन और साहित्य में वह जितनी प्रगाढ़ता से अन्तर्भूत रहेगा, उसकी रचना उतनी ही कलात्मक पराकाष्ठा पर पहुँचेगी। अनेक साहित्यकार ऐसे हैं, जो जनता की पार्टी के सक्रिय सदस्य हैं, जनवादी विचारों के अच्छे ज्ञाता तथा प्रवक्ता हैं, फिर भी वे अपने साहित्य में मध्यवर्गीय बीमारियों वाले कलाकारों के साथ हैं। इसी बात को लेकर कुछ लोगों का आरोप है कि वे ईमानदार नहीं हैं। बात ठीक है, यदि ठीक ढंग से कही जाए। यदि इसका अर्थ यह है कि वे मध्यवर्गीय बीमारियों का जो साहित्य लिखते हैं, उसी के अनुकूल अपने राजनीतिक विचार भी रखें, तो यह शुद्ध और तार्किक ईमानदारी, बेईमानी से बड़ा पाप—आत्महत्या है। यदि इस आरोप का अर्थ यह है कि वे जनवादी विचारों को क्रमश: व्यावहारिक जीवन और साहित्य

में अन्तर्मुक्त रूप से लाए, तो बात कुछ समझ में आती है और उनसे इतना ही कहा जा सकता है कि यह काम एक दिन का नहीं है। साहित्य का इतिहास इस बात का प्रमाण है कि जिन मध्यवर्गीय कवियों ने जिस क्रम से जनवादी शक्तियों के साथ तादात्म्य स्थापित किया है, उनकी कला उसी क्रम से स्वस्थ और सुन्दर होती गई है। विभाजित समाज में तादात्म्य का यह कार्य अपेक्षाकृत मद्धिम होता है क्योंकि साहित्यकार के मार्ग में अनेक व्यक्तिगत और सामाजिक बाधाएँ आती हैं। जब तक सामाजिक अन्तर्विरोध दूर न होगा, व्यक्ति-जीवन का भी अन्तर्विरोध दूर न होगा और जब तक व्यक्ति-जीवन का यह अन्तर्विरोध दूर न होगा, साहित्य की विषयवस्तु और रूपविधान में भी यह अन्तर्विरोध बना रहेगा।

यह अन्तर्विरोध किसी मनोवैज्ञानिक प्रक्रिया से दूर नहीं हो सकता; यह तो तभी दूर होगा, जब मानव-मानव के बीच स्वस्थ और सहज सामाजिक सम्बन्ध होगा, परस्पर सौहार्द और सहयोग की भावना होगी। अस्तु, ऐसा समाज-निर्माण जिस क्रम से होता जाएगा, मध्यवर्गीय साहित्यकार का अन्तर्विरोध भी उसी क्रम से दूर होता जाएगा। इसलिए तर्कसंगत यही है कि साहित्यकार इस सामाजिक परिवर्तन में अधिक-से-अधिक सक्रिय योग दे। साहित्यकार जीवन-संग्राम का योद्धा होता है, तटस्थ दर्शक नहीं।

यहाँ सहज ही यह प्रश्न पूछा जा सकता है कि सोवियत रूस, नये चीन आदि देशों में, जहाँ यह सामाजिक अन्तर्विरोध लगभग दूर हो चुका है, साहित्य-सृजन की क्या प्रगति है? सोवियत संघ की ही बात लें। पहली बात तो ध्यान में रखने योग्य यह है कि शेष संसार के दो-तिहाई पूँजीवादी देशों से घिरा हुआ वह भू-भाग समाजवादी व्यवस्था का लाभ उठाता हुआ भी, प्रतिपल युद्ध की आशंकाओं से सतर्क रहा है। इससे सच्चे अर्थों में सामाजिक अन्तर्विरोध वहाँ भी दूर नहीं हो सका है। वह तो विश्व जनता की मुक्ति से ही सम्भव है। दूसरी बात यह है कि उत्पादन के साधनों में उन्नति के समानान्तर ही साहित्य और कला में उन्नति नहीं होती। सामाजिक और साहित्यिक विकास में घनिष्ठ सम्बन्ध और किंचित् समानान्तरता भी अवश्य है, किन्तु साहित्यिक श्रेष्ठता उत्पादन की उपलब्धि के स्तर की अपेक्षा सामाजिक यथार्थ और साहित्यकार के सम्बन्ध पर अधिक निर्भर होती है। इन दो कारणों को ध्यान में रखते हुए यह निस्सन्देह कहा जा सकता है कि सोवियत साहित्य ने स्वस्थ और सशक्त विषयवस्तु तथा सहज रूपविधान के क्षेत्र में निश्चय ही उन्नति की है, विशेषत: कथा-साहित्य के क्षेत्र में। प्राप्त अनुवादों के आधार पर हम इतना ही कह सकते हैं। तीसरी बात यह है कि वहाँ अभी सामान्य जनजीवन के निम्नतम साहित्यिक स्तर से काम शुरू हुआ है और क्रमश: जनशिक्षा के माध्यम से उसे ऊपर उठाया जा रहा है। उस साहित्य को मध्यवर्गीय मानों से मापना अनुचित होगा। फिर भी फिल्म-चित्रकला के क्षेत्र में

सोवियत भूमि ने इस समय के सभी देशों की कलाकृतियों को चुनौती दी है। फिल्म-चित्रकला की यह उन्नति उत्पादन के साधनों के अनुरूप ही है। वस्तुत: यांत्रिक उन्नति उन कलाओं के विकास में प्रत्यक्ष योग देती है, जिनके निर्माण में यांत्रिक साधनों का अपेक्षाकृत अधिक उपयोग होता है। साहित्य में ऐसा नहीं होता, इसलिए उसका विकास प्राय: परोक्ष और मन्दतर होता है। यही कारण है कि उत्पादन के साधनों के अल्प-विकसित प्राचीन युग में भी ऋग्वेद, महाभारत, रामायण जैसी महान काव्य-कृतियाँ उत्पन्न हो गईं और आधुनिक युग इतनी यांत्रिक उन्नति के बाद भी उस कोटि की रचनाएँ न दे सका क्योंकि यह औद्योगिक युग उस कोटि के सुघटित सामाजिक संगठन और परस्पर सौहार्द की रक्षा न कर सका।

इसलिए सोवियत संघ में यदि साहित्यिक श्रेष्ठता सामाजिक विकास के अनुपात में कम हो, तो इससे यह निष्कर्ष नहीं निकलता कि समता और स्वतंत्रता पर आधारित समाज-व्यवस्था को साहित्य अनिवार्यत: श्रेष्ठ नहीं हो सकता। श्रेष्ठ समाज में श्रेष्ठ साहित्य-रचना का सिद्धान्त सत्य है; परन्तु उसमें साहित्यकार की सामाजिक यथार्थ-सम्बन्धी धारणा तथा शक्ति को भी ध्यान में रखना होगा। ऐसे सुविधा-प्राप्त समाज में यदि साहित्यकार साहित्य परम्परा तथा शब्दशिल्प का अच्छा अभ्यासी है और जीवनानुभवों का जागरूक द्रष्टा है, तो निश्चय ही श्रेष्ठ कलाकृतियाँ दे सकता है।

सूर, तुलसी, प्रेमचन्द आदि महान साहित्यकारों ने वर्ग समाज में रहते हुए भी जो महान कृतियाँ दी हैं, उसका कारण गरीबी नहीं, बल्कि सामाजिक यथार्थ की सच्ची पकड़ तथा मानव-जय के प्रति अदम्य विश्वास रहा है। इससे यह निष्कर्ष निकालना तर्क का दिवाला निकालना होगा कि गरीबी में ही महान साहित्य की रचना हो सकती है। भूलना नहीं चाहिए कि गरीबी ने अनेक प्रतिभाओं को असमय ही पीस भी दिया। जिस तरह शकटार अपने पुत्रों का सत्त खाकर महापद्म नन्द के अन्ध कारावास से प्रतिकार के लिए ऊपर उठा था, उसी प्रकार अपने युग की अनेक पीड़ित आत्माओं को, नष्टप्राय शक्तियों के पुंज को, अपने में समेटकर उनके प्रतिनिधि-स्वरूप ये महाप्राण व्यक्ति ऊपर उठे थे।

इधर साहित्यकार के जीवन और साहित्य के अलगाव की भी बात उठाई जाती है और उसे सैद्धान्तिक रूप देने के लिए इलियट का वह सूत्र रखा जाता है कि कलाकार जितना ही पूर्ण होगा, उतना ही उसके भीतर भोगनेवाले प्राणी और रचनेवाली मनीषा का पृथकत्व होगा। इस बात को यदि इतने ही तक लिया जाए कि साहित्यकार की अपनी रचना अपने व्यक्तिवाद के उभार का निषेध करे, तब तो ठीक है। कीट्स ने इसी बात को 'निगेटिव-कैपेबिलिटी' कहा है। टॉल्स्टॉय, चेखव, प्रेमचन्द आदि माने हुए कथाकारों के चरित्र-चित्रण में यह विशेषता देखी जा सकती है। आज के उपन्यासकारों की तरह उनमें हर जगह 'निजीपन का

आरोप' नहीं है। लेकिन उस सूत्र की आड़ में यदि यह कहा जाए कि साहित्यकार अपने जीवन में चाहे जिस विचार का हो, चाहे जिन राजनीतिक दलों से सम्बद्ध हो परन्तु अपने साहित्य में उससे भिन्न चित्रण कर सकता है तो गलत होगा। साहित्यकार 'अनजाने' ही प्रगतिशील होता है। यह बात प्रगतिशील समीक्षकों की ओर से भी उठाई जाती है। प्रेमचन्द ने 'अखिल भारतीय प्रगतिशील लेखक संघ' की प्रथम बैठक में यही कहा था कि साहित्यकार स्वभावत: प्रगतिशील होता है। उसका मतलब यही है कि प्रेमचन्द जी अपनी बात कह रहे थे और वे मानव हित के साथ इतने घुल-मिल गए थे कि दूसरों के सम्बन्ध में अन्यथा सोच भी नहीं सकते थे और जो लोग 'अनजानी प्रगतिशीलता' की बात कहते हैं, उनके दिमाग में लेनिन द्वारा की हुई टॉल्स्टॉय की वह समीक्षा है, जिसमें टॉल्स्टॉय को उसके धार्मिक विचारों के बावजूद रूसी क्रान्ति का दर्पण कहा गया है। लेकिन ऐसे समीक्षक सामाजिक विकास के ऐतिहासिक सोपानों को भूल जाते हैं। टॉल्स्टॉय अथवा प्रेमचन्द के समय सामाजिक संघर्ष इतना तीव्र न था और न साहित्यकार के सामने तीखे राजनीतिक मतवादों का निमंत्रण था। सामाजिक यथार्थ की समस्या भी उस समय इतनी गूढ़ न थी। फलत: वैज्ञानिक दृष्टिकोण के अभाव में भी प्रत्यक्ष जीवनानुभव के बल पर वे महान साहित्यकार यथार्थ का अंकन कर गए। आज ऐसी स्थिति नहीं है। साहित्यकार अपनी वैयक्तिकता के प्रति इतना सचेत है कि यथार्थ पर उसका आरोप किये बिना नहीं चूकता। ऐसी दशा में यह आवश्यक है कि उसके जीवन और साहित्य को तुलनात्मक रूप से देखा जाए। नित्य तीखे होते हुए सामाजिक संघर्ष में जिस तरह हवाई मानवतावाद का नारा नहीं चल सकता, उसी तरह 'अनजानी प्रगतिशीलता' का नारा भी धोखा है।

इस प्रकार हिन्दी साहित्य में इस समय कलात्मक सौन्दर्य की प्राप्ति के लिए समीक्षकों और कृती साहित्यकारों के सम्मुख ये बातें स्पष्ट हो जानी चाहिए— रूपविधान पर विशेष बल देना गलत है। विषयवस्तु पर बल देना ही सही है।

विषयवस्तु पर बल देने का अर्थ है—कलाकार द्वारा वास्तविक जगत के यथार्थ का यथासम्भव पूर्णतम और गहरा ज्ञान।

यथार्थ का पूर्ण ज्ञान योग-समाधि और इलहाम से नहीं हो सकता। मार्क्सवादी सिद्धान्तों के अध्ययन-मात्र से भी नहीं हो सकता। किसी वैज्ञानिक दृष्टि अथवा विवेक के बिना सांसारिक संघर्षों में इधर-उधर ठोकरें खाने से भी नहीं हो सकता। वैज्ञानिक-सामाजिक दृष्टिकोण के साथ जीवन-संग्राम में सक्रिय भाग लेने से ही यथार्थ का पूर्ण और गहरा ज्ञान हो सकता है।

इस परिवर्तमान परिस्थिति में 'अनजानी प्रगतिशीलता' का नारा काम नहीं दे सकता।

स्पष्ट और सचित्र रूपविधान के लिए आवश्यक है कि यथार्थ की परख बहुत

ठोस और स्पष्ट हो; सामान्य सिद्धान्तों के रूप में नहीं, बल्कि विशेष मानव मूर्तियों और स्थितियों के रूप में हो।

सामयिक यथार्थ का ज्ञान होना ही काफी नहीं है, बल्कि भावी स्वप्न का स्वरूप भी स्पष्ट रहना चाहिए, जिस पर लेखक की आस्था हो।

वर्तमान की परीक्षा और भविष्य की कल्पना के साथ साहित्यकार में अतीत की महान साहित्यिक परम्परा का जीवित बोध और स्वायत्तीकरण भी होना चाहिए।

साहित्यकार का वर्तमान, भविष्य और अतीत के साथ जितना घनिष्ठ सम्बन्ध होगा, उसकी रचना भी उतनी ही महान होगी।

['इतिहास और आलोचना' में संकलित]

# भ्रम और वास्तविकता

कुछ लेखकों का भ्रम है कि 'प्रवृत्ति' (Tendenciousness) के कारण साहित्य का छायापन नष्ट हो जाता है इसलिए 'प्रवृत्ति' से दूर ही रहना चाहिए। इस तरह उनकी प्रवृत्ति साहित्यिक छाया को सामाजिक वास्तविकता से भरसक दूर से दूरतर और फिर दूरतम ले जाने की ओर है। एवमस्तु। ऐसी दूरवर्ती छाया तो अपने-आप समाज से दूर रहेगी, लेकिन हम चाहते हैं कि उनकी यह 'प्रवृत्ति' भी समाज से नहीं, तो पहले स्वयं उन्हीं से दूर हो जाए। और इसके लिए उन्हें दूर नहीं जाना होगा।

सिद्ध, संत-भक्ति और छायावादी काव्य अपनी छाया की सुदूरता के लिए प्रसिद्ध हैं। सिद्ध कवियों की प्रवृत्ति योग की थी। वे सम्पूर्ण ब्रह्मांड को अपने पिंड की काया में देखते थे। उनकी कविता में कुंडलिनी, अष्टचक्र, ब्रह्मरन्ध्र इत्यादि की ही चर्चा अधिक मिलती है। तत्कालीन समाज से इन बातों का क्या सम्बन्ध है? आचार के क्षेत्र में जो बाहरी आडम्बर का विरोध करते थे और जाति-सम्बन्धी ऊँच-नीच के भेद को मिटाना चाहते थे, उनका इन योगपरक चित्रों से क्या सम्बन्ध है? बेशक यह छाया बहुत दूर है जिसको सामाजिक वास्तविकता के निकट ले आने का काम मेहनत का है। लेकिन इस गुह्य छाया के मूल में सिद्धि की योग-प्रवृत्ति है, इसे समझने में कठिनाई नहीं होनी चाहिए।

कबीर भी एक ओर तो हिन्दुओं-मुसलमानों के बाहरी आडम्बर का विरोध करते थे और जात-पाँत के ढकोसले को दूर कर सबमें प्रेम-भावना का प्रचार करते थे लेकिन दूसरी ओर बेहद्दी मैदान की भी सैर करते थे जिसमें बारहों मास बसंत रहता है, जहाँ जाति-बरन-कुल नहीं हैं, जहाँ देह-मिलावा तो नहीं होता लेकिन सबद-मिलावा जरूर होता है। कभी-कभी वे अपने भीतर के गगन में गहीर-गम्भीर बादलों की गरज सुनते हैं और उनसे बरसनेवाले प्रेम के अमृत में भींगते भी हैं। साहित्यिक छाया-प्रतीक उनके सामाजिक विचारों से जो इतने दूर जा पड़े, वह कैसे? इस उलटबाँसी के मूल में उनकी साधना-भक्तिवाली प्रवृत्ति नहीं तो क्या थी?

सूर ने भगवान कृष्ण की लीलाओं का जो अलौकिक रूप खड़ा कर दिया और ज्ञान-योग-मूर्ति उद्धव का निर्माण करके प्रेम-मूर्ति गोपियों द्वारा उन्हें परास्त करवाया तो उस सम्पूर्ण पौराणिक आख्यान तथा लीला-जगत् का सम्बन्ध तत्कालीन

सामाजिक अवस्था से क्या था? वे सारी लीलाएँ भगवान की ही हैं, या उनमें यह आकांक्षा भी छिपी हुई है कि संसार में ये सभी लीलाएँ उतर आएँ? भगवान कृष्ण इतनी मनोहर लीला करने के लिए धरती पर अवतार क्यों लेते हैं? अपने साथ वे सम्पूर्ण देव़लोक लेकर ब्रज में क्यों आते हैं? सारा देवलोक ब्रजमंडल में आकर गोप-गोपी क्यों बनता है? कृष्ण की सरल शिशु-लीलाओं से ब्रजमंडल को इतना आनन्दित क्यों किया गया है? वह कौन-सा दुख है जिसे भुलाने के लिए शैशव की निश्चिन्त सरलता का इतना आमोदपूर्ण संसार रचा गया? ज्ञान-योग ने वह कौन-सा दुख फैला दिया है कि सर्वत्र प्रेम का सरल मार्ग बनाया जा रहा है? अपने समाज को सुख के इस सूर-सागर में रसमग्न करने के लिए सूर ने भगवान का आश्रय क्यों लिया? विनय के पदों की व्यथा को उन्होंने लीला-पदों के आनन्द में क्यों उलट दिया? क्या यह सब अकारण और अचानक है? क्या इसके पीछे सूर की पुष्टिमार्ग-पुष्ट-सगुण प्रवृत्ति नहीं है?

तुलसीदास ने कलिकाल की सारी व्यथा-कथा कहने के लिए 'विनय-पत्रिका' लिखी तो भगवान राम के दरबार में भेजी। उन्हें विश्वास था कि उनके राम उस पर सही कर देंगे। सारा संसार उनके लिए भ्रम था। वास्तविक थे तो राम। संसार के सभी नाते-रिश्ते उनकी आँखों में स्वार्थ पर आधारित थे और नाता था तो एक राम से! राम ही उनके स्वामी, पिता, सुहृद, बन्धु—सब कुछ थे। उनका विश्वास था कि सामाजिक मर्यादाओं की स्थापना के लिए भगवान राम ने अवतार लिया है और फिर उन्होंने अवतारी राम की सामाजिक मर्यादाओं के आदर्श का ऐसा वर्णन किया, जैसे वे वास्तविक हों! परिवार, समाज और राज्य-सम्बन्धी अपनी मान्यताओं को तुलसी ने सामाजिक स्तर पर चित्रित न करके भगवान के अवतारी स्तर पर क्यों किया? क्या इसके पीछे उनकी विशेष दार्शनिक प्रवृत्ति नहीं थी?

यह तो हुई मध्ययुग की बात। आधुनिक युग के छायावादी कवि कभी क्षितिज के पार और कभी असीम और अनन्त में क्यों उड़ते दीखते हैं? उनकी कविताओं में कहीं-कहीं रहस्य का झीना परदा क्यों दिखाई पड़ता है? नदी है तो समुद्र से मिलने के लिए दौड़ रही है। आकाश है तो जगती का निर्बाध आवरण बन जाता है। प्रियतम कभी गोधूलि के प्रकाश में आते हैं और कभी तम के परदे में। तारे मौन निमंत्रण देते हैं और तम के पार कोई दिखाई पड़ता है। जिस समय देश में स्वाधीनता के लिए संघर्ष चल रहा हो, इस प्रकार की बातें करना कहाँ तक संगत है? समसामयिक स्थिति से इस छायालोक का क्या सम्बन्ध है? यह छायालोक समाज से कितनी दूर है? लेकिन दूसरी ओर उसी छायायुग में उन्हीं कवियों ने बादल-राग, विधवा के प्रति, भिक्षुक, दान जैसी कविताएँ भी लिखीं। इन सामाजिक कविताओं से वे छायामयी कविताएँ इतनी दूर क्यों हैं? जहाँ छायालोक है, वहाँ क्या कोई प्रवृत्ति नहीं है? रहस्यवादी प्रवृत्ति की अभिव्यक्ति वह नहीं है तो क्या है?

साहित्य के इन तमाम छाया-चित्रों की एक विशेषता तो यह है कि ये अपनी सामयिक परिस्थिति से काफी दूर प्रतीत होते हैं और दूसरी विशेषता यह है कि ये छायाचित्र प्राय: उलट गए हैं—मनुष्य की जगह भगवान का चित्र आ गया है और समाज की जगह रहस्यलोक का। दुख की जगह सुख ने ले ली तो अव्यवस्था की जगह मर्यादा ने और सीमा की जगह असीम ने। जिन छायाचित्रों को हम आज भ्रम समझते हैं, उन्हीं को वे कवि वास्तविक समझते थे। समाज को देखने का उनका दृष्टिकोण ऐसा था कि हर चीज उलटे रूप में दिखाई पड़ती थी। मर्यादा की भावना तुलसी में पैदा तो हुई अपनी समसामयिक सामाजिक अवस्था से, लेकिन उन्होंने समझा कि मर्यादा की स्थापना अवतार लेकर राम करेंगे। मतलब यह कि सामाजिक मर्यादा ऊपर से उतरेगी। आधुनिक युग में पन्त जी ने अपनी 'ज्योत्स्ना' में भी सुन्दर मानव-मूर्तियों का अवतार आकाश से करवाया है। क्या यह पन्त जी की 'यूटोपियन' प्रवृत्ति का परिणाम नहीं है?

लेकिन जिस लेखक की मति स्वयं उलट गई हो, वह छायाचित्रों के निर्माण में साहित्यकार की प्रवृत्ति का हाथ नहीं देख सकता। इस उलटी मति का सबूत यह है कि छाया-निर्माण को वे छाया के अपने नियमों का परिणाम मानते हैं, गोया छायाएँ भी नियम बनाने की क्षमता रखती हैं! मतलब यह कि जिस नियम से साहित्यकार ने साहित्य की छाया बनाई, उससे भिन्न कोई अन्य नियम हैं जिन्हें साहित्यिक छाया ने बनाए हैं। छाया ने अस्तित्व में आने से पहले नियम कैसे बना लिये? मति की उलटबाँसी इसी को कहते हैं। अपनी मति को उलटे छाया पर थोप दिया—जो कार्य स्वयं किया, उसे छाया का कार्य मान लिया। जिस तरह संतों ने अपने आदर्श को भगवान का आदर्श मान लिया, उसी तरह उलटी मति के आलोचकों ने अपनी पलायनवादी प्रवृत्ति को साहित्य पर थोप दिया। इसी भ्रम के कारण यह सिद्धान्त सामने आया कि श्रेष्ठ साहित्य तो सामयिकता से दूर रहता है और इस दूरी का कारण साहित्य का अपना नियम है। जो लेखक स्वयं सामयिक परिस्थितियों से भागता है और पलायनवादी साहित्य रचता है, वह अपनी पलायनवादी प्रवृत्ति पर पर्दा डालने के लिए कहता है कि साहित्य तो अपनी प्रवृत्ति के कारण समाज से दूर रहता है। दूसरे शब्दों में यही तर्क 'शुद्ध साहित्य' वालों का है। साहित्य की सत्ता साहित्यकार से अलग नहीं है, इसलिए साहित्य के नियमों की भी सत्ता साहित्यकार के दृष्टिकोण से भिन्न नहीं है। साहित्य में पलायनवाद साहित्यकार के पलायनवाद की छाया है।

साहित्य को समाज की छाया कहना आसान है लेकिन उस छाया को समाज में बदलकर देखना सबके लिए आसान नहीं है। साहित्य में समाज की छाया कभी-कभी इतनी उलटी पड़ती है कि शीर्षासन करनेवालों को एकदम सीधी दिखाई पड़ती है। इसलिए साहित्य की उलटी छाया को सीधे ढंग से सामाजिक छाया के रूप में देखने के लिए स्वयं पैर के बल खड़ा होना बहुत जरूरी है। जो स्वयं विचार पेश

करने का अनुभव नहीं करते बल्कि विचारों से पैदा होते हैं, वे मध्ययुगीन संतों द्वारा पैदा किए भगवान से मनुष्य को नहीं अलगा सकते।

मिसाल के तौर पर तुलसीदास की 'विनय-पत्रिका' को लें। अधिकांश आधुनिक युवक उसे भगवद्-भजन समझकर मुँह मोड़ लेते हैं। भगवान के सामने एक कवि का इस तरह विलाप करना नये लोगों को नहीं सुहाता। विलाप की गम्भीरता इसलिए भी कम हो जाती है कि सम्पूर्ण दुखों का मूल इन्द्रियों और काम, क्रोध, मद, लोभ, मोह इत्यादि मनोविकारों को कहा गया है। दिलचस्पी कम होने का कारण यह भी है कि सब-कुछ निवेदन कर चुकने के बाद अधिकांश पदों के अन्त में भगवान की कृपा अथवा भक्ति की याचना की गई है।

लेकिन ये उलटी तसवीरें हैं। तसवीर को सीधा करने पर लगेगा कि वास्तविक वस्तु तो यहाँ मानवीय वेदना ही है और वह वेदना अपने ही हृदय द्वारा निर्मित एक श्रद्धा-विश्वासमय आदर्श के सम्मुख प्रकट होती है। वेदना की इस अभिव्यक्ति में कितनी आत्मीयता और गोपनहीनता है! इस वेदना की भावभूमि भी अत्यन्त व्यापक है। न तो यह प्रेम की विरह-वेदना है, न किसी छुद्र अभाव की। वेदना है शान्तिपूर्ण और सात्त्विक जीवन बिताने की। यह अनुभूति एकदम निजी भी नहीं। इसके साथ सम्पूर्ण समाज की व्यथा घुली-मिली है। अपने उद्धार के साथ सबके उद्धार की चिन्ता है। यह अशान्ति सर्वथा धार्मिक और मनोविकार-जनित ही नहीं है, लोकजीवन में व्याप्त आर्थिक, सामाजिक और नैतिक अशान्ति की भी यथास्थान छाया है। 'विनय-पत्रिका' की वेदना के पीछे उससे मुक्त होने की जो प्रबल आकांक्षा और दृढ़ विश्वास है, वह मन पर अमिट छाप छोड़ जाता है।

'विनय-पत्रिका' पढ़ते समय धर्म के बारे में कहे हुए मार्क्स के वे वाक्य याद आते हैं कि धार्मिक पीड़ा एक साथ ही वास्तविक पीड़ा की वास्तविक अभिव्यक्ति और वास्तविक पीड़ा के विरुद्ध विद्रोह भी है। धर्म दबाए गए जीवों की आह है, हृदयहीन संसार की भावना है और आत्माहीन परिस्थितियों की आत्मा है।

वास्तविक पीड़ा धार्मिक पीड़ा का रूप क्यों ले लेती है, इस भ्रम पर प्रकाश डालते हुए मार्क्स ने कहा है कि धर्म, सचमुच, ऐसे मनुष्य की आत्म-चेतना और आत्म-कल्पना है जिसने या तो अपनी अस्मिता प्राप्त ही नहीं की या फिर उसे खो दिया।

भक्ति काव्य में समाज की वास्तविक स्थिति इस प्रकार उलटकर धार्मिक-नैतिक रूप में व्यक्त इसलिए हुई है कि भक्त कवियों का दृष्टिकोण मध्ययुग के सामाजिक विकास से सीमित था। उस समय तक मनुष्य ने प्रकृति पर इतनी विजय प्राप्त न की थी और न तो विज्ञान का इतना विकास ही हुआ था कि भगवान के स्थान पर 'मानव' की प्रतिष्ठा हो पाए। यह कार्य तो आधुनिक बुद्धिवादी आन्दोलन के साथ शुरू हुआ। संतों का भ्रम ऐतिहासिक परिस्थितियों द्वारा निर्धारित और सीमित है।

दृष्टिकोण की सीमा के कारण सामाजिक वास्तविकता का भ्रमपूर्ण चित्रण तो अब तक के प्राय: सभी साहित्यकारों ने किया है लेकिन उनमें से कुछ का भ्रम इतिहास-समर्थित है और कुछ का इतिहास-विरोधी है। मानव समाज के इतने विकास पर भी आज के कुछ साहित्यकार जिस प्रकार अन्तर्मुखी अथवा छायानिवासी हो रहे हैं, उसे देखकर तो यही कहना पड़ता है कि इनके लिए अब तक की सभी औद्योगिक, सामाजिक और राजनीतिक क्रान्तियाँ कभी हुईं ही नहीं।

मनुष्य अपने पूर्ववर्ती 'भ्रमों' से क्रमश: मुक्त होता हुआ आगे बढ़ रहा है। मनुष्य का इतिहास 'भ्रमों' का इतिहास नहीं बल्कि भ्रमों के विरुद्ध वास्तविकता की विजय का इतिहास है। वास्तविकता के ये भ्रमपूर्ण चित्र वस्तुत: एक युग के आदर्श हैं। इन आदर्शों की गुठली पर ही समय-समय पर वास्तविकता का सुन्दर रूप सामने आया है। इस गुठली को छोड़ते हुए मानव आगे बढ़ता आया है। पिछले युग की वास्तविकता में निहित आदर्श का खंडन हम इसलिए करते हैं कि उसे बदलकर किसी दूसरे आदर्श का निर्माण करना चाहते हैं। हमारी आवश्यकता हमारे आदर्शों को उत्पन्न भी करती है और समाप्त भी।

कबीर ने जब कहा था :

*शुन्य मरे, अजपा मरे, अनहद हू मरि जाय।*
*राम सनेही ना मुवै, कह 'कबीर' समझाय॥*

तो शून्य, अजपा, अनहद आदि के बहाने वे आदर्श मात्र के मरने की बात कह रहे थे। नहीं मरनेवाला है तो राम का स्नेही मानव। भगवान मर सकते हैं लेकिन उनका भक्त मानव अमर है। आदर्श मर जाते हैं, स्नेह अमर रहता है; और यही स्नेह साहित्य की अक्षय अजस्र रसधारा है। यह रसधारा मानव-हृदय से निकली है और मानव-हृदयों में होकर बह रही है। 'तुलसी का भक्ति-मार्ग' निबन्ध में इसी मानव-सत्य का उद्घाटन करते हुए आचार्य शुक्ल ने आज से पच्चीस साल पहले कहा था कि 'उनका शस्त्र भी मानव-हृदय है और लक्ष्य भी।' इस वास्तविकता पर जोर देते हुए उन्होंने एक जगह फिर कहा है कि 'हम तो जगत के बीच हृदय के सम्यक् प्रसार में ही भक्ति का प्रकृत लक्षण देखते हैं क्योंकि राम की ओर ले जानेवाला रास्ता इसी संसार से होता हुआ गया है।'

रास्ता कोई अपनाइए लेकिन जाए वह संसार से ही होता हुआ; सम्भव है, यहाँ इतिहास के पथ पर बढ़ती हुई जनवाहिनी का पंथ मिल जाए!

['इतिहास और आलोचना' में संकलित]

# लोक और शास्त्र

प्रसिद्ध अंग्रेज इतिहासकार वेंसन स्मिथ ने 'भारत का इतिहास' लिखा था। हमारे समय में वेंसन स्मिथ का इतिहास स्कूलों में पढ़ाया जाता था और क्लासिक माना जाता था। इनकी मुख्य स्थापना यह थी कि भक्ति आन्दोलन मुसलमानों के प्रति हिन्दुओं की प्रतिक्रिया थी। भारतीय स्थापत्य और कला पर अनेक ग्रंथ लिखनेवाले अंग्रेज इतिहासकार हेवेल की भी यही स्थापना थी। आचार्य हजारी प्रसाद द्विवेदी ने 'हिन्दी साहित्य की भूमिका' में लिखा है : 'प्रोफेसर हेवेल ने अपने 'हिस्ट्री ऑफ आर्यन रूल' में लिखा है कि मुसलमानी सत्ता के प्रतिष्ठित होते ही हिन्दू राजकाज से अलग कर दिये गए। इसलिए दुनिया के झंझटों से छुट्टी मिलते ही उनमें धर्म की ओर, जो उनके लिए एकमात्र आश्रय स्थल रह गया था, स्वाभाविक आकर्षण पैदा हुआ। यह गलत व्याख्या है।' इसलिए भक्ति आन्दोलन को मुसलमानों के विरुद्ध प्रतिक्रिया बताने की जिम्मेदारी मूलत: साम्राज्यवादी इतिहासकारों पर है। इस विचारधारा का आभ्यन्तरीकरण हमारे यहाँ के विद्वानों ने कर लिया था। चाहे वे इतिहास के विद्वान हों या साहित्य के इतिहासकार हों, इस तर्कमूल धारणा को चुनौती देनेवाले विद्वानों में हिन्दी साहित्य में सबसे पहले आचार्य हजारी प्रसाद द्विवेदी थे, जिन्होंने इतिहास के साँचे को बदला कि हिन्दी साहित्य का इतिहास हिन्दू-मुस्लिम संघर्ष के ढाँचे पर नहीं लिखा जाना चाहिए और न ही ऐसा लिखा जा सकता है। हिन्दी साहित्य पर विचार करने का साँचा और ढाँचा बिलकुल दूसरा होगा। जब कोई साँचा बदलता है तो ऐसे युगान्तकारी या क्रान्तिकारी परिवर्तन होते हैं।

इसलिए 'हिन्दी साहित्य की भूमिका' केवल आचार्य रामचन्द्र शुक्ल के इतिहास में यत्र-तत्र कुछ संशोधन ही नहीं करती बल्कि हिन्दी साहित्य के इतिहास के पूरे ढाँचे को पहली बार चुनौती देती है और उस ढाँचे से हटकर नये ढाँचे में सोचने की दिशा देती है। द्विवेदी जी ने कहा है कि यदि अगली शताब्दियों में भारतीय इतिहास की अत्यधिक महत्त्वपूर्ण घटना अर्थात् इसलाम का विस्तार न भी घटी होती तो भी वह इसी रास्ते आता। उसके भीतर की शक्ति उसे इसी स्वाभाविक विकास की ओर ठेले लिये जा रही थी। द्विवेदी जी की यह धारणा स्थापना मात्र भर नहीं है बल्कि उनके चिन्तन का विकास भारतीय चिन्तनधारा का स्वाभाविक विकास है। वीरगाथाएँ

पूर्ववर्ती अपभ्रंश-काव्यों की परम्परा में भक्ति की परम्परा का ही एक सुदृढ़ अध्याय है। यह परम्परा महाभारत काल से चली आ रही है। 'गीता' इसका उदाहरण है। 'श्रीमद्‌भगवत गीता' में पहले भी लिखा गया था। मुसलमानों के आने का इससे कोई सम्बन्ध नहीं है। इसलिए सगुण हो या निर्गुण भक्ति, वह सिर्फ वीरगाथा की परम्परा या प्रतिक्रिया भर नहीं है, बल्कि चिन्तनधारा का स्वाभाविक विकास है। इसलिए रीतिकाल या लक्षण ग्रंथों के अलंकार शास्त्र की परम्परा के सन्दर्भ में द्विवेदी जी ने कहा कि 'गाथा सतसई' या 'अमरूक शतक' नया नहीं है। इसलिए भक्ति को इसलाम की प्रतिक्रिया के रूप में देखना और वीरगाथा के पात्रों को मुसलमान की चढ़ाइयों से जोड़कर देखना, सतही चीज है। यह भी कि रीतिकाल तक काव्य-रूप और उसकी सम्पूर्ण चिन्तनधारा भारतीय चिन्तनधारा का स्वाभाविक विकास है।

इन तथ्यों के आधार पर इन्होंने काव्य भाषा और हिन्दी साहित्य के तीन प्रमुख कालों की प्रवृत्तियों को दिखाने की कोशिश की। इसके साथ उन्होंने यह भी स्पष्ट किया कि यह भाषा काव्य स्वाभाविक चिन्तनधारा का स्वाभाविक विकास होते हुए भी एक विशेष प्रकार के द्वंद्व का परिणाम है। इस द्वंद्व में बौद्धों की भाषा में कहें तो विच्छिन्न प्रवाह है और यहाँ भाषा काव्य में युगान्तरकारी मोड़ का कारण दूसरा द्वंद्व है। उन्होंने कहा कि यह शास्त्र और लोक का द्वंद्व है। शास्त्र और लोक के द्वंद्व से ही हम साहित्य के इतिहास को देख सकते हैं। राजनीति का इतिहास देखने के लिए दूसरे प्रकार के आर्थिक और सामाजिक द्वंद्व पर विचार करना होगा। लेकिन संस्कृति और साहित्य के भीतर जो प्रमुख द्वंद्व है, वह शास्त्र और लोक का द्वंद्व है। शास्त्रकार या शास्त्र के निर्माता आचार्य, मुनि, ऋषि समाज के उस तबके के प्रतीक हैं जो अधिकारों की दृष्टि से ऊँचे हैं, मर्यादाएँ बाँधते हैं, धर्म नियन्ता हैं, अभिरुचि का निर्माण करते हैं। ये प्राय: ऊँची जाति के हैं। ऊँची जातियों में भी इससे विद्रोह करके लोक का पक्ष लेनेवाले लोग पहले भी बराबर रहे हैं। यह ऊँचा तबका संस्कृति, दर्शन, चिन्तन, धर्म आदि के शास्त्र की मर्यादा बाँधकर यथास्थिति कायम रखना चाहता है। मूल अंग्रेजी से ग्रहण करते हुए द्विवेदी जी ने एक और शब्द लिया है : 'कंजरवेटिव'। कंजरवेटिव का मतलब हमारे यहाँ अनुदार लगाते हैं, दकियानूस कहते हैं, दक्षिणपंथी कहते हैं। द्विवेदी जी ने इसके लिए एक अच्छा शब्द दिया है : 'रक्षणशील'। कंजरवेटिव का मतलब ही यही होता है। अनुदार आदि इसका अनुवाद नहीं है। जो रक्षणशील हैं, जो लोग अपनी विरासत की पूँजी को सुरक्षित रखना चाहते हैं, वे कंजरवेटिव हैं। यह अपने-आपमें कोई बुरी चीज नहीं है। यदि यह प्रवृत्ति न रही होती तो वेद नष्ट हो गए होते। जब लिखने की परम्परा नहीं थी तो वेदों को वाचिक परम्परा से सुरक्षित रखा गया। यह कंजरवेटिव वर्क है। अपनी परम्परा को सुरक्षित रखा गया, अनेक प्राचीन ग्रंथ सुरक्षित रखे गए और उसके साथ अनेक नियम, आचार आदि भी सुरक्षित रखे गए। हर जाति कुछ

चीजों को सुरक्षित रखती है, इस नाते उनके साथ कुछ बुरी चीजें भी चली जाती हैं लेकिन कुछ अच्छी चीजें भी सुरक्षित रहती हैं। आजकल जैसी परम्परा चल रही है कि यदि हमारे घर की औरतों ने लोकाचार की बहुत-सी चीजों को सुरक्षित न रखा होता तो शादी-ब्याह के समय अब लगभग ऐसी स्थिति आ रही है कि क्या करना होगा, पता नहीं रहता। ऐसे मौकों पर अब भी बुजुर्ग औरतें ही बुलाई जाती हैं। सदियों से इस लोकाचार को सुरक्षित रखा गया है। इसलिए शास्त्र का मतलब है : जो पहले अच्छी-बुरी जैसी भी परम्परा चली आ रही है, बिना विचार किये हुए उसे सुरक्षित रखना। गलत-सही का भेद किये बिना ममता और दृढ़ता के साथ उसे बचाए रखना। इनमें अच्छा काम क्रमश: कानून बन जाता है, जिसके पालन को अनिवार्य बना दिया जाता है। कभी-कभी इनकी एक तरह की शृंखला बन जाती है। इसीलिए द्विवेदी जी ने कहा है कि शास्त्र का मूल अर्थ होता है—संगति लाना। जहाँ शास्त्र में दो चीजों का विरोध होता है, उस असंगति को भूलकर आचार्य लोग संगति लाते हैं। शास्त्र में जब असंगतियाँ दिखाई पड़ें तो उन असंगतियों को नये तर्कों से जोड़कर संगति लगाते हुए यह दिखाने की कोशिश करना कि जो कहा गया है, ठीक ही कहा गया है। इस पूरी प्रक्रिया में शास्त्र में लचीलापन नहीं होता, नई सृजनशीलता नहीं रह जाती। समाज बदल गया और शास्त्र रक्षणशीलता के कारण जहाँ का तहाँ है। चार हजार साल पहले जो मान्यताएँ बनीं, पिछली सदियों में वर्ण-व्यवस्था छत्तीस जातियों में बदल गई। नई-नई बाहर से आनेवाली जातियों व कबीले से जुड़कर अपनी आचार परम्परा के कारण कुछ और ले आए। सोचिए, वेद में कितने देवता हैं। एक-एक करके अब तैंतीस करोड़ देवता हो गए। ये कहाँ से आए? नई जातियाँ अपने साथ अपने देवता भी ले आईं और उनको भी इनमें शामिल कर लिया गया। उस जाति को भी वर्ण-व्यवस्था में स्थान दे दिया गया और उसका नाम भी आ गया, उसके आचार-विचार और संस्कार जुड़ गए। इस शास्त्रव्यापी रक्षणशीलता में इतना बड़ा परिवर्तन हुआ। शास्त्र लोकजीवन, लोक-संस्कृति में निरन्तर परिवर्तन होते रहने के बावजूद उल्लेखनीय है कि इस सामाजिक ढाँचे में जिसे लोक कहते हैं, उन्हें शास्त्र से वंचित रखा गया, जैसे—स्त्रियाँ वेद नहीं पढ़ेंगी, शूद्र वेद नहीं पढ़ेंगे। धर्मशास्त्र का अधिकार इन लोगों का है, इनका नहीं। रक्षणशीलों ने स्वयं शास्त्र को एक ऐसी चीज बना दिया जो कुछ लोगों के लिए दुर्लभ हो गया। दुर्लभ होने के साथ ही उनके शास्त्र में आधुनिक जीवन-नियमन की भी कोशिश हुई। पूरी प्रक्रिया में शास्त्र सर्वजन सुलभ न होने के कारण और कुछ लोगों को शास्त्र-वंचित बना देने के कारण भारतीय समाज के इन दोनों तबकों के बीच द्वंद्व अनिवार्य था।

इस तनाव का नतीजा स्वभावत: यह हुआ कि लोक ने अपने आचार-विचार बनाए। लोक के बीच कुछ नये बुद्धिजीवी हुए, जिन्होंने अपने शास्त्र बना लिये।

इस तरह लोक-चिन्ता और शास्त्र-चिन्ता के बीच टकराव हिन्दी साहित्य के आरम्भ से बहुत पहले से चला आ रहा है। इस टकराव के कारण अनेक नई चीजें सामने आई हैं। द्विवेदी जी ने कहा है कि शास्त्र और लोक के प्राचीन टकराव के बावजूद एक हजार ईसवी सन् के आसपास लोक-चिन्ता की ओर समाज का झुकाव हुआ। 'गीता' से एक शताब्दी बाद भारतीय पांडित्य आचार-विचार और भाषा के क्षेत्र में स्वभावत: लोक की ओर झुक गया था। बार-बार लोक द्वारा ऐसे प्रयास किये गए और शास्त्र ने अपने ढाँचे को पुनर्गठित किया। उदाहरणार्थ—पाँचवीं शताब्दी में जब हम भागवत् धर्म का उदय मानते हैं, तब सम्पूर्ण शास्त्र नये ढंग से लिखे और कहे गए, ऐसा इतिहासकार बताते हैं। अनेक स्मृतियाँ इसी बीच पुनर्गठित की गईं। संचित की गईं। सातवीं शताब्दी के अन्त और आठवीं शताब्दी के आरम्भ में सबसे महत्त्वपूर्ण कार्य शंकराचार्य ने किया जबकि समस्त दर्शनों को वेदान्त द्वारा व्यवस्थित किया गया। इस बीच इतनी बड़ी धार्मिक-सामाजिक क्रान्ति हुई कि उसने पूरा शास्त्र हजम कर लिया। जब ब्राह्मण धर्म को चुनौती देनेवाला अवर्ण धर्म उभरा और उसने जाति-व्यवस्था को चुनौती दी, उसे क्षरित करने या देशनिकाला देने की कोशिश की गई। बौद्ध धर्म के साथ यही हुआ। शंकराचार्य ने विजय पताका फहराई। दक्षिण और उत्तर में एकच्छत्र साम्राज्य घोषित हुआ। इसके बाद उत्तर-दक्षिण, दोनों जगहों में एक उथल-पुथल दिखाई पड़ती है। द्विवेदी जी ने जो बात कही है, वह इतिहास-सम्मत है। वह है : योगी और योग की धारा। तंत्र और योग के बारे में विवाद की गुंजाइश नहीं है। यह धारा जनजातियों में बिखरी हुई है—जनजातियों में, वर्ण-व्यवस्था में, जिन्हें निकृष्ट कोटि का मानते हैं। योग और योगी की यह धारा बौद्धों से नाथों और शैवों में विद्यमान थी। बाहर से जो इसलाम को माननेवाले सूफी संत आए, और सूफियों से उस समय सबसे ज्यादा मुठभेड़ जिससे होती है, वे कलन्दर हैं। इसका प्रभाव इतना था कि जायसी की 'पद्मावत' में योगी जब महादेव के यहाँ पहुँचते हैं तो योग की साधना का सूफियों से टकराव दिखता है। सम्पूर्ण सूफी साहित्य में कलन्दर, योगी की उपस्थिति इसका प्रमाण है कि एक हजार ईसवी सन् के आसपास जैसा द्विवेदी जी ने कहा कि शास्त्र लोक में छिप गया। तंत्र या लोक की कोई उपेक्षा नहीं कर सकता था। योग पतंजलि योग भी था। यह वह योग नहीं था जिसके आदि में अथर्ववेद मिलते हैं। यह वह योग था जिसमें शास्त्र लिखे गए। यहाँ ध्यान दीजिए कि यह लोकगीतों के रूप में नहीं आ गया था, लोककथाएँ नहीं थीं, बल्कि लोक के बीच से एक नया दर्शन तंत्र के रूप में उदित हुआ था। यह अपेक्षाकृत साधनामूलक था। स्वतंत्रता देता था। शूद्रों को स्वतंत्रता और अनेक अधिकार देता था। इन नई नैतिक मान्यताओं के आधार पर तंत्र ने शास्त्र को चुनौती दी थी। किन्तु आगे चलकर तंत्र भी एक शास्त्र बन गया।

सबसे महत्त्वपूर्ण बात यह हुई कि एक नई भाषा उदित हुई जो संस्कृत, पालि, प्राकृत, तीनों से अलग थी। वैदिक संस्कृति और लौकिक संस्कृति की भाषा में बड़ा परिवर्तन हुआ। इसका सबसे बड़ा प्रमाण यह है कि वाल्मीकि रामायण पढ़नेवाले वेद नहीं समझ सकते। जैसे गायत्री मंत्र का छंद कुछ उदात्त और अनुदात्त ध्वनियों पर आधारित है। यह वर्णयुक्त नहीं, वर्णमुक्त है। अपभ्रंश प्राकृत का हलका-फुलका परिवर्तन नहीं है। अपभ्रंश गुणात्मक परिवर्तन का सूचक है, क्योंकि अपभ्रंश के साथ एक नया वृत्त आया जिसे दोहा कहा गया है और दोहा वार्णिक वर्णवृत्त नहीं है, बल्कि शूद्र मात्रिक छंद है। इसके पहले मात्रिक छंद न तो पालि में था और न ही प्राकृत में। अपभ्रंश के कारण प्रचुरता और प्रबलता के साथ काव्य-रचना होने लगी। कालिदास की 'उर्वशी' (विक्रमोर्वशीयम्) में पुरूरवा का सारा प्रलाप अपभ्रंश में ही है यानी कि अपभ्रंश पागल के प्रलाप की भाषा थी; अर्थात् अपभ्रंश वह भाषा थी, जिसे पुरूरवा होश में नहीं बोलता था बल्कि पागलपन या विरह-उन्माद में ही अपभ्रंश का सहारा लेता था। जैसे अंग्रेजी में दीक्षित भोजपुरिया प्रदेश के लोग जब धारा प्रवाह अंग्रेजी बोलते हैं और दुर्भाग्य से भी ऐसा न हो, यदि उन्हें सन्निपात हो जाए तो वे भोजपुरिया बोलते पाए जाते हैं। इसलिए सन्निपात या सन्ताप में या अवचेतन में लोकभाषा ही फूटती है। इसलिए ग्यारहवीं शताब्दी के आसपास अपभ्रंश का एक चिन्तनधारा के रूप में परिवर्तन हुआ और शास्त्र बनाम लोक के द्वंद्व में शास्त्र को झुकना पड़ा। नया छंद, नई भाषा, नये काव्य-रूप स्वीकार करने पड़े। इन नये काव्य-रूपों में विस्तार से द्विवेदी जी ने शास्त्र बनाम लोक के द्वंद्व को स्वीकार किया। इससे यह अर्थ न लगाया जाए कि द्विवेदी जी शास्त्र के बड़े दुश्मन थे या लोक के बड़े पक्षधर थे। इतिहासकार के नाते जो वास्तविकता देखी, उसे कहना जरूरी समझा। शास्त्र लोक के सामने झुका, इसलिए कहना जरूरी समझा। पक्षधरता उनकी क्या है, यह विवेचन से स्पष्ट होगा। द्विवेदी जी भी ब्राह्मण थे, शास्त्राचार्य पास किया था। शिक्षा-दीक्षा संस्कृत में हुई। फिर भी वे लोक के पक्षधर थे। दरअसल हिन्दी साहित्य में लोक निर्णायक भूमिका निभाता है। ऐसा नहीं है कि संस्कृत काव्य समाप्त हो गया था, लेकिन यह एक सीमित वर्ग, सीमित विचारधारा की मानसिकता तक सिमट गया था। जनजीवन में जो व्याप्त है, उसे यदि जानना है तो लोक को जानना होगा। पंडितराज जगन्नाथ को पढ़कर सोलहवीं सदी के भारत को नहीं जान सकते, तुलसीदास को पढ़ना ही होगा। एक हजार ईसवी सन् के बाद की भारतीय मनीषा को समझने के लिए आधुनिक भारतीय भाषाओं के साहित्य को जानना जरूरी होगा। केवल संस्कृत के आधार पर इसे समझा नहीं जा सकता। जिस प्रकार अंग्रेजी में लिखे उपन्यासों व साहित्य के आधार पर आधुनिक भारत के इतिहास, साहित्य या समाज को नहीं समझा जा सकता बल्कि इसके लिए भारतीय भाषाओं में लिखे साहित्य को पढ़ना पड़ेगा। इसी प्रकार संस्कृत के आधार

पर मध्यकाल के भारत को समझ नहीं सकते, हिन्दी पढ़ना ही पड़ेगा। इसलिए उस काल के भारत को आज के संस्कृत के पंडित नहीं जानते तो आश्चर्य नहीं होना चाहिए। इसी सन्दर्भ में हिन्दी के भक्तिकाल के सम्बन्ध में आचार्य रामचन्द्र शुक्ल ने 'सूरदास' नामक पुस्तक में भक्ति के विकास पर लम्बा अध्याय लिखा है और वेद-उपनिषद् से लेकर, गीता, लोक-भक्ति का विकास जिस तरह से हुआ है, उसे विस्तार से दिखाया है। दूसरी ओर, संस्कृत के अनेक पंडित लिखते हैं कि हिन्दी के भक्ति काव्य में विशेष कर सगुण भक्ति में जो कुछ भी है, भागवत से लिया गया है। वे इससे सन्तुष्ट हो जाते हैं कि हमने यदि 'गीता' या 'भागवत' पढ़ लिया तो हम भक्ति काव्य नहीं भी पढ़ेंगे तो वंचित नहीं रहेंगे। द्विवेदी जी ने कहा है कि हिन्दी का भक्ति काव्य संस्कृत के भक्ति-दर्शन से भिन्न है। यहाँ यह प्रश्न उठता है कि भक्ति सचमुच महत्त्वपूर्ण है कि नहीं? 'गीता' में बताया गया है कि पूरा ज्ञान मार्ग ही है। लेकिन भक्ति वह मार्ग है जिसमें ज्ञान और कर्म से ऊपर भक्ति को प्रतिष्ठा मिली। यह प्रतिष्ठा ऐसी हुई कि तुलसीदास जैसे व्यक्ति भी विचार करके ज्ञान-कर्म से ऊपर भक्ति को स्थापित करते हैं और लिखते हैं : 'मुक्ति निरादर भगति लुभाने'। जो भक्त हैं, वे मुक्ति का निरादर करते हैं और भक्ति के प्रति आकर्षित होते हैं। पहले का सम्पूर्ण चिन्तन धर्म के बन्धन से मुक्त होता था, जिससे कि बाद में जन्म न लेना पड़े। लेकिन भक्तों ने नया पाठ शुरू किया : 'जनम जनम रघुपति भगति'—अर्थात् हम बार-बार जन्म लेना चाहते हैं और हर जन्म में रघुपति की भक्ति चाहते हैं। एक ओर सम्पूर्ण चिन्तन था कि दुबारा जन्म लेना न पड़े, दूसरी ओर भक्ति-दर्शन में भक्त बार-बार जन्म लेना चाहता है। इसलिए पहले का साहित्य पुनर्जन्म से मुक्ति का साहित्य है तो बाद का साहित्य बार-बार जन्म लेकर रघुपति भक्ति है। यही लोक का मार्ग है। लोक के मनुष्य बहुत दुखी रहते हुए भी इसी लोक में प्रेम चाहते हैं, लेकिन मुक्ति नहीं चाहते। पलायन नहीं चाहते।

[प्रस्तुति : सुधीर कुमार सिंह]

['अन्तर्दृष्टि'-05]

खंड-2

# भक्त कवियों की दुनिया

# संत तुकाराम और भक्ति परम्परा

आरम्भ में ही एक विनम्र आत्मस्वीकार। मराठी के संत कवि तुकाराम पर कुछ भी कहने का अधिकार मुझे नहीं है। मूल मराठी पाठ के मर्म से वंचित। अभंग के आन्तरिक संगीत से अनभिज्ञ। अन्ततः एकमात्र आधार अनुवाद ही है और सभी जानते हैं कि वह कितना निराधार है। विशेष रूप से कविता के सन्दर्भ में। गोस्वामी तुलसीदास की अँगुली पकड़कर कहूँ तो 'कविहिं अरथ आखर बल साँचा, अनुहरि ताल गतिहिं नट नाचा।'

कैसे तो नाच के लिए भी कला चाहिए, उसके अभाव में कुछ उछल-कूद ही की जा सकती है—एक तनी हुई रस्सी पर डगमग पग नर्तन का अभिनय। निवेदन है कि इस वक्तव्य को एक अभिशप्त अध्येता के स्वागत-संलाप के रूप में ही ग्रहण किया जाए। ऐसी दशा में इतना तो कर ही सकता हूँ कि 'बोलूँ अल्प, न करूँ जल्पना।'

तुकाराम अपने अभंगों में बार-बार 'तुका म्हणे' बोलते हैं। प्रायः इस भणिता पर ध्यान नहीं जाता। मुझे ऐसा लगता है, मानो वे कह रहे हैं कि 'हम भी मुँह में जुबान रखते हैं।' यह इतिहास के एक 'मूक नायक' की आवाज है। यह 'मूक नायक' बाबा साहब अम्बेडकर का पूर्वज है। यही आवाज सदियों पहले कबीर के मुँह से भी निकली थी : 'कहत कबीर, सुनो भाई साधो।' भारतीय साहित्य के इतिहास में यह क्रान्तिकारी घटना है। प्रायः सभी संत और भक्त इसी अन्दाज में बोलते दिखाई पड़ते हैं। इस स्वर में ललकार भी है, धिक्कार भी और व्यथा भी। यह समाज के सबसे निचले तबके की 'अस्मिता' का विस्फोट है। तुका के शब्दों में :

*बरा कुणबी केलों। नाहीं तरि दम्भंचि असतों मेलो ॥ 1 ॥*<br>
*भलें केलें देवराया। नाचे तुका लागे पायाँ॥2॥*<br>
*विद्या असती कांही। तरी पडतों अपयीं॥3॥*<br>
*सेवा चुकतों सन्ताची। नागवण हे फुकाची॥4॥*<br>
*गर्व होता ताठा। जातों यमपंथे वाटा॥5॥*<br>
*तुका म्हणे थोरपणें। नरक होती अभिमाने॥6॥*

**संक्षेप में भावार्थ :** हे देवराज! तूने अच्छा किया, मुझे कुणब बनाया। ब्राह्मण बनाया होता तो उसी दम्भ तले घुट-घुटकर मरता रहता। अब तुका तेरा नाम लेता है, तेरी भक्ति की मस्ती में नाचता है और तेरे चरणों का आश्रय पा सका है।

इस कुणबी कवि की अपनी जमा-पूँजी सिर्फ 'शब्द' है और इसी शब्द को वह हथियार के रूप में इस्तेमाल करता है और लड़ने का हौसला रखता है। तुका के कुछ अभंग इसी विषय के हैं, जो हिन्दी में इस प्रकार हैं :

*घर पै हमारे शब्दों के ही रत्न।*
*शब्दों के ही शस्त्र युद्ध हेतु॥*
*शब्द ही हमारे प्राणों का जीवन।*
*बाँटे शब्द-धन जन लोक में॥*
*कहे तुका देखो शब्दार्थ ही देव।*
*शब्द ही गौरव पूजा करें॥*

*[अनुवाद—चन्द्रकान्त पाटील]*

दिलीप चित्रे ने इसी बात को अंग्रेजी में कुछ बेहतर ढंग से पेश किया है जिसे प्रस्तुत करना आवश्यक प्रतीत होता है :

Words are the only
Jewels I posses;
Words are the only
Clothes I wear;
Words are the only food
That sustain my life;
Words are the only wealth
I distribute among the people.

कहना न होगा कि इस 'शब्द' की शक्ति के साथ भारतीय समाज में 'व्यक्ति' अस्तित्व में आया और एक कवि-व्यक्तित्व का उदय हुआ। सामान्यत: इस कवि-व्यक्तित्व के उदय का श्रेय आधुनिक रोमांटिक उत्थान को दिया जाता है, जबकि भारतीय साहित्य में इसका आरम्भ भक्ति-युग में हो चुका था।

प्रमाण हैं तुकाराम के अनेकश: आत्मचरितपरक अभंग। प्रस्तुत हैं नमूने के लिए कुछ अंश। पहले मूल मराठी में, फिर चन्द्रकान्त पाटील के हिन्दी अनुवाद :

*बरे झाले देवा निधाले दिवाले।*
*बरी या दुष्काले पीडा केली॥*
*अनुतापे तुम्हे राहिले चिन्तन।*
*झाला हा वमन संवसार।*
*बरे झाले देवा बाइल कर्कशा॥*
*बरी ही दुर्दशा जनामध्ये।*

*बरे झाले जगी पावलो अपमान।*
*बरे गेले धन ढोरे गुरे॥*
*बरे झाले नाही धरिली लोकलाज।*
*बरा आलो तुज शरण देवा॥*
*बरे झाले तुझे केले देवाइल।*
*लेकरे बाइल उपेक्षिली॥*
*तुका म्हणे बरे व्रत एकादशी।*
*केले उपवासी जागरण॥*

हिन्दी रूपान्तर :

*अच्छा हुआ भगवन् निकाला दीवाला।*
*अच्छा है अकाल पीड़ा देता॥*
*अनुताप से तेरा न हुआ चिन्तन।*
*हो गया वमन संसार ये॥*
*अच्छा हुआ भगवन् बीवी है कर्कशा।*
*अच्छी यह दुर्दशा लोगों के बीच।*
*अच्छा हुआ पाया जग में अपमान।*
*अच्छा गया धन; मवेशी भी॥*
*अच्छा हुआ, नहीं लोकलाज मानी।*
*अच्छा, तेरे चरणों की शरण आया।*
*अच्छा हुआ तेरा मन्दिर बनाया।*
*बीवी-बच्चों ने किया उपेक्षित॥*
*कहे तुका, अच्छा व्रत-एकादशी।*
*किया उपवासी जागरण॥*

सन्तप्त तुकाराम के मुँह से बार-बार 'बरा, बरी, बरे' सुनते-सुनते अनायास ही प्रेमचन्द की कहानी 'पूस की रात' का गरीब किसान 'हल्कू' याद आ जाता है। रात में नील गायें खेत का सफाया कर गईं और पत्नी ने सुबह आकर जगाया तो हल्कू ने प्रसन्न मुख कहा, 'अच्छा हुआ, रात की ठंड में यहाँ सोना तो नहीं पड़ेगा।'

यही है गम की कहानी, मजे ले-लेकर कहने की कला!

गौरतलब है कि तुकाराम की इस 'आपबीती' में 'जगबीती' भी है।

ये अभंग सोलहवीं शताब्दी के ऐतिहासिक दुर्भिक्ष की भी कहानी कहते हैं। इस तरह 'कुछ आपबीती और कुछ जगबीती', दोनों। गीत में महाकाव्य। ग.मा. मुक्तिबोध के शब्दों में : 'महाकाव्य-पीड़ा'।

इसी 'महाकाव्य पीड़ा' के क्षेत्र में विट्ठल के एकनिष्ठ भक्त के मुख से सहसा ऐसा उद्गार निकला होगा :

*मेरे तईं तो मर गया है प्रभु।*
*जिनका होगा, होगा उन्हें॥*

तुकाराम अपने विट्ठल के निश्चय ही अनन्य भक्त थे, लेकिन अन्धभक्त नहीं। इस योद्धा कवि का संघर्ष दोहरा था। यह अभंग भी तुकाराम का ही है :

*रात्रि दिवस आह्मां युद्धा चा प्रसंग।*
*अन्तर्बाह्य जग आणि मन॥*

अर्थात्

*रात दिन हमें युद्ध का प्रसंग*
*अन्तर्बाह्य जग और मन॥*

कुल मिलाकर इस विलक्षण संत कवि का व्यक्तित्व काफी जटिल है। जैसाकि उनके मुख से अन्ततः यह उक्ति निकल ही गई :

*बोल में अबोल, मरकर भी जीना।*
*हो के भी न होना, ऐसे हम॥*
*भोग में है त्याग, संग में असंग।*
*आना-जाना मार्ग दोनों तोड़े॥*
*कहे तुका, नाहीं जैसा मैं दीखता।*
*विट्ठल से पूछो, पूछना हो तो॥*

गरज कि सारी जिम्मेदारी विट्ठल की। वैयक्तिकता भी नितान्त निर्वैयक्तिकता! घनीभूत पीड़ा में एकदम निःसंग, जैसे किसी और के बारे में कह रहे हों—अपने बारे में नहीं!

तुका के अभंगों में जो बात सबसे ज्यादा आकृष्ट करती है, वह है वाक्-संयम। तुलसीदास के शब्दों में कहें तो 'अरथ अमित, अति आखर थोरे'। नपे-तुले थोड़े-से शब्दों में कहीं ज्यादा अर्थ भरने की कला। शायद इसीलिए वह हर आदमी की जबान पर बस जाती है और समय-असमय मुँह से फूट पड़ती है।

फिर भी यह मानना पड़ेगा कि वह निरा भावोच्छ्वास नहीं है। निश्चय ही वह एक आविष्ट कवि की वाणी है और सम्भवतः इसीलिए संक्षिप्त भी, किन्तु सुविचारित और सुस्थ (स्वस्थ नहीं)।

किंवदन्ती है कि तुका अन्त में इन्द्रायणी में डूब गए। सच जो भी हो, लेकिन उनकी कविताओं से यह तो स्पष्ट है कि तुका ने जो भी गाया, डूबकर गाया। जगत

से वे चाहे जितना ऊबें, उनके अभंगों में अप्रतिम तन्मयता का गुण मिलता है और गाए जाने पर जादू का-सा असर करता है। यह कालजयी कृति का लक्षण है।

यही वजह है कि चार सौ वर्षों के बाद भी तुकाराम आज के कवि मालूम होते हैं। ताजमहल को देखकर जैसे लगता है, वह मानो अभी कल ही बना है, उसी तरह प्रत्येक कालजयी कविता भी प्रत्येक युग में ताजा मालूम होती है।

दिलीप चित्रे और अरुण कोल्हटकर जैसे मराठी के आधुनिक वरिष्ठ कवियों की तुकाराम में गहरी दिलचस्पी इस बात का स्पष्ट प्रमाण है।

विडम्बना यह है कि आज भी आधुनिक प्रतीत होनेवाले तुकाराम को इतिहासकार अपने कल्पित 'मध्ययुग' में स्थान देकर सन्तुष्ट हो जाते हैं। अवसर का तकाजा है कि तुकाराम के साथ-साथ भक्तिकाल की ऐतिहासिक जगह पर पुनर्विचार हो जाए क्योंकि वे अन्य सभी संतों और भक्तों के साथ ही भक्ति आन्दोलन की उपज थे। निश्चय ही यह एक स्वतंत्र और अत्यन्त गम्भीर प्रश्न है। फिर भी इस ओर ध्यान आकृष्ट करना आवश्यक प्रतीत हो रहा है।

सवाल यह है कि जिस भक्ति आन्दोलन से आधुनिक भारतीय भाषाओं के साहित्य का उदय हुआ, उसे 'मध्यकाल' क्यों कहा जाए? मध्यकाल स्पष्टत: यूरोपीय इतिहास का तथाकथित Medieval और Middle Age है जिसे वहाँ 'अन्धकार युग' के रूप में याद किया जाता है, जबकि आधुनिक भारतीय भाषाओं का भक्तियुग जगमगाता हुआ प्रकाश-पुंज है। यदि हम पश्चिमी विद्वानों की प्राच्यवादी इतिहास-दृष्टि के आतंक से मुक्त होकर अपने पूर्ववर्ती इतिहास पर दृष्टिपात करें तो लगभग एक सहस्राब्दी के बीच फैला हुआ विशाल भारतीय भक्ति आन्दोलन सच्चे अर्थों में 'लोकजागरण' है, जिसमें निर्णायक भूमिका तथाकथित शूद्रों और स्त्री कवियों ने अदा की थी।

तुकाराम इस महान लोकजागरण के अन्तिम चरण के कवि हैं, जब उनकी सर्जनशीलता पराकाष्ठा पर थी। उनके उत्तर समकालीन संत कवयित्री बहिणाबाई ने ठीक ही कहा था :

*ज्ञानदेव ने नींव डाल दी।*
*तुका बन गया परम शिखर अब!*

चार सौ साल के बाद वह शिखर आज भी आलोक-स्तम्भ की तरह चारों दिशाओं में प्रकाश फेंक रहा है। कविता के इस अक्षय प्रकाश-पुंज को शतश: नमन!

[साहित्य अकादेमी द्वारा संत कवि तुकाराम की चार सौवीं जन्मशती पर
इंडिया इंटरनेशनल सेंटर में 19 फरवरी, 2009 को
आयोजित कार्यक्रम का उद्घाटन भाषण]

# मीरा : प्रेम और भक्ति का सागर

मुझे मीरा पर बातचीत करनी है, पर मेरे सामने कई चुनौतियाँ हैं। मैं मीरा पर ऐसा क्या कहूँ जिससे आप परिचित न हों और जो पहले कभी न कहा गया हो? जब 'जीव गोस्वामी' जी से मिलने मीरा वृन्दावन गईं तो उन्होंने मीरा से मिलने से इनकार कर दिया क्योंकि मीरा एक स्त्री थीं और स्त्रियों से मिलना तो दूर, उन्हें देखना भी जीव गोस्वामी जी को गवारा न था। मीरा ने हँसते हुए कहा कि उन्हें पूर्ण विश्वास है कि संसार में सिर्फ कृष्ण ही एकमात्र पुरुष हैं, शेष सभी स्त्रियाँ हैं। यह सुनकर जीव गोस्वामी जी काफी शर्मिन्दा हुए और अपनी गलती को सुधारते हुए उन्होंने मीरा से मुलाकात की। आज के सन्दर्भ में अगर पुरुष सिर्फ एकमात्र वही है तो इस तर्क के आधार पर, यहाँ मौजूद सभी स्त्रियाँ हैं। शायद मीरा के बारे में कुछ भी कहने से पूर्व यह न्यूनतम अर्हता अर्जित करना आवश्यक है कि हर पुरुष अपने मन की गहराइयों में खुद को स्त्री समझे। इस समझदारी के बिना कोई मीरा के बारे में चर्चा करने के विषय में भला कैसे सोच सकता है? शायद इसी वजह से जो यह बात नहीं समझ पाते, वे मीरा के विषय में चुप्पी साधे रहते हैं।

राठौर-वंश के इतिहास में मीराबाई का कोई उल्लेख नहीं मिलता। चित्तौड़ के सिसोदिया-वंश के इतिहास में भी मीरा कहीं नहीं आतीं। मीरा का जिक्र पहली बार नाभादास के भक्ति-साहित्य में मिलता है।

नाभादास जो एक भक्त होने के साथ-साथ जाति के डोम या दलित थे। मैं यहाँ यह उल्लेख क्यों कर रहा हूँ, इस पर बाद में विस्तार से चर्चा करूँगा। नाभादास ने पहली बार एक भक्त के रूप में मीरा की उपस्थिति दर्ज की।

अगर मैं उनके उद्धरण की व्याख्या करूँ तो कहा जा सकता है कि मीरा ने गोपियों की ही तरह कलियुग में कृष्ण की अलौकिक भक्ति-साधना की। मेरा विश्वास है कि मीरा पर इससे बेहतर टिप्पणी कभी किसी ने नहीं की है। उनके द्वारा की गई कुछ अन्य टिप्पणियाँ इस प्रकार हैं : 'लोक-लाज-कुल-शृंखला तजी, मीरा गिरधर भजीं।'

नाभादास के अतिरिक्त अन्य लोगों ने मीराबाई के विषय में अपने लेखन में क्या कहा है? शायद यही कि वे समाज की परवाह नहीं करतीं और लोगों की चिन्ता किये बगैर कृष्ण के प्रेम में उन्मत्त नाचती रहती हैं। तथ्य तो यह भी है कि

परिवार सिर्फ सम्बन्धों की निर्मिति ही नहीं करता, वह उनकी कैद में भी तब्दील हो जाता है। इसी के खिलाफ मीरा ने बगावत की। अपने गीतों के माध्यम से उन्होंने रसिक-जनों को रस-धारा से आप्लावित किया। ये दोनों कार्य एक साथ सम्भव नहीं।

यहाँ 'नाभादास' का उल्लेख इसलिए भी महत्त्वपूर्ण है क्योंकि राजपूतों का इतिहास 'मीराबाई' पर पूरी तरह खामोश है। आज के बुद्धिजीवी वर्ग ने मीरा को समझने की कोशिश बस शुरू ही की है। गुजरात और राजस्थान के लोकजीवन में मीराबाई के पदों को वर्षों से गाया जाता है, पर वे कौन-से गायक हैं जो मीरा के गीत गाते हैं? यह शोध ऑक्सफोर्ड यूनिवर्सिटी प्रेस से प्रकाशित पुस्तक 'अप-होल्डिंग द कम्यूनिटी' में दो विदेशी महिलाओं ने किया है। गाँवों में घूमते हुए उन्होंने यह पाया कि मीरा के पद उन जनजातियों और लोगों में गाए जाते हैं जिन्हें हम अछूत मानते हैं। अपनी बैठकों और जमावड़ों में वे मीरा के भजनों को लोकगीतों की तरह गाते हैं, खास कर गुजरात एवं पश्चिमी राजस्थान में। इन गीतों का न तो कभी संकलन किया गया है और न ही रिकॉर्डिंग। इन्होंने बड़ी संख्या में गीतों को दर्ज किया है जबकि सौ से अधिक गीत मीरा पर प्रकाशित संकलनों में मिल जाते हैं।

यह महज इत्तिफाक नहीं है कि नाभादास मीरा का स्मरण करते हैं। उच्च वर्ग के भक्तों में ऐसा कोई नहीं जो मीरा पर बात करने को इच्छुक हो। 18वीं सदी में कृष्ण-भक्त नागरीदास की पुस्तक आई जिसके बारे में शायद आप जानते होंगे। दरअसल किशनगढ़ के छोटे राजकुमार सावन्त सिंह ही नागरीदास नाम से प्रसिद्ध हुए थे। वही किशनगढ़, जो अपनी 'किशनगढ़-चित्रकला' एवं शिल्पकला के लिए विख्यात है। नागरीदास राज्य के उत्तराधिकारी नहीं थे, उन्होंने राज्य छोड़ दिया और वे वृन्दावन चले गए। वे कृष्ण-भक्त बन गए थे और अपने शुरुआती दिनों में मीराबाई के प्रशंसक थे। उन्होंने एक अनुपलब्ध, अनुपम पुस्तक लिखी, 'पद-प्रसंग-माला'! इस पुस्तक में उन्होंने पूर्ववर्ती भक्त-कवियों की अपने पदों में चर्चा की है। यहाँ हमें राणा के शोषण के खिलाफ कई पद मिलते हैं कि कैसे राणा ने मीरा को जहर का प्याला भेजा और साँप से डसवाने की कोशिश की, आदि। सिर्फ यही नहीं, चित्तौड़ से द्वारका तक की उड़ान का उल्लेख भी इस पुस्तक में मिलता है। यह वर्णन भी मिलता है कि राणा ने कैसे अपने आदमियों को मीराबाई को खोजकर वापस लाने का काम सौंपा और कैसे वे अन्त में अपने आराध्य की मूर्ति में समाकर एकाकार हो गईं। उन्होंने पहले अपने आराध्य की मूर्ति को देखने की अनुमति माँगी और फिर उसी में विलीन हो गईं। 18वीं सदी की 'पद-प्रसंग-माला' में कई अन्य घटनाओं का वर्णन भी मिलता है। इसके बाद उनका नाम 20वीं शताब्दी के पूर्वार्द्ध में गुरुदेव रवीन्द्रनाथ ठाकुर एवं महात्मा गांधी के लेखन में मिलता है।

1914 में प्रकाशित रवीन्द्रनाथ ठाकुर की कहानी 'स्त्रीर पत्र' (एक स्त्री का पत्र) में मृणाल अपने पति को एक लम्बा पत्र लिखती है। यह कहानी इसलिए बहुत

महत्त्वपूर्ण है कि इसमें एक स्त्री, जो पन्द्रह वर्षों तक अपने पति एवं ससुराल वालों के शोषण का शिकार रही है, अन्ततः उन्हें त्यागकर घर छोड़ने का निर्णय लेती है। एक स्त्री इस तरह अपने विवाह को चुनौती देते हुए उस पर प्रश्नचिह्न लगाने का साहस एवं जोखिम उठाती है, और ऐसे अवसर पर वह मीरा का उल्लेख करती है : 'मीराबाई भी मेरी ही तरह एक स्त्री थीं। उनकी बेड़ियाँ मुझसे कुछ कम भारी न थीं और उन्हें भी जीने के लिए मरना पड़ा था।' मृणाल अपने पत्र के अन्त में लिखती है : 'आपके चरणों के आश्रय से दूर, मृणाल।'

यह कोई सामान्य घटना नहीं है, विशेष कर तब, जब हम जानते हैं कि वह किस परम्परा से आती है। वह मीरा का हवाला देती है, प्रश्न पूछने के लिए और विद्रोह के लिए, जिससे प्रमाणित होता है कि रवीन्द्रनाथ के भीतर भी एक स्त्री का हृदय मौजूद था। उन्होंने लिखा है कि 'हमारे भीतर ही कहीं एक विरह-विदग्ध स्त्री है,' और एक 'स्त्री' का दर्द वही समझ सकता है, जिसके पास 'स्त्री-हृदय' हो। इसी कहानी में वे कहते हैं कि सिर्फ एक पत्नी होना ही स्त्री-जीवन की उपलब्धि नहीं है। अगर वह कष्ट में है और उसका सम्बन्ध उसके लिए कैद बन चुका है, तो उसके भीतर इस सम्बन्ध से मुक्त होने की आन्तरिक शक्ति होनी चाहिए। इसीलिए मैं कहता हूँ कि रवीन्द्रनाथ ठाकुर ने मीरा को विद्रोह एवं वेदना के प्रतीक के रूप में दर्शाकर एक साहसिक पहल की।

महात्मा गांधी ऐसे दूसरे व्यक्ति हैं जिनका मैं जिक्र करना चाहता हूँ। सन् 1915 से ही गांधी जी के पत्रों, व्याख्यानों और लेखों में मीराबाई का उल्लेख लगातार आता है। किसी ने गांधी जी के बारे में कहा है कि 'बापू मेरी माँ हैं।' उनके भीतर भी 'स्त्री-हृदय' कहीं-न-कहीं छिपा है। अपने एक पत्र में वे लिखते हैं कि मीरा ही 'पहली सत्याग्रही' थीं। एक राज-परिवार में जन्मी मीरा ने सामन्ती व्यवस्था के खिलाफ विद्रोह कर दिया। इस तरह गांधी जी की समझ में पहला विद्रोह मीरा ने किया, पर टैगोर एवं गांधी के विचारों में अन्तर है। गांधी मीरा को तो पहला विद्रोही मानते हैं लेकिन जब मैडेलिन स्लेड, जिनका नाम उन्होंने मीरा रखा था, उनके प्रति आकर्षित होती हैं तो वे सबसे पहले उनके बालों पर उस्तरा फिरवा देते हैं। इस घटना का उल्लेख सुधीर कक्कड़ भी अपनी पुस्तक 'मीरा एंड द महात्मा' में करते हैं। जब भी किसी महिला ने उनसे इस तरह की चर्चा की, उन्होंने जोर देकर कहा कि पति-पत्नी का सम्बन्ध एक पवित्र रिश्ता है और वे उसे तोड़ने की सलाह कदापि नहीं देंगे। इस बात के बावजूद कि वे मीरा को पहला सत्याग्रही मानते थे, उनके विचार इस बिन्दु पर टैगोर से भिन्न थे। मैं इन दोनों घटनाओं के बारे में बताना इसलिए जरूरी समझता हूँ कि 18वीं से 20वीं शताब्दी तक नाभादास, नागरीदास, टैगोर से गांधी तक की परम्परा की शृंखला की कड़ियों को चिह्नित कर सकूँ।

इन घटनाओं के आलोक में चूँकि इतिहास मीरा पर मौन है, यह बहुत जरूरी हो जाता है कि मीरा पर उपलब्ध मौखिक कथाओं का न केवल पुन:पाठ किया जाए, अपितु उन्हें पुन:स्थापित किया जाए।

लोगों के दिमाग से मौखिक इतिहास को लोकमत एवं विश्वास से अलग करना बेहद मुश्किल है, खास कर तब, जब ऐसे ही विवरण मीरा के पदों में भी मौजूद हों। मीरा का जीवन और साहित्य इस तरह आपस में गुँथा हुआ है कि दोनों को अलग करना लगभग असम्भव है। इस सन्दर्भ में लिखित दस्तावेज और प्रमाण उपलब्ध नहीं हैं। क्या मीरा शादीशुदा थीं या फिर वह पहले से ही विधवा थीं? उन्होंने कब अपना घर छोड़ दिया, इसका कोई पक्का प्रमाण नहीं मिलता। मौखिक इतिहास में दोनों तरह के विवरण मिलते हैं। सामान्य लोकमत यही है कि उनके पति का देहावसान हो चुका था और वे एक विधवा थीं। राजपूत परिवारों में विवाह एक तरह की कैद ही है और उसमें विधवा की स्थिति अपने-आपमें एक त्रासदायक अनुभव है। इससे जुड़ी कुछ अन्य घटनाओं का उल्लेख हमें मीरा के पदों में मिलता है। मीरा के कथनानुसार : उनका विवाह बचपन में ही गिरिधर गोपाल से हो गया था। इसीलिए जब वे कहती हैं : 'मेरो तो गिरिधर गोपाल, दूसरो न कोई', तो बलाघात 'दूसरो न कोई' पर है।

बचपन में जब मीरा ने अपनी माँ से प्रश्न किया कि उनका विवाह किससे होगा, तो माता का उत्तर था कि उनका विवाह तो गिरिधिर गोपाल की मूर्ति से पहले ही हो चुका है। हालाँकि यह एक दन्तकथा है पर इससे यह जरूर पता चलता है कि मीरा को 'मेरे तो गिरिधर गोपाल' का अर्थ तब भी पता था। वे जानती थीं कि कोई दूसरा कभी उनका नहीं हो सकता क्योंकि वे कृष्ण की विवाहिता हैं। अत: किसी और से विवाह का प्रश्न ही नहीं उठता। दन्तकथाएँ इसलिए बेहद महत्त्वपूर्ण हैं क्योंकि वे सिद्धान्तों पर आधारित हैं और इस सन्दर्भ में सिद्धान्त निष्ठा की ओर संकेत कर रहा है।

एक घटना जिसकी ओर ध्यान नहीं दिया गया और जो सम्भवत: सबसे बड़े विद्रोह का सर्वाधिक मुखर रूप है। अगर मीरा विधवा थीं, जैसाकि प्रचलित लोक-मान्यता है तो उन्होंने सती होना स्वीकार नहीं किया। सती न होना राजपूत-परम्परा से सीधी बगावत थी। मीरा ने सती बनना शायद इसलिए भी स्वीकार नहीं किया क्योंकि वे खुद को विधवा नहीं मानती थीं। ऐसे न जाने कितने पद हैं जिनमें वे गिरिधर गोपाल से अपने विवाह का उल्लेख करती हैं। उनका गिरिधर गोपाल तो वही अनश्वर, अलौकिक, सर्वशक्तिमान है। ऐसी स्थिति में एक मरणशील सामान्य मनुष्य उनके किस काम का?

मीरा के पदों की अनेक व्याख्याएँ सम्भव हैं। एक मरणधर्मा सामान्य मनुष्य से विवाह का क्या औचित्य जबकि उनका विवाह पहले ही सर्वशक्तिमान से हो चुका है जो जीवन और मृत्यु से परे है? वे क्यों एक मरणशील सामान्य मनुष्य से विवाह कर खुद को एक विधवा मानें? उनके जीवन में एकमात्र पुरुष वही अलौकिक

ब्रह्म है, शेष सब स्त्रियाँ हैं। ऐसी स्थिति में एक स्त्री का विवाह दूसरी स्त्री से कैसे हो सकता है? सिर्फ वही एक परमात्मा है और जब परमात्मा को खोज लिया है तब किसी अन्य आत्मा से क्या प्रयोजन? अत: यह जरूरी नहीं कि हम सत्य को प्रमाणित करने के लिए इतिहास का संधान करें क्योंकि इन मौखिक इतिहास-वृत्तों एवं दन्तकथाओं में भी अर्थ की अनन्त सम्भावनाएँ निहित हैं।

भारत के विभिन्न भागों में कई लड़कियों का नाम मीरा है, पर क्या हमने कभी सोचा है कि इन नामों का अर्थ क्या है? मुझे किसी शब्दकोश में इस नाम का कोई अर्थ नहीं मिला। अगर किसी को किसी अर्थ की जानकारी मिलती है तो वे कृपया मुझे बताएँ। साथ ही दो शब्दों का उल्लेख मिलता है—मीरा एवं मीराँ। अत: प्रश्न उठता है कि उनका वास्तविक नाम क्या था—मीरा या फिर मीराँ?

संस्कृत भाषा बहुमुखी प्रतिभा-सम्पन्न है। संस्कृत के विद्वानों को आप कोई भी शब्द दें, वे आपको उसका अर्थ ढूँढ़ देंगे। एक सम्भावित अर्थ हो सकता है कि 'मीरा' संस्कृत के शब्द 'मीर' से बना। मीर का अर्थ है—सागर और इस तरह 'मीरा' का अर्थ हुआ सागर या फिर सागर का कोई भाग। कुछ अन्य विद्वान मीरा को समुद्र-कन्या या लक्ष्मी भी मानते हैं। एक अन्य अर्थ 'एक पेय' या 'मदिरा' भी है। दोनों ही अर्थ तर्कसंगत हैं, मुफीद हैं क्योंकि वे प्रेम-भक्ति का सागर भी थीं और उसके प्रभाव से उन्मत्त भी।

मैं मीरा के विद्रोह की प्रकृति को रेखांकित करना चाहता हूँ क्योंकि पश्चिम के नारीवादी विद्वानों ने मीरा का उपयोग पुरुषों के खिलाफ एक धारदार हथियार के रूप में किया है, जबकि तथ्य यह है कि मीरा का हथियार प्रेम है जो उनके द्वारा इस्तेमाल किये गए हथियारों का बेहतर विकल्प है। वे अपनी ताकत का इस्तेमाल उस तरीके से नहीं करतीं जिस तरह आज की महिलाएँ पुरुषों की मुखालफत के लिए करती हैं। आप उनकी कविताओं में कहीं भी राणा के खिलाफ एक पंक्ति भी नहीं खोज सकते। वे राणा के बारे में सिर्फ उन्हीं घटनाओं का उल्लेख करती हैं जहाँ राणा द्वारा भेजा गया विष भी अमृत में तब्दील हो जाता है। वे कहीं नहीं कहतीं कि उन्होंने इस पात्र को राणा के मुँह पर फेंक दिया बल्कि वे जिक्र करती हैं कि राणा द्वारा भेजा गया साँप भी फूलों में बदल गया। इस तरह दन्तकथाएँ मीरा के विद्रोह की प्रकृति की ओर संकेत करती हैं। मीरा के विद्रोह की इस शैली ने ही गांधी को प्रभावित किया और परिणामस्वरूप गांधी ने दंडस्वरूप कारागार में कैद होने को स्वीकार किया। गांधी ने कहा कि उन्होंने सरकार की मुखालफत कर अपराध किया है और उन्हें दंडस्वरूप कारागार में बन्द कर देना चाहिए। उन्होंने कहा कि वे सरकार की नीतियों से असहमत हैं और वे कानून का पालन नहीं करेंगे। इसी तरह भक्तों ने भी परम्परा पर प्रश्नचिह्न लगाया और 'प्रेमा पुमर्थो महान्' के सिद्धान्त का पालन किया।

भारतीय परम्परा में चार पुरुषार्थों का वर्णन मिलता है—धर्म, अर्थ, काम, मोक्ष और सम्भवत: पहली बार भक्तों ने इसमें पाँचवें पुरुषार्थ को शामिल किया, जो 'प्रेम' था। हमारे यहाँ तीन, चार और पाँच की अद्‌भुत परम्पराएँ विद्यमान हैं। हमारे यहाँ चाद वेद हैं, चार ही पुरुषार्थ हैं, सभी चार हैं। अगर इन चार के बाद भी हम कुछ विशेष जोड़ना चाहें तो हम कह सकते हैं कि यह पाँचवाँ है। यह कहते हुए ध्यान इस बिन्दु की ओर है कि परम्परा में इस पाँचवें को जोड़ना हमारे अपने समय की माँग है। उदाहरण के लिए 'महाभारत' को पाँचवाँ वेद भी कहा जाता है। भरतमुनि द्वारा रचित 'नाट्यशास्त्र' को भी पाँचवें वेद की संज्ञा से अभिहित किया जाता है। जब लोग पाँचवें को जोड़ते हैं तो वे परम्परा को खारिज नहीं करते, वे सिर्फ इतना भर कहते हैं कि चार तो पहले से ही मौजूद हैं और यह पाँचवाँ है। यही वह परम्परा है जिसमें मीरा आती हैं—पाँचवें वेद की परम्परा, प्रेम की परम्परा और यह इसलिए बेहद खास है क्योंकि इस परम्परा की शुरुआत एक स्त्री ने की, शायद इसीलिए उस पर अनेक दन्तकथाएँ मिलती हैं।

एक प्रश्न जो अक्सर मीरा के सम्बन्ध में पूछा जाता है कि वे किसकी शिष्या थीं? कई लोग कहते हैं कि वे रैदास की शिष्या थीं। पता नहीं, ऐसा सिर्फ मीरा के बारे में ही क्यों कहा जाता है कि वे रैदास को अपना गुरु मानती थीं? कोई क्यों नहीं पूछता कि उन्होंने कब रैदास से दीक्षा ली? मीरा का रचना-समय क्या था और रैदास किस काल-खंड से सम्बन्धित हैं? वे एक-दूसरे से कभी मिले भी थे, इसका कोई प्रमाण नहीं मिलता।

हमारे समाज में जहाँ चार जातियाँ हैं, वहीं एक पाँचवीं भी है। दलित जो हमारे यहाँ चौथी जाति है, उसे दक्षिण भारत में पाँचवीं माना जाता है। महाराष्ट्र में भी पाँच जातियाँ हैं। अम्बेडकर के वर्गीकरण के अनुसार : 'दलितों में भी महादलित' पाँचवीं जाति है। जाति-व्यवस्था पर आधारित रूढ़िबद्ध समाज में—'स्त्री', फिर चाहे वह किसी भी जाति की क्यों न हो, पाँचवीं जाति में ही शुमार होती है। शायद इसी वजह से शोधकर्ताओं के अनुसन्धान में यह साफ परिलक्षित होता है कि मीरा के गीत उन्हीं लोगों एवं जनजातियों में ज्यादा गाए जाते हैं, जो कबीर के पद गाते हैं। दोनों के बीच एक गहरा सम्बन्ध है, पर मीरा अपने-आपमें इतनी प्रभावशाली हैं कि उनकी कोई भी आलोचना उनके प्रभावी व्यक्तित्व के सम्मुख बौनी ही प्रतीत होती है।

मीरा के साहित्य में प्रेम सबसे महान जीवन-मूल्य के रूप में चित्रित है। यह प्रेम कालिदास की परम्परा का अवदान नहीं है जिनके यहाँ प्रेम अधिकांशत: रत्यात्मक एवं शृंगारिक है।

अगर प्रेम को एक जीवन-मूल्य के रूप में प्रस्तुत किया जाए तो वह निश्चित तौर पर भक्तों एवं सूफियों का योगदान है। संस्कृत भाषा के ह्रास के बाद सभी भाषा-वैज्ञानिक परम्पराओं में हम रूमी और हाफिज के प्रेम-सन्देश पाते हैं, जिन्होंने

प्रेम को महानतम मूल्यों के रूप में स्थापित किया। यह निस्सन्देह सूफियों की वजह से मुमकिन हुआ कि व्यापक जनजागरण ने आधुनिक भारतीय भाषाओं एवं साहित्य में, चौदहवीं-पन्द्रहवीं शताब्दी में, अपनी जगह बनाई। पंजाबी सिख गुरुओं ने भी इस विषय पर बहुत कुछ लिखा। लल्लद्यद ने भी 'कश्मीरी' भाषा में यही काम किया। यही सिलसिला सिन्धी एवं अन्य भारतीय भाषाओं में भी देखा गया। दक्षिण भारतीय भाषाओं को भक्ति का स्रोत माना जाता है। हमें यह याद रखना चाहिए कि 'संगम काल' की तमिल एवं आलवार भक्तों की क्लासिकी तमिल एक नहीं है। शुरुआती संस्कृत आधारित तमिल बिलकुल भिन्न है। सूफियों का प्रभाव कन्नड़, तमिल, मलयालम और तेलगू—सभी भाषाओं पर देखा जा सकता है। ऐसा कहा जाता है कि दक्षिण भारत में इस प्रभाव के फलस्वरूप रामानन्द का उदय हुआ।

कुल मिलाकर यह कहा जा सकता है कि भक्ति-आन्दोलन चाहे गुजराती में हो या मराठी में, 'प्रेम' ही इसके सबसे महत्त्वपूर्ण मूल्य के रूप में उभरता है। इस परम्परा में पहली बार हम स्त्रियों को कवियों के रूप में देखते हैं। बुनकर, मछुआरे, मोची और कारीगरों का उदय भी कवियों के रूप में होता है और शायद इसीलिए शासकों से, अभिजनों से यह कविता बर्दाश्त नहीं हुई, लिखना तो दीगर बात है। मीरा को आधुनिक मध्यवर्ग की पहुँच तक लाकर रुचिकर बनाना निश्चित रूप से गांधी एवं रवीन्द्रनाथ ठाकुर का योगदान है। ये हमें वहाँ ले गए जहाँ राजा और सत्तासीन मठाधीश आज भी नहीं पहुँच पाए हैं और न ही वे प्रेम-भक्ति के सागर के प्रतीक-रूप में मीरा का स्मारक ही बना पाए हैं।

[श्री सीताराम ट्रस्ट, महुवा, भावनगर द्वारा आयोजित संगोष्ठी में 2008 में दिया गया व्याख्यान। पुस्तक 'द वायस ऑफ वुमेन—गार्गी टू गंगासती', सम्पादक : अवधेश कुमार सिंह, डी.के. प्रिंट वर्ल्ड, प्रथम संस्करण : 2008 में प्रकाशित। व्याख्यान मूलत: हिन्दी में दिया गया। हिन्दी पाठ का अंग्रेजी अनुवाद गोपिका जडेजा द्वारा किया गया। यह पाठ उसी अनुवाद पर आधारित है। हिन्दी अनुवाद आभा गुप्ता ठाकुर द्वारा किया गया और पुस्तक 'संस्कृति का ताना-बाना', वाणी प्रकाशन, प्र.सं., 2016 में प्रकाशित]

# तुलसीदास : वाद विवाद संवाद

**लक्ष्मण यादव :** क्या तुलसी की कोई रचना आपको प्रिय है? यदि है, तो उसके क्या आधार हैं और यदि नहीं है तो क्यों?

**नामवर सिंह :** देखिए, तुलसीदास की रचनाओं को देखने से, उनकी भाषा को देखने से यह मालूम होता है कि उनकी प्रमुख रचना है 'रामचरितमानस', जो प्रौढ़ काल में उन्होंने लिखी है। बाकी फुटकर हैं। फुटकर का काल-सम्बन्धी निर्णय करना कठिन है। मुझे ऐसा लगता है कि 'विनय-पत्रिका' उनकी अन्तिम रचना है और 'रामचरितमानस' सबसे प्रौढ़ काल की है। इसके बाद 'कवितावली'। ये तीन उनकी सबसे प्रमुख और प्रौढ़ रचनाएँ हैं, जिनसे उनकी ख्याति है। सबसे ज्यादा लोकप्रिय है : 'रामचरितमानस' और यह बात सभी लोग मानते हैं, मैं भी मानता हूँ कि उनकी सर्वश्रेष्ठ रचना 'रामचरितमानस' है। तुलसी इसी से जाने जाते हैं। बाकी रचनाओं में 'विनय-पत्रिका' का दूसरा नम्बर होगा और तीसरा नम्बर होगा 'कवितावली' का। ये दोनों रचनाएँ समय-समय पर लिखी गई हैं व संकलित हैं। तुलसी की रचनाओं में सर्वश्रेष्ठता का यह क्रम होगा : 'रामचरितमानस', 'विनय-पत्रिका' और 'कवितावली'। 'विनय-पत्रिका' को छोड़कर देखें तो 'कवितावली' भी रामकथा है, अलग-अलग कांडों में है। 'विनय-पत्रिका' भी इकट्ठे तो नहीं लिखी है, लेकिन उनकी प्रौढ़तम कृति है। गान की दृष्टि से भी। ये तीन रचनाएँ हैं, बाकी तो ठीक है। यह मेरी धारणा है। सर्वश्रेष्ठ, सबसे लोकप्रिय कविता, जिस पर तुलसीदास टिके हुए हैं, वह 'रामचरितमानस' है। 'रामचरितमानस' लोक में सबसे ज्यादा गाया-पढ़ा जाता है। यह मुकम्मल रचना है। तुलसी 'मानस' से ही जाने जाते हैं।

**लक्ष्मण यादव :** क्या आप यह मानते हैं कि तुलसी की आरम्भिक रचनाओं से उत्तरवर्ती रचनाओं में या तुलसी के विचारों में तुलनात्मक रूप से कोई परिवर्तन हुआ है?

**नामवर सिंह :** जहाँ तक उनके विचारों का सवाल है, उसमें कोई परिवर्तन नहीं हुआ। जो उनकी जीवन-दृष्टि है, उसका 'रामचरितमानस' के ही आधार पर निर्णय होगा। तुलसी की प्रतिष्ठा 'रामचरितमानस' से ही है। इसके बारे में कोई दो राय नहीं है। यहाँ तक कि कोई अगर तुलना करके देखना चाहे तो 'रामचरितमानस' में

अलग-अलग प्रसंगों में कथा का वर्णन है। 'रामचरितमानस' का दर्शन पक्ष है—उत्तरकांड। 'सोपान' कहा है तुलसी ने, लोक 'कांड' लिखते हैं। एक लोक-उक्ति आपको सुनाता हूँ : 'बाल क आदि उत्तर कै अन्ता; बीच अयोध्या गावहि सन्ता'। बालकांड का आदि, यानी जो भूमिका बाँधी है उन्होंने, वह। कथा तो राम के जन्म से शुरू होती है, लेकिन पहले उसकी भूमिका। उत्तरकांड के अन्त का और बीच अयोध्या यानी अयोध्याकांड का जो बीच का हिस्सा है। उत्तरकांड में सिद्धान्त है, ज्ञान और भक्ति पर दार्शनिक विवेचन है। बालकांड के आरम्भ में जो भमिका उन्होंने बाँधी है, सबको स्मरण करते हुए, इनको प्रणाम—उनको प्रणाम करता हूँ। प्रश्न-उत्तर वाली शैली है। यह मैंने लोक में कभी सुनी थी, आज भी याद है। काव्य की दृष्टि से ये तीनों ही स्थल अपनी प्रौढ़ता को पहुँचे हुए हैं—आदि, मध्य, अवसान। अयोध्याकांड में रस है, भाव है। उत्तरकांड में पांडित्य है और बालकांड में कथा कहने से पहले भूमिका बाँधी है। लोक में मान्य यही है। हमारे गुरु थे, जो रामचन्द्र शुक्ल के साथ के थे, पं. केशवप्रसाद मिश्र। संस्कृत के पंडित थे। उन्होंने जो पाठ्यक्रम बनाया था, बी.ए. में जो पढ़ाया जाता था, उसमें भरत-चरित्र था। उसमें भक्ति भी है, ज्ञान भी है। तो अयोध्याकांड द्वितीय सोपान है। मैंने कहा न कि सोपान कहा है, कांड नहीं। अगर मानस का सरोवर है, तो ये सीढ़ियाँ बनी हुई हैं। सोपान से आप अन्त तक पहुँचते हैं। अपने गुरुजनों से जो पढ़ा व सीखा है, उससे हमारा यह संस्कार बना है। विश्वनाथ त्रिपाठी जी ने तो तुलसीदास पर लिखा है, मैंने तुलसीदास पर लिखा नहीं, कुछ लेख मैंने लिखे हैं, बस। इच्छा मन में बराबर रहती है कि लिखूँ। इससे तुलसीदास पर बहुत अधिकार से मैं क्या बोलूँ। त्रिपाठी जी ने तुलसीदास पर लिखा है। आपके दिल्ली विश्वविद्यालय में पढ़ाते थे न उदयभानु सिंह, उन्होंने भी इस पर बड़ा काम किया है। ये लोग इसके अधिकारी लोग हैं। विश्वनाथ जी तो अवध के हैं, अवधी पर उनका अधिकार है। हम बनारस वालों को अवधी कहाँ प्राप्त हुई! हमने तो गुरुजनों से जो सुना है, उसका संस्कार है। द्विवेदी जी तुलसीदास पर लिखना चाहते थे। उनके बस कुछ लेख हैं तुलसीदास पर। अन्तिम पुस्तक तुलसीदास पर लिखना चाहते थे लेकिन वह काम पूरा नहीं हो सका। हमसे जो बातचीत हुई थी, वे मानते थे कि कबीर पर लिखा तो, लेकिन एक कवि के रूप में तुलसीदास हर तरह से बड़े थे। तुलसीदास बहुत बड़े विद्वान भी थे, जो कबीर नहीं थे। कबीर तो अनपढ़ आदमी थे।

**लक्ष्मण यादव :** तुलसी की रचनाओं के इसी सन्दर्भ में एक-दो बातों पर चर्चा करना चाहता हूँ कि 'रामचरितमानस' एक प्रबन्ध काव्य है और आपने भी बताया कि वह उनकी प्रौढ़ व सबसे प्रमुख रचना है। 'कवितावली' फुटकर है, यद्यपि उसमें भी एक कथा है। मैं यहाँ 'रामचरितमानस' और 'कवितावली', दोनों के उत्तरकांड की तुलना करते हुए सवाल करता हूँ। आपने कहा कि उनकी विचारधारा में कोई

परिवर्तन नहीं हुआ, लेकिन तुलसी का रामराज्य वर्णाश्रम व्यवस्था की संरचना में ही बना है, जबकि 'कवितावली' के तुलसीदास तो जाति-पाँति, मन्दिर-मस्जिद के भेद को तोड़ते हैं। वहाँ उनके लिए भूख, गरीबी, रोग आदि प्रश्न केन्द्र में हैं। इसे आप कैसे देखते हैं?

**नामवर सिंह :** तुलसीदास यह मानते थे कि जो आदर्श राज्य है, उसमें कोई जाति-पाँति नहीं है, जो राम का भक्ति वाला आदर्श राज्य है। ऐसा है कि समाज के बीच एक व्यवस्था लोक के लिए है, वह अलग है। लेकिन राम के आदर्श राज्य में इस तरह की कोई जाति-पाँति की बात नहीं है। एक ही आदर्श है : भक्ति। भक्ति की भूमि पर किसी जाति या स्त्री-पुरुष का भी कोई भेद नहीं है। तुलसी जिस रामराज्य-रूपी आदर्श की परिकल्पना करते हैं, उस आदर्श परिकल्पना में लोग अपना-अपना कर्म करेंगे। कर्म तो अलग-अलग बने हुए हैं। हर आदमी हर काम तो करेगा नहीं। समाज को चलाने के लिए जो काम बँटे हुए हैं, वह काम लोग करेंगे, लेकिन जो भाव-लोक है, जो भक्ति की दुनिया है यानी जब यह कहते हों कि 'मेरी जाति-पाँति न चहीं काहू की जाति पाँति'—तो उस भूमि पर जो आदर्श राज्य है, उसमें कोई जाति-पाँति का भेद नहीं है। 'नाते सबै राम के मनियत, सुहृद सुरोध्य जहाँ लौं'—वहाँ राम एक आदर्श के रूप में है, उस राम को जो माननेवाला है, उसके यहाँ जाति-पाँति का कोई फर्क नहीं है। चित्रकूट सभा में केवट भी वैसे ही बैठता है, जैसे सब लोग बैठते हैं। जिसको कहें कि चित्रकूट सभा ही उनका आदर्श लोक है। उस चित्रकूट सभा में किसी में फर्क नहीं है। एक नाता है कि अगर वह राम को मानता है, उस आदर्श को मानता है तो उसकी न कोई जाति-पाँति है, न लिंग-भेद है, वहाँ सब समान है। इसीलिए तुलसी बड़े हैं।

**लक्ष्मण यादव :** यह सवाल बार-बार उठाया गया कि क्या यह सम्पूर्ण भक्तिकाल की सीमा है, जो रामानन्द में भी है, तुलसी में भी है, कि उनके यहाँ भक्ति के धरातल पर सब बराबर, लेकिन समाज में जाति-व्यवस्था मानते हैं?

**नामवर सिंह :** मैंने यही तो बताया कि कर्म के आधार पर यह बात है। एक ही व्यक्ति हर काम नहीं कर सकता। यह बात लोक के लिए है। भाई, इन सबका मूल भक्ति है और वहाँ सब बराबर हैं। तुलसी का जीवन आप देखिए, जो मिलता है : 'बारे ते ललात बिललात द्वार-द्वार दी'। ब्राह्मण होते हुए भी घोर दरिद्रता उन्होंने देखी थी। उस समय जो समाज उनका था, वह उनको पसन्द नहीं था। वे उस 'रामराज्य' की परिकल्पना करते हैं, सपना देखते हैं, उस दृष्टि से देखिए, चूँकि उनका सम्पूर्ण जीवन-दर्शन और सब कुछ लोकप्रिय है। 'विनय-पत्रिका' कुछ लोग गाते हैं, 'गीतावली' कुछ लोग पढ़ते हैं, 'कवितावली' थोड़े-से लोग पढ़ते हैं। लेकिन 'रामचरितमानस' अगर लोकप्रिय है, पढ़ा जाता है तो तुलसी का मतलब 'रामचरितमानस' ही समझा जाता है। उनका पूरा जीवन-दर्शन है। यही उनकी भक्ति

का दर्शन है। उत्तरकांड का जो उनका पूरा शास्त्रार्थ है, उसमें ज्ञान और भक्ति को उन्होंने अलग नहीं माना है : 'भगतिंहि ग्यानहिं नहिं कुछ भेदा। उभय हरहिं भय सम्भव खेदा'॥ लेकिन वहाँ कागभुसुंडि और गरुड़ का संवाद होता है। कहाँ गरुड़ जैसा पक्षी और कहाँ कउआ! फिर भी वह कागभुसुंडि बड़ा है और गरुड़ उसके सामने झुकते हैं। तुलसी यही बताते हैं कि जो भक्त है, वह बड़ा है। ज्ञान तो कोई भी पढ़कर हासिल कर सकता है। एक बात पर और आप ध्यान दीजिए, जिसे आज लोग 'दलित' कहते हैं, तो पक्षियों में कागभुसुंडि दलित है, गरुड़ तो उच्च कोटि के मालूम होते हैं। इसलिए सम्पूर्ण तुलसी के बारे में भ्रम नहीं होना चाहिए। जिस भूमि पर वे पहुँच गए थे, उस पर उन्होंने रचनाएँ कीं। वही आदर्श रामराज्य स्थापित करना चाहते थे। बाकी ये पंडितों की बाल की खाल निकालना बेकार की बातें हैं। सीधा तत्त्व यही है, जितना मैंने पढ़ा है। मैं तो 'रामचरितमानस' का पाठ करता हूँ और करता चला आ रहा हूँ। थोड़ा-थोड़ा 'रामचरितमानस' पढ़ता रहता हूँ।

**लक्ष्मण यादव :** आपने भी बताया कि तुलसीदास बहुत लोकप्रिय कवि हैं। मैं इसी लोकप्रियता पर अपना अगला सवाल करना चाहता हूँ कि तुलसीदास भक्तिकाल के ऐसे कवि हैं, जिनको लेकर खूब चर्चा होती रही है, अलग-अलग सन्दर्भों में और दृष्टिकोणों से तुलसी देखे जाते रहे हैं। उनका महिमामंडन भी किया गया है, तो उनकी आलोचना भी खूब हुई। यदि इन दोनों बातों को एक साथ रखकर तुलसी को बहुत सामान्य अर्थों में बहुचर्चित कवि मान लें तो आपकी नजर में इसके पीछे सर्वप्रमुख बुनियादी कारण क्या है—तुलसी की स्वयं की ताकत या अन्य प्रचार तंत्र?

**नामवर सिंह :** भाई, ऐसा हर भाषा में होता है। अंग्रेजी में आप शेक्सपियर को लो, तो अंग्रेजी-भाषियों के लिए जैसे शेक्सपियर, वैसे हमारे लिए तुलसीदास। उनसे बड़ा कोई कवि नहीं है। स्वयं द्विवेदी जी ने कबीर पर पुस्तक लिखी और अन्तिम पुस्तक वे तुलसीदास पर लिखना चाहते थे। वह भी मानते थे कि अगर कोई हिन्दी-भाषी समाज का राष्ट्रकवि है तो तुलसीदास हैं, कबीर नहीं हैं। कबीर कवि के रूप में भी छोटे हैं, उनसे हर तरह से छोटे हैं। बड़े क्रान्तिकारी थे, सब थे, लेकिन जहाँ तक कवि का सवाल है, तुलसीदास के सामने कबीर कहीं ठहरते नहीं हैं। यह द्विवेदी जी भी मानते थे, तो इसमें कोई दो राय थोड़े ही है। भाई, तुलसीदास ने यों ही नहीं लिख दिया है : 'नाना पुराण निगमागम सम्मतं यद् रामायणे निगदितं क्वचिदन्यतोऽपि'। शुरू में ही कह दिया है। तो तुलसीदास पढ़े-लिखे थे। नाना पुराण, आगम यानी वेद, निगम यानी उपनिषद्। उसके बाद वाल्मीकि की रामायण और उनके बाद कुछ और भी हैं, सबको। तो फिर बचा क्या अब? वन्दना में तुलसीदास ने जब यह कह दिया है, तो इसका कुछ मतलब होता है। इसलिए वे सबसे बड़े कवि हैं। बहुत पठित आदमी थे। निरक्षर नहीं थे। भूमिका जो बाँधी है, तो दावा यूँ ही नहीं ठोंक दिया है।

**लक्ष्मण यादव :** यह बात स्थापित है कि तुलसी विद्वान कवि थे। मैं तुलसी की लोकप्रियता के पीछे प्रचार-तंत्र की भूमिका की पड़ताल करना चाह रहा हूँ। आज तक की स्थिति में रामलीलाओं के मंचन और अखंड रामायण का पाठ जो होता रहा है, संघ ने भी राम का उपयोग किया, इसकी कितनी भूमिका है? 'मुरदहिया' में तुलसीराम जी बताते हैं कि उनके मुहल्ले में भी शाम को गाँव के लोग 'रामचरितमानस' का पाठ करते थे, तो वे हर वर्ग में लोकप्रिय हैं! इस लोकप्रियता के पीछे कितनी तुलसी की ताकत है, आपने यह बताया। इन प्रचार-तंत्रों की भूमिका को आप किस रूप में देखते हैं?

**नामवर सिंह :** देखो, होता यह है कि हर आदमी अपने लिए एक हथियार चाहता है। यूरोप में भी यह बात है, यहाँ भी है। एक ही बाइबल है। उस बाइबल को जो गरीब ईसाई है, वह भी इस्तेमाल करता है और उसको बड़े लोग भी इस्तेमाल करते हैं। धर्मग्रंथों का यह है कि वेद तो उनकी समझ में नहीं आता, बाइबल आती है। ईसाई जब यहाँ आए तो लोगों ने यही कहा न कि 'रामचरितमानस' जो है, वह बाइबल है। जैसे बाइबल वहाँ सबके लिए सुलभ है, वैसे ही मानस यहाँ सबके लिए सुलभ है। तब ग्रियर्सन ने इसको बाइबल कहा। उन्होंने जो देखा, वह सच कहा, क्योंकि 'गीता' का पाठ हर आदमी नहीं कर सकता। 'रामचरितमानस' और 'गीता', ये दो ही चीजें हैं, जो लोकप्रिय हैं। संस्कृत लोगों को आती नहीं और 'गीता' का दर्शन भी दूसरा है। इसलिए 'रामचरितमानस' की जो हैसियत है, उसी की वजह से ग्रियर्सन ने ऐसा लिखा। मोटे तौर पर यही है और पढ़ाने वाले लोग अपनी-अपनी साहित्यिक दृष्टि से देखते हैं, उस पर कोई टिप्पणी मुझे करनी नहीं है।

**लक्ष्मण यादव :** क्या ऐसा आपको नहीं लगता कि तुलसी की लोकप्रियता का उपयोग भी अपने स्वार्थ में किया गया है? मैं अपना प्रश्न इसी बात से जोड़ता हूँ। आज के समय में सामान्यत: तुलसी का अध्ययन अपने-अपने 'आग्रह' से होता है, अपने अनुकूल या प्रतिकूल चीजों को खोजकर तुलसी के लिए एक सामान्य समझ बना ली जाती है और उनका मूल्यांकन किया जाता है, इस पर आपका क्या विचार है? क्या तुलसी में कुछ ऐसे तत्त्व भी हैं, जिन्हें समान रूप से स्वीकार्य माना जा सके?

**नामवर सिंह :** उपयोग करनेवाले लोग तो उपयोगितावादी दृष्टि से, जो उनके काम का लगता है, उसी को इस्तेमाल करते हैं। एक टुकड़ा जो अपने काम दिखा, ले लिया, उसी का उपयोग कर लिया। किसी भी चीज को कुल मिलाकर समग्रता में देखना चाहिए। अपने काम का टुकड़ा उठाने से तो काम नहीं बनता है। तुम ठीक कह रहे हो, ऐसा है। लेकिन एक बात और है—हिन्दी-भाषी समाज में तुलसी का स्थान तो कोई ले नहीं सका। गाँव-गाँव में हर जगह, हर मौके पर गाए जाते हैं तुलसी, 'रामचरितमानस' ही गाया जाता है। यह है तुलसी की लोकप्रियता।

**लक्ष्मण यादव :** आपने अभी लोकप्रियता की बात की। एक सवाल मैं यह करना चाहता हूँ कि इतनी लोकप्रियता के बरअक्स आरम्भिक दौर की मार्क्सवादी आलोचना, जिनमें रांगेय राघव, यशपाल, राहुल सांकृत्यायन को लें और आगे चलकर मुक्तिबोध भी इसी धारा से जुड़ते हैं। ये तुलसी पर यह आरोप लगाते हैं कि जनभाषा के माध्यम से इन्होंने पौराणिक मतवाद व ब्राह्मणवाद को ही फैलाया है। आपने 'रामचरितमानस' व 'गीता' की महत्ता बताई, राजेन्द्र यादव तो उत्तर भारत की जड़ता के दो प्रमुख कारणों में गंगा के साथ मानस ही को बताते हैं।

**नामवर सिंह :** देखिए, राजेन्द्र यादव ने तो मुझे नहीं लगता कि पढ़ा होगा मानस। उनसे कह दीजिए कि 'रामचरितमानस' की कोई एक चौपाई सुनाएँ तो! तो जिन्होंने पढ़ा नहीं, उनसे क्या बात करना! यह भ्रान्त धारणा लोगों में है कि तुलसीदास वर्ण-व्यवस्था मानते थे। असल में तुलसीदास की समझ में आ गया था कि सारे समाज को तो बदल नहीं सकते हैं। कोशिश करें, समाज बदले धीरे-धीरे। वह कोई समाज-सुधार तो करने आए नहीं थे, वह कवि थे। अपनी बात कहना चाहते थे भाई, तुम मानो या न मानो। पार्टी तो कोई उनकी थी नहीं। तो तुलसीदास को न पढ़ा था उन्होंने, न समझा था। अधिकांश लोग जो जातिवादी समाज के हैं, तुलसीदास को अपने ढंग से इस्तेमाल कर लेते हैं। जो उनके काम की चीज लगी, उसे कह दिया उन्होंने। तो जो इस्तेमाल करने की बात कर रहे हो, ठीक कह रहे हो तुम। इस्तेमाल करनेवाले तो बाइबल और वेद को भी इस्तेमाल कर लेते हैं। इस्तेमाल करनेवाले करेंगे ही, क्योंकि अभी समाज ऐसा है। समाज अभी बदला तो है नहीं। एक भक्त का जो आदर्श था, उसको उन्होंने रखा। बहुत-से लोगों को तो यह भ्रम है कि तुलसीदास चूँकि ब्राह्मण थे इसलिए ब्राह्मणवादी तो हइये हैं। वे यह मानकर चलते हैं कि अगर उनकी जाति ब्राह्मण है तो वे ब्राह्मणवादी होंगे ही। इसका क्या किया जा सकता है!

**लक्ष्मण यादव :** यदि हम एक आधुनिक टर्मिनोलॉजी का प्रयोग करें, तो क्या हम तुलसी की रचनाओं का आज 'सबाल्टर्न' दृष्टि से पाठ कर सकते हैं या नहीं? यदि ऐसा हो तो इस 'पाठ' के हमारे आधार, मापदंड और निष्कर्ष क्या होंगे?

**नामवर सिंह :** देखिए, सबाल्टर्न नाम की चीज तो खत्म हो गई। यह चली थी सोशियोलॉजी में। सबाल्टर्न किताब छापते थे वे लोग। ग्राम्शी ने यह टर्म दे दिया था, लोग इस्तेमाल करते थे। वह बन्द हो गया। अब तो सबाल्टर्न लोग दूसरा काम करने लगे। एक दौर था, एक लहर थी। अमरीका ओरिएंटेड आइडियोलॉजी थी, जो अब खत्म हो गई। काव्य और साहित्य टिकाऊ होता है। आजकल मार्क्सवाद का नाम कम लेते हैं लोग। रूस में था, तब तक ठीक था, अब कोई नाम ही नहीं लेता, लेकिन मार्क्स थोड़े ही खत्म हो जाएँगे। मार्क्स का जो एक खास तरह का वाद था, वह खत्म हो गया, लेकिन मार्क्स का जो अपना सपना था, वह अभी खत्म

नहीं हुआ। मार्क्स का वाद और सोवियत छाप लगाया हुआ जो मार्क्सवाद था, वह तो खत्म हो गया, इसमें कोई शक नहीं। लेकिन मार्क्स अब भी स्टैंड करता है। एक जो सपना उसने देखा था समाज का, वह है और रहेगा। वह सपना मर नहीं सकता है। इन कवियों का भी एक सपना है। तुलसी का भी एक सपना है, रामराज्य का। लेकिन यह जो इन लोगों ने 'रामराज्य परिषद्' बनाई थी, कार्टून है वह एक। भभूत लगाए हुए, पीले रंग का कपड़ा ठप्पा मारकर पहनने वाले ये अब कहाँ दिखाई पड़ते हैं! इसलिए जैसे प्लेटो का एक यूटोपिया था; तो यूटोपिया तो है और रहेगा। वह सपना था, उसकी जो ताकत थी, वह तो रहेगी ही।

**लक्ष्मण यादव :** आपने अभी सपने की बात की, रामराज्य-रूपी एक यूटोपिया तुलसी का भी था। वहीं भक्तिकाल के एक दूसरे महत्त्वपूर्ण कवि कबीर सीधे-सीधे कोई विकल्प नहीं देते। वह सवाल उठाते हैं।

**नामवर सिंह :** तुलसीदास ने एक चौपाई लिखा है : 'एक जुलाहे सों मैं हारा'। उत्तरकांड में जहाँ कागभुसुंडि-गरुड़ संवाद आता है, वहाँ है यह कि किस जुलाहे से मैं हारा। उसी काशी के कबीर थे, तो कबीर तुलसी की स्मृति में कहीं न कहीं थे। तो 'एक जुलाहे सों मैं हारा' क्योंकि वह भी राम को मानता था। राम का एक सम्बन्ध था। कबीर के लिए वह निर्गुण राम थे, तुलसीदास के लिए सगुण राम थे, लेकिन निर्गुण-सगुण में कोई भेद नहीं है, यह भी तुलसीदास कहते हैं : 'सगुनहि अगुनहि नहिं कुछ भेदा'। इसलिए कहते हैं कि 'एक जुलाहे सों मैं हारा,' क्योंकि वह भी राम को मानता था। निर्गुण कठिन होता है, सगुण को तो हम जानते हैं। तो तुलसी के मन में कहीं कबीर थे, चुनौती के रूप में। उससे वे हार मानते हैं। यह तुलसीदास का बड़प्पन है। वह भी संत थे, यह भी संत थे और उस परम्परा को अगर इस रूप में देखा जाए तो मैं समझता हूँ, ज्यादा अच्छा होगा। साहित्य को एक निरन्तरता में देखना चाहिए। कबीर ने जब लिखा, तब तो भाषा भी ठीक से नहीं थी, बोलचाल की भाषा में लिखा और उन्होंने तो लिखा भी नहीं। इसलिए उनका पाठ भी ठीक से नहीं मिलता, बाद के लोगों ने इकट्ठा किया। तुलसीदास ने तो लिखा था, कलमबद्ध किया था। उसे कोई कैसे बदल सकता था? इसीलिए कवि के रूप में तुलसीदास बड़े कवि हैं, जैसी उनकी दृष्टि थी। कबीर भी बड़े कवि हैं, लेकिन कवि के रूप में निश्चित रूप से तुलसी बड़े हैं।

**लक्ष्मण यादव :** कुछ आलोचक यह भी मानते हैं कि निर्गुण पंथ में कोई कथा नहीं है, कोई हीरो नहीं है, क्या आप ऐसा मानते हैं और इसका कोई प्रभाव उनकी दृष्टि पर पड़ा है?

**नामवर सिंह :** हीरो है क्यों नहीं? कबीर के हीरो राम हैं। वह भले ही केवल नाम हो, लेकिन हीरो तो हैं! वह दशरथ पुत्र नहीं हैं, लेकिन राम हैं और राम के अलावा दूसरा कोई नाम नहीं लिया। उन्होंने मुसलमान होते हुए 'राम' नाम लिखा, यह बड़ी

बात है। उन्होंने अल्लाह-खुदा नहीं कहा, राम कहा; क्योंकि वे मुसलमान होते हुए यह जानते थे कि लोकमानस में, वह भी हिन्दी-भाषी लोक का हीरो तो राम ही हैं। 'श्याम सो हमारी राम-राम कहि दीजिए'—गोपियाँ भी राम-राम कहती हैं। एक ईश्वर है, उनका खुदा है, उधर गॉड है—ये सब एक नहीं हैं। गॉड, खुदा, ईश्वर—ये तीन अलग-अलग शब्द ही नहीं हैं, तीनों की परिभाषाएँ भी अलग-अलग हैं। क्राइस्ट का गॉड वही नहीं है, जो मुसलमान का खुदा है। ये शब्द ही अलग-अलग नहीं हैं, बल्कि उनकी परिकल्पनाएँ भी अलग-अलग हैं। हमारे दर्शनशास्त्रों में ईश्वर की परिकल्पना गॉड और खुदा से अलग है और जो आप प्रभाव वाली बात कह रहे हैं, तो देखिए, वह पूरी धारा ही अलग है।

**लक्ष्मण यादव :** मैं फिर से अपने उसी सवाल पर लौटता हूँ, क्योंकि आपने कहा कि तुलसी कवि के रूप में बड़े हैं कबीर से। रांगेय राघव, मुक्तिबोध से लेकर आज के अस्मितावादी विमर्श तक सभी तुलसी की तुलना में कबीर को ज्यादा महत्त्व देते हैं। आपकी दृष्टि में इसका क्या आधार व कारण हो सकता है? मुक्तिबोध तो यहाँ तक लिखते हैं कि न जाने क्यों, निर्गुण पंथ के सामने तुलसी कम आधुनिक लगते हैं?

**नामवर सिंह :** देखिए, मुक्तिबोध कम्यूनिस्ट पार्टी के आन्दोलन और मार्क्सवाद जब आरम्भिक दौर में था, तब के थे। मुक्तिबोध मराठी परम्परा से आए थे और मराठी में कोई तुलसीदास नहीं हुआ था। मराठी में ज्यादा निर्गुण पंथ का था। निर्गुण पंथ के बड़े कवि हुए मराठी में। इसलिए मुक्तिबोध को मराठी का और मराठी के संत परम्परा का संस्कार मिला था। मराठी में तो कोई सगुण परम्परा हुई ही नहीं। उस संस्कार के कारण यह मुक्तिबोध की सीमा है। मराठी संत साहित्य की परम्परा उनको मिली थी। तुलसी की परम्परा उनको मिली ही नहीं। इसलिए उनके जीवन की जो सीमा थी, उसके कारण मुक्तिबोध को यह कहना पड़ा।

**लक्ष्मण यादव :** अपने उसी लेख में मुक्तिबोध जब आगे कहते हैं कि जिन सामन्त-विरोधी मूल्यों के साथ भक्ति आन्दोलन खड़ा हुआ, तुलसी तक आते-आते यही सामन्ती मूल्य भक्ति आन्दोलन में आ गए। राम काव्य-परम्परा में कोई मुसलमान व नीची जाति का कवि नहीं मिलता। भक्ति आन्दोलन के आखिरी बड़े कवि तुलसीदास ही हैं, फिर यह आन्दोलन समाप्त हो गया, रीतिकाल आ गया?

**नामवर सिंह :** देखिए, ऐसा है न कि यह दो संस्कृतियों का फर्क है, क्योंकि सब होते हुए भी ब्रज में कृष्ण के अलावा कोई हुआ नहीं। अवध के राम थे। लेकिन मराठी में समझ में नहीं आता है। महाराष्ट्र में ब्राह्मणवाद जितना मजबूत रहा और आज भी है, उत्तर प्रदेश में उतना मजबूत नहीं है। मराठी का संत साहित्य निर्गुण साहित्य है, सगुण नहीं है। यह अलग-अलग संस्कृतियों की बात है। जैसे बंगाल में नहीं है। बंगाल में वैष्णव सम्प्रदाय था, इसलिए ये निर्गुण-सगुण विवाद बंगाल

में समझ ही नहीं सकते आप। वहाँ ब्राह्मो समाज जब आया निर्गुण वाला, तो यह रहस्यवाद आया, जिसमें रवीन्द्रनाथ टैगोर हुए। वहाँ संतों की परम्परा दूसरी है, महाराष्ट्र की दूसरी है, तमिलनाडु की दूसरी है। ये अलग-अलग संस्कृतियाँ रही हैं। यह तो हिन्दी प्रदेश की और खास तौर से अवध की बात है, क्योंकि राम तो अवध के थे और कृष्ण ब्रज के थे। ये जो अपनी प्रादेशिक संस्कृतियाँ हैं, उनका एक लम्बा इतिहास है। उस कारण ब्रज में कृष्ण-भक्ति चली, अवध में राम-भक्ति चली। इसी तरह से महाराष्ट्र, तमिलनाडु में देखो। बंगाल में चैतन्य सम्प्रदाय के कारण कृष्ण रहे, जिनसे रवीन्द्रनाथ तक प्रभावित थे। रवीन्द्रनाथ के यहाँ राम मिलेंगे ही नहीं। यह प्रादेशिक संस्कृतियों की अपनी लम्बी ऐतिहासिक परम्परा है। जहाँ कृष्ण-भक्ति चली, चैतन्य चले, वहाँ रामभक्ति हुई ही नहीं। तो अलग-अलग परम्परा है। इस्लामिक परम्परा में जो सूफी आए, चूँकि इस्लाम में पैगम्बर थे और वे ईश्वर के रूप थे। इसलिए उर्दू-फारसी में देखोगे, तो दूसरी परम्परा चली। अलग-अलग संस्कृतियों के अनुसार भक्ति के अलग-अलग रूप मिले। क्राइस्ट को मानने वालों की एक दूसरी परम्परा है, वहाँ भी प्रोटेस्टेंट चला। कृष्ण-भक्ति भी है, राम-भक्ति भी है, क्राइस्ट की भक्ति भी है, सेंट पोएट वहाँ भी हुए। वहाँ संत अलग हैं, वे बाइबल और क्राइस्ट से चलते हैं। वहाँ क्रूसीफिकेशन प्रमुख होता है। हमारे यहाँ तो कोई क्रूसिफाई हुआ ही नहीं, हम लोग सोच ही नहीं सकते। तो यह संस्कृतियों के भेद के अनुसार चलता है। हिन्दी प्रदेश ब्रज और अवध में बँटा हुआ है। भाषाएँ बँटी हैं, संस्कृतियाँ अलग हैं। राम वाली परम्परा में काशी-कन्नौज आता है। इस कारण यह अन्तर दिखाई देता है।

**लक्ष्मण यादव :** अपने समय के दलितों और स्त्रियों के प्रति तुलसी के दृष्टिकोण का उनके अपने समय-समाज में दलितों और स्त्रियों को लेकर बने 'कॉमनसेंस' से कैसा सम्बन्ध है? क्या तुलसी की रचनाएँ उस 'कॉमनसेंस' को ही व्यक्त करती हैं, या उसे तोड़ती हैं, या उसके पीछे हैं? इस बारे में आपका क्या मत है?

**नामवर सिंह :** देखिए, कागभुसुंडि-गरुड़ संवाद जो है, भक्ति जब आ गई, तब जाति नहीं है। यह वर्णाश्रम वाली बात उनके लिए लागू होती है, जो गृहस्थ हैं। आदर्श लोकभक्ति है, उसमें यह नहीं है। अयोध्याकांड में जो समागम होता है, केवट और अन्य में कोई भेद नहीं है। इसलिए इसी दुनिया में तुलसी की जो अपनी वांछनीय भक्ति की दुनिया है, उस दुनिया में कोई जाति-पाँति नहीं, स्त्री-पुरुष का कोई भेद नहीं। वहाँ केवट भी सबकी तरह ही बैठता है। इस आदर्श को जो मानता है, वहाँ जाति-पाँति नहीं है।

**लक्ष्मण यादव :** आपकी बात ठीक है, लेकिन हम तुलसी की दलितों व स्त्रियों के प्रति दृष्टि का मूल्यांकन कैसे करेंगे? एक तरफ 'सबसे कठिन जाति अवमानना', तो दूसरी ओर वर्णाश्रम पर आधारित रामराज्य की कल्पना; एक तरफ 'ढोल गँवार

शूद्र पशु नारी', तो दूसरी तरफ 'कत विधि सृजी नारि जग माहीं, पराधीन सपनेहु सुख नाहीं', तो एक समग्र मूल्यांकन का क्या रास्ता हो सकता है?

**नामवर सिंह :** यह किसके द्वारा कहा गया है? पात्रों में अन्तर है। पात्र तो अपनी ही भाषा बोलेगा, तुलसी की भाषा थोड़े ही बोलेगा! पात्रों की बातों के आधार पर तुलसी पर आरोप लगाना गलत है।

**लक्ष्मण यादव :** लेकिन यह भी कहा जाता है कि पात्रों को रचता रचनाकार ही है, और कई प्रसंग ऐसे भी हैं, जहाँ कोई पात्र नहीं है, जैसे किष्किन्धाकांड का प्रकृति-वर्णन : 'जिमि स्वतंत्र भए बिगरिहि नारी'। तो तुलसी की प्रतिनिधि बात कौन-सी होगी?

**नामवर सिंह :** एक बात ध्यान रखिए कि तुलसी की प्रतिनिधि बातें आप इनको बिलकुल नहीं मानें। तुलसी की प्रतिनिधि बातें वही हैं, जो मैंने कहा न कि उनके आदर्श भक्ति के सन्दर्भ में आए हैं। जैसे, देखिए, नाटक में कौन-सा चरित्र नाटककार की बात बोलता है, कौन दुनिया की बात बोलता है, दोनों में फर्क तो करना ही पड़ेगा न! यथार्थ की बात तो यही है कि दुनिया में जैसा है, नाटककार उसे वैसा ही दिखाएगा, वरना तो वह झूठ हो जाएगा। हर आदमी एक ही बात कैसे बोल सकता है?

**लक्ष्मण यादव :** अन्तिम प्रश्न तुलसी विषयक आलोचना पर। रामचन्द्र शुक्ल के पूर्व तुलसीदास की छवि कमोबेश महात्मा वाली ही बनाई गई थी। रामचन्द्र शुक्ल ने तुलसी को मूलत: महाकवि बनाया, लेकिन तुलसी के अन्तर्विरोधों पर जल्दी कोई बात कहने से बचते गए। बाद के समय में आरम्भिक दौर की मार्क्सवादी आलोचना ने कुछ महत्त्वपूर्ण सवाल उठाए, यद्यपि उनका भी अपनी तरह का एक अतिवाद रहा। रामविलास शर्मा मार्क्सवादी आलोचकों के उठाए उस सवाल पर तुलसी का एक नया जनवादी रूप गढ़ते हुए तुलसी का एक प्रकार से बचाव करते हैं?

**नामवर सिंह :** नहीं, बचाव नहीं। सीधी बात है कि आचार्य रामचन्द्र शुक्ल के मन में तुलसी के प्रति सम्मान था, इसमें कोई शक नहीं है, लेकिन व्यावहारिक रूप में, स्वयं उनके अपने जो संस्कार थे, वह लोक के अनुसार चलने वाले थे। वह भक्त तो थे नहीं। इसलिए अगर वे शादी-विवाह करने के मामले में अपनी जाति-पाँति को मानते हों, तो इस रूप में मानते हैं, लेकिन भाव-लोक में जो उनका रूप है, वह तो वही है। यथार्थ और स्वप्न में फर्क होता है। इसलिए वे तुलसीदास को सबसे बड़ा कवि बताते हैं। यह बड़ी विडम्बना ही है कि तुलसीदास पर वे कोई पुस्तक नहीं लिख सके, यद्यपि कि चाहते थे। फिर भी नहीं लिख सके। इसलिए कि धीरे-धीरे आदमी बदलता है न। हम लोग आम तौर से द्विधा-विभक्त होते हैं। दो हिस्से होते हैं आदमी के। अपने लोक-जीवन की एक सीमा होती है और आदर्श जो सोचते हैं, जो भाव लोक है, जिसमें हम मुक्त होना चाहते हैं, वह बिलकुल दूसरा होता

है। इसीलिए रामचन्द्र शुक्ल तुलसीदास पर कोई पुस्तक नहीं लिख सके। लिखना चाहते थे। द्विवेदी जी को मैंने बताया ही कि चाहते वे भी थे।

**लक्ष्मण यादव :** दिल्ली विश्वविद्यालय में रामविलास जी पर हुए एक सेमिनार में आपने यह कहा था कि रामविलास जी तुलसी पर लिखें। इसके लिए आपने कई बार उनसे कहा।

**नामवर सिंह :** बिलकुल आप ठीक कह रहे हैं, कहा था हमने रामविलास जी से। लेकिन वे नहीं लिख सके। मैं बार-बार उनसे यही कहता कि सौ काम छोड़कर आप एक यही काम कीजिए और वे कहते थे कि हाँ, मैं चाहता हूँ लिखना। लेकिन मैं कहता था कि स्वास्थ्य को देखकर लगता नहीं कि आप कर पाएँगे, और नहीं लिख पाए। अच्छा, तुलसी पर एक किताब नन्दकिशोर नवल ने लिखी है, तुमने देखी है?

**लक्ष्मण यादव :** हाँ, पढ़ी है मैंने वह किताब। लेकिन उसकी भूमिका में वे यह लिखते हैं कि आजकल हिन्दी लेखकों व पाठकों की नई पीढ़ी कबीर पर फिदा है, तुलसी के प्रति घोर उपेक्षा का भाव रखती है। फिर अपनी इस आपत्ति के कारण गिनाने के क्रम में वे कबीर-तुलसी में तुलना करते हुए तुलसी को बड़ा सिद्ध करने का प्रयास करते हैं। तो हिन्दी आलोचना में भक्तिकालीन कवियों की बात करते हुए कबीर वर्सेज तुलसी वाली बात ज्यादा प्रचलन में रही?

**नामवर सिंह :** उन्होंने अन्त में चलकर यह किताब लिखी। मैंने उनसे कहा था कि आप तुलसी पर लिखिए। लेकिन वह आस्था उनमें नहीं थी। भक्ति का जो भाव होता है, वह उनमें था नहीं। यद्यपि किताब उन्होंने लिखी, अच्छी किताब है। अब तक तुलसी पर लिखी किताबों में सबसे अच्छी किताब नवल जी की ही है। उन्होंने बरवै रामायण से लेकर सभी रचनाओं पर बात की है और जो तुम यह बात कह रहे हो, कबीर-तुलसी को एक दूसरे के सामने खड़ा करने की, ठीक कह रहे हो, ऐसा है। लेकिन नाहक ऐसा किया गया है।

**लक्ष्मण यादव :** तुलसीदास को समग्रता में देखने की बात पर देखें, तो क्या तुलसीदास में यह अन्तर्विरोध नहीं है कि भक्ति की दुनिया और व्यावहारिक दुनिया में अलग-अलग दृष्टि है उनकी, दो विचार हैं?

**नामवर सिंह :** हाँ, ठीक है। अन्तर्विरोध तुलसीदास में भी दिखाई पड़ते हैं। जहाँ एक कल्पलोक की सृष्टि करते हैं, वहाँ तो कोई भेदभाव नहीं है और लोक-जगत के व्यवहार में यह भेदभाव है। वह है न कि 'हर आदमी में होते हैं दस-बीस आदमी, जिसको भी देखना हो, कई बार देखना'।

['तुलसीदास : आज के आलोचकों की नजर में' (सम्पादक : लक्ष्मण यादव) में 'यह भ्रांत धारणा लोगों में है कि तुलसीदास वर्ण-व्यवस्था मानते थे' शीर्षक से प्रकाशित]

# समाज के अग्रचेता : तुलसी

जहाँ 'तुलसी की कला' पाकर कविता 'लसी', वहाँ समाज भी उनके मानस की सहज वाणी पाकर कृत्य हुआ। एक ओर काव्य-रसिकों ने उनमें विहार के लिए नन्दन कानन से भी महान 'वाटिका' पाई तो दूसरी ओर विस्तृत समाज ने उच्चकोटि की लोक-नीति, नई मर्यादा पाई। एक ओर जब वे व्यक्तिगत साधना के मार्ग में विरागपूर्ण शुद्ध भगवद्भक्ति का उपदेश करते पाए जाते हैं तो दूसरी ओर संसार की विषम भूमि पर आकर पारिवारिक और सामाजिक कर्तव्यों का सौन्दर्य दिखाकर मुग्ध करते दिखाई देते हैं। इसीलिए तो आज लगभग चार शताब्दियों के बाद भी भारत की कोटि-कोटि जनता उन्हें पढ़ती है, समझती है, अपना आदर्श मानती है और साथ ही अपने विश्रृंखल समाज की सुव्यवस्था करती है। महाकाव्य जायसी ने भी लिखा, इधर बीसवीं सदी में भी कुछ महाकाव्य आए, किन्तु समाज ने अपने सुख-दुःख, हर्ष-विषाद और विजय-पराजय में तुलसी के 'मानस' को ही अपना साथी क्यों बनाया? क्या भारत की अन्य शिक्षित अथवा अशिक्षित जनता तुलसी की उत्प्रेक्षाओं, कल्पनाओं, कोमल भावनाओं अथवा गम्भीर अध्यात्म एवं दर्शन के लिए 'मानस' को पढ़ती है? नहीं। भारतीय तुलसी के लोक हितकारी मर्यादा पुरुषोत्तम राम के लिए, साध्वी सती सीता के लिए, त्यागी तथा स्नेह मूर्ति अनुज लक्ष्मण तथा भरत के लिए और अनन्य भक्त हनुमान के लिए मानस को पढ़ते हैं और पढ़ते रहेंगे। हम आज भी तुलसी को अपने में, अपने को तुलसी में पाते हैं, इसीलिए उन्हें और केवल उन्हें पढ़ते हैं।

तो तुलसी ने आज के भारत को अपने मानस में चार सौ बरस पहले ही कैसे रख दिया? क्या वे ज्योतिषी थे जो 'साठ साला पंचांग' देखकर समाज की जन्म-कुंडली तैयार कर दी? दूसरा कोई कवि ऐसा नहीं कर सका, क्यों? इन प्रश्नों के उत्तर में हम कहते हैं कि ये अग्रचेता थे, भविष्यद्रष्टा थे। समाज की सीमित सीमा में जिसके लिए दूसरा शब्द 'ज्योतिषी या भविष्यवक्ता' है। ये ज्योतिषी थे किन्तु ग्रह-नक्षत्रों की चाल तथा समय के लघु से लघु विभागों की माप करनेवाले नहीं, बल्कि समय की लघु से लघु लहरों में उठने-गिरने वाले समाज की रूपरेखा, बनने-बिगड़ने का ज्ञान रखने वाले थे। ये भविष्यद्रष्टा थे किन्तु ठीक-ठीक किसी

व्यक्ति की मृत्यु अथवा कुछ घटनाओं की घोषणा करनेवाले नहीं, अपितु समाज की सांस्कृतिक जीवन-मृत्यु एवं कतिपय व्याधियों की आयु की ओर संकेत करनेवाले थे, जिसमें घंटा, घड़ी तथा फल का महत्त्व उतना नहीं होता। तुलसी कवि थे। कवि ही क्यों, महाकवि थे किन्तु इन सबका प्राण है उनका अग्रचेता-अग्रद्रष्टा होना। उनका अग्रचेता होना ज्योतिष विद्या का परिणाम नहीं है; बल्कि उनके अतीत एवं वर्तमान की सामाजिक, धार्मिक, राजनीतिक आदि परिस्थितियों, समस्याओं का विशद् गम्भीर एवं सूक्ष्म अध्ययन तथा चिन्तन का परिणाम है। गोस्वामी जी ने उसी भूत और वर्तमान के समन्वय से भविष्य की कल्पना की, जो आज सत्य की भूमि पर प्रतिष्ठित-सी दिखाई पड़ती है।

तो वह अतीत और वर्तमान की कौन-सी समस्या है जो आज अतीत की समस्याओं को सुलझाती-सी नजर आ रही है? वह कौन-सा सुलझाव है जो आज भी गोस्वामी जी को अग्रचेता घोषित करता है? इन प्रश्नों का उत्तर देते समय दो बातें स्पष्ट रूप से सामने आती हैं : एक तो यह कि साहित्य एवं समाज का एक शाश्वत द्वंद्व होता है जो किसी भी युग के लिए सत्य उतरता है। दूसरी यह कि सामाजिक दुर्बलताओं को दूर करने के लिए व्यावहारिक सत्य जो युग-विशेष तक ही काम देता है। गोस्वामी जी ने इन दोनों प्रकार के सत्यों की स्थापना की है। फिर भी इन दोनों सत्यों का आधार भारतीय संस्कृति ही है। यही नहीं, उन्होंने 'मानस' तथा 'कवितावली' के उत्तरकांड में निर्भीक होकर कलियुग की बुराइयों की भविष्यवाणी की है। बुराइयों की यह सूची आज भी सत्य उतर रही है। यह कहना अनावश्यक है कि ये बुराइयाँ तो समाज में हमेशा रहेंगी और गोस्वामी जी के समय में भी थीं।

पाश्चात्य विचारों से प्रभावित कुछ नये विचारकों का आक्षेप है कि गोस्वामी जी सामन्त युग में पले हुए थे इसलिए ऊँच-नीच का भेद, स्त्री स्वतंत्रता की निन्दा, कठोर वर्ण-व्यवस्था आदि बातों की परिधि से नहीं निकल सके जो आज किसी प्रकार ग्राह्य नहीं है। यह सत्य है कि युग के प्रभाव से कोई भी कवि वंचित नहीं रह सकता। किन्तु उपर्युक्त आक्षेप गोस्वामी जी के ऊपर ही नहीं आते, वर्तमान भारतीय संस्कृति के ऊपर भी आते हैं क्योंकि वर्तमान भारतीय समाज का निर्माण शंकराचार्य, स्वामी दयानन्द तथा राजा राममोहन राय से कहीं अधिक गोस्वामी तुलसीदास जी ने किया है। यह सही है कि उन्होंने रामराज्य के स्वर्णिम स्वप्न में चातुर्वर्ण-व्यवस्था को भी भारत के लिए कल्याणप्रद बतलाया। साथ ही 'सोशल डिसिप्लीन' पर प्रधानतया जोर दिया। उन्होंने मार्क्स और लेनिन की तरह इतिहास की आर्थिक व्यवस्था करके साम्यवाद के सिद्धान्तों को मूर्त रूप नहीं दिया। किन्तु यह भी सही है कि चाहे कोई वाद क्यों न हो, उसकी अवधारणा एवं अवस्थिति भारतीय संस्कृति की पृष्ठभूमि पर ही होगी और इसमें गोस्वामी जी के रामराज्य का हाथ अवश्य रहेगा।

गोस्वामी जी संसार को संसार के रूप में देखना चाहते थे, स्वर्ग के रूप में नहीं। वे जीवन में जगत को और जगत में जीवन को देखने वाले थे। वे आदर्श में यथार्थ की तथा यथार्थ में आदर्श की प्रतिष्ठा करनेवाले न थे। वे किसी 'यूरोपियन' समाज की कल्पना करनेवाले न थे। इसलिए अपने युग में मुसलमानों की जातिहीन साम्य की भावना से प्रभावित होनेवाले अशान्त हिन्दू समाज की विशृंखला को उन्होंने रोकने का प्रयास किया। इसलिए गोस्वामी जी ने 'लोकधर्म' और 'व्यक्तिधर्म', दोनों की स्थापना की। 'सगुन, छीर, अवगुन जल दाता। मिलइ रचइ परपंच विधाता॥' के अनुसार संसार जैसा है, वैसा मानकर उसके बीच से एक कोने को स्पर्श करता हुआ जो धर्म निकलता है, वही 'लोकधर्म' होता है। जो दुष्टों को छोड़कर अपने लिए ही परलोक का मार्ग ढूँढ़ता है, वह व्यक्तिधर्म होता है। गोस्वामी जी ने 'लोकधर्म' और 'व्यक्तिधर्म' के पारस्परिक संघर्ष में लोकधर्म को ही प्रधानता दी है। गोस्वामी जी के इसी लोकधर्म में समाज की सारी व्यवस्था एवं मर्यादा केन्द्रित है।

गोस्वामी जी के इस लोकधर्म का सम्बन्ध वस्तुत: ईश्वर से उतना नहीं था जितना जनता के व्यावहारिक जीवन से था। इसी 'लोकधर्म' ने भारतीय समाज का नियमन किया। गोस्वामी जी जानते थे कि भारतीय समाज धर्म में इतना ओत-प्रोत है कि 'एकै साधे सब सधे' के अनुसार धर्म के समुचित मानदंड से ही भारतीय समाज का सुधार सम्भव है। इसलिए 'मुस्लिम-संस्कृति' के प्रभाव से, आक्रान्त हिन्दू जाति की रक्षा के लिए 'श्रुति-सम्मत' एवं लोकविहित आदर्शों की फिर से प्रतिष्ठा की, साथ ही वर्ण, धर्म, आश्रम धर्म, कुलाचार आदि की पुनर्स्थापना की।

उन्होंने धर्म की धाँधली अपने युग की आँखों-देखी और भविष्य में उसकी आशंका समझकर झगड़े-सम्बन्धी कितने विषयों को समन्वयवाद का सहारा लेकर सुलझा दिया। इसलिए धर्म के नाम पर यूरोप में जहाँ इतना खून-खराबा हुआ, वहाँ भारत के सभी व्यक्ति धर्म के झमेले से मुक्त रहे और हैं भी।

गोस्वामी जी ने जो 'सिया-राममय' संसार में भी व्यावहारिकता का ध्यान कर 'राम और रावण' दो विरोधी शक्तियों को प्रतिष्ठित किया, वह युग-युग की वस्तु हो गई। उनके द्वारा जलाई हुई यही क्रान्ति की ज्वाला आगे चलकर औरंगजेब से पीड़ित प्रजा की रक्षा के लिए शिवाजी तथा गुरु गोविन्द सिंह बनकर भड़क उठी और आज भी भारतीयों के हृदय में जल रही है।

इस प्रकार गोस्वामी जी ने शाश्वत सत्य से ओतप्रोत आदर्शों को युग-युग के वेष्ठनों से मुक्त किया। किन्तु सामाजिक एवं साम्प्रदायिक विषमता का जो सुझाव उन्होंने उपस्थित किया है, वह विवादास्पद होते हुए भी आज के युग के लिए प्राचीन नहीं है।

इसके लिए उन्होंने राम-राज्य का आदर्श रखा है, जिसमें भिन्न-भिन्न वर्णों के बीच कर्म एवं मर्यादा की लकीरें स्पष्ट खींची हैं। यों तो उन्होंने राज्य की सुव्यवस्था के लिए एक राजा को आवश्यक बतलाया किन्तु लोकमत पर सदा जोर दिया। उनके राम स्वेच्छाचारी नहीं, अपितु जनता के साथ बैठे हुए हैं। तभी तो गोस्वामी जी कहते हैं :

*लोक एक भाँति को, त्रिलोकनाथ लोक बस*
*आपनी न सोच, स्वामी सोच ही सुखात हौ।*

उन्होंने बराबर व्यक्तिवाद का विरोध किया है। जैसे :

*मारग सोइ जा कहुँ जोई भावा।*

किन्तु गोस्वामी जी ने यह भी कहा है :

(क) *गुन अवगुन जानत सब कोई। जो कोई भाव करे तेहि सोई॥*
(ख) *हित अनहित पसु पच्छिहुँ जाना।*

जॉन स्टुअर्ट मिल ने जिसे इन शब्दों में कहा : 'Every individual knows his interest.'

*स्वारथ सहित सनेह सब, रुचि अनुहरद अपार।*

किन्तु वे समष्टि की उन्नति में व्यष्टि के भावों को कुचलने के पक्ष में नहीं हैं, वे व्यक्ति की स्वतंत्रता का मूल्य समझते हैं। गोस्वामी जी के ये विचार आज भी कितने नवीन-से लगते हैं! न वे जॉन स्टुअर्ट मिल की तरह व्यक्तिवाद के एक छोर पर हैं, न नीत्शे की तरह राज्य के एक छोर पर। यहाँ भी गोस्वामी जी समन्यवादी हैं।

राम की आज्ञा सर्वमान्य है किन्तु एक रजक के कहने पर वे सीता जैसी स्त्री को भी छोड़ने में नहीं हिचकते। गोस्वामी जी ने लोकमत का बन्धन राजा के लिए यहाँ तक बतलाया है। गोस्वामी जी का राम-राज्य व्यावहारिक 'सत् और आनन्द' का प्रतीक है जिसमें समाज की 'रक्षा' और 'मंगल-कामना' निहित है। उन्होंने भगवान से प्रार्थना करते हुए जहाँ 'आश्रम-बरन-धरम विरहित सब, लोक वेद मरजाद गई है, दीजै दाहि देखि नातो बलि मही मोद मंगल रिनई है' कहा है, वहाँ 'राम-राज्य' हो जाने पर आनन्द का वर्णन भी किया है :

*राम राज भयो कवज सगुण गुण*
*राजा राम जगत बिजई है,*
*समरथ बढ़ो सुजान मुसाहब*
*सुकृत सेन हारत जितई है।*

इस 'राज्य-सुराज्य' 'राम-राज्य' में :

*बैर न कर काहू सन कोई।*
*राम प्रताप विषमता खोई॥*
*सब नर करहिं परस्पर प्रीती।*
*चलहिं स्वधर्म निरत श्रुति नीती॥*

माना, गोस्वामी जी ने आज के प्रजातंत्रात्मक युग की बात नहीं की किन्तु राज्यतंत्र (Autocracy) का आदर्श इससे ऊँचा हो ही क्या सकता है?

इसके अतिरिक्त मर्यादा का जहाँ तक सम्बन्ध है, गोस्वामी जी ने राम-राज्य की ऊँची-नीची श्रेणियों में यथोचित कर्म का विभाजन किया है। इसमें ज्ञानबल, बाहुबल, धनबल और सेवाबल—सभी का समन्वय है। गोस्वामी जी ने सभी वर्णों के यथोचित सुख के लिए 'अधिकारों' का नाम न लेकर 'कर्तव्यों' का ही नाम बराबर लिया है। इस व्यवस्था में सबसे बड़ी विशेषता यह है कि यह वर्ण विभाग केवल 'कर्मों के विभाजन' पर ही नहीं निर्भर है, अपितु 'भावों का विभाजन' भी इसका आधार है। इस प्रकार हम गोस्वामी जी के रामराज्य में 'श्रेणि विभाजन' से उत्पन्न 'वर्ग-संघर्ष' की आशंका नहीं पाते।

इस सिलसिले में कुछ उन पर यह दोष लगाते हैं कि उन्होंने निम्न श्रेणी वाले लोगों, दूसरे शब्दों में तथाकथित 'शूद्रों' की बड़ी निन्दा की है तथा उनके विकास का विरोध किया है, साथ ही 'विप्रों' का पक्ष लिया है। जैसे कलियुग वर्णन में :

*सूद्र द्विजन्ह उपदेसहिं ग्याना।*
*मेलि जनेऊ लेहि कुदाना॥*
*जे बरनाधम तेहि तुम्हारा।*
*स्वपच किरात कोल कलवारा॥*
*नारि मुई घर सम्पति नासी।*
*मूड़ मुड़ाय भये संन्यासी॥*
*ते विप्रन्ह सन पाँव पुजावहिं।*
*उभय लोक निज हाथ नसावहिं॥*
*सूद्र करहिं जप तप व्रत दाना।*
*बैठि परासन कहहिं पुराना॥*

किन्तु यहाँ विद्या-बुद्धिहीन शूद्रों की ओर उनका संकेत है, सवर्ण शूद्रों की ओर नहीं। फिर वर्ण-व्यवस्था का भंग वे नहीं सहन कर सकते थे। इसी से ब्राह्मणों को भी :

*विप्र निरच्छर लोलुप कामी।*
*निराचार सठ वृषली-स्वामी॥*

कहा है। गोस्वामी जी ने मर्यादायुक्त केवट जैसे शूद्र से भी राम और वसिष्ठ का भेंटना दिखलाया है।

इस प्रकार हम देखते हैं कि गोस्वामी जी ने एक कुशल अग्रचेता और अग्रद्रष्टा की भाँति समाज का अवलोकन किया, भले वे अनुमान बिलकुल ठीक-ठीक सही न उतरे हों। किन्तु साहित्य यदि किसी राष्ट्र की संस्कृति का प्राण है और यदि संस्कृति चिरन्तन होती है तो निस्सन्देह एक महान साहित्यिक की मान्यताएँ-विचारणाएँ चिरन्तन होती हैं। इस प्रकार यदि यह बीते हुए काल को देखने में समर्थ हो सकता है तो निस्सन्देह आगामी कल को भी देख सकता है। गोस्वामी जी ऐसे ही महान साहित्यिक थे। इसीलिए वे अग्रचेता भी थे।

['क्षत्रिय-मित्र' : जुलाई-अगस्त, 1945]

# मानस के चार सौ साल

[1]

'कल की गोष्ठी में युवा पीढ़ी का विराग सामने आया था। युवा पीढ़ी के एक पक्ष ने कहा कि हमारे लिए 'मानस' अप्रासंगिक है और दूसरे पक्ष ने कहा कि 'मानस' हमारे लिए एक कार्यक्रम हो सकता है। इन परस्पर विरोधी वक्तव्यों से स्पष्ट है कि 'मानस' के सम्बन्ध में यह पीढ़ी विभाजित है।

स्वतंत्रता के पहले वाली पीढ़ी ने 'मानस' के प्रति अपना गहरा लगाव दिखाया था। कवि निराला, आचार्य रामचन्द्र शुक्ल और महात्मा गांधी ने 'मानस' के क्रम को आगे बढ़ाते हुए उसे अलौकिक धरातल से लौकिक धरातल पर उतारा। आज की पीढ़ी इस कार्य को आगे बढ़ा रही है, या पीछे ले जा रही है, इसका कोई प्रमाण हमारे पास नहीं है, किन्तु नई पीढ़ी से जोड़कर 'मानस' पर विचार करते समय, 'मानस' के क्रम को बढ़ानेवाली उस पीढ़ी के कार्य को भी देखना होगा। यहाँ 'मानस चतुश्शती' की पिछले दिनों की गोष्ठियों की गति अलौकिकता की ओर रही है। यह नई पीढ़ी के लिए सबसे बड़ी चुनौती है। युवा पीढ़ी को फिर से 'मानस' की लौकिक व्याख्या करनी होगी। आज तुलसी की चर्चा से लोकधर्म को पुन: सामने रखना होगा।

स्वतंत्रता के बाद समारोहों का एक सिलसिला चलता है। व्यवस्था या सत्ता इन समारोहों का अयोजन अपने इस्तेमाल के लिए करती रही है और इन समरोहों में युवा पीढ़ी कहीं नहीं है। इन समारोहों को युवा पीढ़ी द्वारा संदेह से देखा जाना तो स्वाभाविक है ही, पर इनमें युवा पीढ़ी की एकदम अनुपस्थिति इस पीढ़ी के लिए एक जबरदस्त चुनौती भी है। जो पीढ़ी सत्ता और व्यवस्था को ललकारते हुए परिवर्तन की माँग करती है, उसने व्यवस्था के समारोहों के समानान्तर अपने ढंग से किसी बड़े 'मानस चतुश्शती समारोह' का आयोजन क्यों नहीं किया? क्या इस पीढ़ी ने इस महत्त्वपूर्ण कार्य से मुकर कर अपनी उपेक्षा नहीं की? क्या उसने अपनी गलत व्याख्या नहीं की? जब व्यवस्था की ओर से आयोजन होगा, तो जरूरी है कि उसमें व्यवस्था के लोग होंगे और व्यवस्था की भाषा बोलेंगे। अत: अपनी सही व्याख्या करने के लिए नई पीढ़ी को समानान्तर आयोजन करना होगा तथा तुलसी और राम को अपने अनुसार नया अर्थ देना होगा।'

[2]

'हमारी साहित्यिक परम्परा के सर्वश्रेष्ठ रचनाकार की सर्वश्रेष्ठ कृति के प्रति दो दृष्टियाँ हैं। एक तो उच्छेदवादी दृष्टि है जो 'मानस' को आज के सामाजिक सन्दर्भों में अप्रासंगिक और नई पीढ़ी के लिए 'मानस' को व्यर्थ मानती है। दूसरी रक्षात्मक दृष्टि है जो 'मानस' को बचाए रखना चाहती है। प्रश्न है कि आप क्या बचाना चाहते हैं? कैसे बचाना चाहते हैं और किसके लिए बचाना चाहते हैं? इन प्रश्नों को ध्यान में रखकर ही आज 'मानस' की प्रासंगिकता को परखा जा सकता है। एक बात स्पष्ट है कि परिवर्तनवादी रचनाकार 'मानस' का उपभोग किये बिना नहीं रह सकता। किन्तु मानस को आज की दृष्टि से देखनेवाले राजनीतिकों को दोष देना बुद्धिविलासवादी दृष्टि है और मानस को एक छोटे और गलत दायरे में देखने-दिखाने वाली दृष्टि यही है। तुलसी का कथन है कि कोई सद्ग्रंथ विवाद से नष्ट नहीं होता। सवाल 'मानस' के बारे में पाखंड को लेकर ही उठता है। तुलसी का काल भी ऐसे पाखंडों का ही काल था। उस काल के पहले क्रान्तिकारी कवि कबीर केवल पाखंडों को तोड़नेवाले कवि थे, उन्होंने एक जरूरत पूरी की। अराजकता को तोड़ने के पक्षधर लोगों को आज भी कबीर अधिक प्रिय हैं। यह माना जाता है कि तुलसीदास ने व्यवस्था उपस्थित करने का ही कार्य किया। लेकिन उन्होंने तोड़ने का भी कार्य किया है। वे अग्निमार्गी कवि थे और इस बात को जानते थे कि तोड़ने के कारण कलिकाल उन्हें पचा नहीं सकता। यदि कलिकाल ने उन्हें निगल भी लिया तो अन्तत: उगल देना होगा।

तुलसी ने जनजीवन की ऐतिहासिक-सामाजिक धारा के रामचरित और वेदान्त के ब्रह्मवाद को एक किया और बताया कि 'सम्पूर्ण सामाजिक भ्रष्टता का कारण माया है जो सबको ग्रसे हुई है। इससे निस्तार उस राम के प्रति भक्ति से, मानव-प्रेम की रसात्मक अनुभूति से ही हो सकता है।'

'मुझे वह प्रसंग याद आता है जब गंगा में नाव डूब जाने की स्थितियों में भट्टिनी पानी में कूद जाती है। बाणभट्ट अपनी भट्टिनी को बचाने के लिए कूदता है। वह भट्टिनी को अपने ऊपर लिये हुए है। भार इतना अधिक है कि बाणभट्ट दोनों को नहीं बचा सकता। उसके सामने प्रश्न है कि वह भट्टिनी को बचाए या महावाराह को? इस द्विविधात्मक स्थिति में वह अपनी आत्मा को टटोलता है। उसका विवेक जागता है—महावाराह सर्वशक्तिमान हैं। वे अपनी रक्षा स्वयं करने में समर्थ हैं। तुम भट्टिनी को बचाओ। इस प्रकार तुलसी के राम की रक्षा का कोई सवाल नहीं है। सवाल 'मानस' की रक्षा का है। 'मानस' को उसके सही और प्रगतिशील रूप में आगे बढ़ाने की चुनौती हमारे सामने है।'

[काशी हिन्दू विश्वविद्यालय में 7 से 10 जनवरी, 1977 को आयोजित 'मानस' चतुश्शती समारोह की चौथी गोष्ठी का अध्यक्षीय वक्तव्य। सत्र का विषय था : 'युवा पीढ़ी का मानस-विराग और मानस चतुश्शती की प्रासंगिकता'। गोष्ठी की रपट श्री वशिष्ठ मुनि ओझा ने तैयार की। यह रपट पहले विश्वविद्यालय द्वारा 'मानस : नये-पुराने सन्दर्भ' शीर्षक से प्रकाशित। बाद में इसे पुन: विश्वविद्यालय द्वारा गठित 'तुलसी शोध संस्थान' द्वारा प्रकाशित 'तुलसी : सन्दर्भ और समीक्षा' (सम्पादक : त्रिभुवन सिंह) में संकलित किया गया।]

# तुलसीदास, हाजिर हों!

आखिर तुलसीदास भी कोर्ट में घसीट लिये गए। इलाहाबाद उच्च न्यायालय की लखनऊ पीठ में 15 जुलाई, 2003 को एक हलफनामा दाखिल हुआ है जिसमें यह दावा किया गया है कि अयोध्या में राम मन्दिर तोड़कर मस्जिद बनाने की बात तो तुलसीदास ही लिख गए हैं। सबूत के तौर पर आठ दोहे पेश किये गए हैं जो 'श्री तुलसी दोहा शतक' के हैं। कहा गया है कि इस पुस्तक की रचना तुलसीदास ने संवत् 1647 में की थी। इसका सर्वप्रथम प्रकाशन रायबरेली के ताल्लुकेदार बाबू राय बहादुर सिंह ने कराया। कब, यह नहीं बताया गया है और न यही कि इसका सम्पादन किसने किया। उद्धृत दोहों में एक जगह बाबर का ज़िक्र इस तरह आता है :

*बाबर बर्बर आइके, कर लीन्हें कर वाल।*
*हरे पचारि पचारि जन, तुलसी काल कराल॥*

दो बार जिक्र मीर बाकी का भी मिलता है, जिनमें से एक दोहा तो यही है :

*दल्यौ मीर बाकी अवध, मन्दिर राज-समाज।*
*तुलसी रोवत हृदय हति, त्राहि-त्राहि रघुराज॥*

फिर वह दोहा जिसमें मीर बाकी के साथ मन्दिर भी है और मस्जिद भी :

*राम-जनम मन्दिर जहाँ, लसत अवध के बीच।*
*तुलसी रची मसीत तहँ, मीर बाकी खल नीच॥*

हलफनामा दाखिल किया है जगद्गुरु रामानन्दाचार्य स्वामी रामभद्राचार्य जी ने, जिनका पारिवारिक नाम गिरिधर मिश्र है। स्वामी जी चित्रकूट के तुलसी पीठ के संस्थापक और व्यवस्थापक हैं। तुलसी पीठ में एक मन्दिर भी है जिसमें राम, सीता और लक्ष्मण की मूर्ति है। हलफनामे से ही पता चलता है कि चित्रकूट का वह तुलसी पीठ वस्तुत: एक अखाड़ा है और स्वामी जी उस अखाड़े के रामानन्दी 'पंचान' हैं।

हलफनामे पर हस्ताक्षर की जगह उनके अँगूठे के निशान हैं। इसका यह अर्थ नहीं कि वे निरक्षर हैं, बल्कि 'दृष्टिहीन' हैं—बचपन से ही। कोर्ट में वे

'रामतापनीयोनिषद्', वाल्मीकि रामायण आदि ग्रंथ अपने साथ लेकर सिर्फ यह बताने के लिए गए थे कि दृष्टिहीनता के बावजूद उन्होंने अपने अध्यवसाय से नाना ग्रंथों का अध्ययन किया है। मन्दिर-मस्जिद विवाद में हस्तक्षेप करने के लिए वे चित्रकूट से चलकर लखनऊ पहुँचे, इसी से उनकी आस्था का आभास होता है किन्तु समुचित सम्मान के बावजूद उनके दावे की प्रामाणिकता की परीक्षा तो करनी ही पड़ेगी। यह परीक्षा उसी तरह होगी, जैसे तथाकथित रामजन्मभूमि की खुदाई में प्राप्त पुरातात्त्विक सामग्री की।

प्रस्तुत प्रसंग में मुख्य प्रश्न यह है कि 'श्री तुलसी दोहा शतक' नामक कृति तुलसीदास कृत है या नहीं? यहाँ परीक्षा के लिए पुरातत्त्व की ही तरह एक वैज्ञानिक प्रणाली विकसित हुई है जिसे 'पाठ-विज्ञान' अथवा 'पाठालोचन' कहते हैं। 'श्री तुलसी दोहा शतक' को भी इस 'पाठ-विज्ञान' की प्रक्रिया से गुजरना पड़ेगा। फिलहाल सिर्फ वही बातें कही जा सकती हैं जो पहली नजर में साफ-साफ दिखाई पड़ती हैं।

अभी तक तुलसी के नाम से लिखित पुस्तकों की संख्या अधिक-से-अधिक 52 बताई गई है। यह सूची डॉ. उदयभानु सिंह के शोध-ग्रंथ 'तुलसी काव्य-मीमांसा' (राधाकृष्ण प्रकाशन, दिल्ली, द्वितीय संस्करण, 2002) में सुलभ है। यह सूची अद्यतन है। इसमें 'श्री तुलसी दोहा शतक' का उल्लेख कहीं नहीं है। इस सूची में 39 पुस्तकें ऐसी हैं जिन्हें परम्परा ने एक स्वर से अप्रामाणिक करार दिया है। 'तुलसी सतसई' नाम की एक पुस्तक ऐसी है जिसे परम्परा ने तो अप्रामाणिक माना है किन्तु डॉ. उदयभानु सिंह ने उसे अर्द्ध-प्रामाणिक कहा है। शेष 12 पुस्तकें प्रामाणिक कोटि के रूप में मान्य हैं और उनमें भी सर्वमान्य रूप से प्रामाणिक केवल 9 पुस्तकें हैं :

1. रामचरितमानस, 2. जानकीमंगल, 3. पार्वतीमंगल, 4. गीतावली, 5. कृष्ण गीतावली, 6. विनय-पत्रिका, 7. दोहावली, 8. बरवै रामायण, 9. कवितावली (हनुमान बाहुक सहित)। इनके साथ ही ये तीन पुस्तकें और हैं जिन्हें प्रामाणिक तो माना गया है किन्तु बहुमान्य रूप में : 1. वैराग्य संदीपनी, 2. रामाज्ञा प्रश्न, 3. रामलला नहछू।

नहीं है इस सूची में कहीं तो वह 'श्री तुलसी दोहा शतक', जिसे प्रस्तुत किया है अब रामानन्दाचार्य स्वामी रामभद्राचार्य जी ने। और तो और, इसका उल्लेख अप्रामाणिक ग्रंथों की सूची में भी नहीं है। गरज कि अभी तक किसी खोज-रिपोर्ट में भी यह दर्ज नहीं हुई है। यह है निष्कर्ष कम-से-कम दो सौ वर्षों की हमारी पांडित्य परम्परा का, जिसमें ग्रियर्सन जैसे विद्वान् के साथ, म.म. सुधाकर द्विवेदी जैसे संस्कृत पंडित, आचार्य रामचन्द्र शुक्ल जैसे हिन्दी समालोचक, पं. रामगुलाम द्विवेदी जैसे प्रसिद्ध रामायणी और सैकड़ों शोधकर्ता तथा साधु-संत शामिल हैं।

आश्चर्य है कि तुलसी-कृत ऐसी महत्त्वपूर्ण कृति, जो अभी तक किसी खोजी को दृष्टिगोचर नहीं हुई, वह दृष्टिगोचर हुई तो एक प्रज्ञाचक्षु स्वामी जी को, और वह भी 2003 में, जब मन्दिर-मस्जिद विवाद का मुकदमा अपने अन्तिम चरण में

है। यह किसी दिव्य दृष्टि का चमत्कार नहीं तो क्या है? क्या यह वही 'दिव्य दृष्टि' है जिसकी ओर 'रामचरितमानस' ने आरम्भ में ही संकेत किया है : 'श्री गुर पद नख मनि गन जोती। सुमिरन दिव्य दृष्टि हिय होती॥'

क्या माननीय न्यायालय इस 'दिव्य दृष्टि' को प्रमाण मानेगा? यह तो अभी देखना है और इन्हीं लौकिक आँखों से!

फिलहाल एक छोटी-सी जिज्ञासा। स्वामी जी को यह ज्ञानोदय अभी क्यों हुआ? यदि उन्हें इस पुस्तक की जानकारी पहले से थी तो उसे इतने दिनों तक छिपाए क्यों रखा? लोग तो यही समझेंगे कि पुरातत्त्ववादियों को खुदाई में कोई मनमाफिक सामग्री नहीं मिली तो लिखित साहित्य का सहारा लिया गया है, क्योंकि मनोवांछित साहित्य रच देना बायें हाथ का खेल है और इस खेल की एक अच्छी-खासी परिपाटी भी है। तुलसीदास जैसे महान् कवि के साथ तो ऐसा सलूक सबसे ज्यादा हुआ।

आचार्य हजारी प्रसाद द्विवेदी ने एक समय बड़े खेद के साथ लिखा था : 'इधर इस प्रकार की प्रवृत्ति बढ़ने लगी है कि तुलसीदास के साथ अपने गाँव या कुल या प्रदेश का कोई-न-कोई सम्बन्ध स्थापित कर लिया जाए। इसका परिणाम यह हुआ कि तुलसीदास के शिष्यों की 'डायरी' से लेकर उनके सगे-सम्बन्धियों के ग्रंथ तक उपलब्ध होने लगे हैं। नये-नये दावे और नई गढ़ी हुई अनुश्रुतियाँ इतिहास-लेखक के मार्ग को निरन्तर कंटकाकीर्ण करती जा रही हैं।...झूठी पुस्तकों, अर्थहीन दावों और बेबुनियाद स्थापनाओं को महत्त्व देने का परिणाम यह हुआ कि नित्य नवीन दावों की बाढ़ आती जा रही है।' ('हिन्दी साहित्य', 1952, पृ. 221-22)

इस वक्तव्य की रोशनी में कुछ लोग 'श्री तुलसी दोहा शतक' को भी एक जाली दस्तावेज मानने के लिए विवश हो सकते हैं। शक की एक वजह तो इसका नाम ही है। तुलसी के दोहों का प्रामाणिक संग्रह 'दोहावली' है, अर्द्ध-प्रामाणिक संग्रह 'सतसई' है, फिर यह 'दोहा शतक' कहाँ से आ गया? 'शतक' तो संस्कृत परम्परा के हैं—जैसे भर्तृहरि के 'शतक', 'अमरुक शतक' आदि। हिन्दी में 'उद्धव शतक' बीसवीं सदी की कृति है। मध्ययुगीन हिन्दी में शतक नाम की कोई कृति नहीं मिलती। इसके अलावा 'हलफनामा' में उद्धृत एक दोहे में आया हुआ 'हिन्दू' शब्द भी पूरी कृति को सन्दिग्ध बना देता है : 'सिखा सूत्र से हीन करि, कल से हिन्दू लोग'। तुलसीदास ने अपनी किसी भी कृति में 'हिन्दू' शब्द का प्रयोग नहीं किया है।

स्वामी जी जगद्गुरु हैं और उन्हें पता होगा कि 'दोषावाच्या गुरोरपि'। इसी आधार पर श्रीचरणों में ये कुछ बातें रखी गई हैं। निश्चय ही पीड़ा के साथ। अपनी समझ से रामभद्राचार्य जी ने रामबाण ही छोड़ा है लेकिन लगा है वह राम के अनन्य

भक्त तुलसीदास को। प्रस्तुत कृति को अस्वीकार करने के लिए वे कोर्ट में तो क्या आएँगे, लेकिन स्वामी जी ने उन्हें एक तरह से कोर्ट में तलब तो कर ही दिया। ये वही लोग हैं जिन्होंने महाकवि को चैन से जीने नहीं दिया, अब उन्हें मरने के बाद भी चैन से वंचित करना चाहते हैं। कुछ-कुछ वही दशा है जिसमें एक शायर की जबान पर यह शेर आया था :

*अब तो घबरा के ये कहते हैं कि मर जाएँगे।*
*मर के भी चैन न पाया तो किधर जाएँगे॥*

और तुलसीदास भी अपने-आपको यह कहने से रोक न पाए :

*जीबे को न लालसा, दयालु महादेव! मोहिं*
*मालुम है तोहिं, मरिबेई को रहत हौं।*

['सहारा समय' : 02-08-2003]

# रहीम की उद्यत भावभूमि

*टूटे सुजन मनाइए जो टूटे सौ बार।*
*रहिमन फिर फिर पोहिए टूटे मुक्ताहार॥*

इशारा उस मुक्ताहार की ओर है जो अकबर के जमाने में बड़े जतन से तैयार किया गया था : प्रेम के कच्चे धागे में गुँथा हुआ मुसलमानों और हिन्दुओं के दिलों का एक बहुमूल्य मुक्ताहार! निश्चय ही उस हार के निर्माण में अनेक हाथ लगे थे लेकिन इसमें कोई शक नहीं कि अब्दुर्रहीम खानखाना के हाथ भी शामिल थे। दुर्भाग्य से आज वह हार टूटा पड़ा है—दुःख, गुस्सा, परस्पर दोषारोपण और पश्चात्ताप अपनी जगह, सबसे ज्यादा जरूरत तो उस हार को फिर से जोड़ने की है। धागे जहाँ से भी आएँ, हाथ जितने भी जुटें—कम हैं। आज अगर कबीर और नजीर अकबराबादी जरूरी हैं तो रहीम भी कम जरूरी नहीं। आखिर रहीम में कुछ तो था कि उनके समकालीन कवि आचार्य केशवदास ने 'खानखाना एक रामचन्द्रजू के तीर से' कहा था। अब्दुर्रहीम खानखाना का बड़प्पन इस बात में नहीं है कि वे खानखाना थे। सच तो यह है कि उन्हें बादशाहों की सोहबत से नफरत हो गई थी। एक दोहे में तो उन्होंने साफ लिखा है :

*आदर घटे नरेश ढिग, बसे रहे कछु नाहिं।*
*जो रहीम कोटिन मिले, धिग जीवन जग माहिं॥*

रहीम को इस बात का पूरा एहसास था कि राजा के पास रहने से आदर घट जाता है—आदर अर्थात् आत्मसम्मान! करोड़ों की सम्पत्ति प्राप्त होने के बाद भी ऐसे जीवन को वे धिक्कार के योग्य समझते थे। रहीम एक बड़े अमीर भले ही रहे हों पर उनकी निगाह में हमेशा गरीब-गुरबा रहते थे। वे छोटे-से-छोटे आदमी का भी महत्त्व समझते थे—यही उनका बड़प्पन था। यह दोहा भी रहीम का ही है :

*रहिमन देखि बड़ेन को, लघु न दीजिए डार।*
*जहाँ काम आवै सुई, कहा करै तरवार॥*

याद रहे कि छोटी-सी सुई के महत्त्व को समझनेवाला आदमी तलवार का धनी था। इन्हीं छोटे समझे जानेवाले आदमियों से रहीम ने कविता और कविता की भाषा, दोनों लीं। अवधी में बरवै लिखने की प्रेरणा रहीम को अपने एक नौकर की नवविवाहित पत्नी से मिली। अगर यह कोरी किंवदन्ती भी हो तो इससे रहीम के जीवन की एक सच्चाई का आभास होता है। आखिर तुर्की, अरबी, फारसी और संस्कृत के पंडित होते हुए भी रहीम ने अपने मन की कविता के लिए पहले अवधी और फिर ब्रज भाषा का वरण किया तो इसके पीछे आम आदमी से गहरा लगाव ही सूचित होता है। वैसे यह तो निर्विवाद सत्य है कि अवधी में बरवै पहले-पहल रहीम ने ही लिखा। यहाँ तक कि तुलसीदास को भी उन्होंने बरवै लिखने के लिए प्रेरित किया। आज सभी स्वीकार करते हैं कि बरवै में अवध के लोकजीवन की जो मिठास रहीम ने पैदा की, वह तुलसीदास की 'बरवै रामायण' में भी सम्भव न हो सकी। जैसे यही एक बरवै देखिए :

*लै के सुघर खुरपिया पिय के साथ।*
*छइबै एक छतरिया बरसत पाथ॥*

बरवै की तरह ही रहीम ने दोहे में भी अपनी काव्य-प्रतिभा का जौहर दिखाया। इधर कुछ दिनों से उर्दू में दोहे लिखने की एक लहर-सी दौड़ चली है, जो लोक-जीवन से जुड़ने की ललक का सूचक है। ये नये दोहे लिखनेवाले रहीम के दोहों से कितने परिचित हैं, पता नहीं; लेकिन अभी तक इनमें से किसी को यह कहते नहीं सुना कि 'कहते हैं, अगले जमाने में इक रहीम भी था।'

सच पूछिए तो दोहा सिर्फ एक छंद नहीं, बल्कि एक पूरी संस्कृति है—गजल की ही तरह। रहीम को दोहे की इस क्षमता का पूरा-पूरा एहसास था। उन्होंने लिखा है :

*दीरघ दोहा अरथ के, आखर थोरे आहिं।*
*ज्यों रहीम नटकुंडली सिमिटि कूदि चढ़ि जाहिं॥*

थोड़े-से अक्षरों में बहुत अर्थ भरकर रहीम ने दोहा को कला की पराकाष्ठा पर पहुँचा दिया था। उनमें जीवन के अनेक मार्मिक अनुभव भरे हुए हैं। सम्भवत: इसी कारण रहीम के दोहे आज भी लोककंठ में बसे हुए हैं। इसलिए हिन्दी के सबसे बड़े आलोचक और तुलसीदास के परम प्रशंसक आचार्य रामचन्द्र शुक्ल को स्वीकार करना पड़ा कि 'तुलसी के वचनों के समान रहीम के वचन भी हिन्दी-भाषी भूभाग में सर्वसाधारण के मुँह पर रहते हैं।' वस्तुत: रहीम को सर्वसाधारण का प्यार इसीलिए मिला कि उन्हें सर्वसाधारण से सच्चा प्यार था।

अपने इस लोक-प्रेम को रहीम ने सूफियों और भक्तों की तरह अध्यात्म का कोई गाढ़ा रंग नहीं दिया, बल्कि उसे बहुत कुछ लौकिक भूमि पर ही रहने दिया;

और यही उनकी अपनी विशेषता भी है। वैसे उन्होंने कृष्ण और राम के प्रति भी अपनी भक्ति भावना व्यक्त की है; स्तुति अन्य हिन्दू देवी-देवताओं की भी की है; नदियों में यमुना और विशेष रूप से गंगा के प्रति उन्होंने गहरे अनुराग से परिपूर्ण पंक्तियाँ लिखी हैं। इन सबसे लगता है कि वे संत या भक्त भले न रहे हों, किन्तु उन्हें एक सच्चे भक्त का हृदय मिला था। उनकी धार्मिक उदारता का भी रहस्य सम्भवत: यही है। रहीम की हिन्दी कविताओं को पढ़ते समय सर्वसाधारण जन यह भूल ही जाते हैं कि वे एक आस्थावान मुसलमान थे। स्पष्ट है कि रहीम भाव की उच्च भूमि पर पहुँच गए थे जहाँ एक मुसलमान मुसलमान होकर भी सिर्फ मुसलमान नहीं रह जाता और न हिन्दू ही हिन्दू रह जाता है। खास बात यह है कि रहीम की उद्यत भावभूमि इसी लोक के बीच की है, इसे किसी अलौकिक अध्यात्म के आधार की आवश्यकता नहीं। आज के सन्दर्भ में रहीम की सबसे बड़ी प्रासंगिकता यही है।

# उत्तरी भारत की संत परम्परा

लगभग पौने आठ सौ पृष्ठों की इस पुस्तक में चतुर्वेदी जी ने आठ सौ वर्षों—12वीं से 20वीं शताब्दी—के संतों और सम्प्रदायों का खाता उपस्थित करके मध्ययुगीन हिन्दी साहित्य के अध्येताओं के लिए बड़ा उपकार किया है, साथ ही उनका भार भी हल्का कर दिया है। हिन्दी क्या, अंग्रेजी में भी अब तक अकेली कोई ऐसी पुस्तक न थी जिसमें एकत्र ही नाथों-निरंजनियों, कबीर पंथ, नानक पंथ, दादू पंथ, बावरी पंथ, सतनामी, दरियादासी, चरणदासी, रामसनेही आदि सम्प्रदायों का परिचय प्राप्त होता। अलग-अलग इन मत-मतान्तरों पर पुस्तकें निकल चुकी हैं, परन्तु उनसे सामग्री जुटाकर एक जगह सजाना पर्याप्त श्रमसाध्य है और चतुर्वेदी जी जैसे वयोवृद्ध विद्वान ने यही कार्य किया है। उन्होंने तटस्थ भाव से सम्पूर्ण सामग्री जुटा दी है; न तो उसकी समीक्षा की ओर ध्यान दिया है और न विश्लेषण में हाथ लगाया है। इससे और कोई कमी भले ही आ गई हो परन्तु इस पूर्वग्रहहीनता के कारण किसी संत, पंथ या सम्प्रदाय के सिद्धान्त विकृत होने से बच गए हैं। सम्भव है, चतुर्वेदी जी इस सामग्री के समीक्षात्मक अध्ययन का कार्य भविष्य में उपस्थित करें क्योंकि उनकी योजना के अनुसार यह ग्रंथ तो एक बहुत बड़े ग्रंथ का प्रथम खंड मात्र है। इसके अगले दो भागों में वह 'संत साहित्य' और 'संत मत' पर विचार करनेवाले हैं।

जहाँ तक 'संत परम्परा' में सम्मिलित किये जानेवाले संतों के चुनाव का प्रश्न है, उन्होंने प्रधानत: 'कबीर' से प्रत्यक्ष या अप्रत्यक्ष ढंग से प्रभावित होनेवाले लोगों को ही लिया है। इसके अतिरिक्त कुछ ऐसे लोगों को भी स्थान देना पड़ गया है जो इतर सम्प्रदायों से सम्बद्ध थे; परन्तु इस प्रकार के केवल उन्हीं संतों को लिया गया है जो 'संत परम्परा में गिने जाते आए हैं।' कौन संत है और कौन असंत, यह विचारणीय प्रश्न है। इधर हिन्दी-समीक्षा में निरगुनिए साधकों को संत तथा सगुणोपासकों को भक्त कहने की रूढ़ि बन रही है। इस दृष्टि से सूर, तुलसी, मीरा आदि को संत परम्परा से अलग कर दिया जाता है। परन्तु अधिक गहराई में उतरने पर इस प्रकार का विभाजन निराधार और मिथ्या प्रतीत होता है। सूर, तुलसी, मीरा के समय संत और भक्त का यह अन्तर न था।

व्यापक सांस्कृतिक दृष्टि से देखने पर सभी संत परम्परा के अन्तर्गत आएँगे। इस दृष्टि से सामग्री-चयन करने पर चतुर्वेदी जी की यह पुस्तक और भी समृद्ध तथा पूर्ण हो जाती।

चतुर्वेदीजी ने अपने विषय को मध्ययुग तक ही सीमित रखा होता तो वह अधिक वैज्ञानिक होता। आधुनिक युग में आते ही उनके चुनाव का आधार टूटता दिखाई पड़ता है। यदि महात्मा गांधी को संतों में शुमार करना ठीक है तो रामकृष्ण परमहंस, स्वामी विवेकानन्द, राजा राममोहन राय, केशवचन्द्र सेन, स्वामी दयानन्द तथा रवीन्द्रनाथ ठाकुर को क्यों छोड़ दिया जाए? रविबाबू गांधी जी की अपेक्षा कहीं अधिक कबीर से प्रभावित थे। गांधी जी तो तुलसी और नरसी मेहता जैसे सगुण भक्तों से अधिक प्रेरणा लेते थे। गांधी जी को संत-परम्परा में ग्रहण करने के लिए चतुर्वेदी जी ने वक्तव्य दिया है : 'किन्तु जिस परिस्थिति ने इस परम्परा को सर्वप्रथम जन्म दिया था, उसके प्राय: उसी रूप में वर्तमान रहने के कारण अन्त में महात्मा गांधी के नेतृत्व में एक नई लहर एक बार फिर जाग्रत हो उठती है।'

ऐतिहासिक दृष्टि का धुँधलापन ही इस प्रकार की बातें कहला सकता है। 19वीं शताब्दी का सांस्कृतिक पुनर्जागरण 15वीं शताब्दी के भक्ति आन्दोलन से तत्त्वत: भिन्न था। एक के मूल में सामन्ती व्यवस्था की मध्यवर्गीय चेतना थी और दूसरे की उन्नायक शक्ति पूँजीवादी युग का उभरता हुआ मध्यवर्ग था। शाश्वतवादी पंडित समाज के इस परिवर्तनशील रूप को नहीं भाँप पाते। इसी ऐतिहासिक चेतना के अभाव में चतुर्वेदी जी ने संत-परम्परा का विकास दिखलाने में भी भ्रान्ति उत्पन्न कर दी है। उन्होंने दिखलाया है कि कबीर साहब ने जिस परम्परा का प्रवर्तन किया, वह क्रमश: विकसित होती गई। गुरु नानक के समय में पंथ-निर्माण का सूत्रपात हुआ और यह प्रवृत्ति समन्वय के आधार पर क्रमश: विकास करती गई; वर्तमान युग में आकर अवसर के अनुरूप उसने औद्योगिक कार्यों में भी हाथ लगाया। चतुर्वेदी जी ने इसे संत-परम्परा का स्वाभाविक विकास माना है। पर मध्ययुगीन ह्रास (डिकेडेंस) का प्रभाव संत-परम्परा पर भी पड़ा, यह दिखाने का प्रयत्न उन्होंने नहीं किया। वस्तुत: ऐतिहासिक दृष्टि से ईसा की 16वीं शताब्दी तक ही संतों का उत्थान-युग था। इसके बाद वह तत्कालीन सामाजिक ह्रास के कारण कुछ स्वार्थी महंतों और सम्प्रदाय-निर्माताओं के चक्कर में पड़ गई। परवर्ती परम्परा सांस्कृतिक विकास का मुख्य अंग न थी। संत-परम्परा का इतिहास मठों के आधार पर नहीं बल्कि समाज की अपेक्षा में उसकी मूल चेतना पर लिखा जाना चाहिए। सम्प्रदायों और मठों का इतिहास लिखने के लिए कोई रोक नहीं परन्तु उसमें यह उल्लेख अवश्य कर देना चाहिए कि यह ह्रास-युग की गौण धारा है और उसने परवर्ती साहित्य तथा

सांस्कृतिक जीवन को बहुत कम प्रभावित किया है, साथ ही सामाजिक विकास में बाधक रही है।

इसके सिवा 'संत-परम्परा' के मूल में सामाजिक चेतना को प्रधान न मानकर, एक व्यक्ति 'कबीर' को इतनी प्रधानता देना भी चिन्त्य प्रतीत होता है।

पुस्तक की उपयोगिता 'सहायक साहित्य-सूची' तथा 'शब्दानुक्रमणी' से और भी बढ़ गई है।

['आलोचना' : अंक-एक, अक्टूबर, 1951]

# पंजाब की साझी विरासत का स्वागत

बाबा फरीद के सलोक, बुल्ले शाह की काफियाँ, वारिस शाह की हीर और फजल शाह का किस्सा सोहणी-महींवाल—ये सब पंजाबी साहित्य की अत्यन्त लोकप्रिय और कालजयी कृतियाँ हैं। पंजाब के इन मुसलमान सूफी संतों ने दिव्य प्रेम की ऐसी धारा प्रवाहित की जिससे सम्पूर्ण लोकमानस रस से सराबोर हो उठा और इसी के साथ एक ऐसी साझी संस्कृति भी विकसित हुई जिसकी लहरों से मजहबी भेद-भाव की सभी खाइयाँ पट गईं।

पंजाबी साहित्य की यह बहुमूल्य विरासत एक तरह से सम्पूर्ण भारतीय साहित्य की भी अनमोल निधि है। लेकिन बहुत कुछ लिपि से अपरिचय और कुछ-कुछ भाषा की कठिनाई के कारण पंजाब के बाहर का बृहत्तर समाज इस धरोहर के उपयोग से वंचित रहता आया है। वैसे, इस अवरोध को तोड़ने की दिशा में इक्के-दुक्के प्रयास पहले भी हुए हैं। उदाहरण के लिए कुछ समय पहले प्रोफेसर हरभजन सिंह शेख फरीद और बुल्ले शाह की रचनाओं को हिन्दी अनुवाद के साथ नागरी लिपि में सुलभ कराने का स्तुत्य प्रयास कर चुके हैं। सम्भव है, इस प्रकार के कुछ और काम भी हुए हों!

लेकिन वारिस शाह की हीर और फजल शाह का किस्सा सोहणी-महींवाल तो, मेरी जानकारी में, हिन्दी में पहले-पहल अब आ रहे हैं और कहना न होगा कि इस महत्त्वपूर्ण कार्य का श्रेय 'नेशनल इंस्टीट्यूट ऑफ पंजाब स्टडीज' को है। ये चारों पुस्तकें 'पंजाब हेरीटेज सीरीज' के अन्तर्गत एक बड़ी योजना के साथ तैयार की गई हैं। मुझे इस योजना से परिचित करवाने और फिर एक प्रकार से संयुक्त करने की कृपा मेरे आदरणीय शुभचिन्तक प्रोफेसर अमरीक सिंह ने की है और इसके लिए मैं उनका आभार मानता हूँ!

सच पूछिए तो आज हिन्दी में हीर को देखकर मुझे फिराक साहिब का वह शेर बरबस याद आता है :

*दिल का इक काम जो बरसों से पड़ा रक्खा है,*
*तुम जरा हाथ लगा दो तो हुआ रक्खा है।*

हीर को हिन्दी में लाना सचमुच दिल का ही काम है और ऐसे काम को अंजाम देने के लिए दिल भी बड़ा चाहिए। पंजाब भारत का वह बड़ा दिल है—इसे कौन नहीं जानता! फरीद, बुल्ले शाह, वारिस शाह, फजल शाह—ये सभी उसी दिल के टुकड़े हैं। आज हिन्दी में इन अनमोल टुकड़ों को एक जगह जमा करने का काम जिस 'हाथ' ने किया है, उसका नाम है : 'नेशनल इंस्टीट्यूट ऑफ पंजाब स्टडीज'! इस संस्थान ने सचमुच ही आज अपना हक अदा कर दिया। मेरा भी उसे सत श्री अकाल!

['नेशनल इंस्टीट्यूट ऑफ पंजाब स्टडीज' के लिए अनामिका पब्लिशर्स एंड डिस्ट्रीब्यूटर्स (प्रा.लि.) द्वारा प्रकाशित पुस्तक 'बाबा फरीद' की भूमिका]

खंड-3

# विलक्षण अगिनपाखी : कबीर

# कबीर : न हिन्दू, न मुसलमान

हमारे दौर में जिस लेखक ने कबीर का अलख जगाए रखा, वह हरिशंकर परसाई थे। वे 'नई दुनिया' में एक कॉलम लिखते थे : 'सुनो भाई साधो'। कबीर का प्रिय शब्द, जो कबीर सबसे ज्यादा इस्तेमाल करते थे, वह 'सुनो' था। आगे चलकर हिन्दी में अनेक कवियों ने अपनी कविता में 'कहे' लगाया है, जैसे : 'कहे रत्नाकार', 'कहे पद्माकर' आदि। लेकिन शायद हिन्दी में इसका सबसे पुराना उल्लेख 'कहे कबीर' ही है। कबीर, कबीरदास या दास कबीर नहीं। तुलसीदास भी यदि अपना नाम लेते हैं तो उनके यहाँ 'दास तुलसी' या केवल 'तुलसी' आता है। वे कहीं भी जोर से 'तुलसीदास' नहीं कहते कि 'कहे तुलसीदास'। विद्यापति भी अपना नाम लेते हैं : 'गावे विद्यापति'।

बनारस में रहते हुए हरिशंकर परसाई की लेखमाला 'सुनो भाई साधो' जब मैं पढ़ा करता था, तो कबीर की छवि जो मेरे मन में आती थी, वह यह कि आज से साढ़े पाँच सौ साल पहले इसी जगह एक आदमी अलख जगाता हुआ जगह-जगह घूम रहा है और सम्बोधित कर रहा है : 'सुनो भाई साधो'। जैसे दुनिया बहरी हो गई हो, सुनना न चाहती हो!

इस प्रसंग में मुझे पुराने ग्रीस का, ईसा से करीब 500 साल पहले का एक दूसरा आदमी याद आता है, जिसे हम सुकरात के नाम से जानते हैं। उस सुकरात का हम लोगों से परिचय गांधी जी ने कराया था। सुकरात ने अपने बचाव में अदालत में जो बयान दिया था, उसका गांधी जी ने अनुवाद किया था। मैं खास तौर से गांधी जी का नाम ले रहा हूँ। सुकरात का नाम गांधी जी ने लिया था। कांग्रेस में गांधी के आने से पहले तक हर साल कुछ बड़े लोग किसी जगह एक हॉल में इकट्ठे होते थे, बन्द कमरे में, और अंग्रेजी में बोलते थे। एक और पिटीशन तैयार करके वाइसराय के पास भेजते थे। गांधी पहले आदमी थे जो पूरे हिन्दुस्तान में पैदल और कभी-कभी ट्रेन से भी कबीर के समान ही अलख जगाते हुए चले। उनकी प्रार्थना-सभाओं में भी, प्रवचन की वही 'सुनो भाई साधो' वाली परम्परा थी।

कबीर को तो हम लोगों ने नहीं देखा लेकिन स्वाधीनता के बाद जिनमें हम लोगों ने कबीर को देखा, उनमें एक परसाई हैं और दूसरे हैं नागार्जुन। बाबा भी उसी

तरह गाते हुए घूमते रहे। इमरजेंसी के जमाने में बाबा जब 'इन्दू जी, इन्दू जी' कहा करते थे तो उनका स्वर कबीर का स्वर था। काशी हिन्दू विश्वविद्यालय के बिरला हॉस्टल में, 1951 में, आचार्य हजारी प्रसाद द्विवेदी की अध्यक्षता में नागार्जुन का पहला काव्य-पाठ हुआ था। वहाँ मैं भी मौजूद था। नागार्जुन ने और कविताओं के अलावा रवीन्द्रनाथ पर भी एक कविता सुनाई थी। कविता में रवीन्द्रनाथ की दाढ़ी की चर्चा करते हुए वे कहते हैं कि आपकी दाढ़ी देखकर हमें हमारे गाँव के पास के बूढ़े मुसलमान करीम जुलाहे की याद आती है। रवीन्द्र-भक्तों को बहुत कष्ट हुआ होगा कि रवीन्द्र की दाढ़ी देखकर इनको जुलाहा याद आ रहा है। ये नागार्जुन ही हो सकते थे कि रवीन्द्रनाथ की दाढ़ी देखकर उनको अपने गाँव का जुलाहा याद आ जाए। नागार्जुन आधुनिक कबीर थे।

यह सब देखकर मुझे लगा कि कबीर विश्वविद्यालय में और पांडुलिपियों में नहीं हैं। उनकी एक जीवित परम्परा है। मेरे मित्र विजयदेव नारायण साही बनारस के ही रहनेवाले थे। उनका घर कबीर चौरा पर था। इलाहाबाद विश्वविद्यालय से बी.ए., एम.ए. करने के बाद वहाँ नौकरी नहीं मिली तो काशी विद्यापीठ में अंग्रेजी पढ़ाने लगे। बाद में इलाहाबाद गए। उस समय यानी 1958 में यहीं रहते थे। कबीर चौरा पर मेरी कई शामें गुजरी हैं। विजयदेव नारायण साही की अन्तिम पुस्तक का नाम 'साखी' है और उस पुस्तक की अन्तिम कविता है : 'परम गुरु कबीरदास से प्रार्थना'। विजयदेव नारायण साही लोहियावादी सोशलिस्ट थे। उन्होंने मजदूर-आन्दोलन में भी काम किया था। अन्तिम दिनों में उनको कबीर याद आए और उन्होंने अपनी पुस्तक का नाम ही 'साखी' रखा और कई कविताएँ लिखीं।

काशी हिन्दू विश्वविद्यालय से ही पढ़े केदारनाथ सिंह जी ने भी 'उत्तर कबीर' नाम से एक कविता लिखी है। उस कविता में यह है कि ट्रेन से गुजरते हुए एक आदमी को सूत-मिल दिखाई पड़ती है। अचानक उसे ध्यान आता है कि कबीर आजाद भारत में सूत-मिल में बदल गया है। कौन जाने, आगे चलकर मच्छरदानी का विज्ञापन कबीर के नाम से होने लगे! विडम्बनापूर्ण स्थिति की इस कविता को 'उत्तर-आधुनिक फैंटेसी' कहा जा सकता है। स्पष्ट है कि यही कबीर की परम्परा है जो देशव्यापी है।

जहाँ तक कबीर के पाठ की बात है, उसको लेकर बहुत-से विवाद हैं। एक उदाहरण दूँ। उनके एक दोहे की एक पंक्ति उद्धृत की जाती है जो सामान्यत: इस तरह होती है : 'जो घर जारै आपना सो चले हमारे साथ'। लेकिन जो पाठ मिलता है, वह और है। इस तरह हम कबीर को बदल देते हैं। मेरे खयाल से इसका पाठ इस प्रकार है : 'अब घर जारौं तास का, जो चलौ हमारे साथि'। कबीर का कहना था कि हमने तो अपना घर जला लिया है। जो हमारे साथ चलना चाहता है, उसका घर मैं जलाऊँगा। क्योंकि वे जानते हैं कि कोई अपना घर नहीं जलाएगा। आजकल

इस देश में कबीर के दुश्मन अपना घर नहीं जला रहे हैं; बल्कि कबीर का और कबीर के प्रेमियों का घर जला रहे हैं। आज के साधु अब सिर्फ हमारे घर जलाते हैं और हमारे घर में पैठकर अपना शीश नहीं बल्कि हमारा शीश उतारकर जमीन पर रखते हैं। यह कबीर से उलट आचरण है।

कबीर ने अपने समय की प्रमुख ज्ञान-परम्पराओं और धर्म-परम्पराओं से एक साथ संवाद किया। उनके यहाँ हिन्दू-परम्परा की अवधारणाएँ हैं तो इस्लाम की भी। वैष्णवों की भी और सूफियों की भी। उन्होंने 'पैगम्बर' शब्द पर भी विचार किया था। पैगम्बर इस्लाम में केवल एक है और कुरान शरीफ के अनुसार हजरत के बाद दूसरा कोई पैगम्बर नहीं होगा। उनके बाद किसी का पैगम्बर होना कुफ्र है। वहाँ जो भी पैगम्बर हैं, प्री-इस्लामिक हैं और उनको मान्यता दी गई है। मूसा भी हैं और हजरत ईसा भी। लेकिन उनकी पहचान प्री-इस्लामिक है। जैसे दसवें गुरु गोविन्द सिंह ने अपने बाद गुरु-परम्परा पर रोक लगाई और कहा कि अब दस के बाद कोई ग्यारहवाँ गुरु नहीं होगा। इसी तरह ईसाई मत में भी जीसस क्राइस्ट के बाद दूसरा कोई नहीं है और न हो सकता है। वहाँ भी सेंट हो सकता है, पोप हो सकता है, लेकिन पैगम्बर नहीं।

हिन्दुओं में अवतार का कॉन्सेप्ट है। और अवतारों का कोई अन्त नहीं। यह हिन्दू धर्म का लचीलापन है। हम लोग दशावतार कहते हैं। दशावतार के बाद दस के आगे ग्यारह नहीं हुए। लेकिन लोक की मिथकीय परम्परा में दसवें के बाद भी अवतार शब्द प्रयुक्त होता है। कबीर को भी अवतार कहा गया है। विजयदेव नारायण साही ने जायसी पर किताब लिखी है। उसमें उन्होंने बताया है कि सूफियों की परम्परा में मुर्शिद होते हैं। मोईनुद्दीन चिश्ती, निजामुद्दीन औलिया, चिराग देहली आदि चिश्ती हुए थे। उन तीनों के मजार बने हुए थे। बहुत-से पीरों के मजार गाँव में मिल जाएँगे। इन सूफी-संतों, औलियाओं और पीरों के बारे में कबीर के विचार हैं : 'बहुतै देखे पीर औलिया'।

अब 'संत' शब्द पर विचार करते हैं। एक जगह तुलसी दास ने कहा कि 'संत हृदय नवनीत समाना'। चूँकि नवनीत अपने ही ताप से द्रवित होता है इसलिए तुलसीदास ने अन्यत्र समझाया है कि 'परदुख ताप द्रवहिं सों संता'। अर्थात् तुलसीदास के अनुसार संत वह है जो पर-दुख से द्रवित होता है। अपने दुख से तो सभी द्रवित होते हैं पर संत वही हैं जो दूसरों का दुख देखकर द्रवित हो जाएँ। कबीर यदि संत थे तो इसलिए कि वे पर-दुख से द्रवित होते थे। यदि वे केवल जुलाहों के दुख से दुखी हुए होते तो उनकी मान्यता मायावती और कांशीराम जैसी होती। यह बहुत बड़ी बात थी कि वे उन लोगों के दुख से भी दुखी थे, जिनसे लड़ रहे थे।

यह हमारी जिम्मेदारी है कि हम कबीर पर किसी संकुचित और संकीर्ण पथ का कब्जा न होने दें और न उन्हें किसी राजनीतिक विचारधारा के अधीन जाने दें।

यह सभी जानते हैं कि सवर्णों को, ब्राह्मणों को 'पांडे' कहकर कबीर ने खुलकर चुनौती दी है। यह वैसी ही चुनौती नहीं है जिस तरह की चुनौती आजकल के कवि अपने ही वर्ण और वर्ग पर प्रहार करते हुए, उसकी आलोचना करते हुए देते हैं। हम लोग मध्यवर्ग के हैं लेकिन मध्यवर्ग को हम गौरवान्वित नहीं करते, उसके खिलाफ लिखते हैं। प्रेमचन्द स्वयं हल नहीं चलाते थे लेकिन उन्होंने कायस्थों का कैसा मजाक उड़ाया है, यह 'गबन' पढ़ने पर पता चलता है। 'परदुख द्रवहिं' एक कवि का निर्मल भाव है, जो संत का लक्षण है।

इसी अर्थ में कबीर वाल्मीकि की परम्परा में आते हैं, क्योंकि हमारे यहाँ कविता का आरम्भ ही परदुख से हुआ है। क्रौंच के दुख से द्रवित होकर कविता फूटी थी। इसलिए हमारे यहाँ संत और कवि में या ऋषि या कवि में द्वैत नहीं है। यदि आपमें परदुख द्रवहिं-शीलता है तो आप बिना कवि हुए गांधी जैसे संत हो सकते हैं, विनोबा भावे हो सकते हैं, रामकृष्ण परमहंस हो सकते हैं। परदुख द्रवहिं-शीलता ही एक तरह से काव्य का आधार भावबोध है जिसे कोई कवि कविता में लिखता है। इसमें कोई द्वैत नहीं है। यह हमारे काव्य की, हमारी संस्कृति की परम्परा है। हमारी ही परम्परा नहीं है बल्कि विश्व स्तर पर यह परम्परा पुराने यूनान की, रोम की या आज के यूरोप की और अमरीका की है। इसलिए कबीर को यदि अमरीका का कोई आदमी पढ़ता है, वह ब्लैक हो या व्हाइट, तो उसे कबीर की वाणी में अपनी वेदना और अपनी आवाजें सुनाई पड़ती हैं। इसलिए यह कतई जरूरी नहीं है कि हम लोग यानी ब्लैक लोग कहें, तभी कोई बात यूनिवर्सल होगी और जब कोई व्हाइट कहे तो नहीं। ऐसा नहीं है।

कबीर का शास्त्रीय और तकनीकी मूल्यांकन बहुत होता है। कबीर का अद्वैत क्या था, वे विशिष्टाद्वैतवादी थे या द्वैतवादी, उनका निर्गुण ब्रह्म क्या था, नवधा भक्ति में उनकी भक्ति किस प्रकार की थी, आदि शास्त्रीय विवेचन करनेवाले पंडितों ने कबीर को जितना नुकसान पहुँचाया है, उतना गुनाह उन लोगों ने नहीं किया है, जिन्होंने कबीर को रहस्यवादी बनाकर कहा कि वे साधना में लीन होकर अनहद नाद सुनते हैं। फिर भी कबीर को जितना शास्त्राचार्यों से बचाना है, उतना ही रहस्यवादियों से भी। डॉ. धर्मवीर भारती ने गुरुदेव हजारी प्रसाद द्विवेदी पर आक्षेप लगाया कि 'कबीर' नाम का ग्रंथ और बेहतर होता यदि ग्रंथ सम्बोधित या लक्ष्यीभूत पाठक के रूप में पंडितों को ध्यान में रखकर न लिखा गया होता। पंडितों को प्रभावित करने के लिए उन्होंने कबीर के सन्दर्भ में भेदाभेद—अचिन्त्य भेदाभेद आदि दार्शनिक विषयों पर शास्त्रीय ढंग से विचार किया है। कबीर तो शास्त्र-वंचित थे और आप कबीर को शास्त्रों के द्वारा समझने की कोशिश कर रहे हैं।

इधर, इस बीच कई लोग कबीर को शुद्ध कवि के रूप में देखने का आग्रह करते हैं। हमारे मित्र डॉ. रामस्वरूप चतुर्वेदी का 'जनसत्ता' में एक लेख छपा

था : 'यहाँ से कबीर को देखिए'। जैसे एवरेस्ट पर बैठकर कोई आदमी कह रहा हो कि यहाँ से देखिए! उन्होंने मुख्य रूप से कहा कि कबीर को आप संत, भक्त, सूफी, समाज-सुधारक आदि कहते हैं तो कबीर का मूल व्यक्तित्व आक्रान्त होता है। कबीर मूलतः कवि थे। इस पर मैं यह कहना चाहता हूँ कि शुद्धकाव्य के शास्त्र का खतरा सभी को इस तरह से है। उस पूरे लेख की परिणति यह है कि कबीर का एक ही सन्देश था : 'तातैं हिन्दू रहिए'। रामस्वरूप जी कबीर को कवि के रूप में देखने चले हैं और अन्त में हिन्दू तक पहुँचते हैं। और हम लोग जो कबीर को समाज-सुधारक, संत आदि कह रहे हैं, भूले-भटके लोग हैं। तब फिर आप ही बताइए कि कवित्व क्या है?

'तातैं हिन्दू रहिए' की जगह 'आधा हिन्दू रहिए' पाठ अनेक लोगों ने दिया है। 'तातैं हिन्दू रहिए' केवल एक पाठ मिलता है जबकि अधिकांश में है : 'आधा हिन्दू रहिए'। नागरी प्रचारिणी वाले में, माता प्रसाद गुप्त वाले में, दादू-पंथी परम्परा में और निरंजन-पंथी परम्परा—सबमें 'आधा हिन्दू रहिए', यही पाठ है। 'तातैं हिन्दू रहिए' कबीर के कुपाठ का दुर्दान्त उदाहरण है। इसी पद में आए 'अरध शरीरी' में तो व्यंजना है। 'अरध शरीरी' को हम अर्द्धांगिनी कहते हैं। गाँव का हर आदमी स्त्री को अर्द्धांगिनी कहता है। उन्होंने कहा कि यह अर्द्ध-नारीश्वर है। विराट परिकल्पना अर्द्ध-नारीश्वर की दिखाई पड़ती है। कबीर अर्द्ध-नारीश्वर की बात कर रहे हैं तो जाहिर है कि अर्द्ध-नारीश्वर परिकल्पना तो शिव की है। इसलिए कबीर इस पद में शिव के आराधक के रूप में दिखाई पड़ते हैं अर्थात् हिन्दू हैं। कबीर यह काजी से कह रहे हैं। हिन्दू से हिन्दू रहने के लिए कहें तो कोई नई बात नहीं है, पर यहाँ कबीर तुरक से कह रहे हैं कि बेहतर है कि तुरक छोड़कर तुम हिन्दू हो जाओ। आज यह बात आर.एस.एस., विश्व हिन्दू परिषद् और भाजपा वाले कह रहे हैं, देश में रहना है तो हिन्दू होकर रहो। मैं यही कहना चाहता हूँ कि यदि वे कवि के रूप में देखने चले हैं तो कवि की वाणी पूरी उद्धृत करें, बीच से दो टुकड़ा निकालकर मनमाना अर्थ न करें। काजी को सम्बोधित जिस पद का वे जिक्र कर रहे हैं, वह आपके सामने मैं रख देता हूँ :

*काजी तैं कवन कतेब बखाँनीं।*
*पढ़त-पढ़त केते दिन बीते गति एकौ नहीं जानीं॥*
*सकति सनेह पकरि, करि सूनति मैं न बदउँगा भाई।*
*जौरे खुदाई तुरुक मोहिं करता तौं आपहि कटि किन जाई॥*

अगर ईश्वर ने ही हमें तुरक बनाया था तो वहीं से काटकर भेजता।

*सुनत कराई तुरुक जौ होनाँ तौ औरति कौं का कहिए।*
*अरध सरीरी नारि न छूटे तातैं हिन्दू रहिए॥*

*हिन्दू तुरुक कहाँ तैं आए किन एह राह चलाई।*
*दिल महिं खोजि देखि खोजा दे भिस्ति कहाँ तैं आई॥*
*छाँड़ि कतेब राम भजु बउरे जुलुम करत है भारी।*
*कबीर पकरी टेक राम की तुरुक रहे पचि हारी॥*

इस पद में बीजक की दो पंक्तियाँ और मिलती हैं, जो कबीर के मुकम्मल दृष्टिकोण को सूचित करती हैं। इसलिए उन्हें छोड़ा नहीं जा सकता है। वे काजी को सम्बोधन करते हैं—ये सुन्नति करके तुम खून कर रहे हो और इस प्रक्रिया में तुम आधे ही मुसलमान हो पाते हो। तुम्हारा आधा तो मुसलमान होने से रह गया है, वह हिन्दू ही रह गया। तुम तो सबको मुसलमान बनाना चाहते हो लेकिन तुम्हारा खुद का आधा छूट गया। इसी तरह ब्राह्मणों को वे सम्बोधित करते हुए कहते हैं :

*पहिरि जनेउ जो ब्राह्मण होना, मेहरि क्या पहिराया।*
*वो तो जनम की सूद्रिन परसै, तुम पांडे क्यों खाया॥*

—स्त्री का यज्ञोपवीत नहीं होता। अगर जनेऊ पहनाना ही द्विज होने का प्रमाण है तो औरत को क्या पहनाया तुमने? वह तो जन्म की शूद्रणी थी, जब जनेऊ नहीं पहना तो शूद्रणी ही रह गई और तुम उसी का परोसा हुआ खाते हो! तुम तो पांडे हो, तुमने एक शूद्रणी का परोसा क्यों खाया? कवि ने आम जनता को सीधी-सादी भाषा में समझाना चाहा कि काजी हो, पांडे हो, दोनों के दोनों या तो आधे सवर्ण हैं या आधे केवल तुर्क हैं। कबीर स्पष्ट हैं, शक्ति या ताकत से जबर्दस्ती धर्म परिवर्तन करो या स्नेह से पुचकार कर, दोनों तरह से तुम खून ही कर रहे हो।

कबीर के इस पद के बारे में मेरे मित्र चतुर्वेदी जी ने कहा है कि यह गाली है। कबीर की प्रशंसा करते हुए उन्होंने कहा कि कबीर तो गाली को भी काव्य बना देते थे। गाली क्या होती है? यह कितनी गाली है? तुलसीदास ने बालकांड में शिव-पार्वती संवाद में कबीर की पंक्ति 'दशरथ सुत तिहूँ लोक बखाना, राम नाम को मर्म है आना'—उद्धृत करते हुए शिव के मुख से पार्वती को डाँट पिलाई है :

*कहहिं सुनहिं अस अधम नर ग्रसे जे मोह पिसाच।*
*पाखंडी हरि पद विमुख, जानहिं झूठ न साच॥*
*अज्ञ अकोबिद अंध अभागी। काई बिषय मुकुर मन लागी॥*
*लम्पट कपटी कुटिल बिसेषी। सपनेहुँ संतसभा नहिं देखी॥*

× × ×

*बातुल भूत बिबस मतवारे। ते नहिं बोलहिं बचन बिचारे॥*
*जिन्ह कृत महामोह मद पाना। तिन्ह कर कहा करिअ नहिं काना॥*

बाबा ने यहाँ गाली नहीं दी है, गालियों की वर्षा की है। अब यहाँ देखें कि गाली क्या है, वह जो तुलसीदास ने कहा है या कबीर का यह तर्क देना है कि सुन्नत कराकर तुम खून कर रहे हो, अर्द्ध-नारी छूट रही है, वह गाली है? तो ये वे लोग हैं जो कबीर के इन पदों को गाली कहते हैं, पुनः गाली को काव्य कहते हैं। ऐसे लोग कुछ दिनों में नागार्जुन की कविता को भी इसी तरह के तर्कों से गाली कहेंगे। और नागार्जुन को गालियों का कवि।

ऐसी चीजों को देख-सुन-पढ़कर मुझे आचार्य रामचन्द्र शुक्ल के इतिहास का एक उद्धरण याद आता है : 'ऊपरी रंग-ढंग से तो ऐसा जान पड़ेगा कि कवि के हृदय के भीतर सेंध लगा करके घुसे हैं और बड़े-बड़े कोने से झाँक रहे हैं। पर कवि के उद्धृत पदों से मिलान कीजिए तो पता चलेगा कि कवि के विवक्षित भावों से उनके वाद-विलास का कोई लगाव नहीं है। पद्य का आशय या भाव कुछ और है। ऐसे ही एक आलोचक ने धमकी दी है कि 'हम तुलसी, सूर के चारों ओर ऐसा ही चमचमाता हुआ जाल बिछाएँगे।' ऐसे ही एक आलोचक रामस्वरूप चतुर्वेदी प्रकट भये। उन्होंने तुलसी-सूर के खिलाफ तो नहीं, लेकिन कबीर के खिलाफ चारों ओर चमचमाता हुआ जाल बिछाने की कोशिश की है। शब्दार्थ इनको नहीं मालूम। ये हिन्दी के एक प्रोफेसर हैं, जो अर्द्ध-शरीरी में व्यंजना बताकर अर्द्ध-नारीश्वर देखने को कहते हैं। कौन कहे कि जब मुख्यार्थ बाधित हो तब तो होगा लक्षणा! कबीर ने 'ऐसे लोगन सो का कहिये', 'आग लगाये मजे में सोयें' और 'बात सो आसमान ढहावें।'—ऐसे ही लोगों के बारे में कहा है।

कबीर का यह दुर्भाग्य ही है जिन्होंने बार-बार कहा था कि न मैं तुरक (मुसलमान) हूँ, न हिन्दू। उन्हें एक खेमे में डालने की कोशिश हो रही है। यह उस दौर में हो रहा है जहाँ लोग दो खेमे में बँटे हुए हैं। एक आदमी दोनों खेमों को नकारता है। जैसे आज भाजपा और कांग्रेस में फर्क करना मुश्किल हो गया है—और जो आदमी दोनों को नकारे—लोग उसके बारे में कहेंगे कि यह प्रकारान्तर से उन्हीं खेमों को मदद पहुँचा रहा है।

आजकल कबीर के लीजेंड के बारे में बात हो रही है। हमारे मित्र डेविन लॉरेंजन की व्याख्या है कि सारे लीजेंड्स गरीबों के प्रतिरोध की आइडियोलॉजी को सामने रखते हैं। पर इसका एक दूसरा पहलू भी है, जो कबीर के जन्म से सम्बन्धित लीजेंड पर हो रही बहस में देखा जा सकता है। कहानी के अनुसार जब कबीर की माँ बच्चे को फेंक रही थी तो एक सज्जन ने झाँककर रात के अँधेरे में देखा कि विधवा है, और ब्राह्मणी विधवा है। बात असल में यह है कि कबीर प्रतिभाशाली हो गए थे। इसलिए कहा गया कि मुसलमान या जुलाहा प्रतिभाशाली नहीं हो सकता, अवश्य ब्राह्मण का खून उसमें होना चाहिए। यह प्रतिभा बिना उसके नहीं आएगी। ऐसे ही बीजक के एक पद के बारे में मुझे शक है कि उसे बाद में लोगों ने जोड़ दिया है।

पद में कहा गया है कि कबीर पूर्वजन्म में बामन थे और ओछे करम किये तब जाकर जुलाहा हुए। कबीर यह कभी नहीं कहेंगे कि हम पूर्वजन्म में ब्राह्मण थे और इस जन्म में जुलाहे इसलिए हैं कि हमने पिछले जन्म में पाप किये थे। यह कहनेवाले कबीर नहीं हो सकते हैं। रामानन्द सम्बन्धी किंवदन्ती में है कि विधना ने कबीर को सपना दिया कि 'रामानन्द नाम का एक गुरु है। तुम कितना भी वैष्णव बने घूमते रहो, जब तक उससे दीक्षा नहीं लोगे, तुम्हारी बात प्रमाण नहीं मानी जाएगी।' तो कबीर ने कहा कि 'मैं तो जुलाहा हूँ, वह सौ जन्म में भी मुझे दीक्षा नहीं देंगे।' तब उसी वाणी ने कहा, 'तुम गली में जाकर पड़ जाओ और तुम शिष्य बन जाओगे, तुमको दीक्षा मिल जाएगी।' कबीर जब रामानन्द के पैरों के नीचे पड़ ही गए तो रामानन्द 'राम-राम' कहने लगे। इसे ही कबीर ने दीक्षा मान लिया। रामानन्द तक खबर पहुँची कि 'कबीर को आपने दीक्षा कब दी? वह अपने-आपको रामानन्द का चेला कहता घूम रहा है!' रामानन्द ने कबीर को बुलाया और कहा कि 'तुम ऐसा क्यों कहते फिर रहे हो? तुमको मैंने कब दीक्षा दी?' तो कबीर ने कहा कि 'मैं गली में आपके पैरों के नीचे पड़ गया था। आपके मुँह से राम-राम निकला था।' इस पर रामानन्द ने कहा, 'यह कोई बात नहीं हुई। यह दीक्षा थोड़े मानी जाएगी?' इस पर कबीर बोले कि 'अगर आप मुझे दीक्षा नहीं देंगे तो यहीं आपके सामने मैं जलकर मर जाऊँगा।' रामानन्द ने कबीर की इस कैफियत को देखकर कहा, 'जा, आज से तू मेरा शिष्य। मेरा नाम ले सकता है।'

तमाम किंवदन्तियों में यह चीज पाई जाती है कि स्वीकृति अन्ततः सत्ता से जुड़कर मिलती है। आम तौर पर लोग ऐसी सत्ता का सहारा लेते हैं जिस पर किसी का वश नहीं होता है। 'महाभारत' में द्रौपदी के पाँच पतियों की जो कथा है, उसमें द्रौपदी द्वारा पाँच पतियों को अस्वीकार करने पर उसके बाप ने अलग ले जाकर उसे समझाया और इस परिघटना को चमत्कार बताते हुए कहा कि यह तो पहले से ही पूर्व-निर्धारित विधि-विधान है।

कबीर को कब्जे में लेने की कोशिश ज्यादातर हिन्दुओं की ओर से हुई, लेकिन बाद में चलकर मुसलमानों की ओर से भी हुई और कबीर को सूफी-परम्परा में रखने की कोशिश की गई। दोनों ओर से हुई, पर एक तरफ से ज्यादा हुई है, दूसरी तरफ से कम हुई है; और उस कम कोशिश का फायदा उठाकर मित्र रामस्वरूप चतुर्वेदी ने दिखाने की कोशिश की है कि कबीर जैसा कवि सूफी-परम्परा में सम्भव ही नहीं है। क्योंकि सूफी-परम्परा में भक्त आशिक होता है जबकि कबीर खुद को स्त्री-निरूपित करते हैं। यह तो ठीक है पर लगता है कि उन्होंने सूफी मत पढ़ा नहीं है। कई लोगों ने इस पर लिखा है कि सूफियों में एक परम्परा है कि रात में सुहागिनें होती हैं। किसी भी सूफी सिलसिले में चले जाइए, सूफी सिलसिलों की परम्परा में भक्त अपने को सुहागिनें कहते हैं और कबीर अपने को भक्त-स्त्री के

रूपक में देखते हैं, तो कम-से-कम इस बिन्दु पर तो कबीर निश्चित ही सूफी-परम्परा से जुड़ते हैं।

कबीर की वाणी एक अखंड अविभाज्य व्यक्ति, संत और कवि की वाणी है। एक नई अवधारणा है, हिन्दी साहित्य में पन्द्रहवीं शताब्दी में पहली बार परिघटित हुई थी—ज्ञान को अस्त्र बनाकर लड़ने की अवधारणा। अवधारणा को अभिव्यक्त करता कबीर का एक पद है : 'संतों भाई आई ज्ञान की आँधी'। पन्द्रहवीं शताब्दी ज्ञान की आँधी के साथ आती है। आज की भाषा में हम लोग उसे लोकजागरण या नवजागरण कहते हैं। कबीर वह भक्त था, जो ज्ञान की आँधी का स्वागत करनेवाला था और इस मामले में वह सूफियों से एक कदम आगे था। सूफी बुद्धि का विरोध करते थे, कबीर ने किताब का विरोध किया था लेकिन ज्ञान का विरोध नहीं किया था। कबीर अपने दौर से पहले शंकर के ज्ञान वाली जो परम्परा रही है, उससे अलग लोकजीवन पर आधारित ज्ञान की परम्परा को सामने लाते हैं। लोक-आधारित ज्ञान की आँधी ले आनेवाला पहला व्यक्ति कबीर था। जिस आँधी से एक ओर आग भी बरसती है और साथ ही प्रेम की वर्षा भी होती है। 1398 को मैं एक महत्त्वपूर्ण घटना मानता हूँ। भारत का इतिहास—अंग्रेजों द्वारा लिखा हुआ—1398 में तैमूर लंग के हमले का जिक्र करता है। वह यह जिक्र नहीं करता कि 1398 में ज्ञान की आँधी ले आनेवाला कबीर पैदा हुआ था। 1398 की सबसे बड़ी घटना तैमूर लंग का हमला नहीं है, गुलाम-वंश का अन्त नहीं है—ज्ञान की आँधी ले आनेवाले पहले आदमी कबीर का आना था।

[प्रस्तुति : मोहम्मद आसिम अंसारी]

[कबीर की 600वीं जयन्ती पर बी.एच.यू. में दिया गया व्याख्यान।
अब तक अप्रकाशित। पहली बार प्रकाशित]

# विलक्षण अगिनपाखी का गान : कबीर की कविता

'गुरु ग्रंथ साहब' केवल अमृतसर तक और हरमन्दर साहब के अन्दर का ग्रंथ नहीं है, बल्कि सारा भारत उसमें स्थान रखता है। यह भी कि यह केवल धर्मग्रंथ नहीं है, काव्य भी है। इसलिए काव्य के रूप में, बल्कि मुख्य रूप से काव्य के रूप में इसकी चर्चा होनी चाहिए। 'गुरु ग्रंथ साहब' पढ़ते हुए मुझे आश्चर्य हुआ कि उसमें सूरदास का भी एक पद है। सबसे पहले इस बात की ओर मेरा ध्यान अमरीका में सूर के विशेषज्ञ प्रो. जॉन स्टीफन हार्लिक ने दिलाया। हिन्दी में इस ओर लोगों का ध्यान गया है। वे सूरदास, जो कृष्णलीला का गान करनेवाले, निर्गुण के विरोध में भँवरगीत लिखने वाले हैं; वे सूर, जिनकी गोपियाँ ऊधव के निर्गुण का विरोध करती हैं, उनका भी एक पद 'गुरु ग्रंथ साहब' में है। मैं सिर्फ उसकी विशेषता की ओर ध्यान दिलाना चाहता हूँ, सूर के पद से जिसकी ओर इशारा मिलता है :

*अपने जान मैं बहुत करी,*
*कौन भाँति हरि भक्ति तुम्हारी, सुकहु न स्वामी समुझि परी॥*
*गए दूप दर्शन कै कारन, व्यापक की विभुता विपरी।*
*मनसा-वाचा-कर्म अगोचर, सो मूरति नहिं ध्यानि धरी॥*
*बिनु गुन गुन बिनु रूप रूप, बिनु नाम नाम कह राम हरी।*
*कृपा सिंधु अपराध अपरिमित हिमहु सूर पै सब बिसरी॥*

सूर में यह जो 'बिनु गुन गुन, बिनु रूप रूप, बिनु नाम नाम', उसमें भी 'कह राम हरी' का भाव है। सूरदास भी जिस किताब में स्थान पाते हों। विशाल भक्ति आन्दोलन का ऐतिहासिक दस्तावेज है : 'गुरु ग्रंथ साहब', जहाँ संत और भक्त सब एक साथ हैं।

यह भी उल्लेखनीय है कि कबीर का पहला प्रामाणिक संकलन 'गुरु ग्रंथ साहब' में मिलता है। राजस्थान की दादू-परम्परा, जिसमें उनके ग्रंथों का उल्लेख हुआ है, वह उसके बाद की है। 'बीजक' की पूरब की परम्परा उसके भी बाद की है। यह ऐतिहासिक महत्त्व रखता है। कहाँ काशी, कहाँ तलवंडी अमृतसर! कहाँ सतारा, कहाँ अमृतसर! इतनी व्यापक दृष्टि। जबकि सम्भवत: शेरशाह सूरी का

मार्ग बना भी था कि नहीं ठीक-ठीक। इस वाणी में कौन-सी चीज थी जो जोड़ रही थी संतों को? बल्कि सूफियों की परम्परा भी है वहाँ, बाबा फरीद भी वहाँ हैं। इस तरह सूफी, संत, निर्गुण, सगुण—सारी धाराएँ दिखाई पड़ती हैं वहाँ। यह बड़प्पन है 'गुरु ग्रंथ साहब' का कि पहली बार अपने समय की भारत भर की चिन्तन-परम्परा उसके माध्यम से व्यक्त होती है। उसकी रोशनी में हम कबीर की चर्चा करेंगे। जिसने कबीर को संगृहीत किया है, उसमें उसकी छाप है। दादू-पंथियों ने खास तरह की छाप छोड़ी है, 'बीजक' में विशेष छाप है। मौखिक परम्परा में तो जहाँ-जहाँ गाए हैं, गानेवाले अपनी चीजें जोड़ करके कबीर के नाम पर अभिव्यक्त करते हैं। इस तरह यह सम्पादन की दृष्टि से कठिन है। लिपिबद्ध होने के कारण उसका अलग महत्त्व है, इसलिए 'गुरु ग्रंथ साहब' के आलोक में हम कबीर की चर्चा करेंगे। ऐसा नहीं है कि रविदास कम महत्त्वपूर्ण हैं, परन्तु अपने को केन्द्रित रखने की दृष्टि से हम कबीर की चर्चा करेंगे।

जब हम पंजाब की रोशनी में कबीर को देख रहे हैं तो पंजाब से ही एक दूसरी रोशनी मिली—पंजाबी के प्रसिद्ध उपन्यासकार और हमारे मित्र गुरुदयाल सिंह से। उनको ज्ञानपीठ पुरस्कार भी मिला है और अखिल भारतीय ख्याति के लेखक हैं। उनका उपन्यास 'परसा' पढ़ते हुए मुझे एक नई चिंगारी मिली कबीर को देखने की। 'परसा' में एक कहानी का जिक्र आता है। अचानक एक पंछी दिखाई पड़ता है जिसकी आँखें काली, सिर सुनहरा, चोंच और पंख सुर्ख। उड़ता है तो लगता है, जैसे अग्निदेव का अवतार बन जाता है! खास तौर पर सिंहलद्वीप, जो कि लंका नहीं है, एक कल्पना-लोक है; जिसका कई जगहों पर, जैसेकि 'पद्मावत' में वर्णन आता है—इस सिंघलद्वीप की महारानी जब एक दिन नहा-धोकर छत पर बाल सुखा रही थी, यही पक्षी उड़कर गुजरा। लगा, जैसे आग की एक लपट महल के ऊपर से गई है! महारानी को वह इतना सुन्दर लगा कि महाराज से उन्होंने कहा कि यह पक्षी अगर नहीं मिलेगा तो प्राण त्याग दूँगी। महाराज ने बहेलियों को बुलाकर कहा कि पता लगाओ, वह उड़कर कहाँ चला गया है। महारानी की जान का सवाल है। कितना ही पैसा खर्च हो, करो। नहीं ला सकोगे तो तुम्हें मरना पड़ेगा। बहेलिया डर के गया। तीन दिन चलने के बाद वह दिखा। सूरज की पहली किरण के साथ वह पक्षी अपने पंखों की जलन मिटाने के लिए नदी में डुबकी लगाता है और सारी नदी दहकने लगती है, जैसे पानी जलता हुआ हो! लाल-लाल लपटें उस नदी से उठने लगती हैं। पक्षी नदी में डुबकी लगाता है और उसमें से उसी तरह का दूसरा अगिनपाखी निकलता है। नर-मादा रहे होंगे। थोड़ी देर तक कुलेलें करते हैं, चोंच से चोंच मिलाते हैं। आखिर में वे पंछी अलग हो जाते हैं। पहला आसमान में चला जाता है, दूसरा नदी में डुबकी लगा जाता है। बहेलिए ने उस पक्षी को देख तो लिया, पर इस पक्षी से फिर मिले कैसे? ढूँढ़कर उसने पक्षी से अपनी अरदास की,

सारी स्थिति बताई—ऐसा-ऐसा है और मुझे अपनी प्राण-रक्षा करनी है। उस पक्षी ने कहा कि इसमें मेरा कुछ नहीं है। आकाश का जो परम देवता है, जो सारी दुनिया को प्रकाश, ताप देता है, उसी में उड़ने के कारण मुझमें यह शक्ति आ गई है। मेरा अपना इसमें कुछ नहीं है। तुम्हारे सामने दो ही विकल्प हैं—या तो तुम अन्धकार में लौट जाओ या अगर तुम मेरी ही तरह प्रकाश और आग देना चाहते हो तो मेरे साथ आओ। बहेलिया भी उसके साथ हो लिया। बजाय राजा के पास जाने के, अन्धकार में जाने के, उस पक्षी के साथ मिलकर वह उड़ने लगा। कहते हैं, वही दो उड़ते हुए पक्षी आज भी दिखाई देते हैं। गुरुदयाल सिंह ने 'परसा' में यह कहानी लिखी। इसे पढ़ते हुए मुझे लगा, कबीर भी एक अगिनपाखी हैं।

कबीर की एक साखी है, कई लोगों ने उसे पढ़ा है और आम तौर पर केवल दूसरे अर्थ में प्रयोग किया है। इस अगिनपाखी का उसमें जिक्र है :

*अनिल अकासाँ घर किया, मधि निरन्तर बास।*
*बसुधा व्योम बिगता रहै, बिनु ठाहर बिसवास॥*

एक और दोहे में फिर वह आता है :

*मन दीयाँ मन पाइए मन बिनु मन नहिं होइ।*
*मन उन्मन उस अंड ज्यूँ, अनल अकासाँ जोइ॥*

मैं खोजने लगा कि इस अनलपाखी की किंवदन्ती कहाँ से आई है, तो ध्यान आया कि सूफियों में जायसी ने इसका इस्तेमाल किया है। उन्होंने इस्तेमाल किया है 'कुकनूँ' नाम से। रानी पद्मिनी के न मिलने पर राजा रतनसेन जब विक्षिप्त होकर तप करते हैं, जायसी कहते हैं :

*कुकनूँ पंखि जैस सर साजा।*
*सर चढ़ि तबहिं जरा चह राजा॥*

राजा सरसैया पर कुकनूँ पक्षी की तरह बैठा है। 'कुकनूस' नाम का यह शब्द अरबी का है और ग्रीक माइथोलॉजी में आया है। अरब माइथोलॉजी में ऐसे कुकनूँ अगिनपाखी या अनलपाखी का जिक्र होता है। जैसे ही वह आग निकलती है, जिस घोंसले पर वह बैठा है, धीरे-धीरे वह जलता है। सब कुछ जल जाता है, राख हो जाता है। फिर उसी राख से वही पक्षी जन्म लेता है, 'फीनिक्स' जिसको कहते हैं। यह सब सोचते हुए लगा कि कबीर तो स्वयं ही अनलपाखी हैं। कहा गया है : 'बसुधा ब्योम विगता रहै, बिनु ठाहर बिसवास'। कहते हैं, वह पेड़ पर घोंसला नहीं बनाता। वह आसमान में रहता है। किसी का शे'र है : 'मुर्गदिल ने है बनाया आसमाँ पे जा के झोंझ'। निवास किसी दरख्त के ऊपर नहीं है, आसमाँ और दरख्त के मध्य

की जगह पर घोंसला बनाता है। जब वह गाने लगता है तो घोंसला जल जाता है, फिर उस राख से फिर पैदा होता है, फिर गाता है, फिर जलता है। यह एक कवि ही कर सकता है। कबीर बार-बार एक मरजीवा का जिक्र करते हैं। यह मरजीवा जी-जी कर मरता है, मर-मर कर जीता है। बार-बार जीना, बार-बार मरना। हर कविता के साथ कवि मरता है और एक नई कविता के साथ जीता है। कबीर का वह कवि हृदय है। संत-हृदय भी आप कह सकते हैं। यह रोशनी मुझे मेरे मित्र गुरुदयाल सिंह से मिली। उनके उपन्यासों में जगह-जगह 'सबद' और इस तरह 'गुरु ग्रंथ साहब' समाया हुआ है और रचनात्मक रूप में वह पैदा होता है। पाठ करनेवाले रागी कई जगह मिलेंगे परन्तु एक रचनाकार उसे किस तरह अपनाता है, वह यहाँ मिलेगा।

अनलपक्षी कबीर का प्रिय शब्द है : आग। आग कबीर का सबसे प्रिय रूपक है। 'कबीर बानी' में सम्भवत: सबसे अधिक रूपक आग के ही हैं। कबीर की सबसे अधिक लोकप्रचलित 'साखी' में भी आग है :

*हम घर जारा आपना, लिये मुराड़ा हाथि*

लोक में कबीर की प्रचलित छवि भी यही है। हाथ में जलता हुआ लुकाड़ा लेकर बाजार में खड़े होकर आवाज देने वाला कवि :

*अब घर जारौं तास का, जो चलौ हमारे साथि*

अपना घर तो फूँका ही, औरों के घर फूँक डालने का हौसला। किंवदन्तियों के अनलपक्षी से भी एक कदम आगे विलक्षण अनल। कबीर को इसी बात का दुख है कि ऐसा कोई न मिला : 'अपना घर देइ जराइ'। वैसे वास्तविकता तो यही है : 'सब जग जलता देखिया, अपनी-अपनी आगि'। लेकिन वह आग और है जिसमें सारा संसार जल रहा है तथा कबीर जो आग लगाना चाहते हैं, वह और ही है। वह कबीर का अपना सच है। वह सच है : 'सबद'। 'गुरु ग्रंथ साहब' का बीज शब्द है : 'सबद'। कबीर का बीज शब्द है : 'सबद'। 'गुरु ग्रंथ साहब' में आया है : 'सबद सलोक'। यह सच है : 'सबद'। इसी का दूसरा नाम है : 'अनहद नाद'। विलक्षण अगिनपाखी का गान, कवि कबीर की कविता। ऐसी कविता, जिससे स्वयं कवि का तन-मन जल उठता है। वह गान जिससे अग्निगर्भ कवि जल मरता है, जलकर फिर जी भी उठता है—एक नई ऊर्जा के साथ। स्वयं कबीर के शब्दों में—मरजीवा।

आप ध्यान रखें, 'गुरु ग्रंथ साहब' में इन पदों का; सलोक और सबद का जो संकलन हुआ है, वह रागों में है। मूल तत्त्व है : राग। इसीलिए कबीर को छपे हुए शब्दों में पढ़ना एक बात है, जो आम तौर पर हम विश्वविद्यालय में करते हैं और कबीर की बानी और सबद को रागियों द्वारा गाए जाते देखना

एक और बात है। वहाँ आपको उस नाद का पता चलेगा, जिसे अनहद नाद कहते हैं। इस सच को कबीर तरह-तरह के नामों से पुकारते हैं—यह ज्ञान है, साथ भी अनभय भी है जिसमें जीवन-अनुभव भी शामिल है। वेद या कुरान जैसी किसी किताब से लिया गया ज्ञान नहीं है यह। यह खुद कबीर का आँखों-देखा सच है। कबीर कहते हैं : 'मैं कहता आखिन की देखी'। अपनी आँखों देखा, किसी और का देखा हुआ नहीं। यह सच अनुभव का है, इसीलिए इसमें भाव का वह रस भी निहित है जिसे भक्ति कहते हैं। ज्ञान और भक्ति परस्पर विरोधी होंगे किसी और के लिए, कबीर के लिए भक्ति ही ज्ञान है और ज्ञान ही भक्ति। इसी ज्ञान-भक्ति समन्वित सच को वे 'राम' नाम पुकारते हैं। लेकिन एक चेतावनी के साथ :

*राम नाम कै मरम है आना।*

अन्य मर्म यह कि यहाँ वह सिर्फ एक नाम है—निर्गुण। निर्गुण इसलिए कि उसे किसी एक गुण से विशेषित नहीं किया जा सकता है। कबीर का राम न ब्राह्मण है, न शूद्र। न हिन्दू, न मुसलमान या तुर्क। न हिन्दू का ईश्वर, न मुसलमान का अल्लाह। गरज एक वीर का राम, वह सच है, जो धर्म के भेद को भी जलाकर भस्म कर देता है और जाति-पाँति के भेद को भी। यह सच पहचानता है तो केवल उस मनुष्य को, मनुष्यत्व को, उस सामान्य धारणा को जो छोटी-बड़ी सभी जातियों और विभिन्न धर्मावलम्बियों के अन्दर अवस्थित है। वह मनुष्य, जिसका न कोई रंग है, न रूप है, न कुल है, न जाति है, न मजहब है, न कोई सम्प्रदाय। इसीलिए कबीर उसे निर्गुण कहते हैं। लेकिन यह वह निर्गुण नहीं, जो सगुण का विलोम है। कबीर का निर्गुण कथित निर्गुण और सगुण, दोनों से परे है। फिर भी उसे यदि निर्गुण ही कहा जाता है, तो सिर्फ इसलिए कि और तरह से बताना असम्भव है या भाषा की सीमा है और कवि की विवशता भी। शायद इसीलिए इस विलक्षण सच को कबीर सभी सम्भाव्य अर्थों से मुक्त कर केवल 'सबद' कहते हैं। कवि की भूमिका में जो शब्द है, गायक की भूमिका में वही नाद है—अनहद नाद है। साधना की भूमि में वह नाम मात्र रह जाता है न्याय के लिए। इसलिए जाप का महत्त्व है। बार-बार जाप करने से जो मन में उठता है, वह भाव मात्र है। कबीर इस सच को 'निरपख' कहते हैं। अनल का रूपक 'निरपख मधि कौ अंग' में आता है। अग्निपक्षी सर्वथा निष्पक्ष है (ध्यान दीजिए, पक्ष माने पाँखें भी होता है), वसुधा और व्योम दोनों से विगत, वास है तो वसुधा और व्योम के बीच कहीं आकाश में। लोक-व्यवहार में न वह हिन्दू के पक्ष में है, न ही मुसलमान के पक्ष में। यदि उसका अपना कोई पक्ष है तो सामान्य मनुष्य का, जो या तो दोनों पक्षों के बीच में कहीं है या फिर दोनों से परे है।

विडम्बना यह है कि ऐसे निष्पक्ष सच के भी विपक्षी निकल आते हैं। दो सौ साल भी नहीं बीतने पाए कि कबीर के निरपख सच के विरोध में तुलसीदास को खड़ा होना पड़ा। कायदे से तो उन्हें प्रसन्न होना चाहिए था कि एक जुलाहा मुसलमान होकर भी उनके आराध्य राम की भक्ति का अलख जगा गया है। लेकिन बाबा की सूक्ष्म दृष्टि से यह सच ओझल न हो सका कि कबीर का राम कोई और है : 'तुम जो कहा राम कोई आना'। पार्वती ने वही पूछा जो कबीर ने कहा। शब्द ज्यों-के-त्यों वही हैं, अक्षरश: 'राम नाम का मरम है आना'। राम का नाम लेने से क्या हुआ, है तो 'आना' यानी अन्य। यह 'अन्य' तुलसी को कैसे बर्दाश्त होता? आवेश में कबीर पर बरस पड़े, शब्दों की मूसलाधार बारिश। शब्द भी ऐसे कि अपशब्द शरमाएँ—पाखंडी, लपट, कुटिल, अज्ञ, अकोविद, अंध। इन शब्दों को दुहराने में तुलसी के परम श्रद्धालु भी सम्भवत: आज हकलाएँगे। मुद्दा दरअसल दशरथ-सुत 'राम' और निर्गुण 'राम' का नहीं है। असल मुद्दा है वह 'रामराज्य', जिसकी स्थापना के लिए तुलसी के राम दशरथ-सुत के रूप में अवतार लेते हैं। कबीर के सच से सबसे बड़ा खतरा तुलसी के इस रामराज्य को है। आज के सन्दर्भ में भी देखिएगा। इस रामराज्य में 'वर्णाश्रम निज निज धरम निरत वेद पथ लोग' की पक्की व्यवस्था है। उधर कबीर कह चुके हैं : 'हम वासी उस देश के जहाँ जाति वर्ण कुल नाहिं'। विरोध स्पष्ट है। एक पक्ष है तो दूसरा विपक्ष। जाहिर है कि कभी-कभी निष्पक्ष भी एक पक्ष मान लिया जाता है। जो हो, तुलसीदास के अपशब्दों की मूसलाधार बारिश से कबीर के सबद की आग का अन्दाजा लगाया जा सकता है। तुलसी की नजर में तो कबीर उन लोगों में हैं जो 'जानहिं झूठ न साँच'। क्योंकि कबीर के लिए जो सच है, तुलसीदास के लिए वही झूठ है। बहरहाल अनल, कुकनूँ, अगिनपाखी जो भी कहें, वह अब नापैर है। होगा भी तो आकाश में कहीं। खोजी उसे खोजते रहेंगे। गनीमत है कि उस अगिनपाखी के सबद बचे रह गए हैं किसी-न-किसी रूप में। हमें तो आग से मतलब है, और कहना न होगा कि आग तो उस पक्षी की आवाज से ही पैदा होती है। हमारा बिरसा वही सबद है, साखी है। सवाल है, उसे सँभालकर रखने का और रखें भी तो कैसे और कहाँ? कबीर के ही शब्दों में कहें तो 'कहु धौं केहि विधि राखिये रुई लपेटी आगि'। इसलिए वह रुई लपेटी हुई आग है। उसमें रुई की कोमलता भी है। कबीर ही थे जो आग को रुई में लपेटकर पेश कर सकते थे। और यह कार्य कवि करता है। लगे हाथों कबीर कवि-कर्म की दिशा में भी संकेत कर गए हैं।

[हिन्दी विभाग, काशी हिन्दू विश्वविद्यालय द्वारा आयोजित राष्ट्रीय संगोष्ठी 'आदिग्रंथ और कबीर' के उद्घाटन के अवसर पर अप्रैल, 2005 में दिया गया वक्तव्य।
इसी शीर्षक से प्रकाशित पुस्तक में संगृहीत]

# कबीर का दुख

कबीर के दुख से मेरा 'परिचय' हुआ प्रेमचन्द की कहानी 'कफन' में। परिचय कराया घीसू और माधव ने। इन दोनों के परिचय के लिए फिलहाल इतना ही काफी है कि वे जाति के चमार हैं, जिन्हें अब 'दलित' कहा जाता है। घर में मिट्टी के दो-चार बर्तनों के सिवा कोई सम्पत्ति नहीं। फटे चीथड़ों से अपनी नग्नता ढाँके हुए जिए जाते हैं। झोंपड़ी में बहू मरी पड़ी है और बाप-बेटे, दोनों कफन के पैसों से कलवरिया में दारू उड़ा रहे हैं। नशे में भी बहू की वह लाश दखल देती है। बेटा रोने लगता है तो बाप समझाता है : 'रोता क्यों है बेटा? खुश हो कि वह मायाजाल से मुक्त हो गई। बड़ी भाग्यवान् थी, जो इतनी जल्द मोहमाया के बन्धन तोड़ दिये।' और दोनों खड़े होकर नाचने और गाने लगते हैं :

*ठगिनी क्यों नैना झमकावै, ठगिनी!*

कबीर और कबीर के दुख से परिचय का क्षण वही है। मृत्यु, मुक्ति, माया और इन सबके ऊपर समाज के सबसे निचले तबके के दो प्राणियों का नृत्य! मृत्यु भी नाचती है, मुक्ति भी नाचती है और नाचती है माया। कबीर ने ही कहीं कहा है :

*यह माया जैसे कलवारिन, मद पियाइ राखै बौराई।*

नृत्य भी कितना रोमांचक और मुक्ति का उत्सव भी कैसा अद्भुत!

घीसू और माधव अपना कबीर गा रहे हैं, अपना कबीर नाच रहे हैं और लगता है कि उन्हीं के साथ स्वयं कबीर भी नाच रहे हैं और गा रहे हैं :

*नाचु रे मेरे मन मत्त होइ*
*गिरि समन्दर धरती नाचै लोक नाचै हँस-रोइ*

नाच भी कैसा, हँसना-रोना साथ-साथ! सती के शव को लेकर शिव ने ऐसा ही उन्मत्त नृत्य किया था क्या?

घीसू-माधव उस शिव को शायद ही जानते हों। लेकिन अजीब बात है कि ऐसे क्षण में उन्हें कबीर के राम भी याद न आए। याद आई तो माया ठगिनी! एक

माया शंकराचार्य की भी है। लेकिन वह पंडितों की सम्पत्ति है। लोक तो कबीर की माया ठगिनी को ही जानता है। कबीर का भी साबका पड़ा तो उसी माया ठगिनी से! कबीर के लिए माया दर्शनशास्त्र की कोई अमूर्त अवधारणा नहीं है, बल्कि वह एक ठोस वास्तविकता है, कड़वी सचाई है! राम भले ही निर्गुण हों, माया तो एकदम सगुण है और हर जगह, हर पल सशरीर उससे बचकर निकल जाना मुश्किल है। कबीर का वह पद याद करें :

*माया महाठगिनि हम जानी।*
*तिरगुन फाँस लिये कर डोलै बोलै मधुरी बानी॥*
*केसव के कँवला होइ बैठी सिव के भवन भवानी।*
*पंडा के मूरति होइ बैठी तीरथ हू मैं पानी॥*
*जोगी के जोगिनि होइ बैठी राजा के घर रानी।*
*काहू के हीरा होइ बैठी राजा के घर रानी॥*
*भगतों के भगतिनि होइ बैठी तुरकाँ के तुरकानी।*
*दास कबीर साहिब कै बन्दा जाकै हाथ बिकानी॥*

गरज कि माया राम से ज्यादा नहीं तो राम की तरह ही सार्वभौम और विश्वव्यापी है। माया की पहुँच वहाँ भी है, जहाँ राम के लिए जगह नहीं है और हर जगह के अनुरूप वह अपना रूप बदलकर प्रकट हो जाती है। इसीलिए तो उसे 'माया' कहते है! कहते हैं, धनी के घर हीरा है, तो गरीब के घर कानी-कौड़ी! मन्दिर का पंडा जिस मूर्ति का सेवक बनकर कमाई करता है, वह भी माया है। और यहाँ तक कि तीर्थ का वह 'पवित्र' जल भी माया ही है, जिसे गंगा जल बताकर बहुतेरे भक्तों को ठगा जाता है। यही माया कबीर के हाथ बिक गई। वह कबीर को वश में न कर सकी, कबीर के वश में हो गई। कबीर का खयाल ऐसा ही है।

लेकिन कबीर का एक पद ऐसा भी मिलता है, जिसमें वे कहते हैं कि मैं तो माया को छोड़ रहा हूँ पर माया ही मुझे नहीं छोड़ती। गरज कि बाबा तो कमली छोड़ रहे हैं, कमली ही बाबा को नहीं छोड़ती। कबीर का वह पद इस प्रकार आरम्भ होता है :

*माया तजू तजी नहिं जाइ।*
*फिरि फिरि माया मोहि लपटाइ॥*

इसके बाद तफसील से माया का निरूपण किया गया है। माया आदर है, मान है, रस है, स्वाद है। यहाँ तक कि जप, तप, योग भी माया ही हैं। माता, पिता, स्त्री, पुत्रा, पुत्री आदि भी माया हैं और धन-दौलत भी, जिसे आज भी लोक-व्यवहार में लोग 'माया' कहते हैं। जब माया इतनी व्यापक है तो उसके बन्धन से कौन बच

सकता है? आप भले ही माया को छोड़ दें, लेकिन माया भी आपको छोड़े तब तो? यह बेबसी ही सम्भवत: कबीर के एक दुख का कारण है।

माया के बारे में कहा भी बहुत है कबीर ने। 'कबीर बानी' में राम नाम जितनी बार आता है, उससे कम माया का जिक्र नहीं है। माया के साथ रिश्ते भी कबीर ने कई तरह से जोड़ रखे हैं। कभी वह वेश्या है, तो कभी बहन भी। ऐसी बहन, जिससे वे खुलकर अपना दुख भी कह बैठते हैं। पहले तो वे प्यार से कहते हैं :

*तुम्ह घर जाहु हमारी बहना, विष लागैं तिहार नैना।*

फिर वजह भी बताते हैं :

*वहाँ जाहु जहँ पाट-पटम्बर, अगरु चन्दन घसि लीना।*
*आई हमारे कहा करौगी, हम तौ जाति कमीना॥*

और अन्त में अपना दुख :

*जाति जुलाहा नाम कबीरा, बनि बनि फिरौं उदासी।*

सच पूछिए तो इस मायालोक में बन-बन उदास फिरनेवाले कबीर ही सचमुच का असली कबीर है। अपनी एक 'साखी' में तो कबीर ने साफ शब्दों में स्वीकार किया है कि :

*कबीर जदि का माइ जनमिया, कहूँ न पाया सुख।*
*डाली-डाली मैं फिर्या, पातौं-पातौं दुख॥*

तात्पर्य यह कि जब से माता ने मुझे जन्म दिया, कहीं भी सुख नहीं पाया। सुख के लिए मैं डाल-डाल फिरा तो दुख पत्ता-पत्ता दौड़ा। यहाँ 'माइ' का एक अर्थ माया भी हो सकता है!

कबीर ने दरअसल जानबूझकर सुख का त्याग किया और खूब सोच-समझकर दुख का वरण किया था। यह उनका अपना चुनाव था। रास्ता ही उन्होंने ऐसा अपनाया, जो दुख का है। एक अन्य 'साखी' में उन्होंने इस ओर संकेत भी किया है :

*कबीर सुख को जाइ था, आगे आया दुख।*
*जाहि सुख घरि आपने, हम जाणैं अरु दुख॥*

तात्पर्य यह कि कबीर तो सुख के लिए जा रहा था कि सामने दुख आ गया। कहा : 'ऐ सुख, तू अपने घर जा, अब मैं जानूँगा और मेरा दुख जानेगा। किसी तीसरे की आवश्यकता नहीं है।'

लेकिन इन सब बातों का यह अर्थ नहीं कि कबीर हर समय सिर्फ अपने दुख से ही दुखी रहते हैं। जब वे कहते हैं कि माया मुझे नहीं छोड़ रही है, तो संकेत स्पष्ट है कि माया का संसार उन्हें नहीं छोड़ता। एक तरह से कबीर सारे संसार के लिए रोते दिखाई पड़ते हैं। यह बात एक 'साखी' में वे कहते भी हैं :

*मैं रोऊँ संसार को, मोकौं रोवै न कोइ।*
*मोकौं रोवै सो जनाँ, जो सबद बिबेकी होइ॥*

एक तरह से यह चुनौती उन सबके लिए है, जो 'सबद-विवेकी' हैं अथवा 'सबद-विवेक' का दावा करते हैं। कहना न होगा कि 'शब्द-विवेक' के द्वारा ही कबीर के उस भाव को पकड़ा जा सकता है जहाँ वे संसार के लिए—अपने आस-पास के संसार के लिए—रोते हैं। प्राय: ऐसे पद आध्यात्मिक रूपकों में लिपटे हुए हैं और स्वभावत: उनका अर्थ भी सीधे-सीधे आध्यात्मिक ढंग से कर दिया जाता है क्योंकि यह तरीका आसान है और उसमें 'शब्द-विवेक' के लिए बहुत मगजपच्ची की मशक्कत भी नहीं करनी पड़ती। उदाहरण के लिए यह पद :

*अब न बसूँ इहि गाउँ गोसाईं,*
*तेरे नेवगी खैरे सयाने हो राम।*
*नगर एक तह जीवधर महता, बसै जु पंच किसानाँ,*
*नैनू नकटू श्रवनू रसनू रसनू इन्द्री कह्या न मानैं हो राम।*
*गाउँ कु ठाकुर खेत कुनापै, काइथ खरच न पारै,*
*जोरि जेवरी खेति पसारै, सब मिलि मोकौं मारै हो राम ।*
*खोटो महतो विकट बलाही, सिरकस दम का पारै,*
*बुरौ दिवान दादि नहिं लागै, इकि बाँधै इक मारै हो राम।*
*धर्मराइ जब लेखा माँग्या, बाकी निकली भारी,*
*पाँच किसाना भाजि गए हैं, जीवधर बाँध्यौ पारी हो राम।*
*कहै कबीर सुनहु रे सन्तौ, हरि भजि बाँधौ भेरा।*
*अब की बेर बकसि बन्दे कूँ, सब खत करौं निबेरा॥*

इस पद में पाठ-भेद काफी है और जो पाठविज्ञानी गाँव के जीवन को निकट से नहीं जानते, उनके लिए पाठ-निर्णय का कार्य थोड़ा मुश्किल भी। खेती और किसान से जुड़े हुए माल के मुहकमे के अमलों के नाम भी पन्द्रहवीं शताब्दी के हैं, जो आज के जमाने में अबूझ मालूम होते हैं। शब्दार्थ की इन प्राथमिक कठिनाइयों के बावजूद मुख्य अर्थ बहुत-कुछ स्पष्ट है।

संक्षेप में, मनुष्य का शरीर एक गाँव है। जीव मुखिया है, पाँचों इन्द्रियाँ किसान हैं। ये कहा नहीं मानतीं। लगान न देनेवाले किसानों की तरह ये इन्द्रियाँ भी बाँधी

जाती हैं, इन्हें मारा भी जाता है। बकाया लगान चढ़ गया है। अन्त में धर्मराज हिसाब माँगेंगे तो क्या जवाब दिया जाएगा? इसलिए हरि से प्रार्थना है कि इस बार बन्दे को बख्श दें तो सारा बकाया निपटा देगा।

इसमें कोई शक नहीं कि मुख्यत: यह चिर-परिचित भक्ति भाव का एक भजन है, जिसमें इन्द्रियों के स्वैराचार पर खेद प्रकट किया गया है। इस दृष्टि से यह बहुत सामान्य है। विशिष्ट बनता है किसानों पर होनेवाले अत्याचार के रूपकों से। खास बात यह है कि वास्तविक जीवन के रूपक ज्यादा हैं, शारीरिक अंगों के क्रिया-कलाप कम। उदाहरण के लिए—शरीर के अन्दर नेवगी यानी लगान वसूल करनेवाला कौन है, इसका पता नहीं। यही हाल ठाकुर, कायस्थ, दीवान, बलाही (बलाधिकृत?) आदि का भी है। गरज कि आध्यात्मिक भावभूमि पर सामाजिक यथार्थ भारी पड़ता है। आध्यात्मिक अर्थ दब जाता है और ऊपर उभरकर यह सचाई आती है कि लगान वसूल करनेवाले चालाक और क्रूर हैं, कायस्थ/पटवारी उजरत माँगता है, न देने पर खेत की गलत नाप करता है। दीवान के यहाँ सुनवाई नहीं होती। बलाही (शायद सिपाही या दारोगा) विकट है और जुल्म ढाता है। एक बाँधता है और एक मारता है। इस तरह सभी मिलकर किसानों को मारते हैं। ऐसी हालत में गाँव छोड़कर भाग जाने के अलावा किसान के पास कोई विकल्प नहीं रहता।

यह सामाजिक दुख इतना उत्कट है कि कबीर जैसे संवेदनशील संत को आध्यात्मिक क्षणों में भी उद्वेलित करता रहता है। एक तरह से यह भक्ति भाव के क्षेत्र में सामाजिक यथार्थ का हस्तक्षेप है। तात्पर्य यह कि कबीर के दुख का एक निश्चित सामाजिक आधार है। इसीलिए 'अब न बसूँ इहि गाउँ गोसाईं' में जो पीड़ा है, वह इतनी मार्मिक है।

सामाजिक यथार्थ के दबाव के ऐसे उदाहरण और भी हैं। जाति-पाँति के भेद को पूरी तरह अस्वीकार करने के बावजूद कबीर एक क्षण के लिए भी नहीं भूलते कि वे एक जुलाहे हैं—आध्यात्मिक अनुभव के उदात्त क्षण में भी। राम नाम भी वे किसी जुलाहे की तरह बुनते हैं; राम जैसे बड़े नाम को बुनने के लिए तो करघा भी उनके अनुरूप ही बड़ा होना चाहिए। लिहाजा वे तीनों लोकों को मिलाकर करघा बनाते हैं, फिर सारे दिग्मंडल को ताने के रूप में तानते हैं और इस तरह बुनाई का सारा तामझाम पूरा करते हैं। यह विराट कल्पना 'जोलहा बीनहु हो हरि नामा' पद में बिम्ब-रचना करती है। इस प्रक्रिया में वे कभी-कभी अपने राम को भी जुलाहा बनाकर एक विशाल करघे पर बैठा देते हैं। आध्यात्मिक अनुभव के ऐसे ही क्षण का एक अद्‌भुत पद है : 'को बीनै प्रेम लागौ री माई, को बीनै'—यह पद गाते-गाते कबीर मस्त होकर अन्त में नाचने लगते हैं; और फिर :

*नाचै ताना नाचै बाना, नाचै कूँच पुराना,*
*री माई को बीनै।*

*करगहि बैठि कबीरा नाचै, चूहै काट्या तानाँ,*
*री माई को बीनै।*

इस पद का सबसे दिलचस्प अंश है अन्तिम पदबन्ध का टुकड़ा : 'चूहै काट्या ताना'। यह है कबीर-कलम की विडम्बना का एक नमूना। नाचने में ताना जब एकदम मस्त हो जाता है तो अचानक एक चूहा ताने को काटकर सारी मस्ती काफूर कर देता है। यह चूहा क्या है? किसी दुख का दंश तो नहीं? करघे के अन्दर अचानक चूहा कहाँ से आ गया? जो हो, यह एक यथार्थबोध का अंकुश है—आध्यात्मिक उड़ान पर भी और आनन्दोल्लास पर भी।

'कबीर ग्रंथावली' और 'बीजक' में आध्यात्मिक आनन्दोल्लास के छंद इतने हैं कि उन्हें पढ़ते हुए सारा दुख भूल जाता है और विश्वास हो जाता है कि कबीर ने अपने राम को पा लिया था। इसी तरह की एक 'साखी' का यह टुकड़ा है : 'पूरे सूँ परचा भया, सब दुख मेल्इया दूरि'—पूर्ण से परिचय हो गया और मैंने सारा दुख दूर फेंक दिया। लेकिन इसके साथ ही विरह के छंद भी हैं और ऐसे छंदों की संख्या ही अधिक है। जब परम प्रिय कहीं दूर नहीं है, अपने अन्दर ही है : 'घट-घट में', तो फिर विरह की ऐसी उत्कट वेदना क्यों?

'शब्द-विवेक' का सहारा लें तो 'परचा' का मर्म समझ में आएगा। यह 'परचा' ऐसा परिचय है, जिसे कबीर 'अनभौ' कहते हैं। 'अनभौ' अर्थात् अनुभव। अनुभव—विशेष। साक्षात्कार जैसा कुछ। रहस्यवादियों का इलहाम। आशय यह है कि परम सत्ता की एक झलक भर मिली है। गोया बिजली की कौंध। प्रकाश के विस्फोट के साथ ध्वनि का स्फोट भी। इसीलिए कबीर इसे 'सबद' या 'शब्द' भी कहते हैं। नाद आकाश का गुण है। इसीलिए कबीर की वाणी में 'अनहद गरजे, गगन दमामा बाजिया' जैसे पदबन्ध मिलते हैं। वह परमतत्त्व अपने-आपको सिर्फ आकाश में ही व्यक्त करता है, किन्तु आकाश की ही तरह अव्यक्त भी है और साथ ही व्यक्त भी। उसका कोई रूप नहीं, इसलिए वह सिर्फ नाम है। वह नाम सुविधा के लिए राम है—लेकिन इस कठिन शर्त के साथ कि वह निर्गुण है। अब इस निर्गुण से मिलन हो तो कैसे हो? परिचय तक तो ठीक, लेकिन मिलन? मिलन और चीज है। इसीलिए कबीर कहते हैं : 'सबद मिलावा होइ रहा, देव मिलावा नाहिं।' जैसे टेलीफोन पर संवाद, लेकिन रूबरू मुलाकात नहीं।

कबीर 'परचा' को कभी-कभी 'ज्ञान' भी कहते हैं। सामान्य ज्ञान नहीं, विशिष्ट ज्ञान। चाहें तो अन्तर्ज्ञान, आत्मज्ञान, आध्यात्मिक ज्ञान आदि में से कुछ भी कह सकते हैं। इस ज्ञान में आनन्द भी है और दुख भी। एक प्रकार का दुखात्मक आनन्द। संस्कृत में 'वेदना' शब्द के दोनों अर्थ हैं : ज्ञान भी और दुख भी। जैसे, 'या वेदना तदखिलं खलु वेदनैव'। जो भी ज्ञान है, वह सब दुख ही है। इसलिए कबीर के दुख का मूल उस अपूर्व ज्ञान में ही है। माया को त्यागने पर जो दुख नहीं हुआ, वह दुख

राम को पाने का हुआ। परमतत्त्व आकाश है, तो उस आकाश को छूना और फिर उसे अपनी बाँहों में बाँध लेना खेल नहीं है। कबीर अकारण नहीं कहते कि 'हँसि हँसि कन्त न पाइया, जिन पाया तिन रोइ'। इसीलिए कबीर बार-बार 'भगति दुहेली राम की' जैसे पदबन्ध की रट लगाते हैं। राम की भक्ति वैसे ही दुखदायी; फिर वह राम निर्गुण हों तो असाध्य साध्य को साधने का और भी असह्य दुख।

इसका यह अर्थ नहीं कि निर्गुण राम दर्शनशास्त्र की कोई अमूर्त अवधारणा हैं। माया की तरह ही कबीर के निर्गुण राम भी काफी 'भौतिक' हैं—भौतिक और वास्तविक। सगुण से किसी भी मायने में कम मूर्त नहीं! जिस निर्गुण से मन्दिरों और मस्जिदों की नींव हिल गई, ब्राह्मण और शेख विचलित हो गए और वेद-कुरान की विश्वसनीयता सन्देह के घेरे में आ गई, वह एकदम हवाई चीज नहीं हो सकती। निर्गुण ऐसा 'ज्ञान' है, जिसे कबीर कभी तीर कहते हैं और कभी तलवार। स्वयं कबीर के हृदय में यह ज्ञान तीर की तरह चुभा था लेकिन कबीर के विरोधियों की नजर में वह चमचमाती हुई तलवार थी। जो ज्ञान न हिन्दू, न मुसलमान हो और जो ब्राह्मण-शूद्र के भेद को भी नकारता हो, उसका नाम 'निर्गुण' के अलावा और हो ही क्या सकता है? सभी स्थापित मान्यताओं का निषेध ही निर्गुण है और इतने बड़े निषेध में दुख अस्वाभाविक नहीं है। किन्तु यह अनास्था का आत्मघाती दुख नहीं है और न ही दुविधा का संत्रास है। निर्गुण को स्वीकार करके ही कबीर ने बाकी सबको अस्वीकार करने का साहस हासिल किया। कहना न होगा कि 'निर्भय निरगुन' गानेवाले कबीर के अन्दर कोई गहरा स्वीकार है। यह निर्गुण कोई रहस्य नहीं, बल्कि एक क्रान्तदर्शी कवि की उदात्त कल्पना है : सभी वांछित मूल्यों और सपनों का सम्भाव्य मानचित्र। मुक्तिबोध के शब्दों में एक 'नक्शा'! दुख सिर्फ इस बात का है कि दिमाग में नक्शा तो है लेकिन उसके मुताबिक एक नया संसार बनाने के साधन नहीं हैं। यह असहायता और विवशता ही दुख है। वह नक्शा आँखों में तो है लेकिन आँखों के सामने नहीं है; मन में है, संसार में नहीं। एक तरह से यह भी एक 'दुखद' सपना है लेकिन पास्कल का 'हू-ब-हू' ट्रेजिक विजन नहीं। कबीर की तरह ही यह दुख भी निराला है : विरोधाभासों से भरा हुआ, विडम्बनाओं से युक्त। अनुभव के ये उत्कट क्षण इसीलिए प्राय: उलटबाँसियों में व्यक्त होते हैं।

कबीर के मन में राम और उनकी माया को लेकर कोई दुविधा नहीं है। न अपने राम में उनकी आस्था कभी डिगी और न माया के संसार से उन्होंने कोई समझौता किया। संसार को पूरी तरह अस्वीकार करके भी संसार में ही रहने का निश्चय किया और अपने विरोधियों से भी लगातार विवाद-संवाद करते रहे। उनकी एक 'साखी' के आधार पर कुछ लोग यह साबित करने की कोशिश करते हैं कि कबीर ने धरती और आकाश के बीच 'अनल' पक्षी के समान घोंसला बनाया था

और उनका विश्वास निराधार अधर में लटका हुआ था। इस व्याख्या को स्वीकार करना कठिन है। कबीर की वह 'साखी' इस प्रकार है :

*अनल अकासाँ घर किया, मधि निरन्तर बास।*
*बसुधा ब्योम बिगता रहै, बिनु ठाहर बिसवास॥*

जिस आकाश में कबीर के 'अनल' का घर है, वह वसुधा और व्योम के बीच की कोई 'अलौकिक'-सी जगह है—यथार्थ से भी परे और कल्पना से भी परे। हद और बेहद, दोनों से विगत। इस विश्वास का कोई बाहरी सहारा नहीं है। उसका आधार कबीर के अन्दर है—अपनी अन्तरात्मा में।

कबीर का सर भले ही आकाश पर रहा हो, उनके पाँव मजबूती से जमीन पर जमे हुए थे। उनका विश्वास भी निराधार न था। कल के ही नहीं, आज के भी करोड़ों घीसू-माधव कबीर के 'निरगुन' के ठोस आधार हैं और वे निरगुन को अपना भरोसेमन्द आधार समझते हैं। इस सुनिश्चित सामाजिक आधार के बावजूद कबीर इससे सन्तुष्ट प्रतीत नहीं होते। वे अपने आधार का विस्तार करने के लिए व्याकुल दिखते हैं। इसीलिए एक ओर अगर वे 'सुनो भाई साधो' कहकर अपने समानधर्मा लोगों को गुहार लगाते हैं, तो दूसरी ओर मुल्ला और पांडे को भी बीच-बीच में आवाज देते रहते हैं। अकेली राह चलने के कायल वे नहीं मालूम होते। इस दौड़-भाग में कबीर कभी अकेले पड़ जाएँ तो यह और बात है।

फिर भी यह स्वीकार करना पड़ेगा कि कबीर अक्सर उदास दिखते हैं। शायद इसीलिए वे एक कवि हैं, सिर्फ संत नहीं। खँजड़ी लेकर घूमनेवाले संत तो और भी हैं। ढेरों। किन्तु यह नहीं भूलना चाहिए कि उदास फिरनेवाले कबीर का यह दुख बहुत विस्फोटक और विध्वंसक है। वस्तुतः यह आत्मा की धधकती हुई आग है जिसमें इस भ्रष्ट संसार को खाक कर देने की अकूत ताकत है। कबीर का 'सबद' आग है और दुख विद्रोह!

['कबीर की खोज', सं. राजकिशोर]

# कबीर का सच

कबीर की खोज में भटकते हुए दृष्टि संयोग से इस 'साखी' पर पड़ी :

*अनल अकासाँ घर किया, मधि निरन्तर बास।*
*बसुधा ब्योम बिगता रहै, बिनु ठाहर बिसवास॥*

[क.ग्रं., 20/8]

और सहसा लगा कि वह पा गया, जो खोज रहा था। कबीर ने स्वयं ही अपना परिचय दे दिया कि वे 'अनल' हैं : एक अलौकिक पक्षी, वसुधा और व्योम, दोनों से विगत। आकाश में घर, आकाश के मध्य में ही निरन्तर वास। विश्वास का आधार भी कोई नहीं।

खोजने पर इस 'अनल' के बारे में एक और 'साखी' मिल गई। उसमें 'मन उनमन उस अंड ज्यूँ अकासाँ जोइ' के रूप में अनल का उल्लेख और यहाँ भी अनल पक्षी 'उनमन' है।

इस तरह 'अनल कबीर' से मेरा 'परचा' हुआ। सचमुच का पहला परिचय। तभी से यह अनल मेरे सोच के केन्द्र में है।

आखिर अनल ही क्यों? पक्षी तो और भी हैं। चातक है, चकोर है, मोर है और पक्षिराज गरुड़ तो हैं ही। संतों और कवियों ने अपनी रुचि के अनुसार इनमें से किसी-न-किसी के साथ तादात्म्य भी स्थापित किया है। मसलन, तुलसीदास ने दोहावली में चातक को ही यह गौरव दिया है। फिर कबीर ने तादात्म्य के लिए अनल जैसा विलक्षण पक्षी क्यों चुना? कबीर से पहले हिन्दी काव्य-परम्परा में भी कोई ऐसा उदाहरण नहीं मिलता जिसमें अनल पक्षी का जिक्र हो! इसलिए इस विषय में पूर्व परम्परा से कोई प्रकाश नहीं मिलता।

परम्परा से प्रकाश की जो किरण मिलती है, वह परवर्ती है। मलिक मुहम्मद जायसी के 'पद्मावत' में एक अगिनपाखी का जिक्र आता है, जिसका नाम 'अनल' नहीं बल्कि 'कुकनूँ' है। 'राजा रतन सेन सती खंड' में जायसी लिखते हैं :

*कुकनूँ पंखि जैस सर साजा।*
*सर चढ़ि तबहिं जरा चह राजा।*

[पद्मावत, 21/7/1]

कुकनूँ पक्षी के समान राजा ने अपनी चिता बनाई। तब उस चिता पर चढ़कर उसने जलना चाहा।

विद्वानों के अनुसार यह कुकनूँ ग्रीक-अरबी किंवदन्तियों का 'कुकनुस' नामक एक सुरीला पक्षी है, जिसके गाने से आग की लपटें उठती हैं और उसी आग में वह जल जाता है लेकिन बाद में उसी राख से वह फिर पैदा भी हो जाता है।

कबीर के विशेषज्ञों का खयाल है कि कबीर का अनल यह 'कुकनुस' ही है। यदि 'अनल' को आग समझें तो उस पक्षी को कुकनुस मान लेने में कोई कठिनाई नहीं है। लेकिन सवाल यह है कि क्या स्वयं कबीर अरबी-फारसी परम्परा के इस 'कुकनुस' से परिचित थे? जायसी निश्चय ही अरबी-फारसी की परम्परा में पारंगत थे। 'पद्मावत' पढ़ते समय उनके पांडित्य का एहसास हो जाता है। लेकिन एक बेपढ़े-लिखे जुलाहे के अरबी-फारसी ज्ञान के बारे में विश्वास के साथ ऐसी बात कहना कठिन ही है।

अरबी-फारसी परम्परा में 'कुकनुस' की तरह ही एक और नापैद पक्षी का जिक्र मिलता है जिसे 'अन्कष' या 'उन्कष' कहते हैं। गालिब के दीवान में 'अन्कष' का जिक्र दो जगह आया है। एक तो पहली ही गजल के इस शेर में :

*आगही, दाम-ए-शुनीदन जिस कदर चाहे बिछाए,*<br>*मुद्दआ अन्क है अपने आलम-ए-तकरीर का।*

और फिर इस दूसरे शेर में :

*मेरी हस्ती फजा-ए-हैरत आबाद-ए-तमन्ना है,*<br>*जिसे कहते हैं नाल: वो इसी आलम का अन्क है।*

एक जगह मुद्दआ 'अन्क' है तो दूसरी जगह 'नाल:'। दोनों जगह यह अन्क आलम के लिए पराया है। आग से अन्कष का कोई रिश्ता नहीं है लेकिन नाल: और मुद्दआ से जरूर है। जाहिर है कि यह पक्षी गाता है और अपने गाने के लिए ही जाना जाता है। इसीलिए गालिब अपने अशआर को अन्क कहते हैं। शायरी का यह अन्क आलम से इतना दूर है कि बड़े-बड़े अक्लमन्दों के जाल में फँसनेवाला नहीं है और यही वह खास बात है जिसके कारण गालिब का अन्कष क़बीर के 'अनल' के करीब दिखाई देता है। इसके अलावा अन्क और 'अनल' में ध्वनि की भी समानता है। अगर नहीं है तो 'अनल' की आग या शायद आग के अर्थ का भ्रम! वैसे ध्वनि-साम्य से उत्पन्न होनेवाले भ्रम पर ही जाएँ तो कबीर का 'अनल' किसी को मंसूर हल्लाज के 'अनलहक' का एक टुकड़ा भी मालूम हो सकता है और 'साखी' में निहित आध्यात्मिक संकेत को दृष्टि में रखें तो यह कोई दूर की कौड़ी भी नहीं। 'अनल' संस्कृत का भी, अरबी का भी, श्लेष का मजा अलग।

कबीर वैसे भी श्लेष में काफी मजा लेते हैं। जैसे अनभै और अनहद। अनभै अनुभव भी है और अनभय भी। अनहद बेहद तो है ही, अनाहत नाद भी है। फिर अनल संस्कृत की आग और अरबी का 'अन् अल हक' भी हो तो किमाश्चर्यमत: परम्?

एक सम्भावना और भी है और वह यह कि कबीर को यह 'अनल' पक्षी किसी लोक प्रचलित किंवदन्ती से मिला हो। ताज्जुब नहीं कि लोककथाओं में अगिनपाखी की कहानी कहीं-न-कहीं प्रचलित हो। पंजाबी के प्रसिद्ध कथाकार गुरदयाल सिंह के उपन्यास 'परसा' (1995) में 'अगिनपाखी' की एक ऐसी ही चमत्कारपूर्ण कहानी विन्यस्त है। कहानी सुनानेवाला एक बे-पढ़ा-लिखा किसान है—जमीन से जुड़ा हुआ लेकिन गुरुबानी में पूरी तरह पगा-छका और बात-बात में कभी बाबा फरीद और कबीर की बानी सुनानेवाला। वह कहानी संक्षेप में इस प्रकार है :

एक पंछी हुआ करता था, जिसकी आँखें काली और सिर सुनहरा था। परन्तु चोंच और पंख सुर्ख थे। जब उड़ता तो लगता, जैसे साक्षात् अग्निदेव का अवतार हो! यह पंछी सिंहलद्वीप के राजमहल के ऊपर से नित्य उसी पल उड़ान भरता जब महारानी नहा-धोकर राजमहल के ऊपर बाल सुखा रही होतीं। महारानी ने महाराजा से कहा, 'अगर यह पंछी मुझे न मिला तो प्राण त्याग दूँगी।'

बहेलिया बुलाया गया। उसे पंछी दिखाया गया। देखने के बाद वह धीमी आवाज में बोला, 'महाराज! यह तो अगिनपाखी है। जो इसे पकड़ेगा, उसे आखिरी साँस तक बिना चिता के जलना पड़ेगा।'

पहले बड़े भारी इनाम का लालच और फिर मृत्युदंड की धमकी। बहेलिए को लाचार होकर पंछी को पकड़ने के लिए जाना पड़ा।

पंछी बहेलिए की पकड़ में तो क्या आता लेकिन एक दिन दोनों का आमना-सामना हो ही गया। पंछी के सामने बहेलिए ने आत्म-समर्पण कर दिया। पंछी का हृदय पसीज गया। बहेलिए की पूरी बात सुनी। अन्त में अगिनपाखी बोला और कहना न होगा कि वही इस लोककथा का सार है।

'मैंने तो कुछ नहीं किया। यह तो उस विशाल आकाश का तेज है जहाँ मैं आठों पहर उड़ता हूँ और जिसका कोई ओर-छोर नहीं है। इसी आकाश में फैली अग्निजेह्न का यह प्रताप है कि कोई भी मुझे पास से देख नहीं पाता। इसी ब्रह्मांडी आकाश में युगों से उड़ते हुए मुझे ज्ञान हुआ कि यही अग्नि इस धरती के प्राणियों के अनेक विकारों को भस्म कर उन्हें कुन्दन बना देने में समर्थ है। अब तेरे सामने दो ही मार्ग हैं। एक यह कि जिस इच्छा से आए हो, उसे पूरी कर उसी अन्धकार में लौट जाओ; दूसरा यह कि इस पवित्र नदी में कूद जाओ और अगिनपाखी बन मेरे साथ आकाश में उड़ते हुए उस अन्धकार को और कम करने का उपकार करो। अपने रोम-रोम को जलाकर पृथ्वी के घोर अन्धकार को दूर करने का प्रयत्न भी एक आनन्द है, जो तुम मेरे जैसे होकर जान पाओगे।'

और थोड़ी देर बाद लोगों ने देखा कि आकाश में दो अगिनपाखी उड़ रहे हैं और सारी पृथ्वी जगमगा उठी है।

['परसा' (हिन्दी), पृ. 214-19]

कहना न होगा कि यह कहानी का सार-संक्षेप मात्र है। पूरी कहानी में कुछ और भी ब्योरे हैं और वे अधिक सुन्दर हैं। मूलत: है तो यह लोककथा जैसी लेकिन वस्तुत: यह एक आधुनिक कथाकार का पुन:सृजन है। लेकिन खास बात यह है कि अगिनपाखी की आवाज में जैसे कबीर के सबद सुनाई पड़ते हैं। लगता है, गोया अगिनपाखी के रूप में कबीर स्वयं बोल रहे हैं।

उल्लेखनीय है कि यह कहानी सुनाने से पहले परसा एक अगिन-गान भी गाता है, जिसका अन्तिम बोल है : 'सब अगिन भया संसार।'

गुरदयाल सिंह के जाट किसान परसा की इस कहानी के बाद यह समझना आसान है कि कबीर की साखियों में आग के इतने रूपक क्यों आते हैं। 'प्रेम-विरह कौ अंग' वाले आग के रूपकों को छोड़ भी दें तो अन्य प्रसंगों में भी आग प्रज्वलित दिखाई देती है। लोकमानस में तो कबीर की चिर-परिचित छवि ही यह है कि बीच बाजार हाथ में जलता हुआ मुराड़ा लिये खड़े हैं और ललकार रहे हैं :

*हम घर जारा आपनाँ, लिये मुराड़ा हाथि।*
*अब घर जारौं तास का, जो चलै हमारे साथि॥*

[क.ग्र., 5/13]

खतरा यह है कि कुछ सिरफिरे इसे अक्षरश: अभिधा में लेकर सीधी कार्रवाई पर उतारू हो सकते हैं; जैसाकि मेरे स्वर्गीय मित्र विजयदेव नारायण साही ने अपने 'साखी' नामक काव्य संग्रह की एक कविता में दिखाया भी है :

*वे बाजार में लुकाठी लिये खड़े हैं*
*मेरा घर भी जलाते हैं*
*और मुझे साथ भी पकड़ ले जाते हैं*
*अब?*
*और अब यही कि काव्य भाषा के फरेब में*
*न आइयो!*

दरअसल आग और जलना-जलाना जैसे आग के धर्म—यह सब कबीर की वाग्मिता (रेहटरिक) के ठेठ अपने पद हैं। इसलिए जब वे सामने की दुनिया को देखते हैं तो लगता है :

*सब जग जरता देखिया, अपनी अपनी आगि।*

[उप., 5/2]

और अपने अन्दर देखते हैं तो एक और तरह की आग :

*हिरदै भीतरि दौ जलै, धुवाँ न परगट होइ।*

[क.ग्र., 2/7]

आग वहाँ भी है जहाँ साधक अपना सब कुछ लुटाकर साधना की ऊँची भूमि पर पहुँचता है :

*झल ऊठी झोली जली, खपरा फूटम-फूटि*
*जोगी था सो रमि गया, आसनि रही विभूति।*

[उप., 2/5]

गुरु चेला को जो ज्ञान देता है, वह भी कबीर के लिए आग ही है; इसलिए यह उक्ति 'गुरु दाझा चेला जला'। (क.ग्र., 2/50) सतगुरु का ज्ञान-दान कबीर के लिए बाण मारने के समान है लेकिन यह ऐसा बाण है जिससे 'गई दवा सो फूटि'।

[उप., 1/23]

इस प्रकार कबीर की ज्ञान-साधना वस्तुतः अग्नि-साधना है। इस ज्ञान-साधना में काव्य-साधना निहित है, क्योंकि उन दोनों के ही मूल में 'सबद' है। अगिनपाखी के गान के साथ ही उसके शरीर से आग की लपटें उठती हैं तो कवि के काव्य-स्फोट के साथ उसके समूचे अस्तित्व से ज्वालामयी तरंगें निकलती हैं। अगिनपाखी हर गान के साथ जलकर राख होता है तो कवि हर सार्थक सर्जना के साथ मरता है। फिर उसी राख से दुबारा एक नये गायक का जन्म होता है। कबीर ने इसीलिए इस साधना को 'मरजिया' का नाम दिया है। साधना के क्षेत्र में इसे चाहे जो कहें किन्तु काव्य के क्षेत्र में कबीर का यह अपना सबद-शास्त्र है। एक प्रकार से यह संत काव्य के काव्यशास्त्र का बीज-मंत्र है।

अग्निपक्षी कबीर का एक और पक्ष है और उसकी चर्चा के बिना रूपक पूरा न होगा। कबीर का 'अनल' वस्तुतः 'निरपख' है : निष्पक्ष भी और निरपेक्ष भी। निरपख़ से ये दोनों शब्द निकल सकते हैं। कहने को अनल पक्षी है लेकिन है निष्पक्ष। विरोधाभास भी कैसा चमत्कारपूर्ण! यह पक्षी निरपेक्ष है क्योंकि वसुधा और व्योम, दोनों ही से विगत है। कहीं-कहीं 'विगता' की जगह 'विरता' पाठ भी मिलता है।

उल्लेखनीय है कि अनलवाली 'साखी' 'कबीर ग्रंथावली' में 'निरपख मधि कौ अंग' के अन्तर्गत है। ठीक पहले वह प्रसिद्ध 'साखी' है :

*पखा पखी के कारनै सब जग रहा भुलान।*
*निरपख होइकै हरि भजै, सोई सनत सुजान।*

[उप., 20/7]

तात्पर्य यह कि जगत के सभी लोग अपने-अपने पक्ष के लिए लड़ रहे हैं। ये भूले हुए लोग हैं। इस माहौल में सुजान संत वही कहलाएँगे जो निष्पक्ष होकर या सभी पक्षों से निरपेक्ष होकर हरि को भजेंगे। कबीर की आपत्ति किसी एक पक्ष पर नहीं, बल्कि पूरी 'पखा-पखी' पर है। पक्ष भी कितने! हर मत का पक्ष। हर पंथ का पक्ष। हर सम्प्रदाय का पक्ष। हर धर्म का पक्ष। यहाँ तक कि हर जाति का पक्ष। कबीर को इनमें से कोई भी पक्ष स्वीकार नहीं। एक ही झटके में उन्होंने सबको नकारा। नकार की इस प्रक्रिया में कबीर ने सभी धर्मों के ईश्वर को भी नकार दिया। न हिन्दू का ईश्वर, न मुसलमान का अल्लाह या खुदा! ईश्वर के साथ ही उसे भी नकारा, जिसे ईश्वर का घर कहा जाता है, जैसे—मन्दिर और मस्जिद। इन्हीं के साथ काबा और काशी भी। नकार का यह साहस अपूर्व है। कबीर का सम्पूर्ण काव्य एक विराट नकार काव्य है।

लेकिन कबीर सर्वनिषेधवादी नहीं हैं। कहीं कुछ है जिसे वे स्वीकार भी करते हैं और यह वह तत्त्व है, जो 'घट-घट में' है। यह जरूर है कि उसका रूप बताना मुश्किल है और ठीक-ठीक किसी एक नाम से उसे पुकारना भी भ्रामक हो सकता है। नाम भी नहीं, रूप भी नहीं और गुण भी नहीं। इसीलिए वह निरगुन है। कहने के लिए यह भी निषेध वाचक है लेकिन इस निषेध की सत्ता है, जैसे—शून्य की सत्ता। शून्य का तो मूल्य भी है। कबीर इसी शून्य को स्वीकार करते हैं और उसी में उनकी आस्था भी है और विश्वास भी। कबीर का 'सुन्न महल' यहीं है और यहीं उन्हें 'अनहद नाद' भी सुनाई पड़ता है। इस तरह शून्य भी आबाद और सुन्न भी निनादित! सच यही है।

कबीर का अगिनपाखी इसीलिए आकाश में रहता है। आकाश भी शून्य है और उसका गुण है नाद या शब्द! अगिनपाखी की अग्नि सबको जलाती है, जलाकर नष्ट करती है और इस तरह सबका निषेध करती है। वह आकाशवासी है। इसलिए वह नाद और सबद का अधिकारी है। वह गाता है इसीलिए वह कवि है।

आकाश से आग की भी वर्षा होती है और पानी की भी। 'कबीर बानी' में इन दोनों प्रकार की बारिशों की साखियाँ हैं। अग्नि-वर्षा की साखी :

*ऊनई आई बादरी, बरखन लगा अंगार।*
*ऊठि कबीरा धाह दै, दाझत है संसार॥*

[क.ग्र., 2/53]

और फिर प्रेम-वर्षा :

*सतगुर हम सों रीझि करि, कहा एक परसंग।*
*बरसा बादल प्रेम का, भीजि गया सब अंग॥*

[उप., 1/34]

इस प्रकार अनल-कबीर ऐसे विलक्षण हैं कि उनके सबद से आग और पानी, दोनों साथ-साथ बरसते हैं। कहा तो है कबीर के अनुवर्ती कवि मलिक मुहम्मद जायसी ने। लेकिन स्वयं जायसी से अधिक कबीर के बारे में यह उक्ति सच मालूम होती है :

*कवि कै जीभ खरग हिरवानी।*
*इक दिसि आग, दुसरि दिसि पानी॥*

एक तरह से यह कबीर के सच की ताकत है। इस सच में ताकत इसलिए है कि वह सच्चे अर्थों में निरपख है। दरअसल, वे निरपक्ष होने के लिए विवश थे। समाज में कबीर की स्थति ही ऐसी थी। पैदा हुए मुसलमान लेकिन जुलाहे के घर में। इसलिए मुसलमान होकर भी दलित। मुसलमान होते हुए भी राम नाम जपा। फिर भी हिन्दू समाज उन्हें अपनाने में असमर्थ रहा। मुस्लिम समुदाय से तिरस्कृत, हिन्दू समुदाय से बहिष्कृत। जिस समाज ने कबीर को तिरस्कृत और बहिष्कृत किया, उसे कबीर ने यदि पूरे का पूरा नकार दिया तो कुछ गलत नहीं किया। समाज में जगह नहीं, तो समाज के लिए भी जगह नहीं। हिसाब-किताब बराबर।

विडम्बना तो यह है कि आज वही समाज कबीर को नये सिरे स्वीकार करने के लिए तत्पर है। यह प्रक्रिया एक तरह से कबीर के निर्वाण के बाद से ही शुरू हो गई थी। किसिम-किसिम की किंवदन्तियाँ गढ़ी गईं। जनम से लेकर मरण तक की। जुलाहे कबीर के खून में ब्राह्मण का खून मिलाया गया। वैष्णव कबीर एक सूफी पीर के शागिर्द निकले। कब्जे की लड़ाई में निरपख कबीर किसी-न-किसी पक्ष में खींच लिये गए। देखते-देखते हाड़-मांस का एक जीता-जागता इनसान देवता बन गया और कवि किंवदन्ती।

अनल पक्षी भी एक किंवदन्ती है। लेकिन यह स्वयं कविकृत है—निरन्तर देखते रहने के लिए, न कि पकड़कर अपने पिंजरे में बन्द करने के लिए। सच तो यह है कि कवि की यह कल्प-सृष्टि किसी की पकड़ में आ ही नहीं सकती।

अनल पक्षी नापैद है तो कबीर भी। दूसरा कबीर नहीं हुआ। कबीर ही कबीर है।

इस प्रसंग में मुझे अक्सर अपने स्वर्गीय कवि मित्र विजयदेव नारायण साही की अन्तिम काव्यकृति 'साखी' की अन्तिम कविता 'प्रार्थना : गुरु कबीरदास के लिए' का यह अन्तिम बन्द याद आता है :

*दो तो ऐसी निरीहता दो*
*कि इस दहाड़ते आतंक के बीच*
*फटकार कर सच बोल सकूँ*
*और इसकी चिन्ता न हो*

*कि इस बहुमुखी युद्ध में*
*मेरे सच का इस्तेमाल*
*कौन अपने पक्ष में करेगा।*

इसके बाद भी अगर इस सच को अपने पक्ष में इस्तेमाल करने से कोई बाज न आए तो उसके लिए कविता का यह शेषांश :

*यह भी न दो*
*तो इतना ही दो*
*कि बिना मरे चुप रह सकूँ!*
*और यहीं मैं चुप होता हूँ।*

['हंस' : नवम्बर, 1999]

# कबीर को भगवा?

'न हिन्दू, न मुसलमान' कबीर का अपना पक्ष है। यह लोकमत भी है और साधुमत भी। लेकिन अब इसे चुनौती दी है डॉ. रामस्वरूप चतुर्वेदी ने। 17 अक्टूबर, 1999 के 'रविवारी जनसत्ता' में : 'यहाँ से कबीर को देखिए!' कबीर को वे कहाँ से देख रहे हैं, इसका आभास इस निष्कर्ष से ही हो जाता है : 'तातैं हिन्दू रहिए', इस पर कबीर का बल है। 'तातैं हिन्दू रहिए' का खुलासा यह है कि 'अत: हिन्दू बने रहना ही श्रेयस्कर है।' खास बात यह है कि यह नसीहत है कबीर की सभी मुसलमानों को, बजरिये काजी।

कहना न होगा कि डॉ. चतुर्वेदी की यह उद्भावना एकदम मौलिक है—बिलकुल आँखिन देखी। औरों की तो बात क्या, पं. परशुराम चतुर्वेदी को भी यह बात न सूझी थी।

'तातैं हिन्दू रहिए' पदबन्ध कबीर के जिस पद में आया है, उसकी दो ही पंक्तियाँ डॉ. चतुर्वेदी ने उद्धृत की हैं। लेकिन ऐसे महत्त्वपूर्ण पद को पूरा का पूरा प्रस्तुत करना आवश्यक है। डॉ. चतुर्वेदी डॉ. पारसनाथ तिवारी की 'कबीर ग्रंथावली' को ही सबसे प्रामाणिक मानते हैं, इसलिए उस पद का पाठ वहीं से :

*काजी तैं कवन कतेब बखाँनीं*
*पढ़त-पढ़त केते दिन बीते गति एकौ नहीं जानीं॥*
*सकति सनेह पकरि, करि सूनति मैं न बदउँगा भाई।*
*जौरे खुदाई तुरुक मोहिं करता तौं आपहि कटि किन जाई॥*
*सुनत कराई तुरुक जौ होनाँ तौ औरति कौं का कहिए।*
*अरध सरीरी नारि न छूटे तातैं हिन्दू रहिए॥*
*हिन्दू तुरुक कहाँ तैं आए किन एह राह चलाई।*
*दिल महिं खोजि देखि खोजा दे भिस्ति कहाँ तैं आई॥*
*छाँड़ि कतेब राम भजु बउरे जुलुम करत है भारी।*
*कबीर पकरी टेक राम की तुरुक रहे पचि हारी॥*

इस पद से डॉ. चतुर्वेदी को सिर्फ पाँचवीं और छठी दो ही पंक्तियाँ मसरफ की लगीं और सिर्फ उन्हीं दोनों की उन्होंने व्याख्या भी की और व्याख्या भी कैसी चमत्कारिक!

'भाषा के सांकेतिक प्रयोग में 'अरध सरीरी' जरूर आता है। अर्द्ध-नारीश्वर की विराट परिकल्पना के लिए जहाँ भी कवि नारी के महत्त्व को रेखांकित करते हुए कहता है कि 'तुरुक' होने के लिए औरत को तो छोड़ा नहीं जा सकता, अत: हिन्दू बने रहना ही श्रेयस्कर है—तातैं हिन्दू रहिए।'

सबसे पहले 'अरध सरीरी'। सीधा अर्थ अर्द्धांगिनी/पत्नी। डॉ. चतुर्वेदी इसके वाच्यार्थ से सन्तुष्ट नहीं हैं। वे इसे सांकेतिक प्रयोग मानते हैं। तर्क यह कि यह शब्द 'सांकेतिक प्रयोग' में जरूर आता है! क्यों और कैसे? वैसे तो कोई भी शब्द 'सांकेतिक प्रयोग' में आ सकता है लेकिन शर्त है प्रकरण, प्रसंग या सन्दर्भ। काव्यशास्त्र के अनुसार वाच्यार्थ के बाधित होने पर ही लक्ष्यार्थ और व्यंग्यार्थ की सम्भावना खोजी जाती है। ऐसी स्थिति में देखना होगा कि पद में प्रयुक्त 'अरध शरीरी नारि' का प्रसंग क्या है?

प्रसंग है सुन्नत का। इस्लाम में सामान्यत: पुरुष की ही सुन्नत होती है। कहीं-कहीं स्त्री की भी होती है। किन्तु प्रस्तुत पद में सिर्फ पुरुषों की ही सुन्नत का जिक्र है। कबीर काजी को सुन्नत-कर्म की व्यर्थता अथवा निरर्थकता समझा रहे हैं। कहते हैं कि सुन्नत करवाने से ही कोई तुर्क (मुसलमान) हो जाता है तो औरत को क्या कहोगे? उसकी सुन्नत तो हुई नहीं। औरत ठहरी अर्द्धांगिनी। इस तरह तुम्हारा आधा हिस्सा तो हिन्दू ही रह गया! यह एक तर्क है जिसमें सुन्नत के अन्तर्विरोध को दिखाकर उसके अधूरेपन की ओर इशारा किया गया है। इन दोनों पंक्तियों से पहले और इनके बाद भी सुन्नत की विडम्बना के बारे में और भी अनेक बातें कही गई हैं।

पूरे प्रसंग से स्पष्ट है कि यहाँ 'अरध सरीरी नारि' में किसी प्रकार के सांकेतिक प्रयोग की गुंजाइश नहीं है। किन्तु कुछ तो दूर की कौड़ी लाने का शौक और कुछ 'तातैं हिन्दू रहिए' के सम पर पहुँचने की हड़बड़ी—डॉ. चतुर्वेदी अर्द्ध-नारीश्वर की विराट परिकल्पना पर छलाँग लगा ही बैठे। एक तरह से यह 'रोमांटिक कल्पना' का व्यायाम है, जिसे प्रसाद जी के प्रसंग में आचार्य रामचन्द्र शुक्ल ने प्रणयानुभूति का सहसा 'ससीम पर से कूदकर असीम पर' जाना कहा है और आचार्य हजारी प्रसाद द्विवेदी ने 'अनामदास का पोथा' में 'छतफाड़ अंगदकूद' बताया है।

मजे की बात तो यह है कि व्याख्या के इस सर्कस में खेल दिखाते हुए व्याख्याकार सामान्य लिंग-विवेक भी भूल गया। 'अरध सरीरी नारि' उड़ान भरकर अधिक-से-अधिक 'पार्वती' हो सकती थी, सम्पूर्ण अर्द्ध-नारीश्वर तो नहीं, क्योंकि वह तो पुल्लिंग है।

ऐसी ही व्याख्या को देखकर आचार्य रामचन्द्र शुक्ल का वह कथन याद आ जाता है : 'ऊपरी रंग-ढंग से तो ऐसा जान पड़ेगा कि कवि के हृदय के भीतर सेंध लगाकर घुसे हैं और बड़े-बड़े गूढ़ कोने झाँक रहे हैं, पर कवि के उद्धृत पद्यों से मिलान कीजिए तो पता चलेगा कि कवि के विवक्षित भावों से उनके वाग्विलास

का कोई लगाव नहीं है। पद्य का आशय या भाव कुछ और है, आलोचक जी उसे उद्धृत करके कुछ और ही राग अलाप रहे हैं।'

गरज कि गलती इस कविता के सीधे-सादे शब्दार्थ समझने में ही हुई है। अगर डॉ. चतुर्वेदी पारसनाथ तिवारी के तथाकथित 'प्रामाणिक' पाठ से चिपके न रहकर, तिवारी जी के गुरु डॉ. माताप्रसाद गुप्त की संशोधित-परिवर्द्धित 'कबीर ग्रंथावली' का संस्करण भी देख लेते तो सम्भवत: ये सामान्य भूलें न होतीं। डॉ. गुप्त ने 'तातैं हिन्दू रहिए' की जगह 'आधा हिन्दू रहिए' पाठ चुना है और उससे अर्थ स्पष्ट हो जाता है। इसके अतिरिक्त 'आधा हिन्दू रहिए' अथवा 'तातैं हिन्दू रहिए' में 'रहिए' क्रिया 'चाहिए' जैसा विधि का अर्थ नहीं देती बल्कि वह 'रहती है' जैसा वर्तमान कालिक अर्थ प्रकट करती है। इस प्रकार 'आधा हिन्दू रहिए' का अक्षरश: अर्थ है, आधा भाग हिन्दू ही रह जाता है। इससे यह अर्थ किसी प्रकार नहीं निकलता कि इसलिए हिन्दू ही बने रहिए। वस्तुत: यह पाठ नहीं, कुपाठ है और अनर्थ के साथ ही भाषा-सम्बन्धी घोर अज्ञान भी।

विचारणीय पद के पाठ के प्रसंग में एक अन्य तथ्य का भी उल्लेख आवश्यक है। 'कबीर बीजक' के अन्तर्गत उपर्युक्त पद में दो पंक्तियाँ और भी मिलती हैं।

डॉ. पारसनाथ तिवारी ने अपनी 'कबीर ग्रंथावली' में पाद-टिप्पणी के अन्तर्गत 'बीजक' में प्राप्त पाठान्तर को दर्ज कर दिया है। डॉ. चतुर्वेदी जैसे पाठानुसन्धानी की दृष्टि 'बीजक' के इस पाठान्तर पर न गई होगी, यह मनाने को जी नहीं करता। फिर भी इस मुद्दे पर उनकी खामोशी बहुत-कुछ कह देती है।

दरअसल 'बीजक' के पाठान्तर की पंक्तियाँ तसवीर का दूसरा पहलू पेश करती हैं और उनका सम्बन्ध हिन्दू स्त्री से है :

*पहिरि जनेउ जो ब्राह्मण होना मेहरि क्या पहिराया।*
*वो तो जनम की सूद्रिन परसै तुम पांडे क्यों खाया॥*

जनेऊ पहनने से ही यदि ब्राह्मण होना है तो अपनी स्त्री को भी वह जनेऊ क्यों नहीं पहनाता? जनेऊ के बिना तो स्त्री शूद्र की शूद्र ही रह गई। फिर भी उस स्त्री का परोसा हुआ भोजन खा लेता है, तो क्यों? इस प्रकार हिन्दुओं में भी आधा भाग शूद्र ही रह जाता है।

कहना न होगा कि 'बीजक' का पाठ एक तरह से मूल पाठ का पूरक है। इस्लाम में सुन्नत के कारण आधा हिस्सा काफिर रह जाता है तो हिन्दू धर्म में जनेऊ के कारण आधा भाग शूद्र की दशा में पड़ा रहता है। चुनौती इस्लाम और हिन्दू, दोनों धर्मों को है और कबीर की समग्र दृष्टि को ध्यान में रखें तो 'बीजक' का पाठ अप्रामाणिक नहीं कहा जा सकता। फिर भी पूरे पद के प्रसंग को देखते हुए स्पष्ट ही बीजक का पाठ प्रक्षिप्त प्रतीत होता है क्योंकि यह पद काजी को

सम्बोधित है—पद का आरम्भ ही इस टेक से होता है : 'काजी तैं कवन कितेब बखाँनीं'। सम्भवत: इसीलिए 'बीजक' की ये पंक्तियाँ न तो 'गुरुग्रंथ साहब' वाले पाठ में मिलती हैं, न ही दादू-पंथी और निरंजनी पंथ की पांडुलिपियों में। अधिक सम्भावना यही है कि 'बीजक' की पंक्तियाँ किसी अन्य पद की हैं जहाँ कबीर ब्राह्मण को सम्बोधित करते हैं।

मुद्दे की बात यह है कि कबीर जब धर्म के ठेकेदारों को चुनौती देते हैं तो उसका एक महत्त्वपूर्ण आधार है स्त्री। स्त्री के पक्ष से ही वे काजी से जिरह करते हैं और पांडे को भी फटकारते हैं। सच तो यह है कि कबीर अक्सर स्त्री की ओर से ही नहीं, बल्कि स्त्री की तरह बोलते हैं। क्या इसलिए कि वे जन्म से जुलाहे हैं? समाज में जुलाहे की स्थिति वही है, जो स्त्री की। चाहे इस्लाम हो, चाहे हिन्दू धर्म—दोनों ही जगह स्त्री और शूद्र की दशा एक-सी है। स्त्री के साथ कबीर के तादात्म्य का बुनियादी कारण कहीं यही तो नहीं है?

डॉ. चतुर्वेदी के विचार इस मुद्दे पर कुछ और हैं। वे कबीर के इस स्त्री-भाव को भी भारतीय परम्परा का प्रभाव बताते हैं और कहने की आवश्यकता नहीं कि भारतीय परम्परा से उनका आशय हिन्दू परम्परा से है। उन्होंने स्पष्ट शब्दों में लिखा है कि 'कबीर में भारतीय परम्परा के अनुकूल परम तत्त्व पति के रूप में परिकल्पित है। हिन्दी में आत्मा शब्द का स्त्रीलिंग में प्रयोग आत्मा-परमात्मा के दाम्पत्यमूलक प्रतीक विधान के ही कारण है। 'हरि मोरा पिउ मैं हरि की बहुरिया' या कि 'दुलहिनी गावहु मंगलचार हम घरि आए राजा राम भरतार'। यह आधारभूत प्रतीक-विधान स्पष्ट ही सूफी परम्परा में सम्भव नहीं।

कबीर को सूफी परम्परा में स्वीकार करने के रास्ते की सबसे बड़ी बाधा डॉ. चतुर्वेदी के लिए यह है कि 'सूफी परम्परा प्रिय-प्रेमास्पद को परम तत्त्व के रूप में देखती है।' यहाँ वे जो बात स्पष्ट शब्दों में नहीं कहते, वह यह है कि सूफी अपने-आपको आशिक और खुदा को माशूक के रूप में देखते हैं। सम्भवत: इस धारणा का आधार जायसी का 'पद्मावत' है जिसमें परम तत्त्व पद्मिनी है और जीव रतनसेन। पद्मिनी माशूक और रतनसेन आशिक। माशूक स्त्री और आशिक पुरुष। कबीर की बानी में स्थिति उलटी है। यहाँ आशिक स्त्री है।

वैसे तो कबीर और जायसी, दोनों ही भारतीय हैं। लेकिन जायसी जिस सूफी परम्परा के हैं, उसका मूल स्रोत भारत से बाहर—अरब और ईरान में है। ऐसी अभारतीय परम्परा में कबीर को स्वीकार कर लेने पर तो डॉ. चतुर्वेदी की 'तातैं हिन्दू रहिए' वाली स्थापना ही धराशायी हो जाएगी। असली मुद्दा यही है।

दरअसल, इस मामले में उनके निशाने पर फिलहाल अली सरदार जाफरी हैं। सरदार का गुनाह यह है कि उन्होंने कबीर के सबदों और साखियों का एक चयन उर्दू और हिन्दी, दोनों लिपियों में प्रकाशित किया और उसे 'कबीर बानी' नाम दिया।

इस किताब में एक लम्बी भूमिका तो है ही, विद्वत्तापूर्ण विस्तृत टिप्पणियाँ भी हैं। 'कबीर बानी' की मुख्य स्थापना यह है कि 'कबीरदास एक मुसलमान सूफी थे, जो हिन्दू भक्त की भाषा में बात कर रहे थे।' वैसे, सरदार ने कबीर पर योगियों और रामानन्द के प्रभाव को भी स्वीकार किया है, किन्तु अरबी और फारसी के सूफी शायरों के साथ कबीर की तुलना विस्तार से की है—शायद इसलिए कि हिन्दी और उर्दू के औसत पाठक उन समानताओं से पूरी तरह परिचित नहीं हैं। कहने की आवश्यकता नहीं कि तुलनात्मक साहित्य की दृष्टि से कबीर के अध्ययन का यह एक महत्त्वपूर्ण और बहुत-कुछ नया आयाम है। जरूरत है तो इस दिशा में गम्भीर अनुसन्धान की लेकिन डॉ. चतुर्वेदी की चिन्ता और है। उन्हें डर है कि उर्दू वाले और उनमें भी मुसलमान कहीं कबीर को उड़ा न ले जाएँ। गरज कि मामला कब्जे का है। कब्जे के लिए जरूरी सबूत हो न हो, दावा तो ठोंक ही सकते हैं।

बहरहाल, डॉ. चतुर्वेदी के दावे पर विचार करने से पहले अली सरदार जाफरी की टिप्पणी देख लें। 'कबीर बानी' की टिप्पणी क्रमांक 11 इस प्रकार है :

'संत और भक्त कवियों ने भक्ति के उत्साह में अपनी कल्पना दुलहन के रूप में और परमात्मा की दूल्हे के रूप में की है। यह उपमा सूफियों के यहाँ भी इसी रूप में मिलती है। जो औलिया हैं, वे अल्लाह की दुलहनें हैं। दुलहनों को सिर्फ महरम (आत्मीय जन) ही देख सकते हैं। मौलाना जलालुद्दीन रूमी ने अपनी मसनवी में यह उपमा इस्तेमाल की है। हिन्दुस्तान में फकीरों और दरवेशों का एक सम्प्रदाय 'सदा सुहागिन' के नाम से मशहूर है। कबीर ने एक पद में ईश्वर को 'अबिनासी दूल्हा' कहकर सम्बोधित किया है।'

यह सब कह चुकने के बाद भी अली सरदार जाफरी ने ईमानदारी से यह स्वीकार किया है : 'यह कहना मुश्किल है कि भक्ति और सूफी विचारधारा में ये प्रतीक कहाँ से आए और कब से प्रचलित हैं।'

इस प्रसंग में सरदार ने कृष्ण और गोपियों के प्रेम-प्रसंग और उसके दार्शनिक आधार की भी विस्तार से चर्चा की है जिसमें कबीर की प्रेम-भक्ति के किसी सूत्र की सम्भावना हो सकती है। लेकिन कुल मिलाकर यह भी एक अन्दाजा ही है।

अब इस पृष्ठभूमि में डॉ. चतुर्वेदी के दावे को देखें तो तुलसीदास के शब्दों में : 'देखत दया लागि अति मोरे।' ऐसा आत्मविश्वास निश्चित जानकारी के अभाव में ही सम्भव है। इस प्रसंग में सबसे दिलचस्प दलील तो यह है कि 'हिन्दी में आत्मा शब्द का स्त्रीलिंग में प्रयोग आत्मा-परमात्मा के दाम्पत्यमूलक प्रतीक विधान के ही कारण है।' इस लालबुझक्कड़ी दलील पर सिर्फ ठहाका लगाया जा सकता है। अगर संस्कृति के पुल्लिंग 'आत्मा' के हिन्दी में स्त्रीलिंग होने का यह कारण है तो संस्कृत के पुल्लिंग 'दारा' शब्द के हिन्दी में स्त्रीलिंग होने का क्या कारण है? दारा शब्द स्वयं स्त्रीवाचक है, फिर भी संस्कृत में पुल्लिंग है, तो क्यों?

डॉ. चतुर्वेदी इसके लिए भी कोई-न-कोई आध्यात्मिक कारण ढूँढ़ लें तो आश्चर्य नहीं। आश्चर्य होता है इस अटकलपच्चू दिमाग के प्रचंड आत्मविश्वास पर! 'के ही कारण' जैसा प्रयोग इसी आत्मविश्वास का सूचक है। किसी कार्य का कारण बताते समय समझदार लोग प्राय: उसे सम्भाव्य रूप में ही प्रस्तुत करते हैं और इसीलिए हिचकते भी हैं। सरपट दौड़ जानेवाले और होते हैं और उन्हें और नाम से पुकारा जाता है।

व्याकरण को हिन्दुत्व के लिए इस्तेमाल करते समय 'पितरौ' शब्द पर ध्यान क्यों न दें? पार्वती परमेश्वर सम्पृक्त होकर 'मातरी' क्यों नहीं बनते? 'पितरौ' ही क्यों?

तात्पर्य यह कि अपने परम प्रिय प्रभु को स्त्रीभाव से प्यार करने के लिए कबीर को जबर्दस्ती भारतीय और हिन्दू बनाने की जरूरत नहीं है। इस स्त्री-भावना को हिन्दुओं ने पेटेंट नहीं कराया है—कम-से-कम अभी तक। अगर स्त्री भाव से भगवा प्रेम हिन्दुओं का पेटेंट है तो तुलसीदास ने इसी भाव से राम को क्यों नहीं प्रेम किया? वे तो कबीर के बरअक्स जन्म से हिन्दू ही नहीं बल्कि ब्राह्मण भी थे और रामभक्तों की दृष्टि में कबीर से कहीं अधिक भारतीय परम्परा के धुरीधारी!

वस्तुत: कबीर के स्त्री-भाव के मूल उत्स को बहस का मुख्य मुद्दा बनाने के बजाय उस स्त्री-भाव के लौकिक और अलौकिक आयामों की गहरी छानबीन ज्यादा जरूरी है। बारीकियों में जाने पर इसके अन्दर स्त्री-जीवन की अनगिनत नाजुक परतें खुलती जाएँगी। फिलहाल सांकेतिक रूप में सिर्फ चन्द बातें।

कबीर के सबसे लोकप्रिय पद वे हैं जहाँ वे एक भारतीय नारी की तरह अपने नैहर और ससुराल की बातें करते हैं। पिया का घर प्यारा तो लगता है, लेकिन पिता के घर का छूटना भी कम दुखदायी नहीं। जैसे 'बाबुल मोरा नैहर छूटो जाए।' ऐसा भी संकेत है कि छोटी उम्र में ही शादी हो गई है। 'आई गवनवाँ की सारी, उमरि अबहीं मोरी बारी।' नैहर में खेलने-खाने के दिन का सहसा अन्त और इस कच्ची उम्र में ही ससुराल जाने की तरह-तरह की आशंकाएँ। नैहर में रहते चुनरी में दाग भी लगता है, उसकी जवाबदेही की भी चिन्ता है। आध्यात्मिक व्यंजना अपनी जगह लेकिन सच्चा रस तो ठेठ अभिधा में है और कहना न होगा कि यथार्थ यही है। मध्यकालीन गीत काव्य में भारतीय नारी की ऐसी जीती-जागती तसवीर शायद ही कहीं मिले जिसमें वह समूचे घर-परिवार, नाते-रिश्तेदारों, नैहर-ससुराल के भरे-पूरे परिवेश के साथ मौजूद हो।

इस चित्रावली में स्त्री-हृदय की गहरी वेदना के साथ ही कुछ सुहाने सपने भी हैं। वेदना अधिक, सपने कम। सपनों में ऐन्द्रिय सुख की मांसलता है, तो यथार्थ में विरह की आन्तरिक टीस और जल्द-से-जल्द मिलने की उत्कट तड़प। ध्यान देने की बात यह है कि ये सारे भाव कबीर ने स्त्री की भूमिका में ही व्यक्त किये हैं और कहना न होगा कि 'कबीर बानी' के सबसे मार्मिक और काव्यात्मक अंश भी यही हैं।

स्त्री का सबसे तेजस्वी रूप वहाँ प्रकट होता है जब कबीर सती के रूप में अपने सत की परीक्षा देने के लिए निकल पड़ते हैं। लेकिन कबीर की उस तेजस्विनी सती को आज की रूपकुँवर के कथित आईने में देखने की जगह विजयदेव नारायण साही की 'साखी' में संकलित 'सत की परीक्षा' के आलोक में ही परखना समीचीन है। कविता की इन आरम्भिक पंक्तियों से ही कबीर की सती के सत का कुछ आभास हो जाएगा :

*साधो, आज मेरे सत की परीक्षा है*
*आज मेरे सत की परीक्षा है*
*बीच में आग जल रही है*
*उस पर बहुत बड़ा कड़ाह रखा है*
*कड़ाह में तेल उबल रहा है*
*उस तेल में मुझे सबके सामने*
*हाथ डालना है*
*साधो, आज मेरे सत की परीक्षा है!*

कबीर की सती एक तरह से सारे पुरुष-प्रधान समाज को आत्म-परीक्षा के लिए खुली चुनौती है।

ऐसी सती को न तो सती-प्रथा के लिए गर्व करनेवाला कोई हिन्दू अपने कब्जे में ले सकता है और न ही कोई अर्द्ध-नारीश्वर की दैवी प्रतिमा में अन्तर्भुक्त कर सकता है।

डॉ. चतुर्वेदी ने अपने निबन्ध का आरम्भ इस शिकायत से किया है कि 'कबीर के इतर पक्षों—संत, भक्त, सूफी, समाज-सुधारक—पर बेअनुपात महत्त्व देने के कारण उनका मूल कवि-व्यक्तित्व आक्रान्त हो उठा है।' इसलिए उन्हें कबीर के 'केन्द्रीय कवि रूप' के उद्धार का बीड़ा उठाना पड़ा। उनकी नजर में कवि का शुद्ध रूप भाषा में ही व्यक्त होता है। इसलिए उन्होंने आरम्भ काव्य भाषा से ही किया। वैसे भी काव्य भाषा उनके अध्ययन का सबसे प्रिय क्षेत्र है। इस प्रकार गाली से मौन तक सप्तरंग भाषा की पड़ताल कुछ दूर चलती है कि सहसा सामने आ जाता है कबीर का वह पद जिसके बीज शब्द हैं : 'तातैं हिन्दू रहिए!' यही है वह मंजिल जिस पर हिन्दुत्व की पताका फहरा रही है। मंजिल का आभास मिलते ही सब कुछ ऐसा 'बेअनुपात' हो उठता है कि सूफी मत की चर्चा भी आ जाती है और भक्ति की भी और फिर समाज-सुधार आदि जैसी 'गैर-साहित्यिक' बातें भी चल पड़ती हैं।

आकस्मिक नहीं है यह सब और न अप्रत्याशित ही। सब कुछ पहले से ही सुविचारित और सुनियोजित है। हिन्दुत्व तक पहुँचने के रास्ते अनेक हैं। उनमें से एक रास्ता वह भी है, जो शुद्ध साहित्य के बिन्दु से शुरू होता है। इस साहित्य-

पथ से यात्रा करनेवाले पथिक रास्ते में जिन मंत्रों का जाप करते हैं, उनमें से कुछ का सम्बन्ध साहित्य की स्वायत्तता से है तो कुछ का शब्द-माहात्म्य से! उनके लिए यही धर्म है और धर्म की-सी 'पवित्रता' का अनुभव भी उन्हें यहीं होता है। साहित्य में धर्म की-सी आस्था रखनेवाले इसी तरह अन्ततः स्वयं 'धर्म' के अभयारण्य में विश्राम पाते हैं और कहने की आवश्यकता नहीं कि आज के परिवेश में हिन्दी के लेखक के लिए वह धर्म 'हिन्दुत्व' है—आज का हिन्दुत्व, जिसके शिखर पर भगवा फहरा रहा है। जिस यात्रा का प्रस्थान बिन्दु साहित्य की स्वायत्तता है, उसकी आखिरी मंजिल यही भगवा है, भले ही इस पथ के पथिक इसे स्वीकार न करें। यह तार्किक परिणति है : इसे सामयिक हिन्दुत्व की हवा का दबाव कहना सही नहीं है।

गरज कि डॉ. रामस्वरूप चतुर्वेदी अपने साहित्यिक पथ से ही चलकर भगवा हिन्दुत्व की मंजिल तक आए हैं। यह यात्रा जय श्रीराम के यात्री दल की नहीं है, 'जय जानकी जीवन-यात्रा' की छोटी-सी सम्भ्रान्त टोली की हो तो हो। वैसे, कबीर में उनकी दिलचस्पी पहले कभी देखी न गई—यानी ऐसी दिलचस्पी जिसके कारण वे एक छोटे-से निबन्ध के भी लायक लगें। तो फिर कबीर सहसा उनकी नजर में क्यों पड़े—तिनके की तरह या फिर धूल के कण की तरह? असल सवाल यही है।

कहीं ऐसा तो नहीं कि बाबरी मस्जिद के विध्वंस के विरोध में सहसा कबीर के अनहद की गरज से आलोचक प्रवर की नींद में खलल पड़ा और उन्हें उस अनहद को चुप करने के लिए स्वयं कबीर को ही इस्तेमाल करने का खयाल आया? यह तो साफ है कि डॉ. चतुर्वेदी उस साहित्यिक टोली के जीव हैं जिसके निशाने पर कबीर से ज्यादा कबीर के सेकुलर तरफदार हैं और ऐसे सेकुलर लोगों का एक ही 'कारगर' जवाब है : कबीर का हिन्दू धर्मान्तरण! 'यहाँ से कबीर को देखिए!' सम्भवतः उसी कार्यक्रम की एक कड़ी है। उन्हें नहीं पता कि उन्होंने कितना बड़ा जोखिम उठाया है। कबीर को भगवा?

['आलोचना' : अप्रैल-जून, 2000]

# कबीर को अगवा?

बकौल गालिब 'वो अपनी खू न छोड़ेंगे, हम अपनी वजअ क्यों छोड़ें?' हमारी वजादारी में शामिल है पूर्वपक्ष का पूरा सम्मान। इसीलिए 'आलोचना' में बन्धुवर रामस्वरूप चतुर्वेदी के पत्र का अविकल प्रकाशन और साथ-साथ 30 जुलाई, 2000 के 'रविवारी जनसत्ता' में प्रकाशित आलेख का पुन: प्रकाशन भी। वह भी एक तरह से खुला पत्र ही है। 'आलोचना' में उसे भी भेज देते तो हमें खुशी होती। लेकिन जैसाकि उनके ही प्रिय कवि अज्ञेय ने कहा है : 'उस बेसबरे से रहा नहीं गया।' उन्हें तो 'जन' की भागीदारी की पड़ी थी! अभिजन को जन की भागीदारी की चिन्ता? शुभ लक्षण! वे शायद भूल रहे हैं कि 'आलोचना' में उनके जैसे 'साहित्यिक पंडितों' के लिए भी जगह सुरक्षित है, आरक्षित नहीं। क्या यह अच्छा नहीं कि पूरी बहस एक ही जगह हो?

यह कैसे हो सकता है कि 'आलोचना' में तो सिर्फ कबीर के व्याकरण पर बहस चले और 'धर्मान्तरण के विरुद्ध आक्रोश' के लिए कबीर को एक हथियार की तरह इस्तेमाल किया जाए कहीं और? क्या व्याकरण में भी कोई 'गुप्त एजेंडा' नहीं होता? फिर संस्कृत व्याकरण पढ़ाते समय 'राम: रामौ रामा:' जैसे रूप ही क्यों रटाए जाते हैं? स्वयं पाणिनि ने तो ऐसा कहीं नहीं कहा था! क्या यह भट्टोजि दीक्षित की 'सिद्धान्त कौमुदी' का प्रताप है, जिसने व्याकरण के बहाने अनायास ही राम नाम जाप करवा दिया?

रामस्वरूप जी को तो 'पढ़त-पढ़त केते दिन बीते!' प्रसाद जी के 'चन्द्रगुप्त' नाटक के उस प्रसंग की याद उन्हें जरूर होगी जिसमें वैयाकरण वररुचि कारागार में बन्दी चाणक्य के पास पाणिनि के प्रयोगों का पता लगाने का प्रस्ताव लेकर जाता है। प्रस्ताव था तो व्याकरण का, लेकिन उसमें राक्षस की राजनीति का एक 'गुप्त एजेंडा' भी था। कहने की आवश्यकता नहीं कि चाणक्य की विलक्षण दृष्टि से वह चाल छिपी न रह सकी और जवाब वही मिला, जो एक चाणक्य ही दे सकता था; 'मेरे पास पाणिनि में सिर खपाने के लिए समय नहीं। भाषा ठीक करने से पहले मैं मनुष्यों को ठीक करना चाहता हूँ, समझे?'

रामस्वरूप जी को समझाने की जरूरत नहीं। वे स्वयं समझदार हैं, बल्कि बहुत समझदार। तुलसीदास के शब्दों में 'परम चतुर मैं जानत अहऊँ।' अपना

इरादा न किसी को 'ठीक करने' का है, न 'समझाने' का। यह भाषा प्रसाद जी के चाणक्य की है। ठेठ बनारसी रंग। मैं तो सिर्फ कबीर के उस पद का अर्थ समझना चाहता हूँ और यह जानना चाहता हूँ कि 'काजी तैं कवन कतेब बखाँनीं' में 'धर्मान्तरण' कहाँ है?

पद में 'सूनति' शब्द आया है। कहीं-कहीं 'सुंन्नति' और 'सुंन्नत' भी है। स्पष्ट ही यह अरबी 'सुन्नत' का हिन्दी तद्भव रूप है जिसका अर्थ है 'खत्ना'। बोलचाल में इसे 'मुसलमानी' भी कहते हैं। इस्लाम में यह रस्म आम है—एक उम्र के बाद हर मुस्लिम बच्चे की 'सुन्नत' होती है। जरूरी नहीं कि किसी हिन्दू को मुसलमान बनाते समय ही 'सुन्नत' की जाए। सवाल यह है कि इस पद में कबीर किसकी सुन्नत की बात कर रहे हैं—मुसलमान बच्चे की या हिन्दू की?

रामस्वरूप जी की नजर में यहाँ हिन्दू को मुसलमान बनाने के लिए 'सुन्नत' करने का जिक्र है। लेकिन यह अर्थ कहाँ से—किस पद या वाक्य से निकलता है, यह बात उन्होंने नहीं बताई। उन्होंने यह कहकर जान बचा ली कि 'पद अपने में इतना स्पष्ट है कि उसे अलग से व्याख्या की अपेक्षा नहीं है।'

चतुर अध्यापक का यह आजमाया नुस्खा है : कविता—खास तौर से पुरानी हिन्दी की कविता, समझ में न आए तो 'स्पष्ट है' कहकर आगे बढ़ लो। इसीलिए अब तो बन्धुवर रामस्वरूप चतुर्वेदी के बारे में भी शक हो रहा है।

'सुन्नत' को 'धर्मान्तरण' कहने से पहले यह तो देखिए कि काजी से कह कौन रहा है? कहनेवाला यह 'मैं' कौन है? शास्त्र में भी अर्थनिर्णय में पहला स्थान 'वक्ता' का है। 'काव्य प्रकाश' (3/2) की 'वक्तृ-बोद्धव्य-काकूनां...' वाली कारिका याद कीजिए और फिर देखिए कि क्या इस पद का 'मैं' कोई हिन्दू है? यदि वह वक्ता हिन्दू है तो फिर पूरा पद काजी से एक हिन्दू की शिकायत या फरियाद के रूप में पढ़ा जाएगा। इसके साथ ही यह विचार करना पड़ेगा कि वह कैसा हिन्दू है—वह हिन्दू, जिसे मुसलमान बनाने की कोशिश की जा रही है अथवा जिसे मुसलमान बनाया जा चुका है?

लेकिन ये सारे सवाल तब उठेंगे जब यह मान लिया जाएगा कि अन्य पदों की तरह इस पद का 'मैं' भी स्वयं कबीर नहीं हैं। अभी तक यह बात न तो रामस्वरूप जी ने कही है, न किसी और ने। इसलिए इस पद का वक्ता निरवववाद रूप से स्वयं कबीर हैं, जो स्वयं मुसलमान जुलाहे हैं और अपने-आपको मुसलमान जुलाहा मानते हैं।

इस प्रकार यदि इस पद का वक्ता भी मुसलमान है और बोद्धा भी मुसलमान है तो यह भी तयशुदा है कि यहाँ सुन्नत का विरोध इस्लामी दायरे में ही किया जा रहा है और 'धर्मान्तरण' से इसका कोई सम्बन्ध दूर-दूर तक नहीं है।

मेरी जानकारी में 'कबीर बानी' में यह अकेला पद है जिसमें 'सुन्नत' का जिक्र है। वैसे 'खत्ना' इस पद में भी आया है : 'जे तूँ तुरुक तुरुकिनी जाया। तौ भीतरि खतना क्यों न कराया॥' इसके अतिरिक्त जयदेव सिंह और वासुदेव सिंह द्वारा सम्पादित 'कबीर वाङ्मय' के 'रमैनी' खंड में दो रमैनियाँ ऐसी मिली हैं जिनमें 'सुन्नत' का जिक्र आया है :

1. *पेटे न काहू वेद पढ़ाया,*
   *सुनति कराय तुरुक नहिं आया।* (2/6)
2. *जौ तुह तुरुक तुरुकिनी जाया,*
   *पेटे काहे न सुनति कराया।* (62/4)

इन दोनों 'रमैनियों' में उल्लिखित 'सुनति' का भाव आलोच्य पद की जिस पंक्ति से मिलता-जुलता है, वह यह रही :

*जौरे खुदाइ तुरुक मोहिं करता तौं आपहि कटि किन जाई।*

'सुन्नत' के ये सभी प्रयोग उन लोगों के प्रसंग में आए हैं, जो पहले ही से मुसलमान हैं और जिनके यहाँ सुन्नत की रस्म पीढ़ी-दर-पीढ़ी चली आ रही है। इनमें से एक भी प्रयोग ऐसा नहीं है जिससे सुन्नत के जरिये किसी हिन्दू को मुसलमान बनाने का संकेत हो।

धर्मान्तरणवाली सुन्नत की ही तलाश है तो रामस्वरूप जी को भूषण के पास जाना चाहिए। 'शिवाजी न होते तौ सुनति होती सबकी' टेकवाले कई कवित्त 'शिवा बावनी' में मिल जाएँगे। पर कबीर इस बारे में उनकी कोई मदद नहीं करने के। एक गलत दरवाजे पर वे नाहक दस्तक दे रहे हैं।

अगर विवेच्य पद का अर्थविचार बोद्धा अथवा सम्बोध्य की दृष्टि से करें तो भी इसी बात की पुष्टि होगी कि काजी से कबीर की बातचीत का विषय सिर्फ इस्लामी रस्मो-रिवाज के बारे में है। इसी प्रकार का एक और पद है : 'पढ़ि ले काजी बंग निवाजा'। इस पद में अजान, नमाज, मक्का, बहिश्त, दोजख, बिसमिल वगैरह का ही जिक्र है। इसके अलावा भी दो-चार जगह जहाँ भी काजी का जिक्र है, सब बिलकुल इस्लामी दुनिया के ही रीति-रिवाजों के बारे में।

इस रोशनी में विवेच्य का पद गद्यार्थ, रामस्वरूप जी के लिए स्पष्ट होने के बावजूद, देख लेने में हर्ज नहीं है। सबसे पहले उन्हीं के गुरुवर डॉ. माताप्रसाद गुप्त का अर्थ :

'ऐ काजी, तू किस किताब का बखान (वर्णन) करता है? तुझे (उसको) पढ़ते-पढ़ते कितने ही दिन बीत गए, किन्तु तूने एक (ईश्वर) की गति नहीं जानी। शक्ति (बल) अथवा स्नेह से पकड़कर तुम (मेरी) सुन्नत करो, हे भाई, मैं यह नहीं

कह सकता क्योंकि यदि मुझे खुदा तुर्क करता है, तो आप ही वह क्यों नहीं कट जाता? (मेरी सुन्नत आप ही क्यों नहीं हो जाती)? (खैर), मुझे यदि तुमने सुन्नत करके तुर्क किया भी, तो औरत से क्या कहा जाए? अर्द्ध-शरीरी नारि छूटती नहीं है (और वह सुन्नत न हो सकने के कारण से हिन्दू ही बनी रहती है), इससे आधा लोक तो हिन्दू ही रह जाता है। ऐ काजी, किताब (कुरआन) छोड़कर 'राम' कह, (सुन्नतें करके) तू भारी खून कर रहा है। (यह कहते हुए) कबीर ने भक्ति की टेक पकड़ी और काजी झख मारकर (बैठ) रहे।''

इस गद्य रूपान्तर का जो पाठ है, वह डॉ. पारसनाथ तिवारी के पाठ से थोड़ा भिन्न है, मसलन 'तातैं हिन्दू रहिए' की जगह 'आधा हिन्दू रहिए।' फिर 'जुलुम' की जगह 'खून'। सबसे बड़ा अन्तर यह है कि डॉ. गुप्त के पाठ में डॉ. तिवारी के पाठ की दो पंक्तियाँ नहीं हैं। स्वीकार करूँ कि डॉ. माताप्रसाद गुप्त का पाठ मुझे सही लगता है। इस पाठ की पुष्टि सद्य:प्रकाशित डॉ. विनान्त कैलवर्ट की 'मिलेनियम कबीर बानी' से भी होती है जिसमें कुछ ऐसी प्राचीनतर पांडुलिपियों का उपयोग किया गया है, जो न तो डॉ. तिवारी को प्राप्त हो सकी थीं और न ही डॉ. गुप्त को।

महत्त्वपूर्ण बात यह है कि किंचित् भिन्न पाठ-भेद के बावजूद डॉ. गुप्त के गद्यार्थ से कबीर के पद का कथ्य एकदम स्पष्ट हो जाता है और उसके साथ ही यह भी स्पष्ट हो जाता है कि वहाँ न तो धर्मान्तरण का संकेत है और न ही धर्मान्तरण के विरोध का! यही नहीं, बल्कि उसमें कहीं हिन्दू ही बने रहने की सलाह भी नहीं है।

जयदेव सिंह और वासुदेव सिंह के 'कबीर वाङ्मय' के 'सबद' खंड में भी इस पद का एक गद्यार्थ सुलभ है। उससे इस पद का अर्थ और भी स्पष्ट हो जाता है, साथ ही उक्त धारणा की पुष्टि भी होती है :

'मानव को प्रभु के दरबार में स्वीकृत होने के लिए (जैसाकि मुसलमानों का विश्वास है) सुन्नति की आवश्यकता को मैं कभी स्वीकार नहीं कर सकता, वह चाहे जबर्दस्ती की गई अथवा स्नेह से। यदि तुरुक (अनुयायी) होने के लिए प्रभु सुन्नति को आवश्यक समझते तो खत्ना निसर्गत: आप-से-आप क्यों नहीं हो जाता? यदि सुन्नति ही तुर्क लक्षण है तो फिर स्त्रियों को तुर्क कैसे माना जाए? स्त्री अर्द्धांगिनी होती है, उसकी सुन्नति हो नहीं सकती। अत: सुन्नति कराने पर तुम्हारा आधा समाज हिन्दू ही रह जाता है।...'

इस गद्यार्थ से यह बात एकदम साफ हो जाती है कि औरत की सुन्नति न होने से जो आधा समाज हिन्दू ही रह जाता है, वह और कोई समाज नहीं, बल्कि खुद-ब-खुद इस्लामी समाज ही है।

गरज कि एक रामस्वरूप जी को छोड़कर और किसी को कबीर के उस विवेच्य पद में धर्मान्तरण के लिए की जानेवाली सुन्नति का आभास नहीं मिलता। ऐसी स्थिति में इसे क्या कहेंगे : पाठ या कुपाठ? यदि वे मानते हैं कि 'रचना का

पाठ सारे सिद्धान्त-कथन को ढहा सकता है' तो उनके 'धर्मान्तरण' सिद्धान्त का क्या बना? अब भी वह 'धर्मान्तरण' ढहा या बचा रह गया? प्रसंगवश, यहाँ 'ढहा' क्रिया का प्रयोग गौरतलब है। बाबरी मस्जिद को ढहाने के बाद अब सब कुछ ढहाया जा रहा है। पहले अक्सर गजब ढाया जाता था।

रामस्वरूप जी का 'धर्मान्तरण' दरअसल 'शुद्धि' है। वे एक मुसलमान को ही हिन्दू बनाने की जबर्दस्ती कर रहे हैं। आखिरकार 'तातैं हिन्दू रहिए' पर आग्रह का और क्या अर्थ है?

काव्य को तो वे पहले ही 'शुद्ध' कर चुके हैं। लगता है, अब उसके 'एजेंडा' पर धर्म और समाज भी आ गया है और वे उसे भी 'शुद्ध' करने का इरादा रखते हैं। शुद्धता का नशा जो न कराए!

अपने बचाव में हमलावर रुख अपनाना एक आजमाई हुई रणनीति है और उसी के तहत आलेख में चलते-चलते अन्त में उन्होंने एक आरोप यह भी लगाया है कि कबीर की दुहाई देने वाले 'पश्चिमी काट के सेकुलर' हिन्दू-मुसलमानों को अलग-थलग किये रहते हैं। कौन हैं ये पश्चिमी काट के सेकुलर? इन्हें उन्होंने उपनिवेशवादियों की परम्परा में भी रखा है। इशारा कुछ साफ होता है तो इस बात की भी सफाई हो जाती। लेकिन इतना जरूर साफ लगता है कि उन्हें 'पूर्वी काट के सेकुलर' लोगों से कोई शिकायत नहीं है। स्वयं भी शायद वे इसी कोटि में रहना पसन्द करें। संघ परिवार के लोग भी अब अपने-आपको 'सेकुलर' कहने लगे हैं और इसके साथ ही 'स्वदेशी' पर भी उनका आग्रह है। यह 'पूर्वी काट के सेकुलर' की कोटि वही तो नहीं है?

जो भी हो, असल बात है हिन्दू-मुसलमानों को अलग-थलग करने की और इसके दोषी हैं कबीर की दुहाई देनेवाले! हकीकत क्या है? पहले कबीर और उनके जमाने को ही लें : 'आपस में दोऊ लड़े मरत हैं, मरम न कोऊ जाना' जैसी उक्ति से ही पता चलता है कि उस समय भी हिन्दुओं और मुसलमानों के सरगना अलग-थलग ही नहीं थे, बल्कि आपस में लड़ते भी थे। यह भी कह सकते हैं कि लड़ने से ज्यादा लड़ाते थे। इसीलिए कबीर उन्हें अलग-अलग सम्बोधित करते हैं : काजी-मुल्ला को अलग, पंडित-पांडे को अलग। काजी-मुल्ला को एक पद में तो दूसरे पद में पंडित-पांडे या बाम्हन को। कुछ एक पद ऐसे भी मिलते हैं जिनमें वे दोनों को एक की साँस में इकट्ठे फटकारते हैं लेकिन यहाँ भी एक क्रम है। जैसे डॉ. पारसनाथ तिवारी की ही 'कबीर ग्रंथावली' में 'काजी, तैं कवन कतेब बखाँनीं' वाले पद के ठीक तीन पद बाद 182वें पद की ये पंक्तियाँ :

*जे तूँ बाभन बाभनी जाया। तौ आन बाट होइ काहे न आया॥*
*जे तूँ तुरुक तुरुकिनी जाया। तौ भीतरि खतना क्यूँ न कराया॥*

यह सही है कि इस भेदभाव को वे खत्म करना चाहते थे लेकिन प्रेम की ऊँची भूमि पर। ऐसी भूमि जहाँ सभी प्रकार के भेदभाव 'बिगूचन' मालूम होते हैं। इस भाव का एक पद उपर्युक्त पद के ठीक पहले ही आता है और वह काफी प्रसिद्ध भी है :

*ऐसा भेद बिगूचन भारी।*
*वेद कतेब दीन अरु दुनिया, कौन पुरिष कौन नारी।*
*एक रुधिर एकै मल मूतर एक चाम एक गूदा।*
*एक बूँद तैं सृष्टि रची है कौन बाँह्मन कौन सूदा॥*

वैसे यह पूरा पद मुख्यत: जाति-पाँति के विरुद्ध है और मुख्यत: हिन्दुओं को सम्बोधित है, किन्तु इसका अन्त होता है 'हिन्दू तुरुक न कोई!' से।

यह सच है कि कबीर प्रेम की जिस ऊँची भूमि से लोक को देखते थे, वहाँ से देखने पर भेद न ब्राह्मण-शूद्र में है, न हिन्दू-तुर्क में, यहाँ तक कि पुरुष और नारी में भी कोई भेद नहीं है। तात्पर्य यही है कि तत्त्वत: सभी इनसान हैं। लेकिन इसका अर्थ यह नहीं है कि वे यथार्थ की भूमि पर सब कुछ सिलपट करने का हौसला रखते थे। समतल करने का मतलब यह तो नहीं कि पुरुष और नारी का जैविक भेद मिट जाए! इसी तरह सिर्फ इनसान बने रहने के लिए हिन्दू एकदम अपना धर्म छोड़ दें और तुर्क अपना मजहब! क्या अपने-अपने धर्म में बने रहकर इनसान होना सम्भव नहीं है? ये प्रश्न आज की विशेष स्थिति से पैदा होते हैं और इनके जवाब के लिए कबीर पर किसी तरह का दबाव डालना उचित नहीं। हड़बड़ी में कोई सुविधाजनक जवाब निकाल लेना भी शायद कबीर के साथ ज्यादती होगी।

आज अगर अधिकांश मुस्लिम समुदाय हिन्दुओं से कुछ अलग-थलग दिखाई पड़ता है तो उसके लिए मुख्य रूप से जिम्मेवार वे लोग हैं, जो अपने-आपको 'स्वदेशी' काट का 'सेकुलर' मानते हैं और 'सांस्कृतिक राष्ट्रवाद' के नाम पर भारत को 'हिन्दू राष्ट्र-राज्य' बनाने का प्रयास कर रहे हैं। कहना न होगा कि ये लोग 'संघ परिवार' से सम्बद्ध हैं—वही लोग जिनके निशाने पर फिलहाल ईसाई हैं, लेकिन असली दुश्मन मुसलमान ही हैं। ये वही लोग हैं जो एक ओर मुसलमानों और ईसाइयों पर हमले करते हैं और दूसरी ओर धर्मान्तरण पर राष्ट्रीय बहस चलाना चाहते हैं। गरज कि धर्मान्तरण ही इनके लिए आज का मुख्य राष्ट्रीय मुद्दा है।

बन्धुवर रामस्वरूप चतुर्वेदी इस 'पवित्र परिवार' के कितने निकट या दूर हैं, मुझे नहीं पता। दिलचस्पी भी नहीं। लेकिन कबीर के एक पद में भी सहसा उन्हें धर्मान्तरण के विरुद्ध आक्रोश दिखाई पड़ गया तो थोड़ा आश्चर्य हुआ। दिलचस्प

बात यह है कि उन्हें यह ज्ञानोदय प्रधानमंत्री अटल बिहारी के राष्ट्रीय उद्‌गार के बाद हुआ। जरूरी नहीं कि इन दोनों बातों में कारण-कार्य सम्बन्ध हो ही। दो प्रतिभाओं में एक ही समय एक ही महान विचार का विस्फोट कोई अनहोनी घटना नहीं। पूर्वापर क्रम महज एक संयोग भी हो सकता है। इसलिए वे चाहें तो सन्देह का लाभ ले सकते हैं।

लेकिन सन्देह का लाभ उस दृष्टि को नहीं मिल सकता जो कबीर-बानी में भी धर्मान्तरण देखती है। 'रंगान्धता' शब्द उन्हीं का है, सो उन्हीं को मुबारक। अंग्रेजी मुहावरे की यह भोंडी नकल मेरे वश की नहीं। मुझे तो वे सावन के अन्धे दिखाई देते हैं। इसलिए 'मुनिहिं हरियरइ सूझ' ही कहने को जी करता है। इस दृष्टि की असलियत तो अब जाकर खुली है, लेकिन रही है वह तभी जब वे कह रहे थे कि 'यहाँ से कबीर को देखिए!' धर्मान्तरण की ही नजर है जो 'अर्द्धांगिनी' में 'अर्द्ध-नारीश्वर' को देख रही थी और आधा हिन्दू को पूरा हिन्दू! देखने में धोखा इसलिए हुआ कि उस समय उन्होंने खुलकर सुन्नत को धर्मान्तरण नहीं कहा था। अब भेद खुल गया है तो कबीर के व्याकरण के साथ-साथ एक नजर स्वयं आलोचक के लोचन के व्याकरण पर भी।

रामस्वरूप जी की दृष्टि में कबीर ने इस पद में 'धर्मान्तरण के विरुद्ध अपना आक्रोश प्रकट किया है।' कबीर तो काजी को 'भाई' कहकर पुकारते हैं, वैसे ही शायद जैसे रामस्वरूप जी मुझे 'बन्धुवर' कहते हैं। इसके बाद वे एक-एक कर सवाल उछालते हैं। फिर वे आदर के साथ यह भी पूछते हैं कि 'औरति को का कहिए?' और अन्त में काजी को प्यार से यह भी समझाते हैं कि 'छाँडि कतेब राम भजु बउरे!' इस 'बउरे'/बावले में आक्रोश है या प्यार? वह 'आक्रोश' कहाँ है जो कहने के इस अन्दाज में रामस्वरूप जी जैसे आलोचक देख रहे हैं? अगर कुछ है तो होंठों पर शायद वह चिर-परिचित व्यंग्य-भरी मुस्कान, जो श्रोता को निरस्त्र कर देती है।

अब जिस आलोचक के लोचन का व्याकरण इतना गड़बड़ हो, उससे भाषा या व्याकरण पर क्या बातचीत की जाए! न वक्ता पर ध्यान, न बोद्धा पर, न प्रकरण पर, न काकु पर—यहाँ तक कि पूरे वाक्य-विन्यास पर नहीं, बस, एक शब्द 'रहिए' की दुम पकड़कर अड़े हैं या कि खड़े हैं और देखते-देखते पूरा हाथी निकल गया! गनीमत है, हाथी की पूँछ ही हाथ लगी और कुछ नहीं, वरना उसकी भी सुन्नत हो जाती!

बहस का आलम यह है कि आग्रह है पाठ पर, लेकिन पाठ पर दृष्टि पल-भर के लिए भी एकाग्र नहीं होती और उतावले-से हाथ मारते हैं—कभी पश्चिमी काट के सेकुलर पर, तो कभी उपनिवेशवादियों पर और फिर पश्चिमीकरण का प्रसंग लाकर मास्को से वाशिंगटन तक का चक्कर! इन सबके बीच धाक जमाने के लिए

यह बताना नहीं भूलते कि एडवर्ड सईद का 'ओरिएंटलिज्म' उन्होंने पढ़ रखा है। गरज कि 'इस किनारे नोच लें और उस किनारे नोच लें!'

ऐसे विश्वकोशी विद्धान से बहस करने में मुश्किल यह है कि शुरू करें तो कहाँ से और खत्म हो तो कहाँ पर! कोई बुरा अन्त न होगा यदि यह छोटी-सी बात कहने की गुस्ताखी करूँ कि 'पढ़त-पढ़त केते दिन बीते' का एक पाठान्तर 'पढ़त-गुनत केते दिन बीते' भी है। इसके साथ ही यह भी कि आधा कलमा पढ़ने की जगह पूरा कलमा पढ़ें जिससे साफ हो जाए कि 'गति एकै नहिं जानीं'। कहना न होगा कि यहाँ जोर कबीर के उस 'एक' पर है!

विडम्बना यह है कि बन्धुवर रामस्वरूप चतुर्वेदी अब कबीर को 'भगवा' पहनाने से ही सन्तुष्ट नहीं हैं। अब तो वे कबीर को 'अगवा' करने पर आमादा हैं!

['आलोचना' : जुलाई-सितम्बर, 2000]

# दूसरी परम्परा और कबीर

आम तौर पर हम लोग 'परम्परा' शब्द का प्रयोग एकवचन में करते हैं। मैं इस शब्द का प्रयोग बहुवचन में करना चाहता हूँ। इसकी पहली शुरुआत यहाँ से की जानी चाहिए कि परम्परा कोई एक नहीं है, बल्कि परम्पराएँ हैं। इस पर जोर देने की जरूरत क्यों है, इकहरे रूप में इसका प्रयोग करने में उसमें क्या खतरे मौजूद हैं, इस ओर हमारा ध्यान जाना चाहिए।

आचार्य हजारी प्रसाद द्विवेदी की अपनी जिन्दगी की एक घटना है। इसका खुद उन्होंने जिक्र किया है। सन् 1930 में पच्चीस साल के एक नौजवान के रूप में रवीन्द्रनाथ टैगोर के शान्ति निकेतन में पहुँचे। वहाँ एक विधवा थी। उनकी बेटी की इंटरकास्ट मैरिज का पैगाम था और द्विवेदी जी बनारस के पंडित के रूप में वहाँ पहुँचे थे। टैगोर ने उन्हें बुलाया और कहा कि भई, यह मइया कन्यादान करना चाहती हैं, कुछ मंत्र ढूँढ़कर ले आओ। यह रस्म तुमको पूरी करनी है। टैगोर आधुनिक ढंग के आदमी थे और ब्रह्मसमाजी थे। इसलिए पुराने ढंग के पंडित में विश्वास नहीं करते थे। उनका आश्रम चूँकि पढ़ने-लिखने की ही जगह नहीं थी बल्कि वह टोटल 'वे ऑफ लाइफ' थी। वह एक संस्कृति की नींव डाल रहे थे, इसलिए शादी-ब्याह, उत्सव-त्योहार भी आश्रम की जिन्दगी के हिस्से थे।

हजारी प्रसाद द्विवेदी ने देखकर कहा कि एक विधवा कन्यादान करे, उसमें एक नान्दी श्राद्ध करना पड़ता है और हिन्दू धर्मशास्त्रों के अनुसार विधवा को अधिकार नहीं है कि वह नान्दी श्राद्ध कर सके। टैगोर ने कहा कि भई जाओ, देखो, यह दो-ढाई हजार साल की तुम्हारी संस्कृति है, धर्मशास्त्र हैं; क्या उसमें इतने लोग थे कि सब एक ही बात कहते रहे? ढाई हजार साल में कोई 'वायस ऑफ डिस्सेंट' (voice of dessent) नहीं थी? तुम्हीं लोग कहते हो कि शास्त्रों में लिखा हुआ है : 'नैको मुनिर्चस्यमतिर्न भिन्नः' अर्थात् मुनि का मतलब ही है कि भिन्न मत रखे। और तुम कहते हो कि सब एक ही बात कहते रहे? जाकर ढूँढ़ो, शायद कोई दूसरी चीज भी मिल जाए। पंडित जी रातभर धर्मशास्त्र की किताबें ढूँढ़ते रहे। ग्रंथों में ढूँढ़ते-ढूँढ़ते कुछ मंत्र रेखांकित किये और लौटकर टैगोर को बताए। संस्कृत धर्मशास्त्रों से आप लोगों में जिनका परिचय होगा, दर्शन और स्वयं साहित्य शास्त्र में भी दो

पक्ष मिलते हैं—पूर्वपक्ष और उत्तरपक्ष। पूर्वपक्ष में उन तमाम विचारों का उल्लेख किया जाता है जिनका बाद में खंडन करके सिद्धान्त पक्ष की स्थापना की जाती है। जैसे—आपने देखा होगा कि भरतमुनि के 'नाट्यशास्त्र' की टीका करते समय अभिनव गुप्त ने, जो कश्मीर के ही थे, नाट्यसूत्र की व्याख्या करते समय पहले के चार आचार्यों का जिक्र किया कि उनकी यह राय है। उन आचार्यों के मतों का उल्लेख करने के बाद उत्तरपक्ष अर्थात सिद्धान्तपक्ष के रूप में सबका खंडन कर अपने मत की उन्होंने स्थापना की कि शुद्ध मत यह है।

आचार्य हजारी प्रसाद द्विवेदी ने कहा कि पूर्वपक्ष के रूप में ऐसे विचार दिये गए हैं कि विधवा भी नान्दी श्राद्ध कर सकती है। लेकिन उत्तरपक्ष में कहा गया है कि ऐसा करना ठीक नहीं है। टैगोर ने उनसे कहा कि पूर्वपक्ष के जो मुनि हैं, क्या वे मुनि और ऋषि नहीं हैं? जितने बड़े पूज्य ये हैं, उतने ही वे भी हो सकते हैं। परम्पराएँ कई हो सकती हैं। पूर्वपक्ष भी एक परम्परा है। यह नौजवान हजारी प्रसाद द्विवेदी के लिए 'रेवलेशन' था। उन्हें मालूम हुआ कि परम्परा एक नहीं, कई हैं।

आप देखते होंगे, आम तौर पर, उर्दू में भी होता होगा, हिन्दी में तो होता है कि जब भी पश्चिम से कोई मत आता है, कोई किसी प्रकार का विचार होता है, तो लोग कहते हैं कि हमारे यहाँ ऐसा नहीं होता है। यह 'हमारे यहाँ' नाम की चीज ऐसी है, जैसे हमारे यहाँ कोई एक ही चीज हो। इतना बड़ा मुल्क है, हजारों साल की इसकी संस्कृति है, परम्पराएँ हैं, कौन कह सकता है कि हमारे यहाँ ऐसा नहीं होता है? इसलिए इस 'हमारे यहाँ' के द्वारा परम्परा की इकहरी व्याख्या करनेवाले जो लोग हैं, मैं कहूँगा कि उनका एक तरह का संकीर्णतावादी दृष्टिकोण है—धर्म, संस्कृति और साहित्य के बारे में। इन तमाम मान्यताओं को लेकर कोई आदमी यह कहे कि यह हमारी परम्परा है और बाकी चीजें परम्परा के बाहर हैं, अतः खारिज करनेवाली हैं। यह तो ऐसा ही है, जैसे आप कहें कि जो चीजें धर्म के, हमारे मत के अनुसार हैं, वे तो ठीक हैं, बाकी कुफ्र। कुफ्र की भी तो कोई परम्परा होगी।

इसलिए मैंने कहा कि परम्परा-सम्बन्धी विचार करते समय पहली बात, बड़े से बड़ा विद्वान हो, आचार्य हो, उसके चिन्तन की चीज होती है कि अपने मत की स्थापना के लिए वह अपनी परम्परा को ढूँढ़कर निकालता है और यहाँ से वहाँ तक मुकम्मल हजार-दो हजार साल की परम्परा स्थापित करता है और कहता है कि यह परम्परा समर्थित अपनी बात हम कह रहे हैं।

जो लोग नृ-शास्त्र से परिचित हैं, वे जानते होंगे कि एंथ्रोपोलॉजी के सिलसिले में आम तौर पर एक नया शब्द 'लिटिल ट्रेडीशन' अर्थात् छोटी परम्परा प्रयोग में लाया जाता है यानी एक 'महान परम्परा' है और दूसरी 'छोटी परम्परा' है। इस महान परम्परा के बारे में एक बात अक्सर आप देखते होंगे कि जैसे मान लीजिए, हिन्दू धर्म का कोई आदमी होगा, अपनी 'महान परम्परा' में वह वेद को लेगा, उपनिषद्

को लेगा, मनु को लेगा, शंकराचार्य आएँगे। और इसके बाद सम्भव है कि आगे चलकर आधुनिक शंकराचार्य और करपात्री जी वगैरह से होते हुए गुरु गोलवलकर तक वह 'महान परम्परा' में समेट लेगा। इसके अलावा, जैसाकि मैंने कहा, एक और वर्ग होता है 'प्रोटेस्ट' या 'डिस्सेंट' करनेवालों का। आम तौर पर जो लोग प्रभुत्व में होते हैं अर्थात् जो शासक वर्ग होता है, उनकी परम्परा 'महान परम्परा' होती है। उस 'महान परम्परा' की तमाम चीजें पवित्र हैं, मान्य हैं, पूज्य हैं, श्रद्धेय हैं। इसके अलावा जो लोग अपने जमाने में किसी समय विरोध करते रहे हैं, जिनको दबाया गया है, कुचला गया है, खास तौर से इस भारतीय समाज में, हिन्दू समाज में, आप देखेंगे कि उच्च वर्ग के जिसमें ब्राह्मण, क्षत्रिय और वैश्य रहे होंगे, जिन्हें द्विज कहते हैं, उनकी 'महान परम्परा' है और जो छोटी कही जानेवाली जातियाँ रही हैं और जिनके कम लोग नहीं हुए, उनकी परम्परा 'महान परम्परा' नहीं है।

यही नहीं, इस 'महान परम्परा' में स्त्रियों की भी एक परम्परा रही है। इस सिलसिले में उनका नाम क्यों न लिया जाए? उदाहरण के लिए, जब हम काव्यधारा का जिक्र करते हैं तो अपना गौरव बढ़ाने के लिए इस देश में यह भी कहते रहे हैं : 'यत्र नार्यस्तु पूजयन्ते रमन्ते तत्र देवता।' और ऐसा समझा जाता है कि हमारे यहाँ नारी की बहुत पूजा की जाती थी, नारी का बड़ा सम्मान था।

लेकिन स्वयं साहित्य में, संस्कृति में उनके योगदान का जिक्र करते समय हम कहाँ किस रूप में उनकी भावनाओं का ध्यान रखते हैं? उदाहरण के लिए बौद्धों में एक बड़ी प्रसिद्ध काव्य-पुस्तक 'थेरी गाथा' है। उसमें दर्ज है कि भिखुनियों ने, जब वे एक खास प्रकार के दमन और दबाव से गुजर रही थीं, गाथाएँ लिखी हैं। भिखुनी होने के बाद किस प्रकार का 'सेक्स सप्रेशन' और दमन होता है, अपनी उस व्यथा को पालि में उन्होंने थेरी गाथाओं में लिखा है। कुछ रूप मिलेगा आपको हाल की 'गाहा सतसई' में। उसमें भी उन तमाम चीजों का जिक्र मिलेगा। कुछ स्त्री कवयित्रियाँ ऐसी हैं, जिनके नाम मिलते हैं, एकाध छन्द मिलता है। जैसे 'विज्जिका' के पद हैं, एक-दो मिलते हैं, बहुत-से खो गए। यह गनीमत है कि मीरा के पद बचे रह गए हैं, सुरक्षित हैं, उनका जिक्र हम हिन्दी में किया करते हैं।

मैं कुछ उदाहरण दे रहा था आपको कि एक दूसरी ऐसी परम्परा रही है जो उस महान परम्परा के लिए चुनौती रही है। कभी-कभी असुविधाजनक रही है। उन परम्पराओं में जब हम वेद, उपनिषद्, स्मृति, शंकर का अद्वैत दर्शन आदि से जिक्र करते हुए चलते हैं तो उसके समानान्तर यह भी जानते हैं कि इस शास्त्र के विपरीत (लोक की एक परम्परा भी रही है। लोक-परम्परा जो बड़ी और महत्त्वपूर्ण तथा जीवन्त परम्परा रही है। उसका भी अपना साहित्य रहा है। उनमें, जिन्हें हम जनजातीय समाज कहते हैं, उनकी अपनी परम्परा है : कला की, संस्कृति की, भाषा की, साहित्य की। इसलिए एंथ्रोपोलॉजी में इधर जैसा मैंने कहा कि जनजातियों

की, लोकजीवन की, लोकजाति की और उसमें भी सदियों से पिछड़ी, दबी हुई ऐसी परम्पराएँ रही हैं जिनका उद्धार बीसवीं सदी में भारत में खास तौर से आजादी के बाद हुआ। उन 'छोटी परम्पराओं' की खोज शुरू हुई और हमने देखा कि यह काम एंथ्रोपोलॉजी के लोगों ने किया। इन खोजों द्वारा छोटी परम्पराएँ सामने आई हैं। अब धीरे-धीरे मालूम हो रहा है कि जिसको हम 'भारतीय साहित्य' या और भी भारी-भरकम शब्द 'भारतीय संस्कृति' कहते हैं, वह कोई एक बने-बनाए साँचे में ढली हुई चीज नहीं है, बल्कि ज्यादा पेचीदा है, जटिल है और यही उसके बड़प्पन का सूचक है। उसकी समृद्धि का प्रभाव यह है कि उसमें एक धारा नहीं है बल्कि कई धाराएँ हैं। अक्सर आप देखते होंगे कि संस्कृति के सिलसिले में हम लोग जब भी जिक्र करते हैं तो उसकी उपमा देते हैं कि वह गंगा की धारा के समान है। अगर गंगा की धारा है, जिसको आजकल शुद्ध करने की बात की जा रही है कि इसमें प्रदूषण बहुत हो गया है, मैली हो गई है, उसके समान हमारी संस्कृति और साहित्य की परम्परा है। लेकिन हम-आप सभी जानते हैं कि हिन्दुस्तान में केवल गंगा ही नहीं है। बड़ा दुर्भाग्यपूर्ण होता देश के लिए यदि इसमें एक ही नदी होती। हम इसलिए समृद्ध हैं कि इसमें बहुत-सी नदियाँ हैं और जिस गंगा का जिक्र हम करते हैं, उस गंगा में दो तरह की नदियाँ हैं। हिन्दी में एक को हम सहायक नदी कहते हैं, दूसरी को शाखा नदी। कुछ नदियाँ ऐसी हैं जो गंगा में अपना पानी डालती हैं जिसके कारण गंगा इतनी बड़ी हुई। यमुना उनमें से एक है जो बहुत बड़ी है। सोन है। कई नदियाँ ऐसी हैं। कुछ ऐसी नदियाँ हैं जो शाखा नदी के रूप में गंगा का पानी दूसरी जगह ले जाती हैं और दूसरे इलाकों को सींचती हैं। मैं यह कहना चाहता हूँ कि यदि भारतीय साहित्य और भारतीय संस्कृति गंगा है तो ऐसी गंगा है जिसमें बहुत नदियाँ मिलती हैं और जिससे कई नदियाँ निकलती भी हैं।

मैं जैसा शुरू में कह रहा था कि परम्परा बहुवचन है और यही उसकी महत्ता है। अब ये जो अनेक परम्पराएँ हैं, इनके बारे में हमारा मूल्यांकन, हमारी खोज किस रूप में होनी चाहिए? सृजनात्मक रचनाकारों का कहना कि हर रचनाकार सर्जक अपनी सर्जना के लिए अपनी परम्परा स्वयं खोजता है। यानी परम्परा प्रदत्त नहीं होती। यह बैंक में किया हुआ डिपॉजिट नहीं है कि किसी एक आदमी ने इसे जमा कर रखा है। हर बड़ा लेखक अपने काम के लिए परम्परा खोजकर ढूँढ़ता है। जरूरी नहीं कि वह परम्परा प्रतिष्ठित या अभी जमाई हुई परम्परा से मेल खाए, उससे अलग भी हो सकती है।

टी.एस. इलियट के उस लेख 'ट्रेडीशन एंड इंडिविजुअल टैलेंट' का जिक्र किया गया था। इलियट की सृजनात्मकता की विशेषता इस बात में थी कि उसने इंग्लिश परम्परा के बने-बनाए साँचे से अलग हटकर अपने लिए एक परम्परा खोजी। इसकी मिसाल यह है कि उसने जिन साहित्यकारों को अपने करीब पाया,

ढूँढ़ा, उनमें शेक्सपियर नहीं थे। मिल्टन नहीं थे। अंग्रेजी की जो महान परम्परा थी, उसमें शेक्सपियर, मिल्टन, रोमांटिक कवि और इसके बाद विक्टोरियन कवि थे। यह बनी-बनाई परम्परा थी। इलियट को ज्यादा उपयोगी और महत्त्वपूर्ण लगा कि एक और परम्परा यानी 'लिटिल ट्रेडीशन' है जिसकी उपेक्षा की जाती थी, जो अंग्रेजी के मेटाफिजिकल कवि कहलाते हैं जिनमें डन था, मारवेल था, हर्बट था—ये बड़े माइनर पोयट्स, अर्थात् छोटे कवि समझे जाते थे। डॉ. जॉनसन ने इन्हें खारिज कर दिया था और कहा था कि इनमें कवित्व ही नहीं। ये अनुभूति से नहीं, बिट से कविता लिखते हैं।

दूसरे उसने (इलियट ने) तमाम रोमांटिक कवियों में से शेली को छोड़ दिया। हमारे भारतीय विश्वविद्यालयों में भी 'पैराडाइज लॉस्ट' तो पाठ्यक्रम में रहा करता था। इस तरह उसने शेक्सपियर और मिल्टन को एक किनारे कर काम उन तीन छोटे-से कवियों से चलाया; कहा, यह अंग्रेजी परम्परा है। उसमें एलेक्जेंडर पोप का नाम लिया जो आम तौर से हमारे रीतिवादी कवि जैसे आगस्टन पोएट थे, उनको महत्त्व दिया। विक्टोरियन कवियों को तो बिलकुल छोड़ दिया। यह सही था या गलत था, यह महत्त्वपूर्ण नहीं। वह कितना तखलीकी था, यह महत्त्वपूर्ण है।

यह हो सकता है कि कुछ लोग महान परम्परा की माला जपते रहें और कुछ भी सृजन न करें। हिन्दी में ऐसा बहुत दिखाई पड़ता है कि तुलसीदास बड़े महान हैं, उनकी महानता का आप बखान करते हैं। लेकिन आप तुलसीदास की महान परम्परा में अपनी ओर से क्या जोड़ते हैं, यह ज्यादा महत्त्वपूर्ण है। कोई आदमी एवरेस्ट की पूजा करने से ही एवरेस्ट से ऊँचा नहीं हो जाता। हो सकता कि गाँव नहीं हैं। हम अनुभव से जानते हैं कि गाँव में रहनेवाले बहुत सारे लोग हैं जो पढ़ नहीं सकते, अपने दस्तखत नहीं कर सकते। लेकिन अनुभव-सम्पन्न—दुनिया देखे हुए लोग हैं। तजुर्बे के बल पर मौखिक परम्परा द्वारा इन्हें हजारों साल की बहुत सारी चीजें मालूम हुई हैं। वे शिक्षित हुआ करते हैं, यद्यपि वे 'इलिटरेट' हैं। और ऐसे भी लोग होते हैं जो 'लिटरेट' होते हैं; शास्त्र के पंडित होते हैं। लेकिन यह हो सकता है कि वे शिक्षित न हों, असभ्य हों।

कबीर ने कई तरह के पशुओं का जिक्र किया है। उसमें उन्होंने एक 'पढ़पशु' शब्द का जिक्र किया है। एक शब्द है : 'धनपशु'। उन धनपशुओं को हम-आप यहाँ श्रीनगर में भी देख सकते हैं। लेकिन दिल्ली, कलकत्ता, बम्बई में ऐसे धनपशु बहुत हैं। बहुत धन जमा किया है। लेकिन वे मनुष्य नहीं हैं। इनसानियत के जो गुण होते हैं, जो बुनियादी चीजें होती हैं, वे उनमें नहीं होती हैं। कबीर ने कहा कि धनपशु होते हैं और बहुत-से ऐसे लोग हैं जो पढ़पशु होते हैं। शास्त्र पढ़ रखा है। वेद याद हैं उनको, कुरान पढ़े हैं, हिफ्ज और हाफिज सकते हैं, हज भी कर आए होंगे। हमारे यहाँ चारों धाम करनेवाले लोग भी मौजूद हैं। शास्त्र के पढ़े-लिखे बड़े पंडित

मौजूद हैं। लेकिन हो सकता है कि वे कबीर की पढ़पशु कोटि के हों। जो शिक्षित नहीं है, सुसंस्कृत नहीं है, जिसके हृदय में दुखी के लिए, दीन के लिए, सताए हुए लोगों के लिए दर्द न हो, वह आदमी चाहे जितना शास्त्र पढ़ा-लिखा हो, उसमें तो मनुष्यता का बुनियादी गुण ही नहीं है। उदाहरण के लिए, मान लीजिए, कहीं कोई एक मामूली अन्याय हुआ हो और उसके खिलाफ कहा जाए कि विरोध करना है, हस्ताक्षर कर दो और उसके हाथ काँपने लगें, दस बार देखे कि कहीं प्रधानमंत्री न नाराज हों, मुख्यमंत्री न नाराज हों, नौकरी न चली जाए, चार बार सोचे। जो विरोध खुल करके करना है, आवाज बुलन्द करना तो एक बात, दस्तखत करते जिसका हाथ काँपता हो तो चाहे जितना बड़ा पंडित हो, वह शिक्षित नहीं, सुसंस्कृत आदमी नहीं। तो हजारी प्रसाद द्विवेदी ने कबीर पर लिखते हुए फर्क किया कि कबीर भले ही पढ़े-लिखे नहीं थे, लेकिन कबीर शिक्षित थे।

जिस बात पर बल देने की जरूरत है, वह यह कि हिन्दी साहित्य का जो निर्माण और उदय 1000 ई. के आसपास हुआ, उसके लिए संतों ने, फकीरों ने, सूफियों ने और भक्तों ने संस्कृत के वर्चस्व के सामने गँवारी बोली को, अवधी को, ब्रज को चुना। कबीर ने कहा भी : 'कबीरा संस्कृत कूप जल, भाखा बहता नीर'। जानबूझकर उस 'कूपजल' शब्द का प्रयोग किया था कबीर ने, जो कहते हैं, निरक्षर थे, शास्त्र नहीं जानते थे। यह संस्कृत में ही कहा गया है कि परदादा का कुआँ है, पानी खराब हो गया है। खारा हो गया है, फिर भी परम्परा-पसन्द लोग, जो का-पुरुष होते हैं, वे वही, पानी पीना पसन्द करते हैं, क्योंकि परदादा का है। श्लोक है संस्कृत में :

*नाटस्य कूपं इति ध्रुवाना*
*क्षारं अजलं कापुरषाः पिबन्ति।*

तो यह परदादावाद जो है, इसके चलते वे अपने पौरुष से नया कुआँ खोदकर नया ताजा पानी पिएँ, यह हिम्मत नहीं होती। परदादा के खारे पानी को कब तक पीते रहोगे भाई? इस देववाणी संस्कृत को जब कबीर ने कूपजल कहा था तो 'पाटस्य कूपं' पर उनका कहीं-न-कहीं ध्यान रहा होगा। जिसका पानी क्षार हो गया है, उसके विरुद्ध उन्होंने उस धारा का जिक्र किया जिसे 'भाखा बहता नीर' कहा गया। ध्यान देने की बात है कि जिसे हम हिन्दी साहित्य का स्वर्णयुग कहते हैं, गौरवशाली युग कहते हैं, जिन्होंने इसकी नींव डाली और उसमें वह शक्ति का सौन्दर्य भरा जिस पर हम गर्व करते हैं। जिसको हम भक्ति काव्य कहते, उसमें निर्गुण-सगुण, सूफी, मुसलमान, ब्राह्मण, वैश्य, शूद्र, औरत और अनेक निचले तबके के लोगों की बहुतायत थी।

उस साहित्य में आप यह भी ध्यान दें कि मजहब की दीवारें तोड़कर हिन्दू-मुसलमान, दोनों आए थे। हिन्दी साहित्य का आज के जमाने में इतिहास लिखना हो,

वैसे बड़े शोध-प्रबन्ध भी लिखे गए हैं—हिन्दी साहित्य को मुसलमानों की देन जैसे और यह सारी देन जो है, वह मध्ययुग तक सिमटकर रह जाती है। आधुनिक युग में कितने मुसलमान साहित्यकार आते हैं? हम लोग अपने को बड़ा 'सेक्यूलर' कहते हैं लेकिन 'सेक्यूलरइज्म' को उन संतों-भक्तों ने इस हद तक अपनी जड़ों तक पहुँचाया था कि उनकी जिन्दगी में रचा-पचा था। मैं किसी भी सेक्यूलरइज्म की सबसे बड़ी कसौटी मानता हूँ—सृजनात्मकता। बड़ी-से-बड़ी कोई विचारधारा हो, धारणा हो, अगर वह किताबी होगी तो उसमें सृजन की चीजें पैदा नहीं हो सकतीं। अगर वह जिन्दगी में रची-पची होगी तो उसकी झलक आपको दिखाई पड़ेगी—कविता में, नाटक में, उपन्यास में, पेंटिंग में, संगीत में, मूर्तिकला में, भवन-निर्माण कला में। इसलिए उस दौर को, उस महत्त्व को समझने के लिए इस बात की जरूरत है कि contrast के रूप में देखें कि पिछले अड़तीस साल में हरिजनों को, बाकी लोगों की बड़ी सुविधा दी गई, लेकिन ये तमाम सुविधाएँ, वजीफे देने के बावजूद, ये डिप्टी कलक्टर हो गए हैं, कलक्टर हो गए हैं, आई.ए.एस. और इंजीनियर हो गए हैं, वे डॉक्टर भी हो गए हों, साहित्यकार और बुद्धिजीवी इनमें से एक भी पैदा नहीं हुआ। कहना चाहिए कि शासक वर्ग यह चाहता है कि इनका पेट भरा रहे लेकिन कौम को, तबके को जगाने वाले बारूद—बुद्धिजीवी—वे न पैदा हों। साहित्यकार न पैदा हों।

आचार्य हजारी प्रसाद द्विवेदी के माध्यम से मैं जिस परम्परा का जिक्र कर रहा था, अनेक परम्पराओं में जो उपेक्षित हैं, उस परम्परा की जाँच की जानी चाहिए। कबीर समाज-सुधारक माने गए, कवि नहीं माने गए। यही नहीं बल्कि समाज-सुधारक के रूप में भी कबीर के बारे में स्वयं जो आचार्य रामचन्द्र शुक्ल ने अनेक तरह की व्याख्याएँ देने की कोशिश की थी। द्विवेदी जी ने दिखाया कि कबीर को उपेक्षा और उन्हें दूसरे दर्जे का इसलिए नहीं माना गया कि वह छोटी जाति के थे, इसलिए नहीं कि मुसलमान के घर में पालित हुए थे, बल्कि इसलिए कि कबीर दरअसल ऐसे क्रान्तिकारी कवि और साहित्यकार थे जिसे आसानी से स्वीकार करने में खतरा था। कबीर के महत्त्व को कम करने का मुख्य कारण है उनकी क्रान्तिकारिता। उन्हें आचार्य रामचन्द्र शुक्ल ने लोक-विरोधी तक कहा था। यही नहीं, बल्कि उन्होंने तुलसीदास का हवाला देते हुए लिखा कि तुलसीदास ने कबीर का विरोध किया है : 'साखी सबदी दोहरा कह कहनी उपखान।' और कविता में साखी, सबदी, दोहरा—यह तो कबीर ही कहते थे। और इन लोगों ने छोटी जातियों में इतना अहंकार भर दिया है कि ये 'आँख दिखावहिं डाँटा'। ये बड़े-बड़े लोगों को आँख दिखाने की कोशिश करते हैं। इनकी यह जुर्रत पैदा हुई है। कबीर ने बहकाया है छोटे लोगों को साखी, सबदी, दोहरा के द्वारा। छोटे लोग बड़े लोगों को, विद्वानों को, पंडितों को और ऊँची जाति के लोगों को आँख दिखाते हैं और कहते हैं कि ब्रह्म को हम जानते हैं। तुम नहीं जानते। कबीर का यह कार्य अक्षम्य था। तुलसीदास ने उसका विरोध किया

और शुक्ल जी कहते हैं कि विरोध ठीक किया उन्होंने, क्योंकि कबीर समाज की मर्यादा भंग कर रहे थे। छोटे-बड़े का एक भेद बना हुआ चला आ रहा था। कबीर उन्हें उकसा रहे थे कि बड़े लोगों को चुनौती दें। स्पष्ट शब्दों में आचार्य शुक्ल ने लिखा है कि कबीर इस दृष्टि से लोक-विरोधी थे यद्यपि कबीर ने एक काम और किया था और वह दर्जा भी उन्होंने कहा कि उनसे छिन गया। ऐसा समझा जाता है कि हिन्दू-मुसलमानों में एकता की भावना फैलाने का काम कबीर ने किया था। शुक्ल जी ने लिखा कि उन्होंने एकता कम फैलाई, उन्होंने दोनों को फटकारा और फटकारने से दिल मिलने की जगह और खट्टा हो गया।

सच पूछिए तो कबीर जो सौ-डेढ़ सौ साल पहले डाँट-फटकार चुके थे, खंडन कर चुके थे, उसके बाद दरअसल एक सीमेंट की जरूरत थी, एक मलहम की जरूरत थी, जो काम मलिक मुहम्मद जायसी जैसे सूफी ने किया। हिन्दू और मुसलमान के बीच एक समान प्रेम की धारा बहाकर दोनों को एक करने की कोशिश की। दोनों के बीच पद्मावती की प्रेम-कहानी लेकर उन्होंने प्रेम का प्रसार किया। कबीर तो डाँटते-फटकारते रहे। इसलिए कबीर का एक बड़ा भारी महत्त्व जो था, वह भी छिन गया। छिनकर जायसी को चला गया। बाकी जो काम वे कर चुके थे, उसका तुलसीदास ने विरोध किया। वह तो अक्षम्य है ही। कुल मिलाकर कहा जा सकता है कि उन्होंने इस समाज को सुधारने की कोशिश की।

आचार्य हजारी प्रसाद द्विवेदी ने दिखाने की कोशिश की, जो मैं समझता हूँ कि इस गांधीवादी युग में उल्लेखनीय और महत्त्वपूर्ण है, कि सुधारक और क्रान्तिकारी दो शब्द हैं। कबीर को उस समय अंग्रेजी में लिखने वाले ईसाई पादरी समाज-सुधारक कहा करते थे। मुझे याद है, हमारे एक स्वर्गीय मित्र श्री भारत भूषण अग्रवाल जो बहुत अच्छे हिन्दी कवि हैं, कुछ दिनों तक आकाशवाणी में थे। उन्हीं दिनों जब एक सम्प्रदायवाद के हाथों गांधी जी की हत्या हुई, तो जरूरत महसूस हुई कि ऐसे समय 'रेडियो से कम्यूनल हारमोनी' के कुछ गाने गवाए जाएँ, कविताएँ सुनाई जाएँ। केन्द्र निदेशक ने भारत भूषण अग्रवाल से कहा कि कबीर तो तुरन्त मिल जाएँगे। ढूँढ़ो। भारत भूषण अग्रवाल ने बताया कि मुझे कबीर में 'कम्यूनल हारमोनी' की कोई चीज ही नहीं मिली। उनके यहाँ जब ढूँढ़ो तो 'अरे इन दोउन राह न पाई' या 'यह जग अन्धा केहि समझाऊँ'। एक ओर पांडे और दूसरी ओर मौलवी—वे दोनों को यहाँ से वहाँ तक फटकारते रहे हैं। इनमें दोनों एक हो जाएँ, ऐसी तो कोई चीज दिखाई नहीं पड़ रही। ध्यान देने की बात है। हम लोग आँख-मूँदकर बगैर जाँच-पड़ताल के कभी-कभी ऐसा कह देते थे, गांधी जी के युग में हम लोग 'कम्यूनल हारमोनी' का मतलब यह समझते थे कि पंडित और मौलवी, दोनों यदि एक होंगे तो हिन्दू-मुसलमान, दोनों एक हो जाएँगे। कबीर ने कहा कि यही दोनों तो दीवार हैं। इसलिए उन्होंने इन दोनों के खिलाफ लिखा।

सुधारवादी रास्ता यह है कि दाढ़ी और चोटी काट देने के बाद जो इनसान रह जाएगा, वह न हिन्दू होगा, न मुसलमान। अपने हिन्दूपन और अपने मुसलमान के साथ तुम नहीं मिल पाओगे। क्योंकि ये दोनों वह लिबास हैं जो तुम्हारी इनसानियत को ढँके हुए हैं। विद्यार्थी अक्सर लिखते हैं कि कबीर ने बाहरी आडम्बर का विरोध किया। यह बाहरी आडम्बर क्या चीज है? इसका मतलब यह हुआ न कि शास्त्र द्वारा, धर्म या मजहब द्वारा जो रूढ़ियाँ बनाई गई हैं, उनको काटकर सामान्य भूमि पर हिन्दू या मुसलमान शुद्ध मनुष्य बनेंगे, इसलिए आडम्बरों को हटाना होगा। गांधीवादी रास्ता दाढ़ी और चोटी एक करने का था। कबीर का रास्ता दोनों को काटकर, अलग कर मनुष्यता की भूमि पर एक करने का था। पहला सुधार का तथा दूसरा क्रान्ति का मार्ग था। कबीर को समाज-सुधारक कहना गलत है।

आचार्य हजारी प्रसाद द्विवेदी की 'कबीर' नामक पुस्तक आप लोगों में से बहुतों ने पढ़ी होगी। आम तौर से दो लफ्जों पर लोग लटक जाते हैं कि कबीर अक्खड़ थे कि फक्कड़ थे। इस अक्खड़-फक्खड़ में लोग इस हद तक उलझ जाते हैं कि मूल स्थापना उस ग्रंथ की है कि कबीर समाज-सुधारक नहीं थे। कबीर का रास्ता गांधीवादी रास्ता नहीं था। कबीर इन दोनों दीवारों को हटाकर, तोड़कर क्रान्तिकारी काम कर रहे थे और यही वजह है कि हिन्दी साहित्य ने कभी उन्हें इस रूप में स्वीकारा नहीं। इसकी पहचान होती है कि किंवदन्तियों से जो 'लीजेंड्स' कवियों के बारे में शामिल होते हैं, मैं इसको अठारहवीं-उन्नीसवीं सदी के आसपास ही का समझता हूँ कि कभी कबीर के जन्म के बारे में एक लीजेंड गढ़ा गया हो कि कबीर एक विधवा ब्राह्मणी के पेट से पैदा हुए थे और मुसलमान जुलाहे के घर में पालित हुए। जाँच की जानी चाहिए कि ये किंवदन्तियाँ उस रुझान, उस मानसिकता का सच्चा आईना हैं। विधवा ब्राह्मणी से क्यों? ऐसी भी तो ब्राह्मणी हो सकती थी। मगर ब्राह्मणी का ही जाया कहा उन्हें, तो कबीर ने लिखा है : 'तू कहता ब्राह्मणी का जाया', जिस आदमी ने इसका विरोध किया कि इससे कोई बड़ा नहीं होता, उस आदमी को लांछित करने के लिए उसे विधवा ब्राह्मणी से पैदा हुआ बताया गया और इसके बाद जुलाहे के घर में लालित-पालित वगैरह हुए।

आचार्य शुक्ल ने एक अद्‌भुत वाक्य लिखा है। आश्चर्य होता है। क्योंकि आचार्य शुक्ल कट्टरपंथी हिन्दू नहीं थे, उदार दृष्टिकोण वाले थे। लिखा है कि कबीर जात-पाँत के खंडन तो आप थे ही थे। यानी कबीर जात-पाँत का खंडन करते थे, इसमें कोई चौंकने की बात नहीं थी। खुद उनका जन्म ही जात-पाँत का खंडन था। वह किसी जात के थे ही नहीं, न किसी धर्म के थे। जो आदमी नाजायज़ सन्तान हो अगर वह खुद इन तमाम लोगों का विरोध करे तो इसमें चौंकने की क्या बात है?—यह लीजेंड फैलाया गया कबीर के बारे में, क्योंकि उनका ख़याल था कि

ऐसे क्रान्तिकारी विचारों वाला आदमी कोई हिन्दू नहीं हो सकता और ठीक-ठीक मुसलमान भी नहीं हो सकता।

इसलिए 'महान परम्परा' जो हिन्दुओं की है, उसमें अब कोई असुविधाजनक आदमी पैदा होता है तो हम अचानक उसके लिए एक मिथ गढ़ते हैं और ऐसे मिथक बहुत मिलेंगे। नृसिंह नाम का एन मिथ है। नृसिंहावतार की कल्पनाएँ कीजिए जो न मनुष्य है, न पशु है, न दिन में मारता है, न रात में मारता है, न धरती पर मारता है, न आकाश में मारता है। ऐसे संक्रमण के लिए यह जो बड़ी क्रिएटिव जाति रही है हिन्दुस्तान की, इसमें अनेक मिथक रहे हैं। कबीर की जीवन-सम्बन्धी कथा भी ऐसा ही गढ़ा हुआ मिथक है। क्योंकि वह व्यक्ति असुविधाजनक था। किसी साँचे में फिट नहीं बैठता था—न मुस्लिम साँचे में, न हिन्दू साँचे में ही।

द्विवेदी जी ने, जैसा मैंने कहा, बड़ी मेहनत की है यह साबित करने में कि यह कथा गलत है। थे जुलाहे ही। कोरी से वह अंसारी हुए थे। कब हुए थे, एक पीढ़ी पहले हुए थे या दो पीढ़ी पहले हुए थे, कहना मुश्किल है। पर थे जुलाहे ही। और अपने उस सामाजिक-आर्थिक आधार के कारण, अपनी धार्मिक पृष्ठभूमि के कारण, द्विवेदी जी ने लिखा है कि चौराहे पर खड़े थे। ऐसे चौराहे पर, जब वह कहते हैं : 'कबीरा खड़ा बजार में लिये लुकाठी हाथ' तो वह बाजार यूँ ही बाजार नहीं है। बाजार किस चीज का प्रतीक है, इसे मैंने भी समझना जरूरी समझा। द्विवेदी जी ने इसकी वजाहत की है कि वह चौराहा था अनेक दृष्टियों से। एक तरफ एक रास्ता निकलता था तो दूसरी तरफ दूसरा, तीसरा, चौथा रास्ता निकलता था और उस रास्ते पर उन्हें कोई और रास्ता दिखाने वाला नहीं। कबीर का वह क्रान्तिकारी महत्त्व अर्थात् जिस दूसरी परम्परा को कबीर के माध्यम से द्विवेदी जी ने दिखाने की कोशिश की है, वह क्रान्तिकारी परम्परा जो दबी रह गई, उसके कारण हैं और दूसरी परम्परा का बीज वहाँ दिखाई पड़ता है।

इस सिलसिले में हम देखेंगे कि कबीर वह केन्द्रबिन्दु थे जिसके हजार साल पीछे द्विवेदी जी जाते हैं और सैकड़ों साल उसके बाद आगे आते हैं और इस धारा को दिखाने की कोशिश करते हैं। तंत्र के महत्त्व के बारे में आप लोगों को कुछ भी बताने की जरूरत नहीं। यहीं कश्मीर में 'तंत्रालोक' की रचना हुई है। तो द्विवेदी जी ने तंत्र की परम्परा, जिसमें नाथ हुए, सिद्ध हुए, आगे चलकर इसी परम्परा में वह कलन्दर हुए थे जिनका सूफियों के साथ बहुत साम्य था और सूफी साहित्य में आपको जोगियों का बहुत वर्णन मिलेगा, उसका तारतम्य बिठाया। कौन थे वे जोगी? हिन्दी की धारा ने जोगियों का बड़ा विरोध किया था। वह इसीलिए कहते थे कि जोगी गृहस्थियों के लिए सिरदर्द थे। यह वह धर्म था जो गृहस्थी-विरोधी था।

यह गृहस्थी नाम की चीज बड़ी विचित्र है। बड़े-बड़े शेरों को चूहा बनाती है। यह छोटी इकाई बड़ी निरामिष है। तमाम रूढ़ियों, जर्जर चीजों की यह इकाई

आदमी को नियंत्रित करती है। गजानन माधव मुक्तिबोध ने आधुनिक साहित्य में 'नये की जन्मकुंडली' नाम से दो लेख लिखे और उनमें उन्होंने कहा कि हम लोग आधुनिकता की बड़ी बात करते हैं, नई शायरी की बात करते हैं, सच्चाई यह है कि ये सभी चीजें फैमिली के मुद्दे पर टूट जाती हैं। हमारी जड़ें तो यहाँ हैं, दिमाग आसमान में रहा करें, पाँव तो हमारे वहीं हैं, खाना तो हम खाने वहीं आते हैं और यह लड़ाई बड़ी पेचीदा हुआ करती है। बाहरी शत्रु से, वर्ग शत्रु से लड़ना बड़ी आसान बात है लेकिन जब वर्ग शत्रु माँ की शक्ल में हो, बाप की शक्ल में हो, भाई या बीवी की शक्ल में हो, तब लड़ाई मुश्किल होती है। यहाँ पर गीता के अर्जुन की कँपकँपी छूट गई थी। धनुष हाथ से गिर गया था, पसीने आने लगे थे। हमारे गुरुदेव, पता नहीं, व्यंग्य में या और किसी भाव से, किसी का परिचय देते समय कहा करते थे कि यह सद्गृहस्थ है, कोई 'एंगुलेरिटी' इनमें नहीं है, ठीक-ठाक आदमी है।

आचार्य शुक्ल ने तुलसीदास की प्रशंसा इस बात के लिए की है कि उन्होंने कुल-धर्म के मूल्यों को मजबूत किया था वरना ये योगी और दूसरे लोग तो उखाड़ रहे थे। सूफियों ने भी यही तबाही की थी। सूफी शायरी की बुनियादें यही हैं। हम लोग कहते हैं कि आचार्य शुक्ल ने मलिक मुहम्मद जायसी को हिन्दी में प्रतिष्ठित किया, निश्चित रूप से किया। पूरी 'पद्मावत' में जो चीज सबसे अच्छी लगी, वह है नागमती का विरह। ध्यान रहे, ब्याहता स्त्री है नागमती। पद्मावत की पूरी 'थीम' है कि राजा रत्नसेन घर-द्वार छोड़कर अपनी प्रेयसी पद्मावती, जो माशूक का प्रतीक है, के लिए निकल पड़ता है, योगी बन जाता है और वहाँ से ले आता है।

सूफी-दर्शन के अनुसार यह माशूक खुदा के बराबर है। कहानी पद्मावत की है, प्रेमिका के प्रेम की कहानी जिसकी शुक्ल जी ने ऐकान्तिक प्रेम कहा है। शुक्ल जी तारीफ कर रहे हैं। नागमती के विरह की जो व्याहता स्त्री है, घरेलू है; जो साइड-हीरोइन है, उसको वह हीरोइन मान रहे हैं और प्रशंसा किये चले जा रहे क्योंकि गृहस्थी के मूल्य जो तुलसी ने दिखाए हैं, वे जायसी में थोड़े-से दिखाई दिये। उन्होंने कहा, यह बहुत अच्छा काम जायसी ने किया, बाकी प्रेम में घर-द्वार छोड़कर निकलना भटकाव है, उसको बहुत महत्त्व नहीं देना चाहिए। विचित्र बात है, तुलसी जिन्होंने घर-द्वार छोड़ दिया, साधु हो गए थे। उनकी और रत्नावली की कहानी प्रसिद्ध है, कुल-धर्म की प्रतिष्ठा करनेवाले हो गए और कबीर जो गृहस्थ थे, शादीशुदा थे, सब कुछ पालते-वालते थे, कुलधर्म को तोड़ने वाले आदमी माने गए।

तंत्र में जो दूसरी परम्परा दिखाई पड़ती है, उस गृहस्थ धर्म के विरुद्ध पूरी तांत्रिक साधना की परम्परा भिन्न दिशा की ओर ले जाती है। उस तंत्र का असर जयशंकर प्रसाद ने बड़े विस्तार से लिखा है। मैं उस ब्योरे में नहीं जाना चाहता। मैं कहना चाहता था कि इन रूढ़ियों के विरुद्ध एक ऐसी परम्परा है जिसके नुक्कड़

पर कबीर मिलते थे। द्विवेदी से पहले यह काम राहुल सांकृत्यायन ने किया था। सरहप्पा पर उन्होंने बड़ी महत्त्वपूर्ण पुस्तक लिखी। सिद्धों, नाथों और योगियों के बारे में लिखा। यह जो विद्रोही, क्रान्तिकारी परम्परा थी, चुनौती देती थी, रूढ़ियों को तोड़ती थी। किसी बड़े-से-बड़े लेखक की विचारधारा की कसौटी यह है कि वह धार्मिक मामलों से क्या दृष्टिकोण अपनाता है। अगर वह हिन्दू है तो जाति-व्यवस्था के बारे में वह क्या विचार करता है और नारी के बारे में उसका क्या दृष्टिकोण है? इन तीनों के मामले में कबीर को ही नहीं बल्कि तमाम दूसरे लेखकों को जाँचा जाना चाहिए। जाति-व्यवस्था को चुनौती कौन देता है और किस हद तक देता है? भक्त कवियों में ऐसे हुए हैं—तुलसीदास थे। उनके यहाँ 'टू टियर सिस्टम' था। भक्ति की दुनिया में सब बराबर हैं। राम और मल्लाह, दोनों मिलते हैं। रामराज्य में चारों वर्णों की अपनी-अपनी जगह थी जिसको विक्टोरियन लोग कहा करते थे कि वहाँ हर चीज के लिए जगह थी। लेकिन हर चीज अपनी जगह पर थी। भक्ति में जात-पाँत का भेद नहीं है, लेकिन भक्ति के बाहर समाज में पद-भेद है, रहेगा, या आदर्श रूप में रहना चाहिए।

इस दृष्टि से कबीर ही अकेले ऐसे आदमी थे जिनके यहाँ 'टू टियर सिस्टम' नहीं था। आज भी जो बड़े प्रगतिशील और क्रान्तिकारी लोग दिखाई पड़ते हैं, पार्टी दफ्तर में और पार्टी में, बराबर हैं। उसके बाहर समाज में आने के बाद जात-पाँत वे भी मानते हैं। छुआछूत मानते हैं। उस क्रान्तिकारी परम्परा में, जिसमें निराला का नाम लेता हूँ, मुक्तिबोध और प्रेमचन्द का नाम लेता हूँ। 'टू टियर सिस्टम' नहीं रहा और इन तमाम रूढ़ियों को, चाहे जाति-प्रथा की हों, मजहब-सम्बन्धी या औरतों के बारे में हो, इस दीवार को बहुत कुछ तोड़कर एक सामान्य मनुष्यता की भूमि पर लाने की कोशिश की।

आचार्य हजारी प्रसाद द्विवेदी ने कबीर पर जो पुस्तक लिखी और उसके द्वारा हिन्दी साहित्य की दूसरी परम्परा की ओर संकेत कर हिन्दी में भारत की 'ग्रेट ट्रेडीशन' के विरुद्ध एक दूसरी रेखा खींचने की जो कोशिश की, वह एक अवदान है। उनका विचार और साहित्य इसलिए भी अत्यन्त महत्त्वपूर्ण है क्योंकि उन्होंने यह काम केवल एक आलोचक की हैसियत से नहीं किया बल्कि अपने उपन्यासों द्वारा भी किया। उनके उपन्यासों में 'बाणभट्ट की आत्मकथा' का बाणभट्ट, 'चारु चन्द्रलेख' की चन्द्रलेखा और 'सीदी मौला' की सीदी मौला ऐतिहासिक पात्र हैं। 'पुनर्नवा' में कालिदास को लेकर लिखा उन्होंने तथा 'अनामदास का पोथा'—इन सब उपन्यासों में उन्होंने कबीर की उस क्रान्तिकारी वाणी को, जो भक्ति-रूप में आई थी, सृजनात्मकता के साथ रखा कि वह लोगों के लिए शक्तिशाली बन गई।

अगर द्विवेदी जी ने केवल आलोचना के स्तर पर ही यह बात की होती तो खतरा इतना बड़ा न था। यह खतरा चूँकि इतना बड़ा है, इसीलिए हिन्दी में आज

अनेक लोग हैं जो आचार्य रामचन्द्र शुक्ल का नाम लेकर हजारी प्रसाद द्विवेदी का विरोध करते हैं। उस दौर में भी लोगों ने किया था, आज भी कर रहे हैं। ऐसा समझा जा रहा है कि उनका जो बना-बनाया ढाँचा है, चरमराकर टूट जाएगा, यदि द्विवेदी जी की मान्यताएँ मानी गईं। सबसे बड़ी विडम्बना है कि यह काम वे लोग कर रहे हैं जो मार्क्स के क्रान्तिकारी विचार को मानने का दावा करते हैं। निराला ने 'राम की शक्ति-पूजा' में एक जगह लिखा है : 'अन्याय जिधर है उधर शक्ति'।

आज के जीवन की भी यही विडम्बना है और खास तौर से यह जो वैचारिक संघर्ष आचार्य रामचन्द्र शुक्ल और आचार्य हजारी प्रसाद द्विवेदी के बीच चल रहा है, मुझे आश्चर्य है कि अन्याय जिधर है, उधर शक्ति ज्यादा दिखाई पड़ रही है। इसीलिए खतरा लोगों को यह लगता है कि यह क्रान्तिकारी दृष्टि उनके पूर्वनिर्मित ढाँचे को तोड़ न दे।

साहित्य के इतर संस्कृति के बारे में भी द्विवेदी जी ने बहुत लिखा है; बल्कि कहना चाहिए कि वह ऐसे अकेले विचारक थे। रामधारी सिंह दिनकर ने तो 'संस्कृति के चार अध्याय' किताब लिखी है जो एक संग्रह ग्रंथ है। जोड़-बटोरकर लिखी गई चीज है। द्विवेदी जी ने तो मौलिक चिन्तन किया है। सर्जनात्मक ढंग से संस्कृति के बारे में एक दूसरी परम्परा की उनकी धारणा अलग है। जैसे प्रेमचन्द ने कहा था कि हमें हुस्न का मैयार बदलना पड़ेगा। द्विवेदी जी ने हुस्न और सौन्दर्य की नई परिभाषा दी। संस्कृति की बुनियाद सौन्दर्य है, उसकी परिभाषा जब तक आप नहीं बदलते हैं, मैयार नहीं बदलते हैं, तब तक आप इसके बारे में क्या बातें करेंगे!

## संवाद

**अयूब प्रेमी :** जात-पाँत-विरोधी परम्परा, जो कबीर से पूर्व नाथों और सिद्धों के साहित्य में चली आ रही थी, उसमें क्या कबीर ने अपना योग देकर समृद्ध किया है अथवा एक नया मार्ग उन्होंने चलाया?

**नामवर सिंह :** कबीर की बेलाग, बेलौस, दो टूक, खरी बात कहने वाली कविताई का असर बड़े गहरे तक पड़ा है। उन्होंने कहा : 'तू कहता है कागद लेखी, मैं कहता हूँ आँखन देखी' या 'तू कहता उलझावनहारी, मैं कहता सुलझाय रे' या '...देखा-देखी बात। दुल्हा-दुल्हन मिलि गए फीकी पड़ी बरात' या 'जात न पूछो साधु की पूछ लीजिए ज्ञान। मोल करो तलवार का पड़ा रहन दो म्यान'—ऐसे सवालों पर ये जो दो टूक बात कहने का साहस है, वह आपको निराला, मुक्तिबोध, नागार्जुन, धूमिल में मिलेगी। यह कबीर की परम्परा है। कबीर ने लाग-लपेटविहीन भाषा तैयार की।

कबीर अगर तलवार भाँजने वाले होते तो भाई सरदार जाफरी हुए होते। वे उदास भी होते थे। आँखों में आँसू आते थे। उन्होंने लिखा है : 'सुखिया सब संसार

है खाये अरु सोवै; दुखिया दास कबीर है जागे अरु रोवै।' जदीदियत में भी मुझे इस वजन की चीज नहीं मिली है। दुख की ऐसी गहराई कबीर में थी। इसकी झलक हमें निराला में दिखाई पड़ती है। यह 'ट्रैजिक विजन' कबीर की ऊँची चीज है। इसलिए कबीर के विचारों में कोई अन्तर्विरोध नहीं है। साफ नजरिया था। हकीकत निगार थे। इसलिए उदास होते थे, परेशान होते थे, नींद हराम हो जाती थी।

**मोहिनी कौल :** अभी एक प्रश्न यहाँ पूछा गया कबीर के अन्तर्विरोधों के बारे में। कहा गया कि नाथों और सिद्धों की परम्परा को लेकर कबीर की कथनी और करनी में बाद में अन्तर्विरोध दिखाई देता है। मैं नहीं समझती कि अन्तर्विरोध कहाँ पर है? कृपया आप शंका-समाधान करें।

**नामवर सिंह :** 'कबीर' में द्विवेदी जी का एक वाक्य है कि योग के क्षेत्र में भक्ति का बीज पड़ने से लता पैदा हुई, वह कबीर की वाणी है। उन्होंने अपने पूर्व के योगियों के साहित्य से केवल भाषा नहीं ली, अक्खड़ता ही नहीं ली, बल्कि कबीर ने उनसे जमीन ली। उन लोगों के पास, द्विवेदी जी ने कहा कि भक्ति नहीं थी। भक्ति नई चीज थी जो कबीर ने डाली। इसलिए खेत में और बीज में कोई अन्तर्विरोध नहीं होता है...।

[लिप्यन्तरण एवं सम्पादन : अग्निशेखर, क्षमा कौल]

[सम्भवत: 1998 में श्रीनगर में दिया गया व्याख्यान 'कबीर'
(सं. भृगुनन्दन त्रिपाठी) के अंक-4 में प्रकाशित]

# कबीर का अनभै साँच

कबीर के 'अनभै साँच' पर कुछ कहने का अधिकार उसी को मिलता है जो अनुभव सत्य का या अनुभव-लब्ध सत्य में विश्वास करता हो। साथ ही अनभै सत्य, निर्भय सत्य का दावेदार हो। इन दोनों की पात्रता कितनी है, वह व्याख्यान से आपके सामने प्रगट हो जाएगी। मुझे लगता है कि अनुभव सत्य का दावा कोई कवि या रचनाकार ही कर सकता है। आलोचक काव्यानुभव का कुछ-कुछ आश्वासन तो दे सकता है लेकिन रचनाकार का जो अनुभव है, वह रचनाकार का ही है। इस समय 1998 में, कबीर के 'अनभै साँच' पर कहते समय दो प्रकार के अनुभव मेरे सामने हैं और इनकी उपेक्षा करके कबीर के 'अनभै साँच' पर नहीं कह सकता। पहला अनुभव है जो हिन्दी में इस बीच कवियों के माध्यम से सामने आया है। आज के कवियों की दिलचस्पी कबीर में है। तीन किताबें तो मेरे सामने हैं। मेरे स्वर्गीय मित्र विजयदेव नारायण साही की 'साखी' जिसमें परम गुरु कबीर के लिए प्रार्थना की है—उन्होंने। केदारनाथ सिंह से आप सब परिचित हैं। 'उत्तर कबीर' नाम की पुस्तक में 'उत्तर कबीर' नाम की अन्तिम कविता उनकी है। और अजित चौधरी की पुस्तक 'कबीर का पता' आज, कम-से-कम तीन रचनाएँ ऐसी हैं जो बता रही हैं कि कबीर उनके प्रेरणास्रोत हैं। अपने विशेष तत्त्वों और गुणों के कारण—जिसके आधार पर समकालीन कविता रची जा रही है। खास तौर से विजयदेव नारायण साही की अन्तिम पंक्तियाँ इस व्याख्यान को आरम्भ करने के लिए मुझे प्रासंगिक लगती हैं।

परम गुरु सम्बोधन करते हुए कहते हैं :

*दो तो ऐसी निरीहता दो*
*कि इस दहाड़ते आतंक के बीच*
*फटकार कर सच बोल सकूँ*
*और इसकी चिन्ता न हो कि*
*इस बहुमुखी युद्ध में*
*मेरे सच का इस्तेमाल*

*कौन अपने पक्ष में करेगा*
*वह भी न दो तो इतना ही दो*
*कि बिना मरे चुप रह सकूँ।*

यह कविता 'इमरजेंसी' के दौरान लिखी गई थी लेकिन मुख्य मुद्दा यह है कि 'फटकार कर सब बोल सकूँ और इसकी चिन्ता बिलकुल न हो कि इस बहुमुखी युद्ध में मेरे सच का इस्तेमाल कौन अपने पक्ष में कर लेगा।' एक ही बात आप कहें—आपके दुश्मन तक इसका इस्तेमाल आपके खिलाफ कर सकते हैं। यह युद्ध केवल दो के बीच नहीं है। यह बहुमुखी है। इतने प्रकार के विचारधाराएँ आज के जमाने में हैं। उन विचारधाराओं के टकराव में कौन आपके कथन का इस्तेमाल अपने पक्ष में कर लेगा, आप नहीं जानते। इसकी चिन्ता न रहते हुए फटकार के सच बोलने का साहस—जिसकी ओर मेरे मित्र साही ने इशारा किया है। और यह न दो तो बस, एक ही बात बच रहती है—चुप रहने की, लेकिन बिना मरे। मरकर तो सभी चुप हो जाते हैं। आप जीवित, फिर भी चुप रहे। मित्रो! तो अपने दिवंगत मित्र और वरिष्ठ मित्र के इस कथन के आलोक में आपके सामने कबीर के 'अनुभव साँच' पर कुछ कहने का साहस करूँगा।

मैं इसलिए कह रहा हूँ कि इस बीच में आलोचना की एक पुस्तक भी आई है : 'कबीर के आलोचक'—उसके लेखक अपने को अम्बेडकरवादी कहते हैं—और अब तक कबीर पर जिन लोगों ने जितना लिखा है—आचार्य रामचन्द्र शुक्ल, बाबू श्यामसुन्दर दास, पीताम्बर दत्त बड़थ्वाल, आचार्य हजारी प्रसाद द्विवेदी—इन तमाम लोगों के बारे में टिप्पणी की गई है। उस ग्रंथ को आप लोगों में से जिन्होंने देखा हो, वे भली भाँति जानते होंगे। दुर्भाग्य से ये सभी सवर्ण हैं, दलित कोई भी नहीं। उन लोगों की दृष्टि अपने जन्म के वर्ण से इतना निर्धारित है—यह बात इन्होंने ढूँढ़-ढूँढ़कर दिखाई है। इसलिए हम लोग कबीर को पढ़नेवाले भले ही कहते रहें, हमारी धारणा हिन्दी के औसत विद्यार्थियों की यही है कि शुक्ल जी ने, श्यामसुन्दर दास ने, हजारी प्रसाद द्विवेदी ने और दूसरे अनेक लोग हैं, उन लोगों ने जो लिखा है, वह बात तल तक जाती है।

कबीर का कथन याद आता है : 'नाम कबीरा जात जुलाहा बन-बन फिरत उदासी', घोषित रूप में कहने के बावजूद, इसलिए मैं भी कबीर के बारे में कुछ कहूँ और कहने का साहस करूँ तो हमारे जो पूर्व सूर्य हैं, जब उनको यह कहा जा रहा है तो मेरे बारे में सम्भवत: कहा जाएगा कि इनके भी वही पूर्वग्रह हैं।

मित्रो! देखिए, मैंने कहा कि फटकार कर सच बोल सकूँ। भले ही उसका इस्तेमाल जो चाहे अपने पक्ष में करे। यह कबीर का 'अनभै साँच' शब्द पहली बार हिन्दी में मेरे गुरुवर हजारी प्रसाद द्विवेदी ने प्रयुक्त किया। 'कबीर' नामक पुस्तक

में उतना नहीं जितना 'सहज साधना' नाम की अपनी पतली-सी पुस्तक में। इसमें उनके चार भाषण हैं जो मध्य प्रदेश शासन परिषद् के तत्त्वावधान में उन्होंने पंडित द्वारका प्रसाद मिश्र के निमंत्रण पर नागपुर में दिया था। उस समय राजधानी भोपाल में नहीं थी। 1963 में वे व्याख्यान पुस्तकाकार प्रकाशित हुए और अब उनकी ग्रंथावली में संकलित हैं। उसमें 'सहज साधना' की चर्चा करने के क्रम में उन्होंने 'अनभै साँच' शब्द का प्रयोग पहली बार किया और इसका विस्तार से विवेचन भी किया। मैं ढूँढ़ता रहा कबीर की अपनी रचनाओं में यह दोनों मिला करके कि पद जो 'अनभै साँच' है, यह कहाँ है। कहीं है भी या नहीं? समय कम था और मैं ढूँढ़ भी नहीं सका। इसके विशेषज्ञ हैं हमारे आदरणीय बन्धु प्रो. रामचन्द्र तिवारी। वह शायद इस पर प्रकाश डालें। साखियों में मुझे यह 'अनभै साँच' शब्द मुझे कहीं नहीं मिला। 'सबद' में भी 'अनभै' मिला, 'साँच' मिला, लेकिन एक साथ यह समस्त पद 'अनभै साँच' मुझे नहीं मिला। स्वयं गुरुदेव ने भी कहीं उद्धरण देकर कहीं से पंक्ति नहीं बताई—'अनभै साँच यहाँ मिला'। इसलिए यह शोध का विषय है और मैं पहले ही स्वीकार कर लूँ कि उसे अभी तक नहीं ढूँढ़ पाया हूँ। ध्यान से देखें तो शायद मिल जाए। इस 'अनभै साँच' के बारे में यह सबसे उल्लेखनीय है और मुख्य मुद्दा बनता है कि कबीर को तो आचार्य शुक्ल ने ज्ञानमार्गी कहा है—सम्प्रदाय में उनको ज्ञानी ही कहा जाता है और समझा जाता है कि यह तार्किक खंडन-मंडन करनेवाले हैं। कहाँ वह तर्क करते हैं—ब्राह्मण के विरुद्ध बोलते हैं, तू बाभनी का जाया है, तू भी तो वहीं से आया है—कि ब्राह्मण और शूद्र एक ही जगह से पैदा हुए हैं—फिर भी यह भेद कहाँ से आया? तर्क करते हैं, युक्ति देते हैं—मन्दिर-मस्जिद, इन तमाम चीजों के बारे में। खंडन-मंडन करते हैं—इसलिए समझा गया कि कबीर तो तर्कवादी थे। युक्तिवादी थे। ऐसा तर्क-तरकस आदमी। वह अनुभव पर बल देने वाला कहाँ से हो गया? 'अनभै साँच' माने एक उसका अनुभव है, अनुभव पर बल देनेवाला आदमी। इसलिए एक विचार तो—इस पर बहुत विवाद नहीं है कि कबीर 'अनभै साँच' पर बल देते थे।

कुमार गन्धर्व गाते हैं : 'निर्भय निर्गुन गाऊँ रे', तो कबीर को डर नहीं था किसी बात का, निर्भीक थे और निर्भय हो करके निर्गुण गाते थे। इसलिए कबीर के 'अन भय' होने के बारे में कोई दुविधा नहीं है। लेकिन मुख्य मुद्दा विचार का है—अनुभव-सत्य, अनुभवैकगम्य जो सत्य है, इस पर बल देना है। पश्चिमी दर्शन की परम्परा के लोग जानते हैं कि वह पश्चिमी दर्शन में भी है और हमारे यहाँ भी उसी प्रकार का भेद किया जाता है। अंग्रेजी में जिसको इम्पिरिसिज्म (Empiricism) कहते हैं : 'अनुभववाद' और दूसरा होता है—रेशनलिज्म, जिसको बुद्धिवाद कहते हैं, तर्कवाद कहते हैं। हमारे यहाँ की परम्परा में बौद्ध लोगों को बौद्ध इसलिए भी कहा जाता है—गौतम बुद्ध को कि वे बौद्धिक थे और इसके बारे में अगर किसी

को सन्देह हो तो नागार्जुन और धर्मरक्षित के तर्क-न्याय को देख सकते हैं। बौद्धों की जो तर्क की परम्परा है, न्याय की परम्परा है, वह इतनी सुदीर्घ है कि उसके पहले उपनिषदों वाली परम्परा में तर्क का वह विकास आरम्भ में नहीं दिखाई पड़ता है। तो एक तो बौद्ध परम्परा है और दूसरी श्रद्धा की है : 'श्रद्धावानलभते ज्ञानम्'। और समझा जाता है कि यह बुद्धिवाद और श्रद्धावाद, दोनों परस्पर-विरोधी हैं। कबीर के सन्दर्भ में और संतों के सन्दर्भ में भी यह समझा जाता है कि वे निर्गुणवादी लोग जो थे, वे ज्ञानी थे, ज्ञानमार्गी थे, यह और बात है कि उनमें भक्ति के भी तत्त्व मिलते हैं। उनका हृदय भक्ति से भरा हुआ है। कबीर कहते हैं :

*कबीर बादल प्रेम का, हम परि बरष्या आइ।*
*अंतरि भीगी आत्मां, हरी भई बनराइ॥*
*अंखड़ियां झाई पड़ी, पंथ निहारि निहारि।*
*जीभड़ियां छाला पड़्या, रांम पुकारि पुकारि॥*

भक्ति के वचन भरे हुए हैं—पदों में हैं, रमैनी में हैं, साखियों में हैं।

और साधना का जहाँ तक मार्ग है—चाहे वह राजयोग, हठयोग में हो, वह साधना तो पूरी की पूरी अनुभवगम्य है। जो साधक है, वह तर्क और बहस नहीं करता है। साधक साधना करता है और अपने अनुभव से वह उस आनन्द रस की जो बरसा होती है, उसमें मग्न होता है। कबीर की सूचनाओं में बार-बार अमृत वर्षा का वर्णन होता है। उससे जो भीजने की बात है—उस आनन्द रस में, वह रहस्य की बात है। अनुभवैकगम्य है : अर्थात् परम सत्य और परम तत्त्व अनुभव से ही जाना जा सकता है। यह गूँगे का गुड़ है। वह तर्क से नहीं जाना जा सकता है। इसलिए दोनों बातें मिलती हैं और दोनों को सामान्यत: आम तौर से परस्पर विरोधी माना जाता है।

क्या सचमुच यह विरोधी है? और अगर विरोधी है तो कबीर में ये दोनों विरोधी तत्त्व मिलते थे—अनुभव और तर्क; या दोनों में कोई विरोध नहीं था, अवरोध नहीं था। दोनों का एक सन्तुलन कायम किया था। यह मुख्य रूप से विचार करने योग्य है। इस क्रम में, गोरखपुर में इसकी चर्चा नहीं होगी तो कहाँ होगी? गुरुवर ने इस अनुभव-सत्य को नाथपंथी परम्परा के स्वसंवेद्य ज्ञान से जोड़ करके देखा है और बताया है—स्वसंवेद्य ज्ञान जिसका 'सुसंवेद' तद्भव हुआ इसका सूक्ष्मवेद और सूक्ष्मवेद तत्समीकरण किया गया। गुरुदेव का कहना है कि नाथपंथियों का जो 'स्वसंवेद ज्ञान' है जिसको तद्भव के चमत्कार से इन लोगों ने सूक्ष्मवेद तक पहुँचाया। जिसका मतलब है कि पुरोहितों की परम्परा में, पूर्व मीमांसा की परम्परा में, उत्तर मीमांसा की परम्परा में भी है। वह जो वेद है जिसको प्रमाण मानते हैं, इन नाथपंथियों के अनुसार वह स्थूल वेद है। और यह जो संतों का या जोगियों या साधकों का वेद है, इसको कहते हैं कि हमारा यह 'सूक्ष्मवेद' है—सूक्ष्मवेद-स्वसंवेउद, जैसे कि

अनभै के दो रूप निकले—अनुभव और अनभय, उसी तरह से स्वसंवेद के दो अर्थ निकले—एक दिशा गई जो स्वसंवेदन, स्वसंवेद के अनुभव से और दूसरी धारा गई सूक्ष्मवेद के सूक्ष्म वेद—यानी हम जो निर्गुण निराकार की बात करते हैं—इसलिए हमारा जो परब्रह्म है, परम सत्य है, जो सूक्ष्म है, वह पुहुपवास से पातरा है। वह पुष्प के गन्ध से भी पतला है। सूक्ष्म है। अब नाथपंथियों की परम्परा और कबीर का स्वसंवेद, अनुभव ज्ञान, अनुभवैकगम्य होना, और नाथपंथियों का स्वसंवेदन एक है या नहीं, यह दूसरा विचारणीय प्रश्न है। अभीष्ट दोनों का एक है—लेकिन मुख्य तत्त्व है और आज के जमाने में यह बहुत जरूरी है। पश्चिम में इस बीच जो चिन्तन चल रहा है—चिन्तकों के बीच, और जो दार्शनिक नहीं हैं, संस्कृति के चिन्तक हैं—समाज के भीतर हैं। उनका कहना है कि यह बुद्धिवाद या रियलिज्म या रीजन जो यूरोप के दर्शन में इनलाइटेनमेंट की देन मानी जाती है, प्रबोधन की, जिसमें कांट आदि की परम्परा है—यह एक प्रकार से अन्ततः बुद्धिवाद या तर्क की श्रेष्ठता या परम्परा है। इसकी परिणति अन्ततः एक प्रकार की तानाशाही में हुई। मैं ब्योरे में नहीं जाऊँगा। आपमें से अनेक प्रबुद्ध लोग हैं जो जानते हैं, इसलिए उस बुद्धिवाद के और बुद्धि के अतिरेक के विरुद्ध स्वयं यूरोप में ही एक दूसरा चिन्तन सामने आया। इसमें कहा गया कि जीवन में, जगत में, हमारे अनुभव के दायरे में ऐसी अनेक चीजें मिलती हैं, जिसका कोई तर्क नहीं है। कोई युक्ति नहीं, 'इर्रेशनल' हैं। कबीर की उलटबाँसियों की तरह बहुत-सी चीजें विरोधी दिखाई पड़ती हैं। इस जीवन में निहित अन्तर्विरोध, असंगतियाँ और हर असंगति के लिए, हर चीज के लिए तर्क नहीं जुटाए जा सकते हैं। बहुत कुछ है जीवन में जो 'इर्रेशनल' है। क्यों होता है, कैसे होता है—ठीक-ठीक उसके लिए हम तर्क नहीं दे सकते हैं। इसलिए बुद्धिवाद के अतिरेक के विरुद्ध यूरोप में ऐसे अनेक विचारक हुए जिन्होंने कहा, बुद्धिवाद का अतिरेक तानाशाही की ओर ले जाता है—डिक्टेटरशिप, वगैरह-वगैरह।

फ्रैंकफर्ट स्कूल के अडोर्नो, होर्खाइमेर आदि की एक लम्बी परम्परा है और इस अतिरेक के विरुद्ध बहुत गहरी प्रतिक्रिया है। यह पृष्ठभूमि जो मैंने आपको दी, वह सिर्फ यह तय करने के लिए कि हमारे सामने मुख्य प्रश्न है कि कबीर का 'अनभै साँच' इन दोनों अतिरेकों के बीच में कहीं सन्तुलन स्थापित करता है और स्वयं उनका अपना रचनात्मक साहित्य, उनकी रचना, उनकी कविता क्या बनती है? महत्त्वपूर्ण यह है और उन कविताओं के लिए देखा जाए और ध्यान से देखें तो यह सही है कि विचार और विवेक, इन दोनों के द्वारा आपाततः जो सच मालूम होता है, वह असत्य भी हो सकता है। अक्सर मेने मन में यह बात आती है। माया से आक्रान्त शंकराचार्य जितने हैं उतना कोई नहीं है—और उसके बाद तुलसी कहीं अधिक। यह ठगिनी जो माया नाम की ठगिनी है, उसके अनेक अर्थ हैं। कबीर के लिए जात-पाँत का यह जो पिटारा है, यह जो प्रपंच है, यह भी एक तरह की माया

है। ऊँच-नीच का, छोटे-बड़े का भेद, हिन्दू-मुसलमान का भेद उस माया ठगिनी के रूप में है। अर्थात् आवश्यकता इस बात की है, रात को असत से अलगाने की। जो सतह पर चीज दिखाई पड़ रही है, क्या वही सच है या इसके अलावा कोई गहराई में जाने पर और कहीं सत्य दिखाई पड़ता है? विचार और विवेक उन चीजों को यदि इस्तेमाल नहीं करते तो उनकी सार्थकता संदिग्ध है।

कबीर ने अपने दौर में सत् से असत् को अलगाकर 'अनभै साँचा' कहने का साहस किया था। उस दौर में भेद अत्यन्त व्यापक था। यदि वे विवेक से उस भेद को मिटाकर और उसके बीच जो मनुष्य का आपा है, आत्मा है—उस आत्मा की एकता और गहराई की तह में जाने की कोशिश न करते। इसलिए एक ओर तो उस मूल तत्त्व के उपभेद के वैषम्य के बीच, लेकिन उन तमाम चीजों के साथ ही मुझे एक सबद में मिला है, एक तो रमैनी में है :

*सन्तो से अनभै पद गहिए,*
*काल अतीत आदि निज निर्मल ताको सदा विचारत रहिए।*
*सो काजी जाको काल न व्यापै, सो पंडित पद बूझै,*
*सो ब्रह्मा जो ब्रह्म विचारे सो जोगी जग सूझै।*
*उदय न अस्त सूर्य नहीं ससिहर ताकौ भाव भजन तप कीजे।*

अनुभव, अनभय का जो परम पद है, उस पर विचार करना—जिसको काल न व्यापै, कालातीत—इसका प्रतिवाद करते हैं। रमैनी में दो पंक्तियाँ आती हैं—जहाँ वह कहते हैं :

*अनभै उपजि न मन ठहराई,*
*पर कीरति मिली मन न समाई*
*जब लगि भाव भगति नहिं करियो,*
*तब लगि भवसागर नहिं तरियो।*

इसमें महत्त्वपूर्ण शब्द 'अनभै' है, उसके साथ भाव भगति। सारा विवेक करने के बाद, तर्क करने के बाद वह भाव भगति महत्त्वपूर्ण है। उस भाव भगति के बिना वह जो अनुभव का सत्य है, वह पूरा नहीं होता। इसलिए भक्ति की वह धारा बहती है जो सभी संतों में सगुण हों, चाहे निगुर्ण, सभी में समान होती है। इन दोनों में सन्तुलन कैसे कबीर ने बैठाया, स्वयं उनकी रचनाओं में देखें तो एक ओर चाहे वह बहुरिया पिय से मिलने के लिए व्याकुल है। उनका दुख, उनकी वेदना कभी उस भाव भगति में डूबी हुई दिखाई पड़ती है और दूसरी ओर जहाँ अपने समय की युग की सामाजिक विषमताएँ हैं, उन पर उतने ही सधे प्रखर तीर चलाते हुए दिखाई पड़ते हैं। हर विरोध का शमन और उसकी परिणति उस भाव भगति में होती

है जिसको अनभै पद कहते हैं। उस पद पर पहुँचने के बाद आदमी कालातीत होता है। मित्रो! एक़ पारिभाषिक और तकनीकी शब्द पर और गहराई से विचार करने की जरूरत है। मैं अधिक समय न ले करके उस प्रक्रिया से गुजर रहा हूँ जिस प्रक्रिया में मुझे लगता है कि कबीर के इस 'अनभै साँच' पद में अनुभव की और विस्तृत और व्यापक अर्थ की सम्भावना निहित है। यह अनुभव या अनुभववाद जिसे पश्चिम में लोग कहते हैं—वह नहीं है बल्कि इस अनुभव में वह ज्ञान भी है और भक्ति भी है। इन दोनों के समन्वय को 'अनभै पद' कहते हैं। किस प्रकार का अनुभवैकगम्य यह सत्य है, उस सत्य को लेकर बात कही गई है। जिस सत्य में व्यावहारिक सत्य भी है और पारमार्थिक सत्य भी है। जब सत्य कहते हैं तो केवल रहस्य-चिन्तन ही नहीं है बल्कि वह समाज की जो जमीनी सच्चाई है, जिसमें जाति-पाँति, छुआछूत, ब्राह्मण-मुसलमान, पंडा-पुरोहित, मौलवी, मन्दिर-मस्जिद आदि-आदि चीजें भी हैं। शासक दल के भी लोग हैं। उस जमाने का जो सारा वक्त है, वह भी है। उसके मुताइक भी। यह एक व्यावहारिक सत्ता है। इसके विरुद्ध जो भी है, और साथ ही ये तमाम लोग जो परम सत्य की आँच में झुलस जाते हैं, बुझ जाते हैं, उस परम सत्य तक पहुँचने का अनुभवैकगम्य साधन पक्ष जो है, वह भी कबीर में दिखाई पड़ता है।

[लिप्यन्तरण : सदानन्द शाही]

[प्रेमचन्द साहित्य संस्थान के आमंत्रण पर 1998 में गोरखपुर में दिया गया व्याख्यान। 'साखी' (सं. सदानन्द शाही) में प्रकाशित।]

# दलित साहित्य परम्परा में कबीर

कबीर अविजय हैं। उनके खिलाफ बोलने का सामर्थ्य किसी में नहीं है। फिर भी कबीर को लेकर वाद-विवाद चलता ही रहता है। कबीर के जन्म के सन्दर्भ में ही साहित्यिक बहस चलती रहती है। कबीर जुलाहा मुस्लिम दम्पती की सन्तान थे, लेकिन कुछ लोग किंवदन्ती के आधार पर उन्हें विधवा ब्राह्मणी की सन्तान स्वीकार करते हैं। हमें यह नहीं भूलना चाहिए कि इस किंवदन्ती में बड़ा छेद है। यह स्वीकार किया जा सकता है कि किसी महिला को सफेद कपड़ों में लहरतारा तालाब के आसपास देखा गया हो लेकिन इससे यह बिलकुल सिद्ध नहीं होता है कि वह महिला ब्राह्मणी थी क्योंकि न तो किसी ब्राह्मणी का नाम ही मिलता है और न ही किसी तरह का संवाद।

दूसरी किंवदन्ती यह भी है कि नाजायज औलाद प्रतिभाशाली होती है लेकिन कबीर जुलाहा (मुस्लिम) दम्पती की सन्तान थे। इसलिए उनके नाजायज होने और ब्राह्मणों में ही तेजस्वी हो सकते हैं, जैसी किंवदन्तियों पर आधारित बातें निर्मूल हैं।

जहाँ तक कबीर के दलित होने का प्रश्न है, इसका प्रमाण कबीर की वाणी में मिलता है कि वे हिन्दुओं और मुस्लिमों, दोनों में नीचे समझे जाते थे। लेकिन कबीर को दलितों और जनजातियों ने हृदय से अपनाया है। कबीर देश के एक छोर से दूसरे छोर तक गाए जाते हैं जिससे प्रमाणित होता है कि कबीर की छाप निचले वर्ग के दिलो-दिमाग पर गहरी है। सत्रहवीं शताब्दी में, इटली से एक कैथोलिक भारत आया। यद्यपि उसका उद्देश्य भारत में धर्मान्तरण करना था लेकिन उसने पाया कि चाहे छत्तीसगढ़ के मठ हों, देवास के आसपास के मठ या गुजरात की दलित बस्तियाँ, सभी जगह जीवन-मरण, शादी-विवाह व अन्य संस्कारों के अवसर पर कबीर को ही गाया जाता है। कबीर के प्रभाव के कारण ही वह अपने धर्मान्तरण के उद्देश्य में सफल नहीं हो पाया। कबीर ने आज के दलित साहित्य जैसा कुछ नहीं लिखा लेकिन उनकी आवाज में दलित दिल की गूँज थी।

लोहियावादी विजयदेव नारायण 'साही' ने कबीर के साहित्य का मुख्य मुद्दा हिन्दू-मुस्लिम एकता को माना है और डॉ. धर्मवीर का विचार भी इससे मिलता-जुलता है। यह दलितों के हित में नहीं है। लेकिन मेरा ऐसा मत नहीं है। मैं कबीर

को दलित चिन्तन के क्रम में मानता हूँ। हिन्दू-मुस्लिम समन्वय गौण है। वे दाढ़ी-चोटी को काटने वाले थे, मिलाने वाले नहीं थे। हिन्दू-मुस्लिम ने कबीर को सिर्फ इस्तेमाल किया है। आजादी के आन्दोलन के दौरान भी कबीर का दुरुपयोग हुआ है जिसके कारण देश का बँटवारा हुआ। यदि वंचित समाज को समानता का दर्जा दिया जाता तो आजादी की लड़ाई मुकम्मल होती।

धर्मचेता और धर्मगुरु के रूप में हजारी प्रसाद द्विवेदी ने कबीर को अपने ढंग से समझने की कोशिश की है। उन्होंने अपनी पुस्तक में एक अध्याय यह साबित करने के लिए लिखा है कि कबीर मुसलमान नहीं थे, जोगी थे। वे दो-तीन पीढ़ियों पहले से ही मुसलमान बने थे, इसलिए कुरान के विषय में ज्यादा नहीं जानते थे और नीची जाति के होने के कारण वे पुराणों के विषय में भी कुछ विशेष नहीं जानते थे। लेकिन द्विवेदी जी यह अवश्य मानते हैं कि कबीर विलक्षण थे, न्यारे थे। उनके दौर में ऐसा कोई आदमी नहीं हुआ। इस सबके बावजूद द्विवेदी जी ने यह कभी नहीं कहा कि कबीर दलित थे।

कबीर के गुरु के सम्बन्ध में काफी विवाद है। गुरु-परम्परा उस जमाने में थी या नहीं, यह भी विवाद का मुद्दा कबीर के सम्बन्ध में बना हुआ है। गुरु-परम्परा धर्म-साधना के क्षेत्र में है और शिल्प तथा संगीत कला के सन्दर्भ में उसकी चर्चा होती है जिसे 'घराना' कहते हैं। 'योग-साधना' साहित्य के सन्दर्भ में पहली बार नाथों-संतों में आई। चूँकि कबीर संत-परम्परा के थे, उस परम्परा में सम्बोधन साधो, अवधू जैसा होता था, जो गुरु-शिष्य परम्परा लिये हुए हैं। साखियों में भी 'बलिहारी गुरु आपनों...' जैसा मिलता है।

*पाछे लागे जाई था लोक वेद के साथि।*
*आगे थे सद्‌गुरु मिल्या, दीपक दीया हाथि॥*

'मैं तो पीछे चल रहा था' में गुरु-परम्परा है। कबीर की वाणी में गुरु नाम नहीं मिलता। लोक-परम्परा में वे रामानन्द के शिष्य रहे। किंवदन्तियाँ सभी संतों के विषय में हैं—चाहे तुलसी हों, ज्ञानेश्वर हों या नामदेव। इनके विषय में तथ्यात्मक विश्लेषण नहीं, भाव देखते हैं। द्विवेदी जी के लेख 'ठाकुर जी की बटौर' में उन्होंने जात-पाँत के सन्दर्भ में लिखा है कि ठाकुरजी के नाम पर चन्दा बटोर रहे थे। मेरा मन अतीत में वहाँ चला गया, जहाँ एक चांडाल बैठा था। ठाकुरजी के नाम पर ऐसा नहीं हो सकता। लेकिन जब भगत भगवान के पास गया तो भगवान ने चन्दा ग्रहण नहीं किया। फिर वह चांडाल के चरणों में जाकर गिर गया। इसके बाद भगवान ने इसे स्वीकार किया। यह किंवदन्ती रामानन्द के सन्दर्भ में है। यह ब्राह्मणों ने चलाई या किसी और ने, लेकिन रामानन्द पर आपत्ति क्यों? सभी साखियों में तय है, दोनों समकालीन थे। कबीर का जन्म भी विवादास्पद है तो रामानन्द का भी। आखिर

यह रामानन्द के साथ क्यों जुड़ गया, तुलसी या किसी अन्य के साथ क्यों नहीं जुड़ा? इसका मतलब ब्राह्मण को अति-श्रेय देना नहीं है। ऐसे तो वीर सावरकर जो ब्राह्मण थे और बाबा साहेब के बड़े समर्थक थे। यदि धनंजय कीर की बायोग्राफी को प्रमाण मानें तो उसमें लिखा है—ज्यों-ज्यों बाबा साहब ने उन पर आक्रमण तेज किया, सावरकर ने उनका समर्थन किया। बाबा साहब में तेज था। उसमें ब्राह्मण का होना कोई गुनाह नहीं। कबीर के विषय में यह सच है कि ब्राह्मण के विषय में कभी कोमल नहीं हुए और उन्होंने ब्राह्मणों को कभी माफ नहीं किया। गुरु कौन थे, कैसा था, यह आग्रह की वस्तु नहीं। यह कोई मुद्दा ही नहीं। ब्राह्मण तो यहाँ तक कहता है : 'यदि ज्ञान शूद्र से भी मिले, ले लेना चाहिए।' इसे ब्राह्मण की चतुराई कहें या कुछ भी, लेकिन यह भी सत्य है कि ब्राह्मणों ने गायकी मुसलमानों से ही सीखी है। इस आधार पर यह कहें कि कबीर उनके यहाँ गए और रामानन्द से ज्ञान ले आए, यह मुद्दा ही नहीं होना चाहिए।

कबीर के सन्दर्भ में कुछ लोग कहते हैं, वे सिकन्दर लोदी के जमाने में थे। कुछ कहते हैं, नहीं थे। लेकिन वे दिल्ली के सुल्तानों—तुगलक, अलाउद्दीन खिलजी—के जमाने में थे। कबीर और अन्य संतों को तुर्कों के साथ देखने की बजाय सूफी-परम्परा में देखना चाहिए। यद्यपि सूफी संत ईरान से जान बचाने के लिए दसवीं सदी में उस समय पंजाब में आए थे, जब बौद्ध भारत से भाग गए थे और योगी, कलन्दर व नागपंथी देश में बचे थे; जो निर्गुण भक्तिधारा में थे, ईश्वर को नहीं मानते थे और अखाड़े प्रथा का निर्वाह करते थे। सूफी-परम्परा के सन्दर्भ में बताना महत्त्वपूर्ण है : 'यदि सूफी-परम्परा नहीं आती तो संस्कृत का बोलबाला लम्बा होता।' कबीर ने प्रेम-तत्त्व सूफियों से लिया था। वे प्रेमपंथी थे और पंजाब में प्रेम-कविता को लिखने वाले पहले कवि बाबा फरीद और दूसरे बुल्लेशाह हुए। कबीर से ठीक पहले मुल्ला दाऊद 'चन्दायन' लिख चुके थे और वे विद्यापति से पहले थे। तकी पीर को भी कबीर का गुरु बताया जाता है। चन्द्रबली पांडेय ने अपने लेख में कबीर को 'जिंद' कहा है। सूफियों में जिंद पीर होता है जो धर्म के खिलाफ माना जाता है। अत: कबीर को सूफी-परम्परा और नाथों-सिद्धों की परम्परा में देखना जरूरी है।

*अब न बसूँ इहि गाँव गोसाँई।*
*तेरे नेवगीं खैरे सयाने हो राम॥*

कबीर ग्रामीण-व्यवस्था का चित्रण करता है कि किसा प्रकार ठाकुर का खेत दूर है, जबरदस्ती काम कराया जाता है, कायस्थ (मुंशी) मजूरी नहीं देता, साहूकार भारी कर्ज बताता है और तरह-तरह के अत्याचार होते हैं। रूपक के रूप में इनका जिक्र आता है।

कबीर के विषय में अनावश्यक व भ्रामक प्रश्न उछाले जा रहे हैं कि कबीर भक्त थे? समाज-सुधारक थे? कवि थे? या ईश्वर थे? कबीर कवि थे, ईश्वर नहीं थे, क्योंकि ईश्वर कवि नहीं हो सकता। कबीर और अम्बेडकर को भी आमने-सामने खड़ा करना उचित नहीं है। कबीर कवि थे और अम्बेडकर विद्वान और दोनों के कर्म अलग-अलग थे। कबीर विद्वान कम थे लेकिन उनकी प्रतिभा काव्य के रूप में फूटी। ऐसा कवि कविता की सबसे बड़ी कसौटी है। कबीर गान-रूप में प्रकट हुए हैं। कबीर जितने गाए जाते हैं, उतने तुलसी और मीरा नहीं। कबीर का गायन अत्यन्त प्रभावशाली है। कबीर के कारण ही कुमार गन्धर्व संगीत जगत में छाए। सभी ने कबीर को गाया है। कविता में संगीत तत्त्व है और इसे ऊँचाई कबीर प्रदान करते हैं। बौद्धिक स्तर पर ऋग्वेद की ऋचाओं जैसा संगीत कबीर को बड़ा बनाता है। कवि भूत, भविष्य और वर्तमान—सभी को देखता है। 'गायन' में नाम नहीं मरता, अगर होता है। भाषा के अन्दर बैठा अमर होता है और यह जिन्दा रहने की ताकत कबीर में है। दर्शन व वेदान्त लम्बी-लम्बी बातें करते हैं लेकिन कबीर एक बात में सभी कुछ कह देते हैं। रवीन्द्रनाथ टैगोर ने भी उन्हें शीश झुकाया है। 'गीतांजलि' पर भी उनका प्रभाव रहा है। वह ऐसा सन्देश देता है जो आत्मा को छूता है, तन्मयता को छूता है।

यह मानना कि कबीर की उपेक्षा हुई है, उचित नहीं है। कबीर तुलसी के लिए चुनौती थे। तुलसी उनकी उपेक्षा कर ही नहीं सकते थे। 'रामचरितमानस' में भी नया विवाद है, जो जीवन्त चुनौती है। कबीर का निर्गुणवाद उस समय काफी प्रभावी था और दलित समाज पर इसका गहरा प्रभाव था। यह आन्दोलन अपने-आपमें चुनौती था। नामदेव और रैदास भी निर्गुण हैं। योग में भी 'ईश्वर' निर्गुण है और सिद्धों में भी निर्गुण है। यह पूरी की पूरी निर्गुण धारा चुनौती है। सूर और तुलसी डटकर इसका विरोध करते हैं जो दक्षिण से कश्मीर तक विद्यमान थी। निर्गुण परम्परा के चलते पुरोहित की रोजी-रोटी चली गई थी। मन्दिर बनाने की व्यवस्था नहीं थी। निर्गुण धारा ने सीधे पेट पर लात मारी थी। निर्गुण धारा में राजा आलीशान महल तो बनवाएगा लेकिन मन्दिर नहीं। इसके विपरीत सगुण धारा में मन्दिर राजा के महल जैसा होगा जिसके प्रमाण तिरुपति और मीनाक्षीपुरम् के मन्दिर हैं। सगुण धारा में ब्राह्मणों के राजसी ठाठ हैं। इसका आधार दार्शनिक नहीं बल्कि आर्थिक और शक्तिमूलक है। मन्दिर, सम्पत्ति और ताकत के प्रतीक हैं। उसके ठोस भौतिक कारण हैं। इसलिए कबीर के निर्गुणवाद ने ब्राह्मणों की जड़ें ही काट दीं। उनकी रोजी-रोटी चली गई, धंधा चला गया और यूँ कहें कि कबीर ने पुरोहितवाद पर हमला बोला तो ज्यादा ठीक होगा। लेकिन बाद के कबीर-पंथियों में कविता की सामर्थ्य तो थी नहीं, इसलिए उन्होंने कबीर की मूल अवधारणा को छोड़कर कबीर की पूजा करनी शुरू कर दी जो निर्गुण परम्परा पर कलंक जैसा है।

जहाँ तक कबीर बीजक/वाणी का प्रश्न है, यह 'रामचरितमानस' की तरह सब जगह मिलती हैं। वे दक्षिण सहित सारे भारत में मौखिक और लिखित, दोनों तरह से सुरक्षित हैं। विदेशी ईसाई भी तुलसी के साथ कबीर के विषय में बराबर लिखते हैं। इलाहाबाद की एक प्रेस ने भी तुलसी और कबीर, सिर्फ दोनों को ही छापा है। पाठ्यक्रम के कोर्स में भी निचली कक्षाओं से लेकर एम.ए. तक, सभी में कबीर को भी पढ़ते हैं। कबीर की उपेक्षा नहीं हुई है।

'जाति-उन्मूलन' पुस्तक में बाबा साहब द्वारा कबीर के प्रति प्रकट रुख ठीक नहीं है। भक्ति साहित्य पर प्रतिक्रिया करते हुए उन्होंने कबीर की तारीफ में कहा : 'जो संत होते हैं, वे व्यक्तिवादी होते हैं, इसलिए संतों का प्रभाव समाज पर नहीं पड़ा। इन्हें सामूहिक होना चाहिए था।' यहाँ असफलता का कारण व्यक्तिवादी नहीं, हिन्दू समाज के ढाँचे का ज्यादा मजबूत होना है। मोहम्मद को छोड़कर सारे पैगम्बर व्यक्तिवादी थे, उनका प्रभाव समाज पर पड़ा। ईसा मसीह भी व्यक्तिवादी थे और समाज पर उनका भी प्रभाव पड़ा। इसलिए कबीर का व्यक्तिवादी होना कोई अवगुण नहीं है।'

कबीर के सन्दर्भ में डॉ. धर्मवीर ने सराहनीय और साहसिक कार्य किया है, यह कबीर को नये अन्दाज देगा। उसको दाद देनी होगी। डॉ. धर्मवीर की आवाज को दबना नहीं चाहिए।

[ईश कुमार गंगानिया से बातचीत पर आधारित]

['अपेक्षा', अंक-2 : जनवरी-मार्च, 2003]

# कबीर मूल्यांकन में दूसरा मौलिक प्रयास : अकथ कहानी प्रेम की

सन् 1997 में पुरुषोत्तम अग्रवाल ने कबीर पर काम शुरू किया। तब उनका विषय था : 'कबीर की भक्ति और उसका सामाजिक अर्थ'। यह विषय चुनने की पर्याप्त वजह थी। उस समय साहित्य का समाजशास्त्र हिन्दी में लोकप्रिय हो रहा था। हर विधा का समाजशास्त्र देखा जाता था। उसके बाद सामाजिक अर्थ के आधार पर भक्ति का अर्थ बदल गया। 'अकथ कहानी प्रेम की' पुस्तक में कबीर की कविता को केन्द्र में रखा गया और अपने बत्तीस वर्ष के साहित्यिक भ्रमण के बाद लेखक ने कवि-रूप को ही मुख्य माना है, धर्म-सम्बद्ध रूप को नहीं।

कबीर की पहचान आज के पहले 3कवि के रूप में उतनी नहीं थी जितनी कि धार्मिक आलोचक के रूप में थी। उक्त पुस्तक में जो कुछ बदला है, केवल भारत के पैमाने पर नहीं। पच्चीस से तीस सालों तक हम लोग विचारधाराओं, दर्शनों में फँसे रहे और अब धीरे-धीरे तमाम चीजों को छोड़कर फिर वापस लौट रहे हैं। मोटे तौर पर जिसके अन्दर सारी कलाएँ भी आ सकती हैं, उसे कविता कहते हैं। इस बीच पुरुषोत्तम ने भक्ति का एक नया रूप स्पष्ट किया कि भक्ति समर्पण नहीं माँगती बल्कि भागीदारी माँगती है। भक्ति स्त्री-पुरुष के बीच, जीव और ब्रह्म के बीच बराबर की हिस्सेदारी है। भक्ति का यह नया अर्थ बत्तीस वर्ष पहले सोचा नहीं जा सकता था। पहले के समय में भक्ति भाव से सुनते हुए लोग चरण-वन्दना करते थे। भक्ति का यह नया अर्थ लोगों को इतने दिन बाद समझ में आया।

कबीर का सम्बन्ध संस्थानों के साथ, जगहों के साथ, कुछ अजीब ढंग से जुड़ा है। हमारे गुरुदेव हजारी प्रसाद द्विवेदी जी ने अपनी पुस्तक 'कबीर' शान्तिनिकेतन विश्वविद्यालय में रहकर पूरी की। यह वह विश्व भारती है जहाँ कबीर की कविताओं का अनुवाद रवीन्द्रनाथ ने किया था और कबीर को कबीर के रूप में स्थापित किया था। यह वही स्थान है जहाँ अमरसेन ने कबीर के पद चिलम पीनेवालों के पास बैठ करके संकलित किये हैं। कबीर के पद बंगला अनुवाद के रूप में कई जिल्दों में आचार्य क्षितिमोहन सेन ने प्रकाशित किये थे।

आपने कहा था कि हम बुझी हुई लुकाठियों का अध्ययन अथवा संग्रह नहीं करते बल्कि जहाँ चिलमें जलती हैं, वहाँ से हम कबीर को उठाते हैं।

यह दूसरा प्रस्थान है, हजारी प्रसाद द्विवेदी से भिन्न प्रस्थान है। इसमें जोर दिया जाना चाहिए, जिसमें कथ्य को महत्त्व दिया गया है। उसकी कविता को महत्त्व दिया गया है। भक्ति की नई व्याख्या की गई है। जहाँ द्विवेदी जी हैं, वहाँ तक पहुँचने में कभी-कभी बहुत लम्बा चक्कर लगाकर आना पड़ता है। पुरुषोत्तम इस पर पहुँचे जरा-सा लम्बा चक्कर घूम करके। प्रथम अध्याय में व्यक्ति को ऊबा देनेवाला एक विशद लेख है जिसमें देशज-विदेशज आधुनिकता पर विशद वर्णन है जिसको प्रमाणित करने हेतु पश्चिम के उन्मुखीकरण का सहारा लिया है। इन सबका अध्ययन करने के साथ ही अपने मन की गाँठें व भ्रम को दूर करके ही कबीर को समझा जा सकता है। पश्चिमी ओरिएंटलिज्म भी दो प्रकार का है।

नवजागरण (रेनेसांस) हमारे यहाँ संतों-भक्तों ने शुरू किया जिसका प्रारम्भ दसवीं शताब्दी में ही हो गया था। संगम काल के बाद तमिल के आलवार संत आए। पूरे दक्षिण में उनका प्रभाव है। तमिल, तेलगू और कन्नड़ में बहुत स्पष्ट है। नवजागरण का पहला लक्षण होता है भाषा का बदल जाना। लैटिन के बाद वहाँ यूरोपीय भाषाएँ आईं। हमारे यहाँ संस्कृत के बाद क्लासिकल भाषा संस्कृत तथा तमिल की जगह आधुनिक तमिल आई। इस तरह से कुल तेईस भाषाएँ आई हैं और जब भाषा बदले तो समझ लीजिए कि एक नया प्रचलन शुरू हुआ है। यह नवजागरण नहीं तो क्या है? इसलिए डॉ. रामविलास शर्मा के और कुछ लेखों में मैंने यह बात कही है। साथ ही अब बहुत-से लोग कहने लगे हैं। जिसका आधार इन्होंने बताया है कि सब कुछ पूँजी के मातहत परिवर्तित होता है। इस प्रकार सारा जागरण और परिवर्तन जो हुआ, उसमें वैज्ञानिक रूप से देखने पर कारीगर, दस्तकार तथा व्यापारी लोग, जिन्होंने बड़े पैमाने पर वाणिज्य-व्यापार किया है, वे एक बड़ी ताकत के साथ उपस्थित हैं।

यह पुस्तक इंग्लिश में लिखी गई है क्योंकि प्रत्येक वाक्य में अंग्रेजी के शब्दों का प्रयोग हुआ ही है। यही नहीं, कुछ अवधारणाएँ भी पश्चिम की बार-बार आई हैं। अत: यह किताब हिन्दी में होने के बावजूद इंग्लिश में है। कबीर के सन्दर्भ में पउड्रीयन पैक्ट : पाउड्रट की कथा या दन्तकथा, जो यूरोप से सम्बन्ध रखता है, का सहारा समझाने हेतु लेना पड़ा। अन्तिम पाँचवाँ अध्याय है जिसके केन्द्र में है कविता और सहृदयता। पूरी पुस्तक कबीराना अन्दाज में लिखी गई है, जिसमें कबीर का तेज और व्यंग्य है, जिसमें कबीर की प्रश्नाकुलता है। मैं यहाँ एक पक्ष के बारे में कहूँगा, एक बार और विचार करें। प्रेम की परिभाषा करते हुए पुरुषोत्तम कबीर को सूफियों से अलग करते हैं। दक्षिण की कविता प्रेम को सबसे बड़ा मानती है। भागवत में बड़े अच्छे शब्दों में कहते हैं : 'प्रेमा पुमर्थो महान्' जबकि हमारे चार

ही पुरुषार्थ हैं : धर्म, अर्थ, काम और मोक्ष। प्रेम जो मूल है, वह कैसे आया? प्रेम को सूफियों के यहाँ सबसे अधिक महत्त्व प्राप्त है। यह सूफियों की देन है। लगभग सूफियों के आगमन के साथ ही प्रेम भारत में कलाओं के केन्द्र में आया। सूफियों के यहाँ शरीयत के खिलाफ ताकतवर भावना है। उन जैसा कोई नहीं कर सकता है। सूफियों के प्रेम-तत्त्व का असर हमारी भक्ति में दिखता है। पहले भक्ति समर्पण वाली थी, जिसका परिवर्तन सूरदास तथा चैतन्य महाप्रभु में दिखता है। साख्य भक्ति का नया स्वरूप सामने आया जो इश्केमजाजी को इश्केहकीकी तक ले जाने का प्रयास करता है।

*दिल में जगह दे अकबर*
*इल्म से शायरी नहीं आती।*

प्रेम सबसे बड़ा मूल्य है। अत: पुरुषोत्तम जी से अनुरोध करूँगा कि एक बार पुन: विचार करें तो अच्छा होगा। यदि सबसे बड़ा मूल्य प्रेम आया है तो कहीं-न-कहीं दो संस्कृतियों का संगम ही इसके पीछे है। हम लोगों ने यह पहली बार नहीं पाया है। यहाँ वास्तविकता और प्राचीनता बदली है। उसका स्थान व स्वरूप बदला है। गाया जाता है न 'दमादम मस्त कलंदर'!—इसमें जो मस्ती है, हमारे यहाँ नहीं मानी जाती। चारों धाम की यात्रा में यह मस्ती तो नहीं है, अत: सूफियों के विरुद्ध कबीर को रख करके शायद कबीर को समझने में अधूरापन रहेगा, ऐसा मुझे लगता है।

कबीर पर आचार्य हजारी प्रसाद द्विवेदी जी के बाद सैकड़ों पुस्तकें आईं। किन्तु मेरे अनुसार उनके बाद यह दूसरी सबसे मूल्यवान पुस्तक है। 'रामायण' में एक श्लोक है जिसमें कहा गया है कि समुद्र तरण के समय बहुत-से वानर समुद्र तो लाँघ गए किन्तु उन्हें समुद्र की गहराई का पता ही नहीं चला, जबकि समुद्र की गहराई नापने का काम तो मंद्राचल पर्वत करता है। ठीक उसी प्रकार कबीर पर बहुत-से लोगों ने पुस्तक लिखी है किन्तु वे कबीर की गहराई न नाप सके। पुरुषोत्तम ने कबीर के दर्शन और विचारधारा-रूपी गहराई को नापने का कार्य किया है या नहीं, कबीर-रूपी समुद्र से रत्न निकाले अथवा नहीं, हम सब अध्ययन के उपरान्त जानेंगे। मैं इस पर कुछ न कहूँगा। मैं पुरुषोत्तम जी को पुस्तक लेखन तथा राजकमल प्रकाशन को प्रकाशन हेतु धन्यवाद देता हूँ।

[पुरुषोत्तम अग्रवाल की पुस्तक 'अकथ कहानी प्रेम की : कबीर की कविता और उनका समय' के लोकार्पण के अवसर पर दिया गया वक्तव्य]